beck'sche reihe

bsr

Ökologische Themen und Probleme betreffen uns alle und sind längst fester Bestandteil unseres Alltags geworden. Zweifelsohne ist die Ökologie für die Gegenwart und Zukunft unserer Lebensführung von so überragender Bedeutung, dass es nicht überrascht, wenn ökologische Themen und Fragen in Gesellschaft, Wirtschaft und Politik mit besonderer Leidenschaft bedacht und diskutiert werden.
Dieses Lexikon, verfaßt von über hundert besonders ausgewiesenen Fachleuten, informiert sachkundig und kritisch über alle zentralen Begriffe, Richtungen und Perspektiven der Ökologie. In rund 800 Artikeln bietet es einen ebenso schnellen wie sachkundigen Einblick in die vielgestaltigen Themen der ökologierelevanten Ereignisse und Diskussionen auf lokaler, nationaler und internationaler Ebene, erklärt Zusammenhänge, Probleme und Lösungsmöglichkeiten. Ein wichtiges Werk für alle, die seriöse und detaillierte Information suchen.

Herausgeber und Leitungsteam
Udo E. Simonis, Dr. sc. pol., Prof. für Umweltpolitik am Wissenschaftszentrum Berlin (WZB); Mitglied des Committee for Development Policy der Vereinten Nationen (CDP).
Günter Altner, Dr. rer. nat., Dr. theol.; Prof. em. für Evang. Theologie; Mitbegründer des Öko-Instituts, Freiburg.
Nicole Böhm, Dipl. rer. pol., Wirtschaftswissenschaftlerin; Bombardier Transportation, Zürich.
Edgar Göll, Dr. disc. soc., Sozial- und Verwaltungswissenschaftler; Institut für Zukunftsstudien und Technologiebewertung (IZT), Berlin.
Kerstin Löffler, Dipl. in Umwelt- und Betriebswirtschaftslehre, Kassel.
Benno Pilardeaux, Dr. rer. nat., Leiter Medien- und Öffentlichkeitsarbeit des Wissenschaftlichen Beirats der Bundesregierung Globale Umweltveränderungen (WBGU), Berlin.
Bernd Siebenhüner, Dr. rer. pol., Juniorprofessor für Ökologische Ökonomie, Universität Oldenburg.
Axel Volkery, Dipl.-Pol., Wiss. Mitarb. an der Forschungsstelle Umweltpolitik der FU Berlin und beim Rat von Sachverständigen für Umweltfragen, Berlin.

Öko-Lexikon

Herausgegeben von
Udo E. Simonis
in Zusammenarbeit mit
Günter Altner, Nicole Böhm,
Edgar Göll, Kerstin Löffler, Benno Pilardeaux,
Bernd Siebenhüner und Axel Volkery;
unter Beratung von
Werner Schenkel

Verlag C.H. Beck

Originalausgabe

Satz: Fotosatz Janß, Pfungstadt
Druck und Bindung: Druckerei C.H.Beck, Nördlingen
Umschlagentwurf: +malsy, Bremen
Printed in Germany
ISBN 3-406-49 477-3

www.beck.de

Inhalt

Vorwort

Das Thema «Ökologie» stößt allgemein auf großes Interesse. Dafür gibt es vielfältige Gründe. Ein wichtiger Grund liegt in den Grenz-Erfahrungen, die wir inzwischen gemacht haben – in der Wahrnehmung des stratosphärischen Ozonlochs, der Erkenntnis des irreversiblen Verlusts an biologischer Vielfalt und der Vorahnung der Folgen des Klimawandels. Erhalt der Funktionsfähigkeit und Vielfalt des natürlichen Systems und nachhaltige Nutzung seiner Bestandteile sind so zu obligatorischen gesellschaftlichen Aufgaben geworden. Es geht um Schutz und Pflege der Natur, aber auch um gerechte Verteilung der sich aus ihrer Nutzung ergebenden Vorteile, um gegenwarts- wie zukunftsbezogene Gerechtigkeit.

Hierzu will das vorliegende Öko-Lexikon ein informierender und zugleich kritischer Ratgeber sein. Es beschreibt das Thema «Ökologie» in seiner vollen Komplexität und Dynamik:

- Ökologie als Wissenschaft,
- Ökologie als ein die Natur- und Sozialwissenschaften durchdringender Imperativ,
- Ökologie als politische und gesellschaftliche Aufgabe und
- Ökologie im Alltagshandeln des Einzelnen.

Das Lexikon informiert knapp, übersichtlich und mit weiterführenden Literaturhinweisen über die Gesamtthematik, es liefert Systemwissen, Orientierungswissen und Transformationswissen zugleich. Es ist als Arbeitshilfe für Wissenschaftler, Studenten und Praktiker aus Unternehmen, Gesellschaft und Politik gedacht, die sich der ökologischen Probleme bewusst sind und nach tragfähigen Alternativen im Umgang mit der Natur suchen. Es will den wissenschaftlichen Diskurs innerhalb der Disziplinen und über die engen Fachgrenzen hinweg befördern, vor allem aber einer interessierten Öffentlichkeit fachliche Information und Argumentationshilfen bieten.

Hierzu werden rund 600 Stichworte und 200 Querverweise präsentiert, die von insgesamt 124 Autorinnen und Autoren verfasst worden sind.

Im Autorenkreis sind die Natur- und Sozialwissenschaften, einschlägige Forschungsinstitute, beide Geschlechter und mehrere Generationen vertreten, womit die fachliche Kompetenz, die inhaltliche Breite, die Internationalität und Aktualität des Themas Ökologie garantiert werden sollen. Auf diese Weise wurde es möglich, neben dem natürlichen System auch das gesellschaftliche System und deren Interaktionen zu beschreiben – wie Umweltrecht, Umweltbildung, Umwelttechnik, Umweltpolitik und Umwelthandeln im weiteren Sinne – beziehungsweise einzelne Sachgebiete schwerpunktmäßig zu behandeln – wie Abfall, Biodiversität, Boden, Energie, Klima, Landwirtschaft, Wasser u.a.m.

Die Qualität der Beiträge wurde durch ein internes Kontrollverfahren abgesichert: Herausgeber und ein aus acht Wissenschaftlern bestehendes Leitungsteam vereinbarten die Themenliste und die extern einzuwerbenden Beiträge; je zwei Mitglieder des Leitungsteams prüften die angenommenen Beiträge, beim Herausgeber lag die Endredaktion. Alle Stichworte sind namentlich gekennzeichnet, die kurzen und mittleren durch die Initialien des Autors, die längeren Stichworte durch den vollen Namen.

Ein Lexikon, an dem so viele Autorinnen und Autoren mitgewirkt haben, erfordert umsichtige und reibungslose Koordination. Ich danke dem «Öko-Lex-Büro» in Berlin – Petra Barsch, Susanne Grasow, Pamela Hankel, Birgit Kaminski, Katrin Löwen, Erasmus Müller und Edzard Schönrock – für hervorragende Arbeit und dem Verlagslektorat in München – Angelika von der Lahr, Maike Specht und Stephan Meyer – für Weitblick und Geduld bei der Begleitung und Mitgestaltung des Werkes.

Bei einem lexikalischen Projekt dieser Größenordnung können sich Fehler einschleichen und Lücken verbleiben. Herausgeber, Leitungsteam und Verlag wären daher den Leserinnen und Lesern für entsprechende Hinweise und Anregungen dankbar, die bei anstehenden Neuauflagen berücksichtigt werden könnten.

Korrespondenzadresse:
Wissenschaftszentrum Berlin, Reichpietschufer 50, 10785 Berlin;
e-mail: *simonis@wz-berlin.de; www.wz-berlin.de*

Berlin, im März 2003

Udo E. Simonis
Herausgeber

Erläuterungen für die Benutzer

Unter einem aufgesuchten Stichwort ist zunächst nur die diesen Begriff erläuternde Erklärung zu finden; Verweiszeichen (↑) im Text erlauben es jedoch, sich über die Einordnung des Begriffs in größere Zusammenhänge zu unterrichten. Alleinstehende Verweiszeichen (↑) bedeuten, dass der gefundene Begriff an anderer Stelle des Lexikons behandelt wird.
Die alphabetische Reihenfolge wird auch bei zusammengesetzten Stichwörtern eingehalten, auch bei Begriffen, die durch Bindestrich verbunden sind. Zusammengesetzte Begriffe sind in der Regel unter dem Substantiv alphabetisch angeordnet. Bei bestimmten, fachlich fest verankerten Begriffen haben wir jedoch das Adjektiv vorangestellt; Beispiele: Externe Effekte, Globaler Wandel u. a. m.
Wegen der Vielzahl der Autorinnen und Autoren konnten deren persönliche Daten nur in der Form ein- oder zweizeiliger Texte wiedergegeben werden. Wir bitten um Verständnis.

Aarhus-Konvention. Die Aarhus-Konvention ist eine Vereinbarung, die besseren Zugang von Bürgern zu umweltbezogenen Informationen und Entscheidungsprozessen in Europa, vor allem aber in den Transformationsländern ermöglichen soll. Sie wurde 1998 von der UN-Wirtschaftskommission für Europa verabschiedet, trat 2001 in Kraft und verbindet ↑Umwelt- und Menschenrechte.
www.unitar.org/aarhus/ *GÖ*

Abbau, biologischer. Biologischer Abbau (b. A.) bezeichnet die Zersetzung von Kohlenwasserstoffen (einschließlich ↑Kunststoffen) durch Mikroorganismen (s. ↑Bakterien, Pilze) bis zur Mineralisierung. Die Abbaugeschwindigkeiten variieren je nach Mikroorganismenpopulation, Stoffgemisch und Milieubedingungen. Im Entsorgungsbereich wird der b. A. verfahrenstechnisch genutzt bei Abwasserbehandlung, Müllkompostierung und Altlastensanierung. *JA*

Abfall. Abfall (A.) ist rechtlich als Stoff/Stoffgemisch definiert, dessen sich sein Erzeuger/Besitzer entledigt oder entledigen soll. In vielen nationalen und europäischen Regelungen ist festgelegt, wie mit unterschiedlichen Altstoffen umzugehen ist (s. ↑Kreislaufwirtschafts- und Abfallgesetz). Nach den Grundsätzen der Abfallpolitik soll möglichst kein oder wenig umweltbelastender A. anfallen (s. ↑Vermeidung), der doch anfallende A. erneut genutzt (s. ↑Verwertung), sonst regelungsgemäß beseitigt werden (s. ↑Abfallbeseitigung). Zur Durchsetzung dieser Grundsätze sollen u. a. Abfallabgaben in je nach Bedenklichkeit und Entsorgungsaufwand steigender Höhe dienen.
Die älteste Beseitigungsmethode für A. ist die Ablagerung (s. ↑Endlagerung). Die technische Anlage dazu ist die ↑Deponie. Deponien werden längerfristig undicht, was zur Ausbreitung eingebrachter oder durch thermische und biologische Prozesse gebildeter und umweltbelastender Stoffe führt. Oberirdische Deponien sollen zukünftig nur noch für reaktionsarmen A. genutzt werden (z. B. ↑Bauschutt).
Brennbarer A. wie Hausmüll wird zunehmend durch ↑Abfallverbrennung beseitigt. Organischer A. soll zwecks Kompostierung separat gesammelt werden (s. ↑Biotonne).
Die höheren Umweltanforderungen und die damit aufwändigere Entsorgung führen i. d. R. zu erheblichen Kosten. Abfallerzeuger suchen nach preisgünstigeren Entsorgungsanlagen vor allem für verwertbaren A., was zu weiten Transportwegen führen kann (s. ↑Mülltourismus).
In Deutschland fallen pro Jahr rd. 400 Mio. t A. an, davon rd. 230 Mio. t Bauabfall (einschl. ↑Bauschutt), rd. 45 Mio. t Siedlungsabfall (davon rd. 9 Mio. t Hausmüll), rd. 19 Mio. t gefährliche Abfälle (s. ↑Sonderabfall) (1997/98). Export 1,6 Mio. t, Import 2,0 Mio. t (2000). *JA*

Abfallbeseitigung. Anfallender ↑Abfall wird überwiegend beseitigt. Dies muss gemäß rechtlichen Regelungen ordnungsgemäß und in zugelassenen ↑Deponien oder durch ↑Abfallverbrennung, evtl. nach biologischer oder chemisch-physikalischer ↑Behandlung, erfolgen. *JA*

Abfalllagerung. Der Abfalllagerung bedarf es aus logistischen Gründen vor oder nach Behandlung von ↑Abfall auf dem Weg zur ↑Verwertung, ↑Abfallverbrennung oder ↑Endlagerung (Zwischenlagerung) an zugelassenen und gesicherten Plätzen als Teil der ordnungsgemäßen Entsorgung. *JA*

Abfallverbrennung. Die Abfallverbrennung (A.) begann in Deutschland Ende des 19. Jahrhunderts mit der Hausmüllverbrennung aus hygienischen Gründen. Ihr Anwendungsbereich ist seither erheblich ausgeweitet worden. Im Jahr 2001 gab es in 12 deutschen Bundesländern insgesamt 58 Anlagen zur Verbrennung von etwa 14 Mio. t Siedlungsabfällen. Darunter fielen privater Hausmüll und ↑Sperrmüll, hausmüllähnliche Gewerbeabfälle, Straßenkehricht, Krankenhausabfälle, teilweise auch kommunaler Klärschlamm, Kompostierungs- und Wertstoffsammlungs-Rückstände.
Die A. wird gegenüber der einfachen Ablagerung auf ↑Deponien vielfach bevorzugt, weil durch die Verbrennungstemperatur Abfälle mineralisiert und in Schädlichkeit und Volumen reduziert werden. Bei hochkalorischen ↑Abfällen (z. B. mit erheblichen Gehalten an ↑Kunststoffen oder Holz) dient die A. zunehmend zur thermischen ↑Verwertung unter Nutzung der entstehenden ↑Abwärme. Die verbrannte Abfallmenge betrug 1998 rd. 12 Mio. t (einschließlich gefährlicher Abfälle).
In der technologischen Auslegung von Anlagen der A. wird unterschieden nach Brennkammer- und Drehrohrfeuerungsanlagen. Für Hausmüll und flüssige bis gasförmige Abfälle wird die Brennkammer, für verfahrenstechnisch schwierigere Abfälle das Drehrohr bevorzugt. Letzteres wird daher vorwiegend für gefährliche Abfälle eingesetzt. Jede A. muss mit Rauchgasreinigungstechniken bestückt sein, ausgelegt nach den abzuscheidenden Stoffen: ↑Stäube mittels Gewebe- oder Elektrofiltern, saure und alkalische Gase mittels Gaswäsche, ↑Schwermetalle und ↑Dioxine werden mittels Aktivkohle gebunden. Neben der alleinigen A. erfolgt zunehmend auch die Verbrennung in thermischen Produktionstechniken (sog. Mitverbrennung). Heizwerke, Kraftwerke in Brennkammertechnik, vor allem Zementwerke mit Drehrohrtechnik, übernehmen bestimmte Abfälle mit der Absicht der ↑Substitution von Primärenergieträgern.
Die umwelttechnischen Anforderungen an Anlagen der A. sind im Rahmen des ↑Bundesimmissionsschutzgesetzes geregelt (17. Bundesimmissionsschutzverordnung). Für die verschiedenen Techniken der A. werden europaweit gleiche Anforderungen angestrebt (EU-Abfallverbrennungs-Richtlinie 2000/76/EG). *JA*

Abfallvermeidung ↑Vermeidung

Abfallwirtschaft. Grundsätze moderner Abfallwirtschaft (A.) wurden erstmals 1975 im Abfallwirtschaftsprogramm formuliert: ↑Vermeidung von Menge und Schädlichkeit, Vorrang von stofflicher und energetischer ↑Verwertung von Abfällen vor der ↑Abfallbeseitigung. Diese Grundsätze wurden zu Anforderungen in rechtlichen Regelungen und bekamen mit dem ↑Kreislaufwirtschafts- und Abfallgesetz einen erweiterten Rahmen. Durch die darin enthaltene neue Regelung zur Produktverantwortung (s. ↑Produkthaftungsgesetz) sollen bereits bei der industriellen Produktplanung Entsorgungsfolgen umweltverträglicher gestaltet werden. Damit wird die ↑Ressourcen schonende und stoffliche Eigenschaften berücksichtigende Produktion angestrebt. Es erfolgt dabei die Abkehr von der zuvor ausschließlich öffentlichen Verantwortung (sog. Daseinsvorsorge) für die Steuerung der Abfallströme hin zur privatwirtschaftlichen Beteiligung (Übertragung der Entsorgungsverantwortung). Die öffentlich-rechtlichen Entsorgungsträger werden nur noch tätig bei Beseitigung oder wo private Verwertung nicht umweltverträglich erfolgt (sog. Überlassungspflicht).

Die weiter gehende Privatisierung der A. wird begleitet von Regelungen u.a. zur Abgrenzung von Verwertung gegenüber Beseitigung zwecks besserer öffentlicher Kontrolle sowie von Abfallwirtschaftskonzepten und -bilanzen zwecks Eigenkontrolle der Abfallerzeuger. Die A. ist geprägt durch zusätzliche Kosten für Abfallerzeuger/Abfallbesitzer. Daher und wegen der Vielfalt des Abfallanfalls besteht zur ordnungsgemäßen Entsorgung erheblicher Regelungsbedarf (untergesetzliches Regelwerk des Kreislaufwirtschafts- und Abfallgesetzes). Hinzu kommt die Internationalisierung des Abfallrechts mit der Kontrolle des grenzüberschreitenden Verkehrs (s. ↑Basler Konvention). *JA*

Abgaben ↑Instrumentarium der Umweltpolitik; Instrumente, betriebswirtschaftliche

Abgas ↑Emissionen

Abgaskatalysator. Der Abgaskatalysator ist ein von Abgas (insbes. aus Verbrennungsmotoren) durchströmtes Filter mit katalytisch oberflächenaktivem Filtermaterial. Auf dem Temperaturniveau der Abgase erfolgt hier kontinuierlich die weit gehende Entgiftung durch Zersetzung der im Motor gebildeten ↑Stickoxide in die Bestandteile Stickstoff und Sauerstoff sowie die Oxidation des Kohlenmonoxids zu Kohlendioxid. *JA*

Abwärme. Abwärme ist Wärme, die in allen Energieanlagen bei der Energieumwandlung entsteht und auf Grund ihres geringen Temperaturniveaus i.d.R. wirtschaftlich nicht genutzt wird. Um den Gesamtwirkungsgrad von Kraftanlagen zu erhöhen, besteht die Möglichkeit, gleichzeitig elektrische Energie und Heizwärme zu erzeugen. Dieses Prinzip nennt man ↑Kraft-Wärme-Kopplung. Die Heizwärmeabgabe mindert i.d.R. die elektrische Leistung zugunsten eines hohen thermischen Wirkungsgrades und somit eines erhöhten Gesamtwirkungsgrades.

Während reine Stromerzeugungsanlagen meist einen Wirkungsgrad von nur knapp über 40% aufweisen, können Anlagen zur gleichzeitigen Strom- und Wärmeerzeugung bei guter Wärmeauskopplung einen Wirkungsgrad von 70–90% erreichen.

Zur Schonung der ↑Ressourcen unterstützt der Gesetzgeber eine erhöhte Abwärmenutzung durch das Kraft-Wärme-Kopplungs-Gesetz, welches eine erhöhte Vergütung der produzierten Strommenge vorsieht. *CG*

Abwasser. Abwasser ist ein Sammelbegriff für das gesamte verunreinigte ↑Wasser sowie Wassergemische (wie Schmutzwasser, Niederschlagswasser, Deponiesickerwasser, Fremdwasser, Mischwasser und Kühlwasser) ohne Rücksicht auf die Ursache, das Ausmaß oder die Schädlichkeit der Verschmutzung. *SCH*

Abwasserabgabengesetz. Das Abwasserabgabengesetz schreibt seit 1981 eine Abgabe an die Länder für die Einleitung von Prozessabwasser in ein ↑Gewässer vor (Einleiter: Kommunen, Industrie und Gewerbe), die sich nach der Schädlichkeit des ↑Abwassers richtet. Ziele sind die Vermeidung von Abwasser, die Reduzierung der Verschmutzung und die Abwasserbehandlung vor Einleitung. Bei Einhaltung strenger Mindestanforderungen wird die Abgabe pro Schadstoffeinheit um 75 % günstiger. Damit besteht ein zusätzlicher finanzieller Anreiz, schonendere Verfahren zu entwickeln. Das Gesetz gilt als gelungenes Beispiel für das ökonomische ↑Instrumentarium der Umweltpolitik. *IC*

Acrylamid. Am 24. 4. 2002 informierte die Europäische Kommission über das Schnellwarnsystem für Lebensmittel über Funde zum Teil hoher Dosen Acrylamid (A.) in stärkehaltigen Lebensmitteln, wie z. B. in Kartoffelchips, Knäckebrot, Frühstücksgetreide und Pommes frites. A. ist eine synthetische Substanz, die zur Herstellung von Polyacrylamid verwendet wird (Verwendung in der Papierindustrie, in Lebensmittelverpackungen und als Flockungsmittel bei der Trinkwasseraufbereitung). A. entsteht v. a. während der Zubereitung stärkehaltiger Lebensmittel, die gegrillt, gebraten, gebacken, geröstet und frittiert oder mit der Mikrowelle (Popcorn) hergestellt werden; es kommt auch im Tabakrauch vor. A. hat eine Krebs erzeugende und genotoxische Wirkung; in ↑Tierversuchen wurde die Krebs erregende Wirkung nachgewiesen. Zur Zeit kann noch nicht verlässlich abgeschätzt werden, wie hoch das Krebsrisiko für Menschen ist. ↑Grenzwerte sind noch nicht festgesetzt worden. *BP*

Aerosole. Aerosole bezeichnet ein instabiles kolloides System, das aus einem Gas (Dispersionsmittel) und darin verteilten kleinen flüssigen oder festen (kolloiden) Bestandteilen in der Größe von 0,1–100 μm besteht (z. B. Luft). Kolloide Teilchen können Ruß, Nebel oder ↑Staub sein. *A&HPJ*

Afrikanische Elefanten ↑Wildnis

Agenda 21. Die Agenda 21 (A.) wurde als Aktionsprogramm für das 21. Jahrhundert bei der ↑Konferenz über Umwelt und Entwicklung der UN (UNCED) 1992 in Rio de Janeiro von 178 Staaten unterzeichnet. Damit wurde eingeräumt, dass der bisherige Entwicklungskurs in Nord wie Süd nicht weiter aufrechterhalten werden kann, wenn eine Zerstörung der menschlichen Lebensgrundlagen vermieden werden soll. Strategisches Fundament der A. ist das Leitbild ↑Nachhaltige Entwicklung. Es wird als Grundlage für ein gezieltes und mit der Bevölkerung abgestimmtes Umsteuern in allen gesellschaftlichen Bereichen angesehen. Die A. integriert entwicklungs-

und umweltpolitische Aspekte. Sie hat einen auffordernden, aber keinen völkerrechtlich bindenden Charakter.
Die A. umfasst 40 Kapitel, in denen Handlungsgrundlagen, Ziele und Maßnahmen beschrieben sind. Der 1. Teil thematisiert soziale und wirtschaftliche Dimensionen: internationale Zusammenarbeit, Armutsbekämpfung, Veränderung der Konsummuster, Bevölkerungsdynamik, Gesundheit, Siedlungsentwicklung. Im 2. Teil werden Erhaltung und Bewirtschaftung der ↑Ressourcen beschrieben: ↑Atmosphäre, ↑Böden, ↑Wald, ↑Desertifikation, Berggebiete, ↑Landwirtschaft, Artenvielfalt, ↑Wasser, Chemikalien, ↑Abfallbeseitigung. Die Rolle wichtiger gesellschaftlicher Gruppen wird im 3. Teil dargestellt: Frauen, Kinder und Jugendliche, indigene ↑Gemeinschaften, ↑Nichtregierungsorganisationen (NRO), Kommunen, Arbeitnehmer und Gewerkschaften, Bauern, Privatwirtschaft, Wissenschaft und Technik. Im 4. Teil werden Möglichkeiten der Umsetzung empfohlen: Finanzierung, Technologieentwicklung, Wissenschaft, Bildung, Handlungskapazitäten, internationale Institutionen, Rechtsinstrumente und Entscheidungsfindung.
Die Bedeutung der kommunalen Ebene für die Umsetzung der A. wird im Kapitel 28 besonders hervorgehoben. Die lokalen Behörden werden aufgefordert, gemeinsam mit der Bevölkerung Aktionspläne für eine Nachhaltige Entwicklung zu erstellen und umzusetzen. Verschiedene nationale und internationale Institutionen sind hier inzwischen unterstützend aktiv (z.B. Agenda-Transfer Bonn, ICLEI).
Zur Überprüfung der Umsetzung der A. wurde 1993 die ↑Kommission zur Nachhaltigen Entwicklung (CSD) eingerichtet. Jährlich finden Konferenzen statt, auf denen zentrale Themen der A. bilanziert und neue Initiativen ergriffen werden (sog. Rio-Folgeprozess). Auf der Folgekonferenz 1997 in New York («Rio plus 5») wurde die Erarbeitung nationaler ↑Nachhaltigkeitsstrategien zugesagt. Inzwischen haben zahlreiche Staaten solche Strategien bzw. Pläne ausgearbeitet. Häufig sind es NRO, die Schritte zur Umsetzung der A. vorantreiben. Im Frühjahr 2002 beschloss die Bundesregierung eine «Strategie für Deutschland». Die EU nimmt in zentralen Dokumenten ebenfalls Bezug auf die A. (z. B. Grundsatzkapitel des EG-Vertrages). Auch andere supra- und internationale Organisationen und Institutionen berücksichtigen dieses Leitbild in ihrer Arbeit (z. B. OECD).
Der ↑Weltgipfel für Nachhaltige Entwicklung (WSSD) in Johannesburg zog zehn Jahre nach Rio Bilanz und gab weitere Anstöße. Neue Vereinbarungen oder verbindliche Übereinkommen über Ziele und Fristen wurden jedoch nur in wenigen Bereichen erreicht (z. B. Trinkwasser). *Edgar Göll*

Agenda 2000. Das EU-Reformprogramm Agenda 2000 aus dem Jahr 1999 legt den EU-Finanzrahmen für die Jahre 2000–2006 fest und trifft Vorgaben für die Reform zentraler Politikbereiche, vorrangig für die Umstrukturierung der ↑Agrar- und Strukturpolitik, aber auch für die ↑Umweltpolitik. Es soll die Europäische Union für die Osterweiterung befähigen.

AV

Agent Orange. Agent Orange wurde im Vietnamkrieg von den USA als Entlaubungsmittel eingesetzt und enthielt das ↑Dioxin 2,3,7,8-TCDD als Verunreinigung. Dieses verursacht bis heute sowohl bei amerikanischen Veteranen als auch bei der vietnamesischen Bevölkerung Krebserkrankungen und Missbildungen bei Neugeborenen. In den 1970er Jahren verklagten 15 000 Vietnam-Veteranen die Herstellerfirmen auf Schadensersatz, der ihnen 1984 auch gewährt wurde. Die vietnamesische Bevölkerung wurde dagegen bis heute nicht entschädigt. *BP*

Agrarpolitik. Agrarpolitik (A.) umfasst alle Maßnahmen zur Gestaltung der wirtschaftlichen, rechtlichen und sozialen Verhältnisse in der Land-, ↑Forst- und ↑Fischereiwirtschaft. Die Gestaltung der A. durch Markt- und Preispolitik fällt in die ausschließliche Kompetenz der EU. Die Mitgliedstaaten haben nur in der Agrarstruktur- und der Verbraucherschutzpolitik Handlungsspielraum.

Die EU verfolgte lange Zeit das Ziel, die Bevölkerung jederzeit unabhängig vom Ausland mit einer ausreichenden Menge an Nahrungsmitteln versorgen zu können. Produktions- und Produktivitätssteigerung der Landwirtschaft und Stabilisierung der Märkte wurden damit zu Leitprinzipien der A. Es entwickelte sich ein kompliziertes Regelwerk für die Preis- und Mengenregulierung der Agrarmärkte und ihre Abschottung gegenüber dem Weltmarkt: Mittels sog. Gemeinsamer Marktordnungen werden für etwa 70 % aller Produkte feste Preis- und Absatzgarantien gewährt, Letztere durch Stützungskäufe. Zusätzlich werden alle Produkte vor Konkurrenz aus Drittstaaten durch einen gemeinsamen Außenschutz in Form von Kontingenten, Abgaben auf Importe sowie Erstattungen für Exporte geschützt.

Die Bilanz der EU-A. fällt in ökonomischer, ökologischer und sozialer Hinsicht negativ aus. Der Ansatz der Preis- und Absatzgarantie führte zu stetigen Produktionsüberschüssen. Große Mengen an Nahrungsmitteln wurden entweder vernichtet oder per Exportsubventionierung auf den Weltmärkten zu Niedrigpreisen zu Lasten der Entwicklungsländer abgesetzt. Die EU-A. ist mittlerweile kaum noch finanzierbar: Etwa die Hälfte des EU-Haushalts wird für den Agrarbereich aufgewendet (Jahr 2000: 45,4 Mrd. Euro). Hiervon profitieren vor allem große, ertragsstarke Betriebe. Kleine, ertragsschwache Betriebe hingegen sehen sich seit Jahren durch Konkurrenz und rigide Niedrigpreispolitik des Handels zur Aufgabe gezwungen. Die Förderung intensiver Landbewirtschaftung und die damit einhergehende Überproduktion haben zu gravierenden Umweltbeeinträchtigungen in Form von ↑Überdüngung, Flurausräumung oder Entwässerung geführt. Folge ist eine vielerorts monotone, erodierte und eutrophierte Agrarlandschaft mit einer verarmten biotischen Ausstattung. Ebenso wurde dem Verbraucherschutz lange Zeit kaum Beachtung geschenkt (s. ↑BSE-Krise).

Auf EU-Ebene wurden infolge dieser Fehlentwicklungen, aber auch auf Grund der Uruguay-Runde der ↑Welthandelsorganisation (WTO) in den Jahren 1992 und 1999 (mit der ↑Agenda 2000) grundlegende Reformschritte eingeleitet: Preisgarantien und Stützungskäufe wurden abgebaut, und das Preisniveau für viele Produkte wurde an das Weltmarktniveau angenähert. Dies wurde durch Direktzahlungen an die Landwirte kompensiert. Die Überschussproduktion konnte dadurch gedämpft werden, die Kosten aber nicht entscheidend gesenkt. Zusätzlich wurde eine sog. zweite Säule der EU-A. aufgebaut, die die Förderung von umweltgerechten Bewirtschaftungsverfahren und Maßnahmen zur Stärkung des ländlichen Raums (neue Beschäftigungsmöglichkeiten für Landwirte wie z. B. Pflegemaßnahmen beinhaltet. Bislang werden aber nur ca. 10 % der Gelder hierfür verwendet. Für das Jahr 2006 ist eine weitere Reform vorgesehen, die den Kurs der Marktorientierung und der Umweltverträglichkeit vertiefen soll (sog. Agenda 2007).

Axel Volkery

Aktionsprogramm 2015. Auf der UN-Millenniumsversammlung 2000 verpflichtete sich die Staatengemeinschaft u. a. darauf, die Armut in der Welt bis zum Jahr 2015 zu halbieren. Deutschland kündigte an, durch ein eigenes Programm dazu beizutragen. Das Aktionsprogramm 2015 umfasst 10 Punkte und wurde vom Bundeskabinett im April 2002 beschlossen.

BP

Allergien. Allergien sind angeborene oder erworbene spezifische Änderungen der Reaktionsfähigkeit des Immunsystems im Sinne einer krank machenden Überempfindlichkeit. Die Zahl allergischer Erkrankungen steigt besonders in den westlichen Industriestaaten stark an. Sehr häufig sind Heuschnupfen, Neurodermitis und Bronchialasthma.

CH

Allmende. Der Begriff «Allmende» (mhd.: «das allgemeine Land») bezeichnet die von einer Dorfgemeinde gemeinsam genutzte Fläche wie ↑Wald, Weide oder ↑Gewässer. Aus umweltökonomischer Sicht zeichnen sich Allmenderessourcen dadurch aus, dass Eigentumsrechte nicht definiert sind und die Benutzung rivalisierend ist. Ohne Regulierung kommt es zu einer Übernutzung, da der Einzelne die ↑Externen Effekte seines Handelns für die anderen nicht berücksichtigt (Tragödie der Gemeingüter).

HE

Altanlage. Mit dem Begriff «Altanlage» werden vor dem Erlasszeitpunkt einschlägiger Regelungen errichtete bzw. genehmigte technische Anlagen umweltrechtlich definitorisch abgegrenzt. Allgemeines umweltpolitisches Ziel ist die Nachrüstung auf den neuesten umwelttechnisch erreichten Stand (s. ↑Stand der Technik), mit Übergangsvorschriften und Terminsetzung.

JA

Altauto. Ein Altauto (A.) ist ein zur Entsorgung bestimmtes Kraftfahrzeug (s. ↑Automobilschrott). In Deutschland erfolgen jährlich rd. 3 Mio. Löschungen aus dem Kraftfahrzeugregister. Der Letzthalter ist verpflichtet, zwecks endgültiger Stilllegung seines A. bei der Zulassungsstelle einen Verwertungsnachweis gem. Altautoverordnung vorzulegen. Die Rückgabe an die Hersteller ist allgemein ab 2007 kostenlos (Altfahrzeuggesetz). Nicht ordnungsgemäße Entsorgung wird mit bis zu 50000 Euro bestraft.

JA

Altlasten. Der Begriff «Altlasten» (A.) wurde 1983 erstmals in einem Bericht an die ↑Organisation für wirtschaftliche Zusammenarbeit und Entwicklung (OECD) verwendet. Kontaminierte Standorte werden seither in problematische Altablagerungen und problematische kontaminierte Betriebsflächen (einschließlich Ablagerung von Kampfstoffen) untergliedert. Davon unterscheiden sich kontaminierte Flächen; sie gelten nicht als A. und umfassen großflächige Bodenverunreinigungen durch industrielle Schadstoffimmissionen oder Rückstände von Pflanzenbehandlungsmitteln in der Landwirtschaft. *SCH*

Ames-Test. Der Ames-Test ist ein weltweit anerkannter Labortest zur Prüfung von Substanzen, die Veränderungen oder Schäden in der DNA verursachen und damit Mutationen auslösen. Es handelt sich dabei um ein bakterielles Prüfverfahren, durch dessen Anwendung die Zahl der ↑Tierversuche deutlich reduziert werden konnte (nach Bruces N. Ames benannt). *A&HPJ*

Ammoniak ↑Landwirtschaft, ökologische

Amoco Cadiz. Der Fall der «Amoco Cadiz», des der BP-Amoco (USA) gehörenden Öltankers unter liberianischer Flagge, der am 16.3. 1978 vor der französischen Atlantikküste nahe Brest wegen Ruderschadens im Sturm auf ein Riff lief und dabei 234000 t Erdöl freisetzte, die einen Ölteppich von ca. 2600 km^2 bildeten und hunderte Kilometer bretonischer Küste verseuchten, ist ein paradigmatisches Beispiel für ↑Meeresverschmutzung. Die Folgen waren massenhaftes Tiersterben (Seevögel, Fische, Crustaceen), zerstörte Strände, Luftverpestung, die Vernichtung von Muschel- und Austernbänken und Algenfischerei und damit der existenzielle Ruin von Fischern, Austernfarmern, Fischhändlern und der lokalen Tourismusindustrie. Die Gesamtkosten werden auf 9,3 Mrd. Euro beziffert. Nach 14-jährigem Rechtsstreit verurteilte ein US-Gericht die Amoco Corp. zu 1,13 Mrd. Franc Schadensersatz an den französischen Staat und 230 Mio. Franc an die betroffenen Küstengemeinden. Der Schock, den diese ↑Katastrophe auslöste, führte angesichts der Kosten und ↑Risiken der Umweltverschmutzung zu einem Paradigmenwechsel bei der breiten Öffentlichkeit, während Ölindustrie und Politik in Sicherheitsfragen weiterhin Verzögerungstaktiken verfolgen. Der neueste Fall betrifft den Tanker «Prestige», der vor der spanisch-portugiesischen Küste versank. *IC*

Anorganische Chemie ↑Chemie, anorganische

Anorganische Verbindungen ↑Verbindungen, anorganische

Anreize ↑Instrumentarium der Umweltpolitik; Instrumente, betriebswirtschaftliche

Anspruchsgruppen ↑Stakeholder

Anthropozentrismus. Der Anthropozentrismus (A.) ist ein Verständnis der Welt, bei dem der Mensch in seinem Erkennen und Handeln als Zentrum

der Welt vorausgesetzt wird. Die ↑Natur wird vom Menschen her und zum Menschen hin gedacht. Sie ist die ↑Umwelt des Menschen. Das betrifft die zu Erkenntniszwecken gebildeten Begriffe ebenso wie die moralischen Maßstäbe menschlichen Handelns. Eine über den Menschen hinausgehende ethische Verpflichtung gegenüber der Natur besteht nicht, es sei denn, es wäre sinnvoll, um des Menschen willen die Natur zu schützen. Die Möglichkeit, dass die vom Menschen gebildeten Begriffe Hilfsmittel dafür sein könnten, die außerhalb des Menschen liegende Natur in ihrem Eigensein zu interpretieren und um ihrer selbst willen zu schützen, wird bestritten.
Zu dieser Verengung, in der der Mensch trotz seines natürlichen Ursprungs in einer ausnahmslosen Selbstfixierung befangen bleibt, gibt es Gegenpositionen: Pathozentrismus, ↑Biozentrismus, Holismus. Mit diesen Positionen wird der Versuch unternommen, die in der nichtmenschlichen Natur vorliegenden Intentionen (insbes. den Willen zum Leben) als Maßstab für menschliches Handeln zu nehmen. Beim Holismus wird aus der Natur als Umwelt des Menschen die Mitwelt, an der der Mensch auf seine Weise Anteil hat. Er bildet mit ihr zusammen die Natur. Bei der Frage, wie weit die menschlichen Überlebensinteressen mit denen der Mitwelt verbunden werden können, greift der A. zu kurz. Er kennt die Natur nur so, wie sie für den Menschen nützlich ist. Darin unterscheidet er sich von jedem holistischen Ansatz. *ALT*

Antibiotika. Antibiotika sind Substanzen, die entweder das Wachstum von Mikroorganismen hemmen oder sie abtöten. Schätzungen zufolge wurden in den letzten 50 Jahren mehr als 1 000 000 t Antibiotika in die ↑Biosphäre freigesetzt. Von zunehmender Problematik sind Antibiotika-Resistenzen sowie Rückstände und resistente Keimbelastung in Lebensmitteln, im ↑Boden und Grundwasser. *CH*

Anwendungsverbot ↑Pflanzenschutz

Aquakultur. Aquakultur oder ↑Blaue Revolution bezeichnet die produktionswirtschaftliche Massenerzeugung von Wassertieren und -pflanzen (neben Fischen auch Garnelen, Muscheln und Algen) unter kontrollierten Umweltbedingungen, während Marikultur Meeresorganismen in Umspülungs- und Netzkäfiganlagen, Limnokultur Teich-, Durchfluss- und Netzkäfiganlagen meint. Der hohe Einsatz von Futtermitteln und ↑Pestiziden kann zu Schäden in der künstlich geschaffenen Umwelt führen. *IC*

Aralsee. Der Aralsee ist ein ehemals großer Süßwassersee der UdSSR in einer fruchtbaren, wald- und artenreichen Region. Durch Wasserentnahme für Bewässerung schrumpfte der See drastisch; Versalzung und Kontamination mit ↑Pestiziden folgten. Heute steht der Name für den ökologischen, ökonomischen und gesundheitlichen Zusammenbruch einer ganzen Region. *CL*

Arbeit & Ökologie. Im Diskurs um ↑Nachhaltige Entwicklung hat sich inzwischen das Drei-Säulen-Modell durchgesetzt, das neben der ökologischen und ökonomischen eine soziale Dimension der Nachhaltigkeit vorsieht. In der Ausfüllung dieser Dimension wird i.d.R. auf grundsätzliche Normen wie Generationengerechtigkeit, Lebensqualität, sozialen Zusammenhalt und internationale Verantwortung verwiesen; Verbindungslinien zur gesellschaftlichen Arbeit werden in den Politikfeldern Beschäftigung und Gesundheitsschutz gezogen. Dementsprechend konzentrieren sich z.B. die Vorschläge des «Bündnisses für Arbeit und Umwelt» auf die ↑Beschäftigungseffekte von Investitionen in die ökologische Modernisierung der Volkswirtschaft.

Diese Fokussierung wird aber weder der grundsätzlichen Bedeutung der gesellschaftlichen Organisation von Arbeit in einer Erwerbsarbeitsgesellschaft gerecht noch der Frage, wie Arbeit ausgeformt sein muss, um einen möglichst umfassenden Beitrag für eine Nachhaltige Entwicklung zu leisten. Ein solcher Beitrag erfordert, dass die spezifische Form der Erwerbsarbeit, ihre vertraglichen und zeitlichen Standards, unter den Bedingungen von Globalisierung, Informationstechnisierung und Individualisierung einem grundlegenden Wandel unterworfen werden. Die daraus folgende Transformation der Erwerbsarbeit (Pluralisierung, Flexibilisierung und Entgrenzung) birgt prinzipiell wichtige Potenziale für eine Nachhaltige Entwicklung, die durch entsprechende Gestaltungsmaßnahmen realisiert werden können.

Nachhaltige Entwicklung zielt auf die Verknüpfung der Bedürfnisse der gegenwärtigen mit denen der zukünftigen Generationen (s. ökologischer ↑Generationenvertrag), das heißt auf sinnvolle und produktive Tätigkeit, auf ausreichende Grundversorgung und auf gesellschaftliche Teilhabe. Diese Bedürfnisse werden nicht allein durch Erwerbsarbeit erfüllt, sondern durch die ganze gesellschaftliche Arbeit, die Versorgungsarbeiten, Gemeinschaftsarbeiten und Eigenarbeiten einschließt. Es kommt also darauf an, den Beitrag aller Arbeiten für die gesellschaftliche Reproduktion und die individuelle Lebensqualität anzuerkennen, sie als Ergänzung zur Erwerbsarbeit aufzuwerten und Übergänge zwischen diesen verschiedenen Arbeiten zu unterstützen.

In den Ländern des Südens und des Nordens wachsen der Anteil informeller Arbeit und ihre Bedeutung für die Grundversorgung, die soziale Sicherheit, die gesellschaftliche Integration und den Umgang mit den natürlichen ↑Ressourcen. Arbeit in einer nachhaltigen Perspektive bedeutet daher, die zukunftsfähigen Potenziale dieser «Mischarbeit» zu erkennen, die Zugänge nach Kriterien der sozialen Gerechtigkeit umzuverteilen und vorhandene Synergien zu nutzen (s. ↑Synergieeffekte). Basisstrategien in den Industrieländern sind Arbeitszeitverkürzung und Arbeitsumverteilung, die sozialökologische Gestaltung aller Arbeiten und ihrer Produkte, die Etablierung eines von Erwerbsarbeit entkoppelten Grundeinkommens für alle sowie die Gestaltung und Unterstützung von Kombinationen der Arbeiten durch die Bereitstellung von Infrastrukturen, insbes. im Bereich der Aus- und Weiterbildung.

Eckart Hildebrandt

Architektur, ökologische. Ökologische Architektur (ö.A.) bezeichnet die

Besinnung auf die ganzheitlichen Aspekte des Planens, Bauens und Gestaltens von Gebäuden. Es handelt sich um eine A., die sich der besonderen Austausch-, Verwandlungs- und Stoffwechselprozesse zwischen Mensch und ↑Natur im Sinne einer nachhaltigen Haushaltsführung annimmt. Das betrifft sowohl die materielle Ebene (↑Energie, ↑Wasser, Materialien) als auch die immaterielle Ebene, Letztere im Sinne der Einwirkungen, die von der A. als gebauter ↑Umwelt auf die körperliche und seelische Gesundheit und die Befindlichkeit des Menschen ausgehen.

Ö. A. ist eine Reaktion auf moderne Architekturentwicklungen, die diese ganzheitlichen Aspekte und Umweltwirkungen des Bauens ignorieren und stattdessen kurzfristige, lineare und funktionalistische Zielausrichtungen in den Vordergrund stellen – und die damit zu einem der maßgeblichen Mitverursacher der heutigen Umweltprobleme wurden. Wichtig für die ö. A. ist die bewusste Bezugnahme auf die naturräumlichen Gegebenheiten, den besonderen Ort, den «genius loci», und zwar im Dialog mit den betroffenen Menschen und ihren Bedürfnissen. Es geht dabei auch um ↑Ressourcen und Energie sparendes, um solares bzw. klimagerechtes Bauen – und um die Einbeziehung von Wasser und Pflanzen als wichtige Planungs- und Architekturelemente. Dabei sind die Beachtung der gesamten Lebenszyklen der verwendeten Baustoffe (s. ↑Produktlebenszyklus) einschließlich ihres jeweiligen ↑Ökologischen Rucksacks und die Vermeidung gesundheits- und umweltbelastender Materialien und Baustoffe wichtig. Das Gebäude wird als «Dritte Haut» des Menschen verstanden; durch baukünstlerische Gestaltung sollen die Gebäude auch Stätten der Sinneserfahrung und Sinnesgestaltung sein.

Ö. A. fordert einen bewussten, für das Gebäude und die Umwelt verantwortlichen Bewohner und Nutzer. Sie ist daher mit dem Verständnis vieler moderner Architekturrichtungen nicht oder nur schwer vereinbar. *EH*

Artenschutz. Artenschutz (A.) bezeichnet die Summe aller rechtlichen und planerischen Maßnahmen zum direkten Schutz einzelner Tier- und Pflanzenarten. Dies erfolgt i.d.R. durch die Unterschutzstellung oder Schaffung geeigneter ↑Biotope. In Deutschland bestimmen das ↑Bundesnaturschutzgesetz und die zugehörige Bundesartenschutzordnung, welche Arten auf Grund ihrer Seltenheit oder der Gefährdung ihres Bestands unter Schutz stehen. Dabei gelten die Vorgaben der ↑Fauna-, Flora-, Habitat-Richtlinie (FFH-Richtlinie). Wichtigstes Instrument zur Bestimmung des Gefährdungsgrades und zur Prioritätensetzung sind die ↑Roten Listen. Auf internationaler Ebene regelt das ↑Washingtoner Artenschutzabkommen (CITES) den Handel mit Arten.

Der A. stand lange Zeit im Mittelpunkt der Bemühungen im ↑Naturschutz. Allerdings zeigten sich mit der Zeit immer deutlicher die Grenzen eines auf einzelne Arten abzielenden Schutzansatzes: Häufig reduziert er sich auf eine vereinzelnde, ästhetisierende Sichtweise, die gesamtökologische Zusammenhänge vernachlässigt. Seit längerem haben deshalb Ansätze zum Schutz von großflächigen Gebieten und zur

Minderung der Schadstoffeinträge außerhalb der geschützten Gebieten an Bedeutung gewonnen. *AV*

Artenvielfalt ↑Artenschutz; Biodiversität

Artikel 20a GG. Der ökologisch und umweltpolitisch wichtige Artikel 20a des Grundgesetzes der Bundesrepublik Deutschland lautet: «Der Staat schützt auch in Verantwortung für künftige Generationen die natürlichen Lebensgrundlagen im Rahmen der verfassungsmäßigen Ordnung durch die Gesetzgebung und nach Maßgabe von Gesetz und Recht durch die vollziehende Gewalt und die Rechtssprechung» (s. ↑Staatsziel Umweltschutz). *UES*

Artikelgesetz. Artikelgesetz bezeichnet ein Gesetz, das mehrere (Umwelt-) Gesetze ändert und in Artikel gegliedert ist, zumeist komplexe Gesetzgebungsvorhaben. Auf Grund vorwiegend europarechtlicher Vorgaben an die Umweltgesetzgebung kommt es regelmäßig zu Artikelgesetzen in Deutschland. Wichtiges Beispiel ist die Richtlinie zur ↑Umweltverträglichkeitsprüfung (UVP). *MZ*

Arzneimittelgesetz. Das «Gesetz über den Verkehr mit Arzneimitteln» (AMG) soll «im Interesse einer ordnungsgemäßen Arzneimittelversorgung von Mensch und Tier für die Sicherheit im Verkehr mit Arzneimitteln, insbes. für die Qualität, Wirksamkeit und Unbedenklichkeit der Arzneimittel ... sorgen» (§ 1 AMG). Diesem Ziel dienen die Prüfung und Bewertung der Arzneimittel vor ihrer Zulassung durch das Bundesinstitut für Arzneimittel und Medizinprodukte (BfArM) und die fortlaufende Neubewertung von Nutzen und Risiken auf der Grundlage der Erfahrungen, die mit zunehmender Anwendung in der Praxis gewonnen werden.
Unter Qualität werden Parameter wie Identität, Gehalt, Reinheit oder bestimmte chemische, physikalische und biologische Eigenschaften der Inhaltsstoffe verstanden. Wirksamkeit und Unbedenklichkeit sind wertende Begriffe, an denen sich Meinungsverschiedenheiten entzünden. Unter Wirksamkeit werden alle die körperlichen oder seelischen Wirkungen eines Arzneimittels zusammengefasst, die in Hinblick auf das Ziel einer Behandlung erwünscht sind. Ein Arzneimittel kann somit nicht schlechthin wirksam sein, sondern nur in Bezug auf ein definiertes Anwendungsgebiet.
Arzneimittel können neben den therapeutisch erwünschten auch unerwünschte Wirkungen haben. Deren Häufigkeit und Schwere bestimmt das mit einem Arzneimittel verbundene ↑Risiko. Die Kenntnis des aus der Wirksamkeit abgeleiteten therapeutischen Nutzens und der Risiken erlaubt eine Abwägung der Vertretbarkeit und Angemessenheit einer bestimmten Behandlung und damit der vom Gesetz verlangten Unbedenklichkeit.
In gesetzlicher Definition sind Arzneimittel Stoffe oder Zubereitungen aus Stoffen, die vom Hersteller dazu bestimmt sind, zu therapeutischen oder diagnostischen Zwecken am oder im Körper angewendet zu werden. Diese Zweckbestimmung macht aus der verarbeiteten Substanz ein Arzneimittel. Die Information für Fachkreise und die Gebrauchsinformation für Anwender

bestimmen daher ebenso wie die pharmazeutische Qualität den Wert eines Arzneimittels. Änderungen dieser Informationen gehören zu den häufigsten Maßnahmen, die das BfArM verfügt, wenn durch neue Erkenntnisse der begründete Verdacht besteht, dass das Nutzen-Risiko-Verhältnis erheblich verändert ist, z.B. durch Einschränkungen der Anwendungsgebiete, Ausschlusskriterien für Gruppen von Patienten, Dosierungsänderungen. Reichen derartige Maßnahmen zur Risikominderung nicht aus, kann das BfArM die Zulassung widerrufen.

Georges Fülgraff

Asbest. Asbest ist ein natürliches Erdgestein, dessen Produkte meist als Brand- und Isolierschutz dienten. Die Krebs erzeugende Wirkung ist seit mehr als 60 Jahren bekannt. Etwa zwei Drittel aller heute anerkannten Arbeitserkrankungen gehen auf Asbest zurück. Erst 1979 wurde in Deutschland Spritzasbest und 1989 die Verwendung aller Asbestmaterialien verboten. In vielen größeren Gebäuden, die vor 1982 errichtet wurden, ist mit Asbestbelastung zu rechnen. *BP*

Ästhetik der Nachhaltigkeit. Die Ästhetik der Nachhaltigkeit (Ä.d.N.) ist ein neues Konzept in der Diskussion um die zukünftige Wirtschafts- und Lebensweise in unserer Gesellschaft. Es geht davon aus, dass das Thema Nachhaltigkeit erst dann gesellschaftlich tragfähig wird, wenn es mit «utopischer Energie» angereichert ist. Eine Ä.d.N., die die Sinne anspricht, kann Bilder voller Schönheit entstehen lassen, die der Idee eines schonenden Umgangs mit der ↑Natur eine Perspektive geben und sie von dem Ruf, moralische Restriktion (Askese oder Verzicht) zu sein, befreien.

Zur Zeit ist ökologische Ä. mehr ein Postulat, bestenfalls ein Experimentierfeld; noch fehlen die überzeugenden Symbole und Bilder. Verfahren und Produkte, die für einen nachhaltigen Umgang stehen, wie ↑Windenergie, ↑Solarenergie oder ökologische ↑Landwirtschaft, bleiben in ihrer Ä. dem Stil der Vergangenheit verhaftet. Noch lässt sich die Ä.d.N. nicht deklinieren, aber in vielen kleinen und größeren Projekten werden Elemente dazu entwickelt. Z.B. entdeckt eine ästhetische Archäologie die «unsichtbare Stadt» der Ver- und Entsorgung. Man kann ↑Wasser und ↑Abwasser, ↑Abfall und ↑Energie neu erfahren; die Geheimnisse der Stadt werden gelüftet, ironische Einblicke gewährt und Bruchstellen der Wahrnehmung geschaffen. Dem Triumph des Augenblicks, der Schönheit von Autos und Kleidung, steht der Glanz der Dauer gegenüber. In fast allen Kulturen gibt es Bilder der Beständigkeit, die man manchmal Ewigkeit nennt. Das «panta rhei» (alles fließt) des Wassers, die Geräusche des Windes, die Wiederkehr des Frühlings sind Ansatzpunkte einer Ä. des Dauerhaften. Der unmittelbare Raum, das Quartier und die Region erfahren eine neue Aufmerksamkeit. Eine Ä. der Zuständigkeit, des unmittelbaren Wissens, der Kommunikation stellt der Dynamik des Raumes die Vertrautheit des Ortes gegenüber.

Solche Bilder einer ↑Nachhaltigen Entwicklung werden die Dialektik zwischen Heute und Morgen, dem Ich und dem Anderen, der Lebenswelt und der ↑Umwelt nicht auflösen, sondern aufgreifen. Aus der Diskussion über die Ästhetisierung des Alltags lässt sich ableiten, dass sich ökologische Ä. in einem Bezug zur Ä. von Waren, Attraktionen und Macht befindet, den sie reflektieren muss, um nicht selber manipulativ zu wirken. Die ökologische Ä. ist reflexiv; in ihr spiegeln sich Widersprüche, Brüche und Konfliktlinien wider, die das Verhältnis zur Natur kennzeichnen. Diese Reflexion soll die Schönheit der Natur zur Geltung kommen lassen, dadurch die moralische Verkrampfung in Umweltfragen lockern und der Bevölkerung im Ganzen einen Zugang zur Umweltproblematik eröffnen.

Detlev Ipsen/Astrid Wehrle

Atmosphäre. Die Atmosphäre (A.) besteht aus 78,1 % Stickstoff, 20,9 % Sauerstoff und 0,9 % Argon. Klimarelevante Spurengase (s. ↑Treibhauseffekt) sind Kohlendioxid, Methan, Wasserdampf, ↑Stickoxid, ↑Ozon und ↑Fluorchlorkohlenwasserstoffe (FCKW). Die Energie für die Prozesse in der A. stammt von der Sonne. Der Einfallswinkel der Sonnenstrahlen variiert zwischen 0 und 90 Grad. Damit kommt es horizontal zu einem Temperaturgefälle zwischen dem Äquator und den Polen und so zu Ausgleichsströmungen, die durch die Erdrotation abgelenkt werden. Es entstehen Hoch- und Tiefdruckgebiete, deren Lage und Zugbahnen durch die Land-Meer-Verteilung und die Orographie beeinflusst werden. Die vertikale Struktur der A. wird durch ihren Strahlungs- und Wärmehaushalt bestimmt. Man unterteilt die A. in durch Übergangsschichten getrennte «Stockwerke». Die ↑Troposphäre, das unterste wetterwirksame Stockwerk, ist durch Vertikalbewegungen charakterisiert. In ihr sind zwei Drittel der Atmosphärenmasse und fast der gesamte Wasserdampf enthalten. Die Temperatur nimmt im Mittel um 5–6 K pro 1 km mit der Höhe ab. Die Tropopause bildet den Übergang zur ↑Stratosphäre: am Pol in 8 km Höhe (−45 °C) und am Äquator in 17 km (−80 °C). Die Temperatur der Stratosphäre ist bis zur Ozonschicht konstant, danach steigt sie an. Dies führt zu geringen vertikalen und starken horizontalen Strömungen. Der Stratopause folgt oberhalb der Stratosphäre in 50 bis 80 km Höhe die Mesosphäre, in der die Temperatur bis zur Mesopause auf etwa −90 °C abnimmt. Danach steigt die Temperatur in der bis 500 km reichenden Thermosphäre wieder an. Die sich anschließende Exosphäre bildet den Übergang zum freien Weltraum. Der obere Teil der Mesosphäre, die Thermosphäre und die Exosphäre, werden zur Ionosphäre zusammengefasst. *FWG/PCW*

Atomare Wiederaufbereitung ↑Wiederaufarbeitungsanlage, atomare

Atomausstiegsgesetz ↑Atomgesetznovelle

Atomenergie. Die US-amerikanischen Erfinder der Atomenergie (A.) trieb vor allem ein Motiv: Dem Horror der Atombombenabwürfe über Hiroshima und Nagasaki im August 1945 sollte eine positive Vision entgegengestellt werden. Die gebändigte Kraft der Atomspaltung verhieß eine praktisch unerschöpfliche und beispiellos kostengünstige Energiequelle. Kernphysiker entwickelten zahlreiche Reaktor-

konzepte, von denen sich jedoch nur wenige durchsetzten: der Druckwasserreaktor – zuerst für U-Boote der US-Marine eingesetzt – und der Siedewasserreaktor.
In beiden Reaktortypen (Leichtwasserreaktoren) wird spaltbares Uran-235 als Brennstoff eingesetzt. Das Wasser, das die Brennelemente umströmt, erfüllt eine Doppelfunktion. Als Kühlmittel leitet es die Kernspaltungsenergie aus dem Reaktorkern hinaus und über Wärmetauscher auf Generatorturbinen. Als Moderator bremsen die Wassermoleküle die schnellen Neutronen ab, die bei der Spaltung der Uranatome entstehen. Nur die abgebremsten Neutronen können neue Spaltungsreaktionen auslösen und so die Kettenreaktion aufrechterhalten.
Andere verheißungsvolle Kraftwerkstypen wie der Schnelle Brüter, in dessen Reaktorkern sich der Brennstoff ↑Plutonium immer wieder neu erzeugen sollte, oder der Hochtemperaturreaktor scheiterten teils an zu hohen Kosten, teils wegen (sicherheits-)technischer Probleme.
Nach ihrer hochsubventionierten Einführung erlebte die A. seit den 1970er Jahren einen kräftigen Aufschwung. In etwa 30 Industrie- und Schwellenländern wurden Anlagen errichtet, 2001 waren weltweit 440 kommerzielle Reaktoren am Netz, davon ein Viertel in den USA und ein Drittel in EU-Europa. Zur Weltstromerzeugung trug die installierte Atomenergieleistung von rund 350 Gigawatt im Jahr 2001 etwa 16% bei, zur kommerziellen Energieversorgung knapp 7% – Tendenz fallend.
Die Blütenträume der frühen Jahre, als A. blockübergreifend als Lösung der globalen Energiefrage gesehen wurde, zerschellte vor allem an der mangelnden Akzeptanz in den demokratisch verfassten Ländern. Die Ablehnung verschärfte sich nach den schweren Unfällen in ↑Harrisburg und ↑Tschernobyl. Unterschätzt wurde von den Protagonisten der Atomwirtschaft auch die Frage, wie die hochradioaktiven Abfälle des Reaktorbetriebs über tausende von Jahren zuverlässig von der ↑Biosphäre isoliert werden können. Weltweit gab es bis 2002 kein ↑Endlager für verbrauchte Reaktorbrennelemente.
Der Ausbau der A. ist deshalb in den meisten Industrieländern zum Stillstand gekommen. Deutschland hat 2002 den Ausstieg aus der Risikotechnologie gesetzlich festgeschrieben (s. ↑Atomgesetznovelle), bis etwa 2020 soll das letzte der zum Zeitpunkt des Beschlusses betriebenen 19 Atomkraftwerke abgeschaltet werden. Auch die Elektrizitätswirtschaft verlor in vielen Ländern das Interesse an der A., seit neue Meiler in liberalisierten Strommärkten gegenüber erdgasbetriebenen Kraftwerken nicht mehr wettbewerbsfähig sind. Dennoch gilt eine Renaissance der A. für die Zukunft nicht als ausgeschlossen. Weil Atomkraftwerke Strom ohne nennenswerten Ausstoß klimaschädlicher ↑Abgase produzieren, hoffen ihre Anhänger auf einen «zweiten Frühling», insbes. wenn sich die Folgen des ↑Treibhauseffekts verschärfen. Auch für die Herstellung des umweltschonenden ↑Energieträgers Wasserstoff durch Elektrolyse gilt A. als mögliche Option. *Gerd Rosenkranz*

Atomgesetznovelle. Nach mehrjährigen Verhandlungen zwischen der rot-grünen Bundesregierung und den führenden Energieversorgungsunternehmen verabschiedete der Deutsche Bundestag im Dezember 2001 eine Atomgesetznovelle, das sog. Atomausstiegsgesetz; am 27.4. 2002 trat es in Kraft. Formal nicht mehr als eine Novelle des Atomgesetzes, verkehrt das «Gesetz zur geordneten Beendigung der Kernenergienutzung zur gewerblichen Erzeugung von Elektrizität» die Logik des Regelwerks in ihr Gegenteil. Kein kommerzieller Reaktor soll in Deutschland mehr errichtet werden. Das Atomgesetz, 1959 zur Förderung der «Schlüsseltechnologie für das 21. Jahrhundert» formuliert, dient seither zur Abwicklung einer seit Jahrzehnten umstrittenen Risikotechnologie. Die 19 in Deutschland im Jahr 2002 betriebenen kommerziellen Reaktorblöcke sollen Zug um Zug vom Netz gehen. Als Basis für die Abschaltung dient ein festgelegtes Stromkontingent, das die Reaktorbetreiber flexibel auf die noch laufenden Meiler verteilen können.

Der Transport verbrauchter deutscher Brennelemente in die ↑Wiederaufarbeitungsanlagen in La Hague (Frankreich) und Sellafield (England) endet Mitte 2005 – und damit auch die teure Methode, den Atombombenstoff ↑Plutonium unter größten technologischen und intellektuellen Mühen aus dem Strahlenabfall herauszulösen, um anschließend nach Wegen zu suchen, das brisante Material sicher zu lagern und über Jahrtausende unbefugtem Zugriff zu entziehen. Die Suche nach ↑Endlagern in Deutschland beginnt von neuem. Die seit Jahrzehnten geplanten Endlagerstätten «Schacht Konrad» bei Salzgitter für schwach radioaktiven Müll und Gorleben für hochradioaktive Abfälle stehen zur Disposition. Die Ausbauarbeiten im Salzstock Gorleben ruhen für einen Zeitraum von drei bis zehn Jahren.

Den faktischen Einstieg in den Ausstieg allerdings verstolperte die Bundesregierung nach ihrer Wiederwahl im Herbst 2002. Wegen einer mündlichen Absprache zwischen dem Bundeskanzler und dem Vorstandschef des Betreibers Energie Baden-Württemberg darf der älteste deutsche Reaktor im nordbadischen Obrigheim noch bis etwa 2004 und damit rund zwei Jahre länger als geplant Strom erzeugen. Das schon seit 1988 gerichtlich gestoppte Atomkraftwerk Mülheim-Kärlich bleibt endgültig ausgeschaltet. Der zweitälteste Reaktor in Stade soll 2003 als erster Meiler nach der Novellierung des Atomgesetzes vom Netz gehen. *Gerd Rosenkranz*

Attac. Attac (A.) steht für die Vereinigung zur Besteuerung von Finanztransaktionen im Interesse der Bürger; sie wurde 1998 in Frankreich gegründet. Lag der ursprüngliche Fokus des Interesses bei der demokratischen Kontrolle der internationalen Finanzmärkte (z.B. ↑Tobin-Steuer), so steht mittlerweile das Thema Globalisierung im Vordergrund der Aktionen. Mit etwa 100000 Mitgliedern in mehr als 50 Ländern versteht sich A. als Teil einer globalisierungskritischen Bewegung. *www.attac-netzwerk.de* *BP*

Auflagen ↑Instrumentarium der Umweltpolitik

Ausbildungsverordnung ↑Bildung für nachhaltige Entwicklung

Ausgleichsflächen. Auf Basis der ↑Eingriffs- und Ausgleichsregelung können Eingriffe in ↑Natur und Landschaft entweder vor Ort durch Ausgleichsmaßnahmen (z.B. Ersatzpflanzungen) oder auf externen Ausgleichsflächen (z.B. Umwandlung von Ackerland zu naturbelassenen Streuwiesen) kompensiert werden. Große Probleme gibt es bei der praktischen Umsetzung. *MS*

Auto ↑Altauto; Automobilschrott; Verkehr

Autobahngebühr ↑Maut

Automobilschrott. In Deutschland werden rd. 1,3 Mio. Kraftfahrzeuge pro Jahr in etwa 2000 Verwerterbetrieben verschrottet. Den ↑Altautos werden dabei die Betriebsflüssigkeiten (Kraftstoff, Öl, Kühlwasser, Bremsflüssigkeit, Kältemittel) sowie noch funktionstüchtige Aggregate und veräußerbare Bauteile entnommen (Weiterverwendung, ↑Verwertung) und zwecks Weitergabe an Einschmelzbetriebe zerkleinert (Pressen, Scheren, Schredder). Die bisherige Verwertungsquote liegt bei rd. 75 % (2001); eine Steigerung auf 95 % ist bis 2015 vorgesehen (Altfahrzeuggesetz). *JA*

Badeverbot ↑Gewässer

Bakterien. Bakterien (B.) sind mikroskopisch kleine (Durchmesser oft <1 µm), überall verbreitete, meist einzellige Mikroorganismen. Ihre Vermehrung erfolgt vor allem durch Spaltung, auch die Bildung einfacher Zellverbände ist möglich. Unterschieden werden Kokken (kugelförmige B.), Stäbchen (stäbchenförmige B.) sowie Spirillen und Vibrionen (schraubenförmige B.). B. sind z.T. zur Bildung extrem widerstandsfähiger Endosporen befähigt. Viele Arten sind Krankheitserreger. *A&HPJ*

Basler Konvention. In den 1970er und Anfang der 1980er Jahre ereigneten sich einige schwere Störfälle mit gefährlichen ↑Abfällen. Als Reaktion hierauf wurde 1989 das «Basler Übereinkommen über die Kontrolle der grenzüberschreitenden Verbringung gefährlicher Abfälle und ihrer Entsorgung» (kurz: Balser Konvention, BK) verabschiedet. Im Mittelpunkt dieses Regelungssystems steht die Vorschrift, dass eine grenzüberschreitende Abfallverbringung erst dann durchgeführt werden darf, wenn zuvor die schriftliche Zustimmung des Einfuhrstaates (und ggf. von Durchfuhrstaaten) eingeholt wurde.

Die Entwicklungsländer hatten argumentiert, dass die Einführung eines solchen «Prior-Informed-Consent-(PIC)»-Ansatzes in Staaten mit geringen administrativen, finanziellen und technischen Kapazitäten keinen wirksamen Schutz vor ungewollten Abfalleinfuhren gewährleisten könne. Auf der Zweiten ↑Vertragsstaatenkonferenz 1994 konnten sie sich mit ihrer Forderung nach einem umfassenden Verbot für den Export gefährlicher Abfälle aus Industrieländern in Entwicklungsländer durchsetzen. Diese Vereinbarung wurde bisher jedoch nur von wenigen Staaten ratifiziert. Auf der fünften Vertragsstaatenkonferenz im Dezember 1999 wurde zudem ein

«Protokoll für Haftungsfragen und einen Kompensationsmechanismus» verabschiedet.

Insgesamt wird die BK als Erfolgsfall der internationalen ↑Umweltpolitik betrachtet. Trotzdem bleiben verschiedene Probleme ungelöst. Hierzu zählen die zunehmende Bedeutung des Süd-Süd-Handels mit gefährlichen Abfällen, notwendige Maßnahmen des «Capacity-Building» für den Umgang mit gefährlichen Abfällen (s. ↑Technologietransfer) sowie die problemgerechte Formulierung und Umsetzung von Haftungsbestimmungen. Auch konnten bisher keine entscheidenden Impulse für eine konsequente Politik der Abfallvermeidung und des Stoffstrommanagements gesetzt werden. *HE*

BAT ↑Stand der Technik

Baubiologischer Industriebau ↑Architektur, ökologische

Bauen & Wohnen. Der Wohnungsbestand in Deutschland umfasste im Jahr 2000 13,8 Mio. Eigenheime (Ein- und Zweifamilienhäuser) mit 17,2 Mio. Wohneinheiten (WE) sowie 3 Mio. Mehrfamilienhäuser mit 20,4 Mio. Wohnungen. Die Mehrzahl der WE sind somit in Mehrfamilienhäusern (54 %), die meiste Wohnfläche findet sich jedoch in Eigenheimen (58 %). Nach Beseitigung von Wohnraumengpässen bis in die Mitte der neunziger Jahre stehen heute in der Wohnungspolitik Eigentumsbildung und Bestandsbewirtschaftung im Vordergrund.

Eigentumsbildung zielt auf den individuellen Vermögensaufbau und wird staatlich durch die Eigenheimzulage unterstützt (in 2000 ca. 4,7 Mrd. Euro). Dies führt vor allem zum Neubau von Eigenheimen. Hiermit sind sowohl positive Beiträge (energieeffiziente Gebäude, Wohneigentumsquote, Sicherung von Arbeit und Beschäftigung etc.) als auch negative Wirkungen (Zersiedelung, ↑Flächenverbrauch, ↑Stoffströme etc.) verbunden. Um die negativen Wirkungen zu mindern, wäre eine Konzentration auf den Bestand und Neubau nur noch auf städtischen Recyclingflächen vorteilhaft. Besondere Herausforderungen bestehen in der energetischen Modernisierung des Altbestandes, im Leerstand beim Geschosswohnungsbau sowie bei der Zersiedelung im Umland der Ballungsräume.

Weitere Aspekte einer nachhaltigen Gestaltung des Bauens und Wohnens sind die Berücksichtigung der Wohnwünsche der Bürger (Eigenheim als Favorit), die Minderung der ↑Subventionen, die Erhöhung der Wohneigentumsquote, der sparsame Umgang mit der Fläche, die Reduzierung der Stoffströme, das recyclinggerechte Bauen und die Verwendung regenerativer ↑Rohstoffe. *MS*

Bauleitplanung. Bauleitplanung (B.) dient der Vorbereitung und Lenkung der baulichen oder sonstigen Nutzung der Grundstücke in einer Gemeinde gemäß den Vorschriften des Baugesetzbuches. Sie ist das wichtigste Instrument der Stadtplanung. Über das Ob und Wie der Aufstellung eines Bauleitplans entscheidet die Gemeinde in eigener Verantwortung. Die B. erfolgt in der Regel zweistufig: Die erste Stufe ist der Flächennutzungsplan (vorbereitender Bebauungsplan), der die vorhandenen und geplanten Nutzungen für das Gesamtgebiet (u.a. Gewerbe-, Wohn- oder Grünflächen) darstellt. In der zweiten Stufe erfolgt die Konkretisierung der Planungsabsichten durch einzelne Bebauungspläne. Der Bebauungsplan (verbindlicher Bauleitplan) enthält rechtsverbindliche Festlegungen für Teilgebiete des Gesamtgebiets. Jeder Bürger der Gemeinde hat bei der Planfeststellung das Recht, Anregungen und Bedenken in das Verfahren einzubringen, z.B. zum Umfang der Grünflächen oder zur Führung von Verkehrswegen. Dieses kann entweder bei der frühzeitigen Bürgerbeteiligung nach Bekanntgabe des Aufstellungsbeschlusses oder während der einmonatigen öffentlichen Auslegung des Bebauungsplans erfolgen. Stellungnahmen der betroffenen Behörden und Verbände sind einzuholen. Die Auswirkungen des Bebauungsplans auf ↑Natur und Landschaft sind im Rahmen der planerischen Abwägung gegenüber konkurrierenden Belangen (z.B. Wirtschaftsförderung durch Gewerbeerschließung) zu beachten, Eingriffe in Natur und Landschaft nach Möglichkeit auszugleichen (s. ↑Ausgleichsflächen). In der Praxis unterliegen Umweltbelange in der Abwägung zumeist. Ebenso ist die Qualität der Ausgleichs- und Ersatzmaßnahmen häufig unbefriedigend (s. ↑Eingriffs- und Ausgleichsregelung). *AV*

B.A.U.M. ↑Unternehmensverbände

Bauschutt. Ziegelsteine, Betonbruch und Mörtel fallen in Deutschland zu rd. 50 Mio.t pro Jahr an, als Teil von rd. 230 Mio.t Bauabfall (1997/98). Etwa zwei Drittel des Bauschutts werden verwertet (s. ↑Verwertung). *JA*

BBU ↑Bundesverband Bürgerinitiativen Umweltschutz

Behandlung, chemisch-physikalische. Die chemisch-physikalische Behandlung umfasst unterschiedliche Techniken der Abfallbehandlung zwecks ↑Verwertung vor ↑Abfallverbrennung oder ↑Abfalllagerung. Die Wahl des Verfahrens erfolgt nach Anforderungen der angeschlossenen technischen Anlage. Übliche chemische Techniken sind die Neutralisation, Fällung, Oxidation und Reduktion, übliche physikalische Techniken die Filtration, Emulsionstrennung und Destillation. *JA*

Benchmarking ↑Umweltkennzahlen

Benzin-Blei-Gesetz. Das Benzin-Blei-Gesetz von 1971 (letzte Änderung im Oktober 2001) war zu Beginn der Luftreinhaltepolitik heftigst umstritten (s. ↑Abgaskatalysator). Es beinhaltet die Beschränkung des Bleigehaltes in Ottokraftstoffen für Kraftfahrzeugmotoren zum Schutz der Gesundheit durch Verminderung von ↑Luftverschmutzung bei Vermeidung von Wettbewerbsverzerrungen und volkswirtschaftlichen Versorgungsnachteilen. § 2 nennt Inhaltsstoffgrenzen in Kraftstoffen. Der zulässige Höchstgehalt im Ottokraftstoff kann auf Antrag des Bundesamtes für Wirtschaft im Einvernehmen mit dem ↑Umweltbundesamt überschritten werden, soweit der Schutz der Allgemeinheit gewährleistet ist. Einzelheiten regelt § 3. Ausnahmen von § 2 können Versorgungsmängel, unzumutbare Härte für einen Hersteller von Ottokraftstoffen, Export von Kraftstoffen und Vermischung von importierten Kraftstoffen sein. Personen, die Ottokraftstoffe herstellen, lagern oder in den Verkehr bringen, unterliegen einer Auskunftspflicht gegenüber der nach Landesrecht zuständigen Behörde. Die Auskunft kann verweigert werden, wenn die Auskunftspflichtigen Gefahr laufen, sich dadurch einer strafrechtlichen Verfolgung auszusetzen. *IC*

Bergbaufolgen/-lasten. Der Abbau von Bodenschätzen ist mit Eingriffen in Landschaft und Naturhaushalt verbunden. Weitere Beeinträchtigungen ergeben sich durch die oft in direkter Nachbarschaft angesiedelten Folgeindustrien. Den Untertagebau kennzeichnen u.a. Bergsenkungen und Abraumhalden. Erfolgt die bergbauliche Nutzung im Tagebau, so sind die damit verbundenen Bergbaufolgen besonders gravierend: Das Relief der Landschaft wird vollständig verändert; die meist notwendige Grundwasserabsenkung ist mit einer weit reichenden Veränderung des ↑Wasserhaushaltes in der Region verbunden; der gewachsene Kulturboden geht verloren; Pflanzengemeinschaften und Tiere verlieren ihre Lebensgrundlage; eine Verlagerung von Siedlungsstrukturen kann zum Verlust der Heimat der dort lebenden Menschen führen.

Nach dem in Deutschland gültigen Bergrecht ist der Verursacher, d.h. der Bergwerksbetreiber, für die Wiedernutzbarmachung und die Wiederherstellung der Landschaft verantwortlich. Gestaltung und Entwicklung der Bergbaufolgelandschaft orientieren sich vorrangig an der geplanten Folgenutzung (Land- und ↑Forstwirtschaft, ↑Naturschutz, Wasserwirtschaft, Erholung oder Gewerbe) und den abiotischen Standortbedingungen. Während bei der land- und forstwirtschaftlichen Rekultivierung Verfahren zur Herstellung von Standorten für eine nachhaltige Agrarproduktion und die Entwicklung multifunktionaler, vielfältig nutzbarer Wälder im Mittelpunkt stehen, ist das Ziel der Renaturierung die weitestgehend ungestörte Entwicklung naturnaher Landschaften. *MK*

Berichte zur Lage der Umwelt. Berichte zur Lage der Umwelt können sich auf alle Bereiche des umweltpolitischen Handlungssystems beziehen (Umweltberichterstattung): Information über die Umweltsituation (Umweltqualitätsberichterstattung); Information über Umweltstress (verursacherbezogene Umweltberichterstattung); Information über ↑Umweltschutz und ↑Umweltpolitik (handlungsbezogene Umweltberichterstattung).

Information über die Umweltsituation kann bestehende oder bevorstehende Umweltprobleme anzeigen. Wird diese Information im politischen Raum aufgegriffen, entsteht Handlungsdruck, und die Legitimation umweltpolitischer Maßnahmen verstärkt sich. Liegen Zeitreihenangaben zur Entwicklung der Umweltsituation vor, können diese auch der Erfolgskontrolle bereits getroffener Maßnahmen dienen.

Information über Umweltstress und dessen Verursachung zeigt die Ansatzpunkte für zielgerichtete Maßnahmen der Umweltpolitik auf. Es gilt, Entwicklungsstand und Defizite, Erfolge und Misserfolge der Umweltpolitik zu erkennen, Ziele neu zu definieren, Instrumente zu ergänzen und alternative Handlungsformen zu entwickeln.

Umweltberichterstattung wird dann

handlungsrelevant, wenn ihr Informationsgehalt hoch ist und die Information von den am umweltpolitischen Prozess Beteiligten (Parlamenten, Regierungen, Verwaltungen, Umweltschützern, Öffentlichkeit) aufgenommen werden kann. Inwieweit Informationen aufgenommen werden, hängt auch davon ab, wie leicht Umweltberichte zugänglich sind. Viele zirkulieren nur im Expertenkreis, werden nicht oder nur mit zeitlicher Verzögerung veröffentlicht oder unterliegen der Geheimhaltung. Neben der Frage des Rechts auf öffentlichen Zugang (s. ↑Aarhus-Konvention und Umweltinformationsgesetz) ist wichtig, ob in diesen Berichten Strukturen und Trends anschaulich dargestellt sind (s. ↑Umweltindikatoren) oder in der Masse an Daten und Aussagen untergehen (sog. Information Overload).

Beispiel medienspezifischer Umweltberichterstattung: Die Luftqualität wird in vielen Ländern anhand der Luftschadstoffe SO, CO, NO, Schwebstaub und HC ermittelt (Stromgrößen). Informationsdefizite bestehen dagegen hinsichtlich der Belastung durch atmosphärisch gebildete Folgeschadstoffe wie z.B. Sulfate und Säuren (Bestandsgrößen).

Beispiel medienübergreifender Umweltberichterstattung: Die medienübergreifende Umweltberichterstattung der ↑Organisation für wirtschaftliche Zusammenarbeit und Entwicklung (OECD) («The State of the Environment»), des ↑Umweltbundesamtes («Daten zur Umwelt») und andere Berichte «Zur Lage der Natur in der Nation» wiesen anfangs erhebliche Unterschiede in Aufbau und Durchführungsform auf, wurden in jüngster Zeit jedoch vereinheitlicht und damit in ihrer umweltpolitischen Relevanz gestärkt.

Neben nationalen Berichten zur Umwelt gibt es eine Fülle an Einzelberichten zu Formen des umweltfreundlichen Alltagshandelns. Bei der ökologischen Produkt- und Technikkritik (s. ↑Stiftung Warentest, ↑Öko-Label) werden Angaben über ↑Umweltbelastungen und mögliche Handlungsalternativen eng miteinander verflochten. Dieser Verflechtung von Umweltinformation und Umwelthandeln auf individueller Ebene steht auf gesellschaftlicher Ebene eine weit gehend verselbstständigte Berichterstattung über Umweltqualität und Handlungsmöglichkeiten gegenüber. Weitere Lernschritte in Richtung verbesserter Umweltberichterstattung sind also möglich.

Udo E. Simonis

Beschaffung. Beschaffung ist die staatliche Aktivität und das Teilgebiet der betrieblichen Materialwirtschaft (s. ökologische ↑Materialwirtschaft), das den Einkauf von Gütern und Diensten umfasst. Durch ihr Einkaufsverhalten können der Staat wie auch Unternehmen ökologische Produkte und Dienste ökonomisch fördern oder ihnen zur Wirtschaftlichkeit verhelfen.

BS

Beschäftigungseffekte des Umweltschutzes. Der Umweltschutzsektor (s. ↑Umweltindustrie) war in den letzten drei Jahrzehnten ein wichtiger beschäftigungspolitischer Impulsgeber. Bei der empirischen Erfassung der Beschäftigung bestehen jedoch bis heute noch erhebliche methodische Probleme. In den meisten verfügbaren Studien wurde der Umweltschutzsektor anhand von Befragungsdaten auf der Basis des Selbstdeklarationsprinzips analysiert. Danach werden nur Unternehmen, die explizit angeben, auf dem Umweltschutzmarkt tätig zu sein, berücksichtigt. Hiervon unterscheidet sich das Betriebspanel des Instituts für Arbeitsmarkt- und Berufsforschung als repräsentative Erfassungsmethodik grundsätzlich. Es wurde 1998/99 erstmals in Deutschland zur Ermittlung der Beschäftigung im Umweltschutzsektor genutzt. Am Stichtag 30. Juni 1999 waren danach 912685 Personen im Umweltschutzsektor beschäftigt, darunter 788276 sozialversicherungspflichtig Beschäftigte. Die Branchengliederung zeigt die große Bedeutung der ↑Abfallbeseitigung bzw. des ↑Recyclings mit einem Anteil von 27% der Beschäftigten. Einen weiteren Schwerpunkt bilden die Sanierung der ↑Altlasten und der Schutz des ↑Bodens mit 21%. Bei den Umweltschutzdienstleistungen weist der Bereich Architektur und Planung mit 13,6% einen hohen Anteil auf. Auffällig ist ganz generell, dass die Beschäftigungslage im Umweltschutzsektor eine positivere Entwicklung als in vielen anderen Bereichen aufzuweisen hat. Diese Entwicklungstendenz dürfte sich auch in Zukunft fortsetzen. *MVH*

Best verfügbare Technik ↑Stand der Technik

Bestandsbewirtschaftung, nachhaltige. Der Begriff «nachhaltige Bestandsbewirtschaftung» (n.B.) ist offen und schwierig zu definieren und bezieht sich auf ökonomische (Immobilien, Unternehmen) und natürliche (↑Rohstoffe, Landschaften, Ökosysteme) ↑Ressourcen. In der Immobilienwirtschaft subsummiert er die Tätigkeiten, die zum Erhalt und zur Nutzung der Immobilien notwendig sind. Im Unterschied zum Raubbau umfasst Bewirtschaftung immer die Kernelemente «Erhalt» und «Nutzung». Die älteste Form der Bewirtschaftung natürlicher Ressourcen ist die Waldbewirtschaftung, die die Neuanpflanzung, Schädlingsbekämpfung und Vorsorge durch Auslichtung sowie das Einschlagen von Holz zur Nutzung des Bestandes umfasst.
In neuerer Zeit wird versucht, die Bewirtschaftung weiterer Ressourcen «nachhaltig» zu gestalten. Bei der n.B. z.B. maritimer Ressourcen muss nicht nur der Erhalt der Ökosysteme und der Fischbestände (z.B. durch Verbot von meeresgrundzerstörenden Schleppnetzen oder durch Reduzierung der Fangquoten) beachtet werden. Auch soziale Aspekte wie die Sicherstellung von Beschäftigungsmöglichkeiten im Fischereiwesen oder die Versorgung der Bevölkerung mit Protein müssen in die Bestimmung der n.B. einfließen.
Eine weitere Verwendung des Begriffes bezieht sich auf endliche Ressourcen wie z.B. Kupfer oder Erdöl. Hierbei liegt der Fokus auf Minderung des Verbrauchs, damit auch zukünftige Generationen noch auf diese Ressourcen zurückgreifen können (s. ökologischer ↑Generationenvertrag). *MS*

Betriebliche Umweltinformationssysteme (BUIS). Unternehmen, die ein betriebliches ↑Umweltmanagementsystem (UMS) einführen oder betreiben, brauchen ein Verfahren für die Speicherung und Verwaltung aller unternehmensrelevanten ↑Umweltinformationen. Aus der Sicht des ↑Umweltrechts betrifft diese Anforderung eigentlich alle Unternehmen, die gesetzliche Umweltvorschriften beachten müssen. Damit diese Aufgabe – die im Rahmen eines UMS als Minimumaufgabe zu betrachten ist – gewährleistet werden kann, empfiehlt es sich für Unternehmen, ein Betriebliches Umweltinformationssystem (BUIS) einzurichten.

Ein BUIS sollte nach Möglichkeit alle relevanten Umweltinformationen zu den diversen betrieblichen Prozessen und ggf. zu den Produkten des Unternehmens enthalten und dynamisch organisiert sein bzw. regelmäßig aktualisiert werden. Aus der Sicht des Managements muss im Rahmen des BUIS geklärt sein, welche Informationen zu welchen Aspekten in welcher Form abgespeichert werden. In diesem Sinne ist auch das Archiv von Bedeutung (z.B. für den Fall einer Anklage vor Gericht). Es muss festgelegt werden, wer für das BUIS die Verantwortung trägt und wer sowohl innerhalb als auch außerhalb des Unternehmens (Lieferanten, Kunden, Umweltbehörden) zu welchen Informationen Zugang hat. Die UMS-Norm ISO 14001 fordert, dass alle Personen und Stellen, die einen wesentlichen Einfluss auf die Umweltleistung eines Unternehmens ausüben, in das BUIS einbezogen werden sollen. *JCB*

Betriebskosten & Ressourcenverbrauch. Betriebskosten gemäß II. Berechnungsverordnung muss der Wohnungsbesitzer bezahlen, obwohl z.B. Mieter den Wärmeverbrauch bei schlechter ↑Wärmedämmung nur wenig beeinflussen können. Auch die Umlage von Kaltwasser- und Abfallkosten auf alle Mietparteien honoriert umweltfreundliches Verhalten Einzelner nicht. *MS*

Beweislastumkehr. Nach traditionellem Rechtsverständnis hat der Geschädigte den Beweis eines (Umwelt-)Schadens zu erbringen; Beweislastumkehr bezeichnet die Umkehrung dieses Prinzips. Sie ist im Umwelthaftungsgesetz verankert und gilt vorwiegend für Schäden durch Industrieanlagen. *MZ*

Bewertung der Umwelt, monetäre. Die monetäre Bewertung (m.B.) der Umwelt dient der Information und Entscheidungsfindung zum Vergleich der Leistungen der ↑Umwelt mit den Kosten für ihren Erhalt (s. ↑Umweltschutzausgaben) und wird üblicherweise im Rahmen der ↑Nutzen-Kosten-Analyse angewendet. Als Leistungen der Umwelt können bewertet werden: Ressourcenleistungen (Bereitstellung von ↑Energieträgern, materiellen ↑Ressourcen und Abbauleistungen), Senkenleistungen (Aufnahme von ungewünschten oder ungebrauchten Stoffen und Produkten), Regulationsleistungen (Stabilisierung von ökologischen Systemfunktionen) und Informationsleistungen (Bereitstellung von Wissen und ästhetischen Signalen über die ↑Natur).

Für die m.B. stehen verschiedene Verfahren zur Verfügung, die mit unterschiedlichen methodischen Problemen verbunden sind, so dass sich große Ergebnisschwankungen ergeben können. So kann zum einen die Zahlungsbereitschaft von Personen für bestimmte Umweltleistungen ermittelt werden. Zum anderen können Marktvorgänge hinsichtlich der Umweltleistungen, z. B. Reisetätigkeit in naturnahe Räume, Grundstückspreise in ökologisch belasteten und wenig belasteten Gebieten, untersucht werden. Die umweltbezogenen Informationen sind hierbei jedoch häufig nicht von anderen Einflussfaktoren unterscheidbar.

Generell haben alle Verfahren das Problem, dass die B. von der Wertschätzung von Individuen abhängig gemacht wird, ohne dass sich diese notwendigerweise auf wissenschaftliche Sachkenntnis über Ursache-Wirkungs-Zusammenhänge stützen. Die individuelle Zahlungsbereitschaft hängt zudem vom Einkommen der Befragten ab. Außerdem sind viele Bewertungsverfahren auf ökologische Teilprobleme beschränkt und vermitteln kein Gesamtbild ökologischer Leistungsbewertung. Die Aussagekraft m. B. ist daher oft sehr beschränkt. *BS*

BfN ↑Bundesamt für Naturschutz

Bhopal-Katastrophe. Am 3. 12. 1984 ereignete sich bei UCIL (Union-Carbide-Tochter) in Bhopal, Indien, ein Chemieunfall (Explosion) mit etwa 10 000 Toten und vielen Verletzten. Durch Freisetzung von Methylisocyanat traten schwerste Schädigungen bei Mensch und Tier auf. Folgeschäden sind bis heute feststellbar. Es erfolgte keine adäquate Entschädigung der Bevölkerung, jedoch Streit darüber, ob indisches oder US-amerikanisches Recht anzuwenden sei. *IC*

Bildung für nachhaltige Entwicklung. Seit den 1970er Jahren wird über den Zusammenhang zwischen ökologischer Krise und Pädagogik umfassend diskutiert. Es entstanden vielfältige Konzeptionen mit jeweils unterschiedlichem pädagogischen Fokus. Manche sahen in der Erziehung zu einem empfindsamen Naturverhältnis den richtigen Weg (s. ökologisches ↑Lernen). Andere konzentrierten sich auf politische Fragen und sahen in einer ausbeuterischen Wirtschaft und ihrer Technik das Übel; Aufklärung über diese Sachlage war damit das Bildungsziel (Ökopädagogik). Wiederum andere meinten, dass mit einer verbesserten Wissenschaft und Technik große Teile des Problems zu lösen seien – und setzten auf vermehrte Fachkenntnisse und die Vermittlung komplexer ökosystemarer Zusammenhänge im Unterricht (Umwelterziehung). Diese Konzeptionen waren nie genau voneinander abzugrenzen, und im Laufe ihrer praxisnahen Ausformung verflüchtigte sich der Zusammenhang zwischen der Bezeichnung und der Sache oftmals vollends, so dass man letztlich beim Sammelbegriff «Umweltbildung» endete.

Nach der ↑Konferenz über Umwelt und Entwicklung der UN (UNCED) 1992 erfuhr die Umweltbildung eine neue Orientierung. Sie wird nicht mehr nur von ökologischen Fragestellungen her konzipiert, Fragen nach globaler Gerechtigkeit und zu den ökonomischen und sozialen Implikationen des Mensch-Natur-Verhältnisses sind ebenfalls wichtig geworden. Diese Neuorientierung hat zu einer neuen Begrifflichkeit geführt: Bildung für nachhaltige Entwicklung (B. f. n. E.) (Education for Sustainable Development). Eine ↑Nachhaltige Entwicklung wird nicht allein durch politische Maßnahmen, durch Unternehmen und neue Technologien zu realisieren sein,

es muss vielmehr zu einem globalen Mentalitätswandel kommen. Mentalitäten ändern sich aber nur über das Wissen, über die Vermittlung neuer ↑Normen und Wertvorstellungen.
Der Nachhaltigkeitsdiskurs wird damit in den pädagogischen Kontext hineingetragen. Das impliziert, sich in Bildungs- und Erziehungsprozessen mit der Grundidee der nachhaltigen Entwicklung, eine inter- und intragenerative gerechte Welt zu schaffen (s. ökologische ↑Gerechtigkeit), ebenso auseinanderzusetzen wie mit Ressourcenverbräuchen, Schadstoffeinträgen, Formen effizienten und konsistenten Wirtschaftens, mit den heutigen Formen von ↑Mobilität und den nicht nachhaltigen ↑Lebensstilen.
Damit verbunden sind zwei Absichten, die eine Funktionalisierung von Erziehung und Bildung für externe (politische) Zwecke verhindern sollen. Erstens wird Wert darauf gelegt, sich der Nachhaltigkeitsthematik reflektiert zu nähern, sich also auch mit den theoretischen Modellen, kulturellen Leitbildern und Normen zu befassen. Zweitens ist B.f.n.E. partizipativ ausgerichtet. Selbstbestimmtes Lernen, gemeinsames Handeln in Lernprozessen (z.B. in Form von Projektunterricht) und handlungsorientiertes Lernen (z.B. durch die Beteiligung an Lokalen Agenden, s. ↑Agenda 21) sichern nicht nur die Effizienz des Lernens, sondern verhindern auch die Funktionalisierung der Lernenden.
In der Bildungspraxis lassen sich national, europaweit wie international zahlreiche Initiativen und Aktivitäten ausmachen, die die hohe Akzeptanz der B.f.n.E. im schulischen wie erwachsenenbildnerischen und informellen Bildungssektor belegen. Allerdings fallen die Initiativen im Hochschulbereich noch außerordentlich dürftig aus.
www.blk21.de *Gerhard de Haan*

Bioakkumulation. Bioakkumulation bezeichnet die Erhöhung der Konzentration von in Ökosysteme eingebrachten ↑Schadstoffen über Stoffwechselprozesse, speziell über ↑Nahrungsketten (sog. Biomagnifikation). *JA*

Biodiesel. Um Biodiesel (B.) zu gewinnen, wird Pflanzenöl aus Ölfrüchten (z.B. Raps, Soja, Palmkernen, Sonnenblumensamen) mit Methylalkohol zu Fettsäuremethylester chemisch umgesetzt. Es fallen Glycerin und feste Abfälle an, Letztere werden in Futtermitteln verwertet. (Das unbehandelte Öl ist für übliche Dieselmotoren nicht geeignet.) In Deutschland wurden 2001 für B. rd. 350000t Rapsöl produziert, die Produktionskapazität für B. betrug 2001 rd. 1,5 Mio.t. Der ökologische Vorteil von B. gegenüber Mineralöldiesel besteht im verringerten Ausstoß von Treibhausgasen. Auf B. wird keine Mineralölsteuer erhoben (Stand 2002). *JA*

Biodiversität. Biodiversität (B.) oder biologische Vielfalt meint die Vielfalt der Lebensformen der ↑Biosphäre in allen ihren Ausprägungen und Beziehungen untereinander. Sie steht für die Bandbreite an Variation in und Variabilität zwischen Systemen und Organismen auf drei Ebenen: 1. ökologische Diversität – Vielfalt von Biomen, Landschaften und Ökosystemen bis hin zu ökologischen Nischen; 2. Diversität zwischen Organismen – Vielfalt zwischen taxonomischen Gruppen

(z. B. Familien, Gattungen) bis hin zur Artenvielfalt; 3. genetische Diversität – Vielfalt von Populationen über Individuen bis hin zu den Genen.

Die B. ist weltweit sehr ungleich verteilt. So findet sich etwa die Hälfte der Arten auf nur 2% der Fläche, den «Hotspots», die meist in tropischen Entwicklungsländern liegen. Der Verlust der B. ist ein globales Umweltproblem, das durch die Umgestaltung der Biosphäre durch den Menschen verursacht wird (z. B. ↑Entwaldung, Artenverschleppung). Die globale Artenzahl ist nicht genau bekannt; Schätzungen zufolge ist die heutige Aussterberate von Arten etwa 1000fach höher als die natürliche Rate.

Durch den Verlust der B. sind vielfältige Werte bedroht, z. B. die Nutzung natürlicher ↑Ressourcen (Holz, Fisch), das Naturerleben oder die genetischen Ressourcen, die für neue Medikamente und moderne Pflanzenzüchtung unverzichtbar sind (s. ↑Bioprospektierung). Auch fördert eine hohe Artenvielfalt die langfristige Stabilität von Ökosystemen. Die Werte der B. sind beträchtlich, lassen sich aber nur schwer in Geldeinheiten ausdrücken. Der Verlust der B. ist auch ein grundsätzliches ethisches Problem, u. a. weil Artensterben und großflächige ↑Konversion natürlicher Ökosysteme irreversibel sind (s. ↑Irreversibilität). Erhaltung (s. ↑Naturschutz) und nachhaltige Nutzung der B. sind weithin anerkannte Ziele ↑Nachhaltiger Entwicklung. Die ↑Biodiversitätskonvention ist hierfür das wichtigste völkerrechtliche Instrument. *CL*

Biodiversitätskonvention (CBD). Das Übereinkommen der Vereinten Nationen über die biologische Vielfalt (Convention on Biological Diversity, CBD) wurde 1992 in Rio de Janeiro verabschiedet und inzwischen von 181 Staaten und der Europäischen Union unterzeichnet. Die Ratifizierung des Übereinkommens seitens der USA steht noch aus. Das Sekretariat der Konvention ist in Montreal, Kanada, angesiedelt.

Die CBD gilt als das zentrale internationale Übereinkommen für den Schutz der ↑Biosphäre. Sie ist Ausdruck eines Paradigmenwechsels im ↑Natur- und ↑Artenschutz, der sich seit Mitte der 1980er Jahre vollzog: weg von der Trennung von Schutz und Nutzung hin zu einer Integration beider Interessen. Drei Ziele kennzeichnen diesen umfassenden Charakter der CBD (Art. 1): 1. die Erhaltung der biologischen Vielfalt (s. ↑Biodiversität), 2. die nachhaltige Nutzung ihrer Bestandteile und 3. und der ausgewogene Vorteilsausgleich für die bei der Nutzung entstehenden Gewinne.

Der komplexe Schutzgegenstand Biodiversität macht bereits deutlich, dass die CBD eine Fülle an Themen beinhaltet. Diese reichen von der Förderung der Taxonomie (d. h. «Inventur» der biologischen Vielfalt) über die Berücksichtigung biologischer Vielfalt in den unterschiedlichen Nutzungssektoren (wie Landwirtschaft, ↑Fischerei, Tourismus), die Erhaltung besonders sensibler Regionen (wie Trockengebiete, Bergregionen) bis hin zu sozioökonomischen und rechtlichen Fragen (wie die Gestaltung der Teilhabeordnung, des Benefit-Sharing, bei der Nutzung genetischer Ressourcen in der pharmazeutischen Forschung und Entwicklung).

Ende 1993 trat die CBD in Kraft – der 22. Mai, Tag der offiziellen Annahme des Übereinkommens, wurde von den Vereinten Nationen zum internationalen Tag der biologischen Vielfalt erklärt. Deutschland hat die CBD 1993 ratifiziert. Der erste Umsetzungsbericht der Bundesregierung wurde 1998 veröffentlicht; ein weiterer Bericht wurde 2002 vorgelegt.

Mit den bestehenden Konventionen und Programmen des Biosphärenschutzes, wie z. B. dem ↑Washingtoner Artenschutzabkommen (CITES) oder der Bonner Konvention zur Erhaltung der wandernden Tierarten, wurden sog. Memoranda of Understanding (MoU) geschlossen, die eine kohärente, sich gegenseitig unterstützende Umsetzung vorsehen. Die Nutzung der Synergien der verschiedenen Instrumente, Programme, Beratungs- und Entscheidungsgremien im Biosphärenschutz bleibt jedoch eine wesentliche Herausforderung.

Sechs ↑Vertragsstaatenkonferenzen der CBD haben seit 1994 stattgefunden, für 2004 ist die 7. Konferenz vorgesehen. Die dort getroffenen Entscheidungen werden durch einen Ausschuss für wissenschaftliche und technische Fragen (SBSSTA) vorbereitet.

Die CBD sieht die Möglichkeit vor, Protokolle zu einzelnen Themenfeldern zu verhandeln. Das im Jahr 2000 verabschiedete Protokoll über den sicheren Umgang mit und den Transfer von genetisch modifizierten Organismen (Cartagena-Protocol on Biosafety) ist bisher jedoch das einzige derartige Protokoll.

Weiterhin sind im Rahmen der CBD Leitlinien zu verschiedenen Themen vereinbart worden, an denen sich die jeweiligen Akteure bei der Umsetzung orientieren sollen. Hervorzuheben sind die «Bonner Leitlinien über den Zugang zu genetischen Ressourcen und die gerechte und ausgewogene Beteiligung an den Vorteilen aus der Nutzung» (sog. Bonn-Guidelines, 2002).
www.biodiv.org *Jessica Suplie*

Bioethik. Bioethik (B.) wird im angelsächsischen Sprachbereich als Konzept für die Bewertung biotechnischer Anwendungen beim Menschen verstanden. Demgegenüber gibt es in Deutschland den Ansatz, B. als ↑Ethik auf das Gesamt der irdischen Lebensverhältnisse (bios) zu beziehen. B. in diesem Sinne ist das Nachdenken über die optimale Gewährleistung sozialer und ökosystemarer Lebensverhältnisse unter Einschluss von Mensch, Tier, Pflanze und Mikroorganismen. *ALT*

Biogas. Biogas ist ein regenerativer ↑Energieträger aus mikrobiellem Abbau von ↑Biomasse (Anärobtechnik: Vergärung, Faulung, Fermentation organischer Materie wie Gülle, Mist oder Klärschlamm), bestehend aus 50–70 % Methan (CH_4), 25–45 % CO_2 sowie N, H und H_2S. Die Biogaspotenziale einzelner Pflanzen (bes. Raps, Getreide, Gras, Kartoffeln, Algen) errechnen sich aus den Molanteilen von C, H und O. *IC*

Bioindikatoren ↑Ökotoxikologie

Biologische Vielfalt ↑Biodiversität

Biologischer Abbau ↑Abbau, biologischer

Biomasse. Biomasse (B.) umfasst die gesamte durch Tiere und Pflanzen anfallende und/oder erzeugte organische Substanz. Bei der energetischen Nutzung von B. wird nur der während des Wachstums der B. aufgenommene Kohlenstoff der Umgebung wieder zugeführt. Die Energiegewinnung aus B. erfolgt daher klimaneutral, B. ist «gespeicherte Sonnenenergie». Für die Stromerzeugung in Deutschland wird B. durch die Verordnung über die Erzeugung von Strom aus B. (Biomasseverordnung) vom 21.6.2001 definiert. *CG*

Biomonitoring ↑Umweltmedizin

Bionik. Bionik (N.) steht für «Lernen aus dem Lehrbuch Natur» und meint die Übertragung von Funktionsweisen biologischer Systeme auf technische Prinzipien mit dem Fernziel, sich das Naturprinzip des vollständigen Kreislaufs technisch anzueignen. Die Bionik ist ein interdisziplinäres Fachgebiet zwischen Biologie und Technik, das neben der allgemeinen, system- und angewandten B. auch einen Problemlösungsansatz für das Management komplexer Systeme umfasst (z.B. Fuzzy Logik, neuronale Netze). *IC*

Bioökologie ↑Ökologie

Biopiraterie ↑Bioprospektierung

Bioprospektierung. Bioprospektierung ist die Erkundung biologischen Materials zum Zweck der Aufbereitung für eine potenzielle industrielle Nutzung. Staatliche und private Institutionen suchen vor allem in Entwicklungsländern nach neuen Wirkstoffen für Medikamente oder genetischem Material für die Pflanzenzüchtung, was gelegentlich auf illegale Weise erfolgt (sog. Biopiraterie). *CL*

Bio-Siegel. Ein Bio-Siegel (B.) ist das staatliche, verbandsunabhängige und markenübergreifende Erkennungszeichen für biologisch erzeugte landwirtschaftliche Produkte und Lebensmittel. Mit dem Bio-Siegel dürfen alle Produkte gekennzeichnet werden, die entsprechend der Verordnung (EWG) Nr. 2092/91 zum Ökologischen Landbau (EG-Öko-Verordnung) produziert und kontrolliert wurden und deren Zutaten landwirtschaftlichen Ursprungs zu mindestens 95% aus der ökologischen ↑Landwirtschaft stammen. Produkte, die in der Umstellungsphase eines Betriebes auf die biologische Landwirtschaft hergestellt wurden, dürfen nicht mit dem B. gekennzeichnet werden.
www.bio-siegel.de *UES*

Biosphäre. Die Biosphäre (B.) ist der von Leben erfüllte Raum der Erde, von der belebten Schicht der Erdkruste (inklusive der Flüsse, Seen und Ozeane) bis hin zur unteren Schicht der ↑Atmosphäre. Die B. bildet ein nahezu ausschließlich von der Sonnenenergie angetriebenes globales Ökosystem, das aus Organismen und dem Teil der unbelebten Materie besteht, die mit den Organismen in Wechselwirkung stehen. Sie ist gekennzeichnet durch komplexe, weltumspannende ↑Stoffströme (z.B. ↑Wasser, Kohlenstoff, Stickstoff). Die B. ist funktional eng mit den anderen Sphären der Welt vernetzt, wie der Atmosphäre und der Hydrosphäre.

Die Menschen und ihre wirtschaftlichen Aktivitäten sind ebenfalls Bestandteil der B. Durch eine sich rasch globalisierende industrielle Lebensweise mit wachsender ↑Weltbevölkerung und steigendem Ressourcenverbrauch erreicht die von Menschen verursachte Veränderung der B. eine neue Dimension, insbes. bei der Landnutzung. Etwa 40–50% der Landoberfläche sind bisher umgewandelt oder degradiert worden. Fast die Hälfte der ursprünglichen Primärwaldfläche ist verschwunden, vieles davon innerhalb der letzten 30 Jahre (s. ↑Entwaldung). Nur ein Fünftel ist noch vergleichsweise unangetastet. Die globale potenzielle natürliche Nettoprimärproduktion wurde um bis zu 25–40% reduziert. Die Einschleppung nichtheimischer Arten und der Klimawandel bedrohen die ↑Biodiversität. 10–20% der gesamten Belastung der Atmosphäre mit ↑Aerosolen gehen auf den Menschen zurück. Der globale Eintrag schwefelhaltiger Gase in die Atmosphäre hat sich verdoppelt, ebenso wie der Eintrag von Stickstoff in die Ökosysteme.
Jeder dieser Eingriffe des Menschen in die B. verursacht zusätzliche gewollte und ungewollte Auswirkungen von lokalem bis hin zu globalem Ausmaß (z.B. Klimawandel, Verlust biologischer Vielfalt, ↑Desertifikation). *CL*

Biosphärenreservate. Biosphärenreservate sind großflächige, repräsentative Ausschnitte von Natur- und ↑Kulturlandschaften, in denen ↑Naturschutz und nachhaltige Nutzung von ↑Biodiversität miteinander vereinbart werden sollen. Sie sind unter dem Dach der UNESCO zu einem weltweiten Netzwerk zusammengeschlossen (s. ↑UNESCO-Programm «Man and the Biosphere»). In Deutschland gibt es z.Z. 13 Biosphärenreservate. *CL*

Biotechnologie. Unter Biotechnologie (B.) versteht man den gezielten Einsatz biologischer Prozesse im Rahmen technischer Verfahren und industrieller Produktionen. Die B. hat sich in den letzten zweieinhalb Jahrzehnten zu einem der wichtigsten Innovations- und Wachstumsbereiche entwickelt. In den Industrienationen kommt ihr eine Schlüsselfunktion mit großer volkswirtschaftlicher Bedeutung zu. Die B. ist eine anwendungsorientierte Disziplin und wird daher zu den Ingenieurwissenschaften gezählt. Sie vereint im Wesentlichen die Teilgebiete Mikrobiologie, Biochemie und Verfahrenstechnik. Die historische Entwicklung der B. begann mit der traditionellen Herstellung von Lebens- und Genussmitteln (Brot, Bier). Durch die Entdeckung und Entwicklung der Mikrobiologie im 19. Jahrhundert erfuhren biotechnologische Verfahren einen großen Auftrieb. Auf Grund neuer wissenschaftlicher Erkenntnisse u.a. auf dem Gebiet der Molekularbiologie und der Enzymtechnik wurde der Anwendungsbereich der B. über den Lebensmittelbereich hinaus stark erweitert. Heute werden moderne biologische Verfahren sowohl in der Lebensmittelproduktion als auch im Gesundheitswesen und der Landwirtschaft eingesetzt. Biotechnologische Verfahren werden gegenwärtig in der Landwirtschaft in verstärktem Maße bei der Züchtung von krankheits-, insekten- und herbizidresistenten Pflanzen, bei der Veränderung von Pflanzeninhaltsstoffen und der Herstellung von Functional Food oder von pharmazeutisch wirksamen Lebensmittelinhaltsstoffen genutzt. *A&HPJ*

Biotonne. Die Biotonne ist ein Wertstoffsammelgefäß für biologisch abbaubare, organische ↑Abfälle zur Entlastung der Mülldeponien (Kosten- und Mengenfaktor). ↑Verwertung (statt Entsorgung) von Gartenabfällen erfolgt im großen Maßstab durch kontrollierte Kompostierung und Vermarktung von Humus. *IC*

Biotop. Ein Biotop (B.) ist ein natürlicher Standort bzw. Lebensraum einer Biozönose, d.h. einer Lebensgemeinschaft aus Tieren, Pflanzen und Mikroorganismen. B. sind durch eine Mindestgröße und eine einheitliche, gegenüber ihrer Umgebung abgrenzbare Eigenschaft gekennzeichnet. Der Schutz von B. spielt beim ↑Artenschutz eine wichtige Rolle. *AV*

Biowaffen. Biowaffen (B.) bestehen aus ↑Bakterien, ↑Viren oder Toxinen mit gewissen Eigenschaften für die militärische Kriegsführung. B. sollen über die Luft verteilt werden können, während ihrer Lagerung und ihres Einsatzes stabil bleiben (Hitze- und Druckbeständigkeit) und in großen Mengen herzustellen sein. Die von B. hervorgerufenen Krankheiten müssen heilbar und nicht ansteckend sein, sonst wären Gebiete, die verseucht worden sind, auf Dauer nicht nutzbar und stellten eine Gefahr für die eigenen Truppen dar. Nach Ansicht von Mikrobiologen gibt es daher nicht viele «natürliche» Krankheitserreger, die als B. eingesetzt werden können. Erst mit den Möglichkeiten der ↑Gentechnologie können dadurch veränderte Bakterien, Viren oder Toxine «waffenfähig» gemacht werden. Die Versuche einer internationalen Regulierung der B. (Biowaffenkonvention) gelten trotz jahrelanger Bemühungen als gescheitert. *UES*

Biozentrismus. Der Biozentrismus (B.) weitet die ethische Verpflichtung zur Achtung über den mitmenschlichen Bereich hinaus in die Erscheinungsvielfalt des Lebendigen: Allem Leben gebührt Ehrfurcht. Die Vordenker des B. betonen den einsehbaren Wert einer jeden Lebensform. *ALT*

Biozide. Biozide umfassen alle Chemikalien, mit denen lebende Organismen bekämpft werden sollen. Man unterscheidet Akarizide (gegen Milben), Algizide (gegen Algen), Bakterizide (gegen ↑Bakterien), Fungizide (gegen Pilze), Herbizide (gegen Unkräuter), Insektizide (gegen Insekten), Molluskizide (gegen Schnecken), Nematizide (gegen Würmer), Rhodentizide (gegen Nagetiere), Virizide (gegen ↑Viren) u.a.m. *BP*

Blaue Flagge. Die Blaue Flagge ist ein ↑Öko-Label, das seit 1987 jeweils für ein Jahr von der Foundation for Environmental Education (FEE) vergeben wird für besonders hohe Umweltqualität von Sportboothäfen, Binnenseen, Stränden, Badestellen, Luftsportgeländen und Fußballanlagen. *IC*

Blaue Revolution. 1. Übertragung des Begriffs «Grüne Revolution» (Landwirtschaft) auf die ↑Aquakultur. 2. Diffuse Anwendung des Begriffs u.a. für Bewässerungslandwirtschaft, Erschließung von Trinkwasserressourcen, Einbeziehung der Weltmeere in die Ernährungssicherungspolitik. 3. Einführung der ↑Gentechnologie in traditionelle Produktionsweisen der Aquakultur. *IC*

Blauer Engel. Der Blaue Engel (BE) ist eine Kennzeichnung für umweltverträgliche Produktalternativen in bestimmten Produktgruppen. Das System der Produktkennzeichnung mit einem BE wurde 1977 in Deutschland eingeführt und ist weltweit eines der am weitesten verbreiteten umweltbezogenen Kennzeichnungssysteme auf freiwilliger Basis mit staatlicher Kontrolle. Das Umweltzeichen zielt auf die Information und Motivation sowie auf die Überzeugung und das Umweltengagement von Produzenten und Verbrauchern. Es bezieht sich auf die relative Umweltverträglichkeit bestimmter Produkte gegenüber vergleichbaren Produkten aus derselben Produktgruppe. Beispiele sind FCKW-freie Spraydosen (s. ↑Fluorchlorkohlenwasserstoffe), Mehrwegflaschen, Recyclingpapier oder schadstoffarme Lacke. Mittlerweile können auch Dienstleistungen, wie ↑Car-Sharing, Autowaschanlagen oder Fahrkarten das Umweltzeichen erhalten. Die ausgezeichneten Produkte und Dienstleistungen tragen direkt auf dem Produkt oder im Falle einer Dienstleistung z.B. als Plakat im Schaufenster das Logo des BE.
Bei der Bewertung werden die zentralen ökologischen Probleme im ↑Produktlebenszyklus identifiziert und die vorliegenden Alternativen entsprechend bewertet. Sämtliche Anforderungen an Produkte und Dienstleistungen für die Vergabe des Umweltzeichens beschließt die unabhängige Jury Umweltzeichen. Das Zeichen muss von Unternehmen beantragt werden und wird nach eingehender Prüfung durch ein unabhängiges Gutachtergremium unter Beteiligung des ↑Umweltbundesamtes und des Bundeslandes, in dem der Hersteller oder Anbieter des Produkts oder der Dienstleistung seinen Sitz hat, betraut. Das Umweltbundesamt ist dabei für die Entwicklung von Anforderungen für die Vergabe verantwortlich. Heute tragen ca. 3700 Produkte und Dienstleistungen von ca. 800 Herstellern im In- und Ausland den BE. *BS*

Blockheizkraftwerk. Blockheizkraftwerke (Diesel- und zunehmend Gasmotoren) erreichen wegen der gleichzeitigen Strom- und Wärmeerzeugung (s. ↑Kuppelprodukte) im Vergleich zu getrennter Erzeugung eine erheblich bessere Primärenergieausnutzung und werden i.d.R. verbrauchsnah zur Versorgung von Wohneinheiten oder in der Industrie eingesetzt. *KN*

BMU ↑Bundesumweltministerium

Boden. Boden (B.) ist der meist nur 20–40 cm dicke Teil der oberen Erdrinde, der nach unten durch festes und lockeres Gestein, nach oben durch eine Pflanzendecke oder den Luftraum begrenzt ist. Der voll entwickelte B. ist ein Gemisch aus anorganischen und organischen Bestandteilen, ↑Wasser und Luft. Auf dem unverwitterten Ausgangsgestein, dem sog. C-Horizont, liegt der meist bräunlich oder rötlich gefärbte Unterboden oder B-Horizont. Der Oberboden oder A-Horizont ist wegen seines Humusgehaltes meist graubraun oder schwarz gefärbt. Der

Humus ist das Ergebnis des ständigen Ab-, Um- und Aufbaus pflanzlicher und tierischer Materie. Die abgestorbene pflanzliche und tierische Substanz dient vielen Organismen als Nahrungsquelle. Von den Mikroben werden die leicht zerlegbaren Verbindungen wie Kohlenhydrate und Zellulose abgebaut und in für Pflanzen wieder verwertbares Kohlendioxid, Wasser, Ammonium und Nitrat verwandelt. Diese leicht zerlegbaren Verbindungen bilden den Nährhumus. Schwer weiterzuverarbeitende Ab- und Umbauprodukte können sich von selbst oder mit Hilfe von Enzymen zu Huminstoffen entwickeln, aus denen der schwer abbaubare und dunkle Dauerhumus besteht. Die Huminstoffe umgeben die mineralischen Bestandteile des B. und vernetzen sie zu einer flexiblen, aber stabilen Struktur. Ein B. erodiert daher umso leichter, je geringer sein Humusgehalt ist.

Die Bodenfruchtbarkeit hängt von der Bodenart, dem Humusgehalt, Nährstoffangebot (Stickstoff, Phosphor, Schwefel, Kalium usw.), der Versorgung mit Spurenelementen (Bor, Eisen, Calcium usw.), Durchlüftung und Wasserversorgung ab. B. reagieren im Zeitverlauf sehr unterschiedlich. Während Änderungen des ↑pH-Wertes sich innerhalb weniger Jahre vollziehen, ändern sich Struktur und Textur erst im Laufe von Jahrtausenden. Einseitige Düngung, ↑Überdüngung oder Schadstoffeinträge sowie falsche Bodenbearbeitung wie zu tiefes Pflügen oder Bodenverdichtung durch schwere Maschinen stören das Bodenleben. Ebenso kann sich auch das Anbausystem, etwa ↑Monokulturen, die das Gleichgewicht von Auf- und Abbauprozessen im B. stören, negativ auswirken. Durch natürliche Einflüsse, aber auch durch den Menschen werden die B. beeinflusst, d.h., ihre Struktur und ihre Funktionen werden durch physikalische, chemische und biotische Belastungen dauerhaft verändert. Werden den B. nicht ausreichend Pflanzenrückstände zugeführt bzw. sind sie nicht ständig durch eine geschlossene Pflanzendecke geschützt, tritt Bodendegradation ein. Besonders Trockengebiete sind davon betroffen (s. ↑Desertifikation).

Seit 1990 existiert eine Weltkarte der vom Menschen verursachten Bodendegradation. Demnach wird die globale Bodendegradation hauptsächlich durch Wasser- (etwa 56%) und Winderosion (28%) sowie zu einem geringeren Teil durch chemische Degradation wie Nährstoffverlust, Versalzung, ↑Kontamination und ↑Versauerung (12%) sowie durch physikalische Degradation wie Verdichtung und Versiegelung (4%) verursacht. Rund 15 % der B. weltweit gelten heute als degradiert. In Asien sind es rund 39%, in Afrika 25%, in Südamerika 12%, in Europa 11%, in Nordeuropa 8% und in Ozeanien 5%. Hauptursachen der Bodendegradation sind Überweidung (etwa 35%), ↑Entwaldung (30%) und Übernutzung durch Ackerbau (27%). In Europa besteht einer der Hauptgründe des Bodenverlustes in der Versiegelung durch Siedlungserweiterung und Straßenbau. In den 1990er Jahren wurden in Frankreich und Belgien täglich 50–70 ha versiegelt, in Deutschland betrug dieser Wert sogar 120ha.

www.bodenwelten.de

Benno Pilardeaux

Bodenbelastung. Der ↑Boden ist ein Auffangbecken für in die ↑Umwelt gelangende Substanzen. Lokal liegen erhebliche Bodenbelastungen vor, und zwar weltweit. Gefahren und langfristige ↑Risiken ergeben sich vor allem durch ↑Sauren Regen sowie den Eintrag und die Anreicherung mit ↑Schadstoffen (z.B. ↑Schwermetalle und Klärschlamm). Die Landwirtschaft belastet die Böden durch Verfestigung, Dünge- und Pflanzenschutzmittel, woraus sich negative Folgen für Bodenleben und Grundwasser ergeben. *UES*

Bodendegradation ↑Boden; Syndromkonzept

Bodenschutzgesetz ↑Bundesbodenschutzgesetz

Bonner Konvention (CMS) ↑Biodiversitätskonvention

Branchenabkommen ↑Selbstverpflichtungen

Braunkohle ↑Energieträger, fossile und erneuerbare

Brennstoffkreislauf ↑Atomenergie

Brennstoffzelle. Die Brennstoffzelle (B.) ist ein Prinzip der chemischen Stromerzeugung, basierend auf Umkehr der Elektrolyse, und wurde 1839 von Sir Robert Grove erfunden. Eine B. besteht aus drei Schichten: als Katalysatoren Anode und Kathode, dazwischen Elektrolyt (flüssige oder feste Stoffe). Seit 1990 erfolgte die sprunghafte technische Weiterentwicklung mit unterschiedlichen Bau- und Funktionsweisen. Einsatzmöglichkeiten sind Raumfahrt, Kraftwerke, Heizung, Motoren, Notebooks, Handys, ↑Kuppelprodukt ist H_2O. Vorteile der B. sind u.a.: höchster Wirkungsgrad aller Stromerzeugungssysteme, geringes Gewicht, extrem geringe Emission von SO_2, ↑Stickoxiden (NO_X), CH_x, CO_2 und ↑Staub. *IC*

Brundtland-Bericht. Der Brundtland-Bericht (B.) wurde 1987 von der Weltkommission für Umwelt und Entwicklung, die unter Leitung der ehemaligen norwegischen Ministerpräsidentin Gro Harlem Brundtland arbeitete, veröffentlicht. Nach der Brandt-Kommission über die Nord-Süd-Problematik und der Palme-Kommission zur Sicherheits- und Abrüstungsthematik war die Brundtland-Kommission von der Generalversammlung der Vereinten Nationen damit beauftragt worden, langfristige Umweltstrategien vorzuschlagen mit dem Ziel, eine stabile Entwicklung bis zum Jahr 2000 und darüber hinaus zu erreichen («Weltprogramm des Wandels»). Der B. propagiert ein neu definiertes Konzept der ↑Nachhaltigen Entwicklung und bietet dafür zwei Definitionen an: «Entwicklung zukunftsfähig zu machen, heißt, dass die gegenwärtige Generation ihre Bedürfnisse befriedigt, ohne die Fähigkeit der zukünftigen Generationen zu gefährden, ihre eigenen Bedürfnisse befriedigen zu können.» Die damit angesprochene Frage der intergenerativen ökologischen ↑Gerechtigkeit ist seither Bestandteil aller vereinbarten internationalen Abkommen zum Schutz der ↑Umwelt. Weniger bekannt ist die andere Definition, die jedoch ebenfalls von besonderer Bedeutung ist: «Eine zukunftsfähige Entwicklung

ist ein Prozess der Veränderung, in dem die Nutzung der ↑Ressourcen, die Struktur der Investitionen, die Orientierung des technischen Fortschritts und die institutionellen Strukturen konsistent gemacht werden mit den zukünftigen und den gegenwärtigen Bedürfnissen.»
Der B. symbolisiert den Beginn des weltweiten Nachhaltigkeitsdiskurses und erreichte eine ungeahnte Breitenwirkung. Er wurde in alle großen Sprachen der Welt übersetzt und gehört inzwischen zur am häufigsten zitierten Umwelt- und Entwicklungsliteratur. Es gibt zwei deutsche Ausgaben des Berichts, die vom Staatsverlag der DDR 1988 veröffentliche Version und die vom deutschen Mitglied der Kommission, Volker Hauff, 1987 herausgegebene Version im Eggenkamp-Verlag. *UES*

Bruttosozialprodukt ↑Wachstum

BSE/-Krise. BSE ist die Abkürzung für bovine spongiforme Enzephalopathie, eine tödliche Erkrankung bei Rindern mit extremen, schwammförmigen Veränderungen des Gehirns. Die Frage nach dem Erreger ist nicht abschließend geklärt. Als wahrscheinlich gilt die sog. Prion-Hypothese: Infektiöse Prion-Proteine (Proteine ohne DNA und RNA) befallen körpereigene Prion-Proteine; diese wandeln sich um, was zum Absterben von Hirnzellen führt. Als weit gehend gesichert gilt, dass die sog. neue Variante der Creutzfeldt-Jakob-Krankheit – eine tödliche Gehirnerkrankung beim Menschen – durch Übertragung des BSE-Erregers ausgelöst wird.
Erstmals beschrieben im Jahr 1986, kam es 2000 zu einem rapiden Anstieg der BSE-Fälle in Deutschland und anderen europäischen Ländern, die zu Besorgnis über die ↑Lebensmittelsicherheit führte. Die Verfütterung von mit dem BSE-Erreger kontaminierten Tiermehl gilt als Hauptursache des Ausbruchs. Prionen sind äußerst resistent gegenüber Inaktivierungsverfahren wie z. B. Erhitzung – niedrige Erhitzungstemperatur und kurze Erhitzungsdauer bei der Herstellung des Tiermehls führten zu keiner Inaktivierung des Erregers. In der Folge wurde die bis dahin in der intensiven Landwirtschaft übliche Beimischung von Tiermehl in Kraftfutter in Deutschland ganz, EU-weit aber nur begrenzt verboten. Sog. Risikomaterialien (u.a. Gehirn, Rückenmark) dürfen nicht mehr zur Herstellung von Futter- und Lebensmitteln verwandt werden. Zudem wurden BSE-Tests für geschlachtete Rinder vorgeschrieben. *AV*

Bubble-Policy. Die Bubble-Policy ist ein in den USA zuerst eingesetztes System zur ↑Luftreinhaltung. Dabei darf in einer Region eine festgelegte Menge von Gesamtemissionen nicht überschritten werden, während die einzelnen Unternehmen ihre jeweiligen Einzelemissionen untereinander flexibel mit Hilfe eines Zertifikathandelssystems (s. handelbare ↑Emissionszertifikate) bestimmen können. Sie wird im übertragenen Sinne auch der Klimapolitik der EU zugrunde gelegt (s. ↑EU-Umweltpolitik). *BS*

Buchhaltung, ökologische. Die ökologische Buchhaltung (ö.B.) ist ein 1980 von Ruedi Müller-Wenk vorgeschlagenes Messsystem, das die vom

Buchführenden ausgehenden Einwirkungen auf die natürliche ↑Umwelt umfassend, kontinuierlich und nach für alle Buchführenden einheitlich festgelegten Regeln misst. Mit Hilfe von sog. Äquivalenzkoeffizienten wird versucht, die relative ökologische Knappheit der ↑Ressourcen und der Aufnahmekapazität der ↑Umweltmedien zu erfassen. Müller-Wenks ö.B. kann als Prototyp eines ↑Umweltinformationssystems und als Ausgangspunkt der Debatte um ↑Umweltindikatoren gesehen werden. *UES*

BUIS ↑Betriebliche Umweltinformationssysteme

BUND ↑Bund für Umwelt und Naturschutz Deutschland

Bund für Umwelt und Naturschutz Deutschland (BUND). Der Bund für Umwelt und Naturschutz Deutschland (BUND) wurde 1975 gegründet und ist mit ca. 395 000 Mitgliedern und Förderern der größte und finanzstärkste (Spenden und Mitgliedsbeiträge) deutsche ↑Umweltverband, der sich für eine wirksame ↑Umweltpolitik einsetzt, Umweltzerstörung kritisiert und umweltpolitische Konzepte entwickelt und propagiert (z.B ↑Ökologische Steuerreform). *www.bund.net* *BN*

Bundesamt für Naturschutz (BfN). Das 1993 gegründete Bundesamt für Naturschutz (BfN) berät als zentrale wissenschaftliche Behörde des Bundes für den nationalen und internationalen ↑Naturschutz und die Landschaftspflege die Bundesregierung, überwacht die Ein- und Ausfuhr geschützter Tier- und Pflanzenarten, betreibt eigene Forschung und betreut Bundesförderprogramme. Das BfN ist u.a. auch in das ↑UNESCO-Programm «Man and the Biosphere» (MAB) eingebunden. Hauptsitz des BfN ist Bonn, Außenstellen befinden sich in Leipzig und auf der Insel Vilm bei Rügen. *JS*

Bundesbodenschutzgesetz. Zweck des Bundesbodenschutzgesetzes (B.) ist es, die Funktionen des ↑Bodens zu sichern oder wiederherzustellen. Hierzu sind schädliche Bodenveränderungen abzuwehren, der Boden zu sanieren und Vorsorge gegen nachteilige Einwirkungen auf den Boden zu treffen. Das deutsche B. trat am 1.3.1999 in Kraft. *BP*

Bundesgesundheitsministerium. Das Bundesgesundheitsministerium ist neben der Verwaltung der gesetzlichen Kranken- und Pflegeversicherung auch zuständig für alle umweltbezogenen Querschnittsfragen der Gesundheitspolitik, wie etwa gesundheitliche Folgeschäden auf Grund von Umwelteinwirkungen (z.B. durch Exposition von ↑Schadstoffen und ↑Giften). Die Umsetzung erfolgt u.a. über das Aktionsprogramm «Umwelt und Gesundheit». *AV*

Bundesimmissionsschutzgesetz. Das Bundesimmissionsschutzgesetz (B.) dient dem Schutz vor schädlichen Umwelteinwirkungen durch ↑Luftverschmutzung, ↑Lärm, Erschütterungen und ähnliche Vorgänge. Bei der Anwendung des B. sind verschiedene Verordnungen und Regelwerke zu berücksichtigen. Beispielsweise sind alle genehmigungspflichtigen Anlagen im Anhang der 4. Verordnung zum B. aufgelistet, wobei Anlagen mit größeren ↑Emissionen oder ↑Umweltbelastungen ein förmliches Verfahren mit öffentlicher Beteiligung durchlaufen müssen. Weniger belastende, meist kleinere Anlagen können dagegen in einem vereinfachten Verfahren ohne Öffentlichkeitsbeteiligung genehmigt werden. In beiden Verfahren entscheiden die ↑Grenzwerte der Emissionen vorrangig über die Genehmigungsfähigkeit der jeweiligen Anlage. *CG*

Bundesnaturschutzgesetz. Die Novellierung des Bundesnaturschutzgesetzes (B.) wurde am 1.2. 2002 verabschiedet. Gut 25 Jahre nach Inkrafttreten des ersten B. wurde der ↑Naturschutz in Deutschland damit auf eine neue rechtliche Grundlage gestellt. Im Zentrum steht der wirksame Schutz von Tier- und Pflanzenarten sowie ihrer Lebensräume. Zentrales Ziel des neuen B. ist es, die gesamte Flächennutzung künftig umwelt- und landschaftsverträglich zu gestalten.

Eine wesentliche Neuerung ist die Einführung eines Biotopverbunds (s. ↑Biotop) zur Bewahrung der ↑Biodiversität; dafür soll jedes Bundesland mindestens 10 % seiner Fläche zur Verfügung stellen. Auch wurden erstmalig Nachhaltigkeitskriterien für die Land-, ↑Forst- und Fischereiwirtschaft aufgenommen. Das Gesetz betont die Bedeutung des Erholungswertes von ↑Natur und Landschaft; Schutzgebiete können dadurch in Zonen mit einem abgestuften Schutz gegliedert werden. Schließlich wurde die Möglichkeit zur ↑Verbandsklage für anerkannte Naturschutzverbände auf Bundesebene in das Gesetz aufgenommen. Darüber hinaus können in der Zone bis zu 200 Meilen vor den Küsten Natur- und Vogelschutzgebiete ausgewiesen werden. Das B. bedarf als Rahmenrecht der Umsetzung durch die Länder, die hierfür drei Jahre Zeit haben. Bei der Erneuerung des Naturschutzrechts kommt damit den Ländern, die auch den Vollzug des Gesetzes in den Händen haben, eine zentrale Rolle zu. *BP*

Bundesseuchengesetz. Das Bundesseuchengesetz trat am 1.1. 2001 außer Kraft und wurde gleichzeitig durch das im ↑Seuchenrechtsneuordnungsgesetz enthaltene ↑Infektionsschutzgesetz ersetzt. *RVR*

Bundesumweltministerium (BMU). Das Bundesministerium für Umwelt, Naturschutz und Reaktorsicherheit (BMU) wurde am 6. Juni 1986 gebildet und ist seitdem federführend für die ↑Umweltpolitik des Bundes. Bis dahin hatten sich das Innenministerium, das Bundeslandwirtschafts- und das ↑Bundesgesundheitsministerium um die Belange des ↑Umweltschutzes gekümmert. In sechs Abteilungen in Bonn und Berlin sind gegenwärtig rund 870 Beschäftigte tätig. Zum Geschäftsbereich des BMU gehören drei Bundesämter: das ↑Umweltbundesamt, das ↑Bundesamt für Naturschutz (BfN) sowie das Bundesamt für Strahlenschutz. Darüber hinaus wird das Ministerium von unabhängigen wissenschaftlichen Gremien beraten. Zu nennen sind hier insbes. der dem BMU zugeordnete ↑Rat von Sachverständigen für Umweltfragen (SRU) und der die gesamte Bundesregierung beratende ↑Wissenschaftliche Beirat der Bundesregierung Globale Umweltveränderungen (WBGU). *JS*

Bundesverband Bürgerinitiativen Umweltschutz (BBU). Der Bundesverband Bürgerinitiativen Umweltschutz (BBU) ist ein 1972 in der BRD gegründeter, dezentral organisierter Verband mit 150 Bürgerinitiativen, der Basisgruppen bei umweltpolitischen Protesten und Projekten unterstützt und Umweltinteressen v.a. in den Bereichen ↑Energie, ↑Verkehr und Güterproduktion vertritt. *www.bbu-online.de* *BN*

Bundesverbraucherministerium. Das Bundesverbraucherministerium ist zuständig für ↑Verbraucherschutz, ↑Ernährung und Landwirtschaft und entstand durch Umgründung des Landwirtschaftsministeriums in Folge der ↑BSE-Krise 2001. Mit den Themen ↑Lebensmittelsicherheit, Verbraucherschutz und ökologische ↑Landwirtschaft werden statt der vormaligen hauptsächlichen Förderung der intensiven Landwirtschaft neue Schwerpunkte gesetzt. *AV*

Bundeswaldgesetz. Das Bundeswaldgesetz bezweckt den Erhalt des ↑Waldes auf Grund seines wirtschaftlichen Nutzens und seiner Bedeutung für die Leistungsfähigkeit des Naturhaushalts, die Förderung der ↑Forstwirtschaft und den Ausgleich zwischen Nutzer- und Schutzinteressen. Hauptinstrument hierfür ist die forstwirtschaftliche Rahmenplanung der Länder. *AV*

Bundeswirtschaftsministerium. Das Bundeswirtschaftsministerium ist u.a. zuständig für energiewirtschaftliche Fragen, insbes. die Förderung von neuen Technologien. Darüber hinaus hat es gesetzgeberische, administrative und koordinierende Funktionen in der Wettbewerbs-, Regional-, Mittelstands- und Außenwirtschaftspolitik, von denen unterschiedliche ökologische Effekte ausgehen. *BS*

Burden-Sharing. Das ↑Kyoto-Protokoll verpflichtet die EU zur Reduktion ihrer Treibhausgasemissionen um 8 % (im Zeitraum 1990 bis 2008/2012). Im Juni 1998 einigten sich die 15 EU-Mitgliedsstaaten, wie diese Reduktionen untereinander aufgeteilt werden sollen (sog. Burden-Sharing); dabei variieren die Verpflichtungen stark (21 % Reduktion für Deutschland, 27 % Erhöhung für Portugal). *HE*

Bürgerinitiativen ↑Umweltorganisationen

Business Charter for Sustainable Development. Die Charta für Nachhaltige Entwicklung (engl.: Business Charter for Sustainable Development) wurde 1990 von der Internationalen Handelskammer mit 16 Grundsätzen zum ↑Umweltmanagementsystem von Unternehmen verabschiedet. Sie wurde bereits von über 2300 Unternehmen unterzeichnet (Stand 2002). *BS*

Carrying Capacity ↑Tragfähigkeit

Car-Sharing. Car-Sharing (CS) ist im weitesten Sinne die Nutzung von Autos durch mehrere Personen nacheinander. Im engeren Sinne handelt es sich um die gemeinschaftliche Nutzung von Fahrzeugen, die durch Organisationen an wohnungsnahen Standorten bereitgestellt werden. Durch meist längerfristige Nutzungsverträge sowie nach Vorbuchung können die Fahrzeuge zu weit gehend nutzungsabhängigen Kosten gefahren werden. Derzeit (2002) gibt es in Deutschland rd. 75 CS-Organisationen in 230 Städten mit über 50000 Kunden. Besonders im Stadt- und Regionalverkehr zu Einkaufs- und Freizeitzwecken entwickelt das Mobilitätsangebot von CS eine Ergänzung zum öffentlichen Personennahverkehr. Ein CS-Auto ersetzt zwischen fünf und acht private Pkw, wodurch weniger Parkraum benötigt wird. *BE*

Cartagena-Protokoll ↑Biodiversitätskonvention

Castor. Castor (C.) steht für engl. Cask for Storage and Transport of Radioactive Material und ist ein Sammelbegriff für große, speziell präparierte Stahlgussbehälter für Atommülltransporte und Zwischenlagerung (max. 40 Jahre). Radioaktive Strahlung führt zu beschleunigter Versprödung und Korrosion des Metalls und abnehmender Strahlungssicherheit. Neben dem C. gibt es weitere, ähnliche Atommüllbehälter, die andere Bezeichnungen tragen und lt. ↑Greenpeace z.T. nicht getestet sind (z.B. HAW20/28CG; TN 13/2; TN 17/2; V/19; V752; Excellox6). *IC*

Castortransporte. Bei Castortransporten wird Atommüll (v.a. ausgediente radioaktive Brennelemente aus Atomkraftwerken) in speziellen Behältern (s. ↑Castor) zu ↑Wiederaufarbeitungsanlagen (La Hague, Frankreich, und Sellafield, Großbritannien) bzw. in Zwischenlager gebracht. ↑Endlager fehlen weltweit. Sicherheitsrisiken bestehen durch Unfälle, Terrorismus sowie nicht abschirmbare Strahlung. *IC*

CBD ↑Biodiversitätskonvention

CDM ↑Kyoto-Protokoll

Centre for Science and Environment (CSE). Das 1981 in Neu Delhi gegründete Centre for Science and Environment (CSE) ist eine ↑Nichtregierungsorganisation (NRO), die sich mit nachhaltiger Ressourcennutzung befasst. Das CSE wurde durch seine Forschungsberichte und Kampagnen weltweit bekannt als eine der wenigen Institutionen in den Entwicklungsländern, die den etablierten Forschungsinstitutionen und NRO der Industrieländer eine eigene Sichtweise entgegensetzen. *www.cseindia.org* *BP*

Charta von Aalborg. Die Charta von Aalborg wurde 1994 beschlossen, nachdem sich in Europa Städte und Gemeinden vernetzt hatten (z.B. ICLEI), um ↑Nachhaltige Entwicklung auf kommunaler Ebene (Lokale ↑Agenda 21) umzusetzen. Sie beinhaltet eine politische Erklärung, konkrete Handlungsschritte und ein Aktionsprogramm, die in Folgekonferenzen weiterentwickelt werden sollen. *GÖ*

Chemie, anorganische. Anorganische Chemie (a.C.) ist der Teilbereich der C., in dem Eigenschaften und Verbindungen aller Elemente und ihrer Verbindungen untersucht werden. Ausgenommen sind Kohlenstoffverbindungen, die in der organischen C. behandelt werden. Beide Bereiche sind unscharf voneinander abgegrenzt (z.B. C. von Kohlendioxid CO_2 in der a.C.). *SchuBa*

Chemiepolitik. Der Begriff «Chemiepolitik» (C.) entstand in den 1980er Jahren als Reaktion auf eine Vielzahl von Umwelt- und Gesundheitsproblemen und Skandalen durch Chemikalien, insbes. durch persistente chlororganische Chemikalien (wie DDT, Pentachlorphenol, ↑Fluorchlorkohlenwasserstoffe (FCKW), ↑Dioxine u.a.m.) und ↑Schwermetalle (Blei und Cadmium). In einer gemeinsamen Erklärung in dem neu gegründeten «Informationsdienst Chemie und Umwelt» (ICU 1/1984, S. 2) forderten der ↑Bundesverband Bürgerinitiativen Umweltschutz (BBU), der ↑Bund für Umwelt und Naturschutz Deutschland (BUND) und das ↑Öko-Institut die Abkehr von der Politik des «Schadstoffes des Monats» und die Etablierung einer vorausschauenden C.

Die chemiepolitische Debatte findet bisher auf zwei Themenfeldern statt: Es geht erstens um die engere Chemikalienpolitik, also die Bewertung von Chemikalien und das ↑Chemikaliengesetz, zweitens um Leitbilder und Konzepte für eine neue ↑Umwelt- und Produktpolitik. In der Chemikalienpolitik wurde neben einzelnen Problemchemikalien vor allem über das unzulängliche Chemikaliengesetz diskutiert. Dieses Gesetz regelte zwar die wenigen neu anzumeldenden Chemikalien befriedigend, vernachlässigte aber die Zehntausende der sog. Altstoffe, Stoffe, die bereits auf dem Markt waren, als das Gesetz 1981 in Kraft trat. Die ↑Umweltverbände forderten eine schnellere, gestufte und zeitlich festgelegte Überprüfung und eine ↑Beweislastumkehr. Aber erst mit dem Weißbuch der EU-Kommission «Strategie für eine zukünftige Chemikalienpolitik» (KOM 2001–88) kam Bewegung in die Altstoffüberprüfung. Nun sollen eine stufenweise Registrierung von 30000 Altstoffen bis 2012, eine stufenweise Evaluation von 5600 Altstoffen, ein Zulassungs- bzw. Autorisierungsverfahren für bis zu 1500 der besonders gefährlichen Altchemikalien und eine Umkehr der Beweislast erfolgen.

Die Neukonzeption der Umwelt- und Produktpolitik wurde 1992–1994 in der ↑Enquete-Kommission «Schutz des Menschen und der Umwelt» des Deutschen Bundestages entworfen. Sie forderte, das Leitbild der ↑Nachhaltigen Entwicklung durch ein spezifisches Stoffstrommanagement umzusetzen, das sie wie folgt definierte: «Stoffstrommanagement ist das aktive und effiziente, an anspruchsvollen Umweltzielen orientierte, produktlinien- und medienübergreifende Beeinflussen von ↑Stoffströmen. Stehen die Ziele fest, umfasst das Stoffstrommanagement im engeren Sinne die Schritte Stoffstromanalyse, Stoffstrombewertung, Strategieentwicklung, Umsetzung und Erfolgskontrolle, wobei die Aufgaben den beteiligten Akteuren klar zugeordnet sind bzw. zugeordnet werden.»

Innerhalb der EU wurde die Neukonzeption der Umwelt- und Produktpolitik in einem «Weißbuch Integrierte Produktpolitik» diskutiert.

Rainer Grießhammer

Chemikaliengesetz. Zweck des Chemikaliengesetzes und entsprechender Verordnungen ist es, Mensch und ↑Umwelt vor schädlichen Einwirkungen gefährlicher Stoffe und Zubereitungen zu schützen. Vorsorgend werden den Herstellern und Importeuren dieser Stoffe u.a. Anmeldungs-, Verpackungs-, Kennzeichnungs- und Mitteilungspflichten auferlegt. *MZ*

Chemische Reinigung ↑Dioxine

Chlorierte Kohlenwasserstoffe (CKW). Durch chemische Reaktionen von Chlor mit Kohlenwasserstoffen (Chlorchemie) wurde eine breite Palette von Chlorierten Kohlenwasserstoffen (CKW) erzeugt, die durch produzierte Mengen und stoffliche Vielfalt Teil der technischen Zivilisation geworden sind. Am bekanntesten im Bereich der ↑Kunststoffe ist ↑Polyvinylchlorid (PVC), im Bereich der Lösemittel Perchlorethylen, im Bereich der Pflanzenbehandlungsmittel DDT. Herstellung und Anwendung sind teilweise erheblich umweltbelastend; auch entstehende Nebenprodukte und Verunreinigungen sind vielfach extrem toxisch (s. ↑Dioxine, ↑Polychlorbiphenyle). *JA*

Chlororganische Verbindungen ↑Persistente Organische Schadstoffe

CITES ↑Washingtoner Artenschutzabkommen

CKW ↑Chlorierte Kohlenwasserstoffe

Clean Technology ↑Umweltschutztechnik

Club of Rome. Der Club of Rome wurde 1968 von Aurelio Peccei, Alexander King und Eduard Pestel u.a. gegründet. Heute (2002) ist Prinz Hassan von Jordanien Präsident des Clubs, Generalsekretär ist der Deutsche Uwe Möller.

Die Mitgliederzahl des Clubs ist auf 100 begrenzt. Hinzu kommen Ehrenmitglieder und assoziierte Mitglieder. Nationale Gruppen bestehen in etwa zwanzig Ländern, darunter in Deutschland. Der Club wurde 1972 mit dem Bericht von Donella Meadows u.a. «Limits to Growth» (Grenzen des Wachstums) weltweit bekannt, der in zahlreiche Sprachen übersetzt wurde. Die Welt erfuhr, dass sie kollabieren wird, wenn das Wachstum immer so weiter geht.

Der Club wurde in der Folge zum Orakel, aber auch zur Inkarnation des Bösen hochstilisiert. Vor allem die Entwicklungsländer kritisierten den Bericht, weil er just in dem Moment die ↑Grenzen des Wachstums ausrief, wo sie anhoben, sich durch Entkolonisierung und Wachstum aus dem angestammten Elend zu befreien.

Auf den ersten Bericht *an* den Club folgten weitere, darunter Eduard Pestels «Menschheit am Wendepunkt», Juan Radas «For Better or Worse», eine sehr frühe Analyse der weltwirtschaftlichen Auswirkungen der Mikroelektronik, und schließlich, 1991, der einzige Bericht *des* Club of Rome, der von Alexander King und Bertrand Schneider herausgegebene Bericht «Die erste globale Revolution». Yehezkel Dror publizierte 1993 mit «Limits to Governability» eine der ersten Analysen der Globalisierung und ihrer Auswirkungen auf die Entscheidungsspielräume nationaler Regierungen. Der 1995 erschienene Bericht «Faktor Vier» (s. ↑Faktor 4) versucht, die Grenzen des Wachstums zeitlich hinauszuschieben; in der gewonnenen Zeit muss die Menschheit lernen, sich auf die unbestreitbaren Wachstumsgrenzen einzurichten. *EUW*

Coase-Theorem ↑Umweltökonomie

Command and Control Policy ↑Ordnungspolitik/-recht

Compliance. Compliance bedeutet die Einhaltung oder Erfüllungskontrolle rechtlicher Vorschriften. Insbes. multilaterale Umweltabkommen sehen zunehmend Verfahren zu deren eigener Erfüllungskontrolle vor. Im Gegensatz zu gerichtlichen Streitbeilegungsverfahren zeichnen sich diese Verfahren grundsätzlich dadurch aus, dass sie im Zuge eines kooperativen, nichtkonfrontativen Vorgehens die Staaten zur Einhaltung ihrer Verpflichtungen anhalten. Das System der Erfüllungskontrolle des ↑Kyoto-Protokolls gilt auf Grund seiner Regelungsdichte und seines durchgreifenden Maßnahmenkatalogs bislang als beispiellos im ↑Umweltvölkerrecht. *SM*

Contracting. Contracting (C.) bezeichnet im Allgemeinen die vertraglich fixierte Übertragung von Aufgaben auf spezialisierte private Unternehmen. Eine Investition wird hierbei nicht vom Nutzer, sondern von einem Dritten, dem Contractor, durchgeführt. Dieser übernimmt von der Planung über die Finanzierung bis zur Errichtung und Wartung der Anlage alle sonst vom Nutzer zu tätigenden Aufgaben.
Die Suche nach neuen Energienutzungskonzepten mit technisch optimierten Verfahren und neuen ökonomischen Konzepten begann im Gefolge der Ölpreissteigerungen der 1970er Jahre. Energieeinspar-Contracting beinhaltet die Investition in Maßnahmen zur rationellen Energienutzung, wobei die Refinanzierung i.d.R. aus den eingesparten Energiekosten erzielt wird. Energieeinsparpotenziale werden festgelegt und vom Contractor vertraglich garantiert. Anlagen-Contracting beinhaltet die Errichtung einer Anlage zur Energieumwandlung (z.B. Heizungskessel, ↑Blockheizkraftwerk); die Refinanzierung erfolgt hier über den Verkauf von Nutzenergie, verbunden mit Effizienzverbesserungen bei der Energieumwandlung. Der Fokus liegt dabei auf der Energiebereitstellung und -verteilung, die Art der Energienutzung beim Endverbraucher ist i.d.R. nicht Vertragsgegenstand. Beide Arten des C. haben gemeinsam, dass der Contractor den wirtschaftlichen Erfolg in Form einer Kosteneinsparung garantiert, wobei diesem häufig eine Erfolgsbeteiligung zugesichert wird. Rechtlicher Rahmen für das C. sind in Deutschland u.a. das ↑Energiewirtschafts- und Energieeinsparungsgesetz. *NB*

Controlling ↑Öko-Controlling

Copernicus-Charta. Die Copernicus-Charta ist ein 1993 von der Europäischen Hochschulrektorenkonferenz beschlossenes Programm, welches das Leitbild ↑Nachhaltige Entwicklung in die Arbeit der Hochschule zu integrieren trachtet. Die Charta enthält vier Hauptziele: die Perspektive Nachhaltigkeit in das gesamte System Hochschule zu implementieren, interdisziplinäre Forschungsprojekte zu stimulieren, Forschungsergebnisse zu kommunizieren und Universitäten mit anderen Sek-

toren der Gesellschaft zusammenzubringen. Die Ideen und Ergebnisse werden über ein Netzwerk von über 300 europäischen Hochschulen verbreitet.
www.copernicus-campus.org *GM*

Corporate Accountability. Der Begriff «Corporate Accountability» wurde im Vorfeld des ↑Weltgipfels für Nachhaltige Entwicklung (WSSD) durch ↑Nichtregierungsorganisationen (NRO) geprägt. Er beinhaltet u.a. die Forderung an multinational operierende Unternehmen, die volle Verantwortung für die von ihnen verursachten ↑Umweltschäden zu übernehmen. Es wurde die Einführung einer «Convention on Corporate Accountability» vorgeschlagen. *IC*

Corporate Social Responsibility. Corporate Social Responsibility ist ein Konzept zur Umsetzung der Nachhaltigkeit in Unternehmen, das ↑Umweltschutz, stabile wirtschaftliche Entwicklung, Arbeitsschutz, Rücksichtnahme auf lokale und nationale Gegebenheiten beinhaltet (s. ↑Nachhaltige Entwicklung). Es setzt auf freiwillige Verantwortung von Unternehmen, die im Rahmen der Global Reporting Initiative (s. ↑Unternehmensverbände) über ihre Leistungen Bericht erstatten sollen. *BS*

Critical loads/levels ↑Tragfähigkeit

CSD ↑Kommission zur Nachhaltigen Entwicklung

CSE ↑Centre for Science and Environment

DBU ↑Deutsche Bundesstiftung Umwelt

DDT ↑Schmutziges Dutzend

Debt-for-Nature-Swaps. Dept-for-Nature-Swaps bezeichnen einen erstmals 1984 vom ↑WWF (ehemals World Wildlife Fund) vorgeschlagenen Mechanismus, der den (partiellen oder vollständigen) Auslandsschuldenerlass hoch verschuldeter Entwicklungsländer im Gegenzug (swap) zu verpflichtendem Engagement dieser Länder in Umweltschutzmaßnahmen ermöglicht.
Zu unterscheiden sind:
1. bilaterale Vereinbarungen zwischen einem Gläubigerstaat oder einer (öffentlichen oder privaten) Gläubigerinstitution und einem Schuldnerstaat, wobei sich Letzterer verpflichtet, einen Teilbetrag der Schulden durch Freistellung von Geldern in nationale Fonds oder zugunsten von ↑Nichtregierungsorganisationen (NRO), in Umweltschutzprojekten oder Umweltpolitikreformen zu binden, und
2. trilaterale Vereinbarungen, bei denen der Gläubiger eine NRO als «Makler» mit der Durchführung von Umweltschutzmaßnahmen beauftragt.
Dem Geber wird so eine weit gehende Einflussnahme auf initiierte Umweltschutzvorhaben ermöglicht, während der Schuldnerstaat von der Reduzierung seiner Schuldendienstverpflichtungen (und somit verringerten Devisenabflüssen und Kapitalbindung), der Verbesserung seiner Kreditwürdigkeit sowie der Verwendung der Gelder für den Erhalt seiner natürlichen ↑Ressourcen profitiert. *NB*

Deep Ecology ↑Tiefenökologie

Dematerialisierung. Dematerialisierung (D.) bezeichnet die Bereitstellung und Nutzung von Produkten und Dienstleistungen mit immer weniger Material und bezieht sich allgemein auf die Verwendung von Materialien, unabhängig von deren Herkunft. D. wird auf den Einsatz von Primärmaterialien (Erze, Kohle, Mineralien usw.) bezogen, dessen Umfang und Zusammensetzung die ↑Stoffströme der Gesellschaft bestimmt – und damit auch das Ausmaß der stofflichen ↑Umweltbelastungen. Wenn die wirtschaftliche Leistung bzw. das Volkseinkommen im Zuge der D. nicht sinken soll, muss die Materialeffizienz bzw. die Materialproduktivität steigen, d.h., mit weniger Masse muss mehr Wertschöpfung erzeugt werden. Dadurch kommt es zur Entkopplung von Wirtschaftswachstum und stofflich-energetischem Ressourcenverbrauch.
Hierbei wird unterschieden zwischen relativer Entkopplung (die Wirtschaft wächst stärker als der Ressourceneinsatz, dieser nimmt jedoch nicht ab) und absoluter Entkopplung (der Ressourcenverbrauch geht absolut zurück). Für die meisten Industrieländer ist bislang nur eine relative Entkopplung bzw. D. nachweisbar, doch ein Wettbewerb um entsprechende Erfolge hat begonnen. Andererseits ist man noch weit von einer absoluten D. um den ↑Faktor 10 entfernt, wie er für Industrieländer gefordert wird; auch die relative D. um den ↑Faktor 4 stellt sich nicht automatisch ein. Die deutsche ↑Nachhaltigkeitsstrategie zielt auf eine Erhöhung der Rohstoffproduktivität um den Faktor 2 (1994 bis 2020). *BRI*

Deponie. Eine Deponie (D.) ist ein Erdbauwerk zur dauerhaften und geordneten Ablagerung von ↑Abfall zur ↑Abfallbeseitigung. 1970 bestanden in Deutschland rd. 50000 Ablagerungsplätze als unkontrollierte «Müllkippen», bei denen Gesundheits- und Umweltbelastungen ersichtlich wurden und zu ausführlichen staatlichen Regelungen führten. Das erste Abfallbeseitigungsgesetz (1972) zielte auf geordnete und kontrollierte Plätze mit technischen Anlagen sowie der Unterscheidung von Deponietypen: Bauschutt-, Erdaushub-, Industriemüll-, Monoabfall-, Siedlungsabfall-, ↑Sonderabfall- und ↑Untertagedeponien mit unterschiedlichen Umweltschutzanforderungen. 1997 wurden auf etwa 400 Siedlungsabfalldeponien rd. 55 Mio. t Hausmüll, Gewerbeabfall, ↑Sperrmüll, Klärschlamm, Krankenhausabfall und Straßenkehricht, auf 14 oberirdischen Sonderabfalldeponien rd. 1,0 Mio. t und in 4 Untertagedeponien rd. 1,7 Mio. t, davon fast 0,7 Mio. t gefährlicher Abfall, abgelagert.
In der Folge das Abfallgesetzes (1986) entstanden die ↑Technische Anleitung (TA) Abfallentsorgung und die TA Siedlungsabfall (1993) als technische Verwaltungsvorschriften des Bundes, in denen die Anforderungen an Errichtung, Betrieb und Nachsorge einer D. festgelegt wurden. Dabei wird von einem Multibarrieren-Konzept ausgegangen: Hydro- und geologische Standorteignung (Abstand zu Grundwasserleitern; niedrige Gebirgsdurchlässigkeit, hohes Absorptionsvermögen); Basisabdichtung gegen Sickerwasser; Zuordnungskriterien für Abfälle, um gefährdende Reaktionen

auszuschließen und einen stabilen Deponiekörper aufbauen zu können; Oberflächenabdichtung zur Verringerung des Eintrags von Niederschlägen; kontrollierbares Langzeitverhalten.
Errichtete D. sind Anlagenkomplexe mit verfahrenstechnischen Anlagen (z. T. Abfallbehandlung, Sickerwasserfassung, -reinigung, Deponiegasfassung, -nutzung) sowie baulichen Anlagen (Werkstätten, Verwaltungsgebäuden, Labor). Mit gut ausgebildetem Personal, Dokumentation und Überwachung wird für den ordnungsgemäßen Betrieb gesorgt. Die angelieferten Abfälle werden auf Zulässigkeit geprüft und nach Art und Menge dokumentiert. Der Einbau erfolgt unter Verdichtung zwecks geringer Setzungen und besserer Standfestigkeit des Deponiekörpers. Durch Zwischenabdeckung werden ↑Emissionen (Deponiegas, Sickerwasser, Geruch) verringert.
Neben oberirdischen D. bestehen Untertagedeponien als langzeitige Ablagerungsstätten; in Deutschland sind wegen der nutzbaren und wachsenden Hohlraumkapazität (2001 über 200 Mio. m^3) zukünftig geeignete Bergwerke für die ↑Abfallwirtschaft von Bedeutung. Mit der Abfallablagerung in über 500 m Tiefe, unterhalb hydrologischer Kreisläufe und weit außerhalb des biologischen Milieus, wurde in Deutschland 1972 begonnen. Beim hessischen Herfa-Neurode werden seitdem im stillgelegten Kalisalzbergwerksteil vorwiegend gefährliche Abfälle eingelagert. Bis 2002 wurden nacheinander vier weitere Untertagedeponien mittels aufgelassener Salzbergwerksschächte eingerichtet.
Einschlägige rechtliche Deponieregelungen: Abfallablagerungsverordnung (2001/02) und Deponieverordnung (2002), die, gestützt auf das ↑Kreislaufwirtschafts- und Abfallgesetz, das ↑Bundesimmissionsschutzgesetz und das ↑Wasserhaushaltsgesetz und zugleich die Richtlinie über Abfalldeponien der EU (1999/31/EG) umsetzen, sowie das Gesetz zur Sicherstellung der Nachsorgepflichten bei Abfalllagern (2001). Bis 2020 soll die oberirdische Ablagerung von Siedlungsabfällen beendet sein; die Abfälle sollen dazu so behandelt, verwertet oder verbrannt werden, dass keine Reste mehr anfallen. Für andere Abfälle ist das nicht vollständig zu erreichen, so dass auch zukünftig D. eingerichtet werden müssen. *Hans W. Jakobi*

Deponiegas ↑Deponie

Deponierückbau. Deponierückbau bezeichnet die Entnahme von abgelagertem Material aus ↑Deponien mit dem Ziel, den Nachsorgeaufwand zu verringern bzw. neues Ablagerungsvolumen zu schaffen. Ein weiterer Grund für den Rückbau ist, die spätere Bebauung des Grundstücks (kalkulierbares Setzungsverhalten, Verminderung der Explosionsgefahr und des Nachsorgeaufwandes, Anpassung an das Gelände) vorzubereiten. Mit der vollständigen oder teilweisen Herausnahme von eingebauten Abfällen aus einer Deponie kann auch eine Behandlung des Deponiegutes verbunden sein. *SCH*

Deregulierung. Deregulierung ist der Oberbegriff für die Aufhebung, Lockerung oder Umgestaltung von staatlicher Regulierung in Form von Gesetzen, Verordnungen und sonstigen Normvorgaben (s. ↑Ordnungspolitik).

Ziel ist dabei meist die Gewährleistung, Vertiefung oder Sicherung eines marktwirtschaftlichen Wettbewerbs in bestimmten Branchen wie Stromversorgung, Verkehrsdienstleistungen, Telekommunikation. *BS*

Desertifikation. Desertifikation (D.) bezeichnet die dauerhafte Degradierung von Landressourcen in Trockengebieten der Erde, die von Klimaschwankungen und menschlichen Einwirkungen ausgelöst wird, und ist gleichbedeutend mit einer dauerhaften Zerstörung der langfristigen Regenerationsfähigkeit der Bodenressourcen und der Produktivität des Ökosystems. Anzeichen einer Bodenerosion (s. ↑Boden) sind das Einwirken von Wind und/oder Wasser und der Verlust der natürlichen Vegetation. Die in Trockengebieten oft unregelmäßigen Niederschläge und nur dünnen Bodenschichten verstärken die Anfälligkeit für D. Neben klimatischen Faktoren sind vor allem nicht nachhaltige Landnutzungspraktiken Ursache dieser Prozesse, wie Überweidung und ↑Entwaldung sowie Übernutzung von Wasserressourcen, die zur Austrocknung oder Ausschwemmung der fruchtbaren Bodenschicht führen.
Weltweit sind etwa 70% der Gesamtfläche von ca. 5170 Mio. ha Land in Trockengebieten von D. betroffen; mehr als 30% der weltweit landwirtschaftlich nutzbaren Fläche weisen Degradationserscheinungen auf. Das Ausmaß der D. ist regional sehr unterschiedlich; die höchsten Werte werden in Nord- und Südamerika erreicht, deren Anbauflächen zu etwa 75% von Bodendegradation beeinträchtigt sind, gefolgt von Afrika mit etwa 70%. Mehr als 110 Staaten der Welt und ca. eine Mrd. Menschen sind weltweit von D. betroffen. Um Desertifikationsprozesse einzudämmen und deren Folgen zu mildern, wurde die ↑Desertifikationskonvention (UNCCD) beschlossen, deren Umsetzung jetzt ansteht. *NB*

Desertifikationskonvention (UNCCD). Das «Übereinkommen der Vereinten Nationen zur Bekämpfung der Wüstenbildung in den von Dürre und/oder Wüstenbildung schwer betroffenen Ländern, insbes. in Afrika» (UNCCD), kurz Desertifikationskonvention, dient dem Bodenschutz in Trockengebieten sowie der Armutsbekämpfung und ist neben den Konventionen zum Schutz des ↑Klimas und der biologischen Vielfalt (s. ↑Klimarahmenkonvention, ↑Biodiversitätskonvention) eines der drei großen Übereinkommen für eine global ↑Nachhaltige Entwicklung, die auf dem Erdgipfel in Rio de Janeiro 1992 (s. ↑Konferenz über Umwelt und Entwicklung der UN (UNCED)) auf den Weg gebracht wurden. Die Aushandlung einer Konvention zur Desertifikationsbekämpfung wurde auf Druck der Entwicklungsländer beschlossen. Die UNCCD trat 1996 in Kraft. Bis heute haben 180 Länder die Konvention ratifiziert. Die UNCCD ist die entwicklungspolitisch bedeutsamste unter den drei Rio-Konventionen. Konzeptionelle Kernstücke sind die Armutsreduzierung und die aktive Beteiligung der Zivilgesellschaft bei der Desertifikationsbekämpfung. Umgesetzt werden sollen die vereinbarten Maßnahmen durch nationale Aktionsprogramme. Als Rahmen dienen hierzu die sog. regionalen Annexe für Afrika,

Asien, Lateinamerika, die Karibik, den nördlichen Mittelmeerraum sowie die zentral- und osteuropäischen Staaten. Die Wurzeln der UNCCD liegen in den 1970er Jahren, als Afrika unter verheerenden Dürrekatastrophen litt und das Thema ↑Desertifikation weltweit Aufmerksamkeit erregte. 1977 wurde erstmals eine Weltkonferenz zur Desertifikation vom ↑UN-Umweltprogramm (UNEP) einberufen. Der damals beschlossene Aktionsplan zeigte jedoch kaum Wirkung. Mit dem Rio-Prozess und der Thematisierung der Desertifikation im Kapitel 12 der ↑Agenda 21 erhielt das Problem der Bodendegradation in Trockengebieten international erneut Priorität (s. ↑Boden). *www.unccd.int* *BP*

Design, ökologisches. Ökologisches Design zielt auf eine bessere Umweltverträglichkeit der Produkte. Dazu sind bereits bei der Produktidee und Produktentwicklung Umweltbelange entlang des gesamten ↑Produktlebenszyklus zu berücksichtigen. Die Auswirkungen verschiedener Möglichkeiten werden von der Rohstoffgewinnung über die Herstellung und den Gebrauch bis hin zur Entsorgung von Produkten gegeneinander abgewogen und mit anderen Produktanforderungen abgestimmt. Wichtige Aspekte sind z. B. recyclingfähige Werkstoffe, demontagefreundliche Baustrukturen und gut zugängliche Verbindungstechniken, geringer Materialverbrauch, Sparsamkeit in der Gebrauchsphase und Erhöhung der Haltbarkeit der Produkte. *BE*

Deutsche Bundesstiftung Umwelt (DBU). Die Deutsche Bundesstiftung Umwelt (DBU) wurde 1990 gegründet. Das Stiftungskapital (2,5 Mrd. DM) stammte aus dem Verkauf der bundeseigenen Salzgitter AG, dessen jährlicher Zinsertrag für die Förderziele eingesetzt wird. Vorrangiges Ziel der Stiftung ist die Förderung von Umweltschutzprojekten der mittelständischen Wirtschaft.
Zu den Aufgaben gehören im Einzelnen: Forschung, Entwicklung und Innovation umweltfreundlicher Verfahren und Produkte; Wissensaustausch zwischen Wissenschaft, öffentlichen und privaten Stellen; innerdeutsche Kooperationsprojekte im ↑Umweltschutz; Bewahrung nationaler Kulturgüter vor schädlichen Umwelteinflüssen; Förderprogramm für jährlich etwa 50 Doktoranden.
Seit 1991 hat die DBU rund 5000 Projekte mit einem Fördervolumen von etwa 1 Mrd. Euro unterstützt. Jährlich vergibt sie den mit einer halben Mio. Euro dotierten «Deutschen Umweltpreis». *www.dbu.de* *UES*

Deutsche Umweltstiftung (DUS). Die Deutsche Umweltstiftung (DUS) ist eine 1981 gegründete Bürgerbewegung, die sich zur Aufgabe gesetzt hat, zukunftsweisende Ansätze im Umweltdenken und Umwelthandeln Einzelner, von Institutionen, Unternehmen und Forschungseinrichtungen ideell und materiell zu fördern. Unterstützt werden wissenschaftliche, journalistische, literarische, künstlerische und praktische Tätigkeiten sowie Analysen und Studien zur Verbesserung der ↑Umweltpolitik und des ↑Umweltrechts. Die Stiftung vergibt Auszeichnungen wie den Journalistenpreis, den Buchpreis «Lesen für die Umwelt» und den Hoffnungspreis. Sie

ist Herausgeber des in mehrfacher Auflage erschienenen Adressbuchs «Umweltschutz».
www.deutscheumweltstiftung.de *UES*

Deutscher Naturschutzring (DNR). Der Deutsche Naturschutzring (DNR) ist der Dachverband der deutschen Naturschutz- und ↑Umweltverbände. 1950 mit 15 Mitgliedsverbänden gegründet, gehören ihm heute 94 Mitgliedsverbände an. Der DNR versteht sich als Lobby für den ↑Umweltschutz und koordiniert die Aktivitäten seiner Mitgliedsverbände. *www.dnr.de* *BP*

Deutsches Komitee für Katastrophenvorsorge (DKKV). Das Deutsche Komitee für Katastrophenvorsorge (DKKV) ist das nationale Komitee der ↑Internationalen Strategie zur Reduzierung von Naturkatastrophen (ISDR). Zentrale Aufgabe des DKKV ist es, ein Dialogforum über das Thema ↑Katastrophen in Wissenschaft und Praxis zu bilden sowie Projekte zu deren Vernetzung zu initiieren. Das DKKV setzt sich vorrangig für eine integrierte Katastrophenvorsorge, für Innovationsförderung und Wissenstransfer, für die Sensibilisierung der Öffentlichkeit sowie für die Stärkung lokaler Katastrophenschutzstrukturen ein. Ziel ist es, die Gesellschaft in die Lage zu versetzen, Verluste durch Katastrophen abzuwenden bzw. zu reduzieren. *www.dkkv.org* *BP*

Dienstleistungen, ökologische. Unter dem Sammelbegriff «ökologische Dienstleistungen» (ö.D.) werden verschiedene Innovationsansätze diskutiert, die zu einer ökologischen Modernisierung von Produktions- und Konsummustern beitragen sollen. Im Kern zielen die Konzepte auf neue Kundenbeziehungen ab, um Bedürfnisse der Verbraucher auf eine umweltverträglichere Weise zu befriedigen. Produktbezogene D. wie Reparatur, Wartung, Upgrading, ↑Recycling und Remarketing können den ↑Produktlebenszyklus verlängern helfen und somit einen Beitrag zur Ressourcenschonung leisten. Weiterhin bieten sich als Alternative zum Produktverkauf Nutzungskonzepte auf der Basis von Leasing- und Mietmodellen an (z.B. ↑Car-Sharing). Da die Eigentumsrechte beim Hersteller verbleiben, können idealtypisch vollständig geschlossene Produktkreisläufe unter der Verantwortung des Geräte- oder Systemherstellers entstehen. Der Gewinn eines Unternehmens wird dann nicht über den Absatz von Produkten, sondern über den Verkauf der Nutzung erzielt. Langlebige, reparaturfreundliche, aufrüstbare und wiederverwendbare Produkte liegen somit unmittelbar im betriebswirtschaftlichen Eigeninteresse des Unternehmens.
Ö.D. stehen vor dem Dilemma, dass sie mit der Massenproduktion konkurrieren, die durch Skaleneffekte zu billigeren Produkten führt, während die D. auf Grund ihrer Personalintensität mit steigenden Lohnkosten verbunden sind. Ein ganz wesentlicher Erfolgsfaktor ist deshalb, dass ö.D. preislich mit dem Kauf eines Produktes konkurrieren können und einen echten Mehrwert darstellen, der die Zahlungsbereitschaft der Kunden für diese D. erhöht. *BE*

Diesel. 1. Rudolf Diesel (geb. 18.3. 1858, gest. 29.9.1913) entwickelte von 1892–1897 zusammen mit MAN und Krupp den nach ihm benannten Verbrennungsmotor, für den er 1895 das Patent erhielt. – 2. Kraftstoff: Erdöldestillat, schwer entflammbare Kohlenwasserstoffe, Siedepunkt 180–350 °C. Umweltschädigende ↑Emissionen: ↑Stickoxide, CO_2, So_x und u.a. Krebs erregende Partikel, Substitut. – 3. ↑Biodiesel: hergestellt aus nachwachsenden ↑Rohstoffen, speziell Raps (RME: Raps-Methylester) oder anderen pflanzlichen Ölen (E DIN 51606 FAME: Fatty Acid Methyl Ester), fast schwefelfrei und rußarm (–50 %). *IC*

DIHT ↑Unternehmensverbände

DIN-Normen. DIN-Normen sind die vom Deutschen Institut für Normung e.V. veröffentlichten Vereinheitlichungen (Normung) für Wirtschaft, Wissenschaft, Technik und Verwaltung. Zahlreiche Ausschüsse und Kommissionen erarbeiten Normen, die direkt oder indirekt ökogleich relevant sind.
www.din.de *UES*

Dioxine. Dioxine (D.) sind verschiedene polychlorierte Dibenzodioxine (PCDD) mit 75 verschiedenen Isomeren und polychlorierte Dibenzofurane (PCDF) mit 135 Isomeren, abhängig von der Zahl der Chloratome im Molekül (max. 8). Bekannt wurden D. durch den Chemieunfall 1976 im italienischen ↑Seveso mit Austritt des giftigsten der D. (2,3,7,8-TCDD). D. werden nicht beabsichtigt erzeugt, sondern sind Verunreinigungen aus chemisch-thermischen Prozessen unter Beteiligung von chlorhaltigen und organischen Stoffen. Hauptquellen von D. sind (in g Toxizitätsäquivalente (TE) pro Jahr, 1994) Sinter- und Schmelzanlagen der Produktion von Stahl (177 g), Aluminiumrecycling (24 g), Kupferproduktion (29 g), Zinkrecycling (42 g), ↑Abfallverbrennung (32 g).
Durch rechtliche und technische Maßnahmen (insbes. Chemikalienverbotsverordnung und 17. ↑Bundesimmissionsschutzverordnung) konnten die Einträge in die ↑Umwelt in Deutschland zwischen 1985 und 1995 erheblich reduziert werden; die Aufnahme durch menschliche Nahrung (Hauptweg) ging um rd. die Hälfte zurück (Dioxin-Referenz-Messprogramm).
Die beobachteten toxischen Wirkungen am Menschen und im ↑Tierversuch sind vielschichtig, mit extremer Spannweite der Dosis-Wirkungs-Beziehungen, auch zurückzuführen auf das Isomerengemisch der D. in Produkten der Chlorchemie und in ↑Emissionen thermischer Prozesse. Unstrittig sind die Auslösung toxischer Wirkungen schon bei extrem niedrigen Dosen sowie das Auftreten von Chlorakne und Tumoren nach der Exposition beim Menschen.
Die durchschnittliche tägliche Aufnahme von D. liegt beim Erwachsenen bei 0,7 Piktogramm pro kg TE; kritisch ist die tägliche Aufnahme eines Säuglings über die Muttermilch mit annähernd der hundertfachen Menge (1996/98, abnehmende Tendenz). *JA*

DKKV ↑Deutsches Komitee für Katastrophenvorsorge

DNR ↑Deutscher Naturschutzring

DSD ↑Duales System Deutschland

Duales System Deutschland (DSD). Das Duale System Deutschland (DSD) ist ein privatwirtschaftlich organisiertes System zur Sammlung und zum ↑Recycling von Wertstoffen aus Verpackungsabfällen. Ausgehend von der Verpackungsverordnung wurde ein flächendeckendes System mit eigenen Sammelbehältern bei den Haushalten aufgebaut, in die Verpackungsabfälle entsorgt werden sollen, die mit dem Grünen Punkt gekennzeichnet sind. Dieser signalisiert dem Konsumenten, dass der Hersteller am DSD teilnimmt und entsprechende Gebühren entrichtet. Das System dient der Reduktion des Haushaltsabfallaufkommens, ist aber umstritten, weil es keinen wirksamen Anreiz zur Vermeidung von Verpackungsabfällen beinhaltet und die Aufbereitung der ↑Abfälle mit relativ hohem Energie- und Ressourcenaufwand durchgeführt wird. *BS*

Düngemittel/-gesetz. Das Düngemittelgesetz regelt die Anwendung, Zulassung und Kennzeichnung von Düngemitteln. Die Ausbringung muss nach Kriterien der guten fachlichen Praxis erfolgen. Richtwert ist der Nährstoffbedarf von Pflanzen und ↑Böden. Nach wie vor führen zu hohe Düngemitteleinträge der Landwirtschaft zu starken Belastungen von Böden, Fließgewässern und Grundwasser. *AV*

Dünnsäure. Dünnsäure (D.) fällt in vielen chemischen Prozessen an, die konzentrierte Säuren benötigen. In Deutschland kommen jährlich vorwiegend Salz-, Schwefel-, Phosphor- und Essigsäure in Mio. t zum Einsatz. Stark verdünnt anfallende D. wird neutralisiert, die Reaktionsprodukte werden verwertet oder beseitigt, mäßig verdünnte D. aufkonzentriert unter Abscheidung der Verunreinigungen (evtl. Kreislaufführung).
Aufsehen erregte die schwefelsäurehaltige D. aus 17 europäischen Titandioxid-Produktionen durch deren Einbringung (s. ↑Verklappung) in die Hohe See (Deutschland max. 1979 1,8 Mio. t; insgesamt ca. 30 Mio. t ab 1962, in die Nordsee). Diese D. enthielt um 20 % Schwefelsäure, um 10 % Eisensulfat, daneben in geringer Konzentration Sulfate von Nickel, Chrom, Vanadin und Blei. Weniger die Säure, im leicht alkalischen Meerwasser neutralisiert, sondern die toxischen ↑Schwermetalle gelten als ökologisch besonders relevant. Untersuchungen der Bundesanstalt für Fischerei zeigten ab 1980 im deutschen Einbringungsgebiet Erkrankungen von Fischen (epidemales Papillom der Kliesche, s. ↑Fischsterben). Dieser Befund erhöhte den öffentlichen Druck auf Regierung und Chemieindustrie, die Kreislaufführung der D. verfahrenstechnisch zu realisieren und Absatzwege zur ↑Verwertung des anfallenden Eisen-II-Sulfats (sog. Grünsalz) zu finden.
Reguliert durch internationale Übereinkommen von London 1972 (↑London Dumping Convention), Oslo 1972 und Helsinki 1974 (national: Hohe-See-Einbringungsgesetz 1977), wurde die Einbringung von Deutschland aus 1989 eingestellt. *JA*

DUS ↑Deutsche Umweltstiftung

Earth Day ↑Tag der Umwelt

Earth Negotiations Bulletin. Das Earth Negotiations Bulletin berichtet über alle wichtigen Verhandlungsprozesse in der internationalen ↑Umwelt- und Entwicklungspolitik. Tagesberichte erscheinen meist auf zwei Seiten, dazu gibt es Zusammenfassungen des gesamten Verhandlungsverlaufs, z.B. des ↑Weltgipfels für Nachhaltige Entwicklung (WSSD). *www.iisd.ca* *BP*

E-Business. E-Business beschreibt alle kommerziellen und durch neue Technologien der ↑Information & Kommunikation, insbes. des Internets, hergestellten Transaktionen innerhalb und zwischen Unternehmen sowie gegenüber Kunden und Endverbrauchern. Eine dadurch hervorgerufene Schonung der ↑Umwelt (Reduktion von Rohstoffverbrauch und Transport) ist wegen auftretender ↑Rebound-Effekte noch nicht absehbar. *SLT*

Ecological economics ↑Ökologische Ökonomie

Ecological footprint ↑Ökologischer Fußabdruck

EEA ↑Europäische Umweltagentur

EEAC ↑Europäische Umwelträte

Effizienz/-strategie. Effizienz (E.) beschreibt das Verhältnis zwischen eingesetzten ↑Ressourcen und der damit erzielten Wertschöpfung. Die Effizienzstrategie setzt auf die Minimierung der bei Produktion und Konsum eingesetzten Ressourcen bei Erhaltung des durch die Produkte und Dienstleistungen erwirkten Nutzens. Sie wird als eine Option zur Umsetzung der Nachhaltigkeit angesehen (s. ↑Nachhaltige Entwicklung), die auf die Steigerung des Wirkungsgrades zur Reduktion des Naturverbrauchs abzielt. Im Sinne einer Effizienzrevolution werden rasche und hohe Zunahmen der E. gefordert, wie im ↑Faktor-4- und im ↑Faktor-10-Konzept. Dies kann erreicht werden durch ↑Dematerialisierung, Miniaturisierung, Verlängerung des ↑Produktlebenszyklus, ↑Recycling, Verwendung nachwachsender ↑Rohstoffe u.a.m. Auf Grund weiterhin wachsender Konsumraten werden Effizienzgewinne in vielen Bereichen wieder kompensiert und führen so nicht zu einer absoluten Reduktion der Ressourceninanspruchnahme (s. ↑Rebound-Effekt, ↑Ökoeffizienz). *BS*

EG-Nachhaltigkeitsstrategie. Die vom Europäischen Rat in Göteborg im Juni 2001 verabschiedete EG-Nachhaltigkeitsstrategie identifiziert Schlüsselbereiche einer ↑Nachhaltigen Entwicklung und formuliert Ziele und Maßnahmen für die Reform zentraler Politikbereiche der EU (u.a. Landwirtschaft, ↑Fischerei, ↑Verkehr). Über jährliche Berichtspflichten soll die Umsetzung sichergestellt werden. *AV*

6. EG-Umweltaktionsprogramm. Das 6. EG-Umweltaktionsprogramm legt die strategischen Prioritäten der ↑EU-Umweltpolitik für den Zeitraum 2001–2010 unverbindlich fest. Die Umweltpolitik soll sich auf vier thematische Aktionsbereiche konzentrieren: Klimawandel, ↑Naturschutz und ↑Biodiversität, ↑Umwelt und Gesundheit sowie natürliche ↑Ressourcen und

↑Abfall. Für diese Bereiche werden allgemeine Zielvorgaben gemacht, die in sog. Schwerpunktstrategien bis zum Jahr 2005 weiter konkretisiert werden sollen.
Daneben werden fünf besondere Herausforderungen thematisiert: bessere Umsetzung bestehender Gesetze, Integration von Umweltbelangen in andere Politikbereiche, Setzen von Anreizen für eine Ökologisierung von Marktmechanismen, Verbesserung der Öffentlichkeitsbeteiligung und Berücksichtigung von Umweltbelangen in der Flächennutzungsplanung und bei Managemententscheidungen. Hierfür wird ein Mix unterschiedlicher Instrumente vorgeschlagen: Neben der vermehrten Anwendung ökonomischer und informatorischer Instrumente sowie der strategischen ↑Umweltverträglichkeitsprüfung zählen hierzu die Steuerung über Indikatoren und Leistungsvergleiche, aber auch die Förderung nachhaltiger Produktions- und Konsummuster oder die Verbesserung von Haftungsregelungen.
Besondere Bedeutung wird der Kooperation mit nichtstaatlichen Akteuren wie Interessenverbänden und der Beteiligung der Öffentlichkeit im Planungs- und Entscheidungsprozess beigemessen. Die Entwicklung der Umweltpolitik soll so stärker ergebnisoffen und partizipativ gestaltet werden, was eine bessere Umsetzung garantieren soll. *AV*

Eigentumsrechte ↑Property rights

Eingriffs- und Ausgleichsregelung. Bei Eingriffen in ↑Natur und Landschaft durch Bauvorhaben müssen negative Wirkungen (z.B. Versiegelung, Biotopverlust, Veränderung des Landschaftsbildes) gemäß ↑Bundesnaturschutzgesetz durch Maßnahmen des ↑Naturschutzes und der Landschaftspflege ausgeglichen werden. Eine einfache Vorschrift, die in der Praxis aber allzu oft an Partialinteressen scheitert. *MS*

Einwegprodukte. Einwegprodukte sind Konsumprodukte, die nach einmaligem Gebrauch nicht mehr für denselben Zweck zum Einsatz gelangen, im Gegensatz zu Mehrwegprodukten, die nach Beseitigung der Gebrauchsspuren mehrfach Verwendung finden. Auf Getränkeverpackungen bezogen: Wein- und Sektflaschen sind i.d.R. Einwegprodukte, Milchflaschen dagegen Mehrwegprodukte. Sie fallen in den Regelungsbereich der Verpackungsverordnung (s. ↑Pfandsysteme, ↑Verpackung). *JA*

El Niño. El Niño bezeichnet eine Klimaanomalie, die die Wind- und Meereswasserströmungen über bzw. im Pazifik zwischen der Westküste Südamerikas und Indonesien umkehrt und in Abständen von zwei bis sieben Jahren auftritt. Durch starke Erwärmung der Meeresoberfläche bilden sich Wolken, und es kommt u.a. zu sintflutartigen Regenfällen, insbes. in Peru, Ecuador und Chile. *www.elnino.noaa.gov* *DB*

Elektrosmog. Streng genommen ist jede Art von Strahlung als Elektrosmog (E.) zu bezeichnen, die von künstlichen elektrischen Quellen herrührt. Es sind dies elektrische und magnetische Felder, die von elektrischen Leitungen und Geräten ausgehen (niederfrequenter Bereich bis etwa 30 MHz),

sowie elektromagnetische Wellen, die sich von Senderantennen her ausbreiten (hochfrequenter Bereich). Sie übertreffen um mehrere Größenordnungen die Stärke des natürlichen Magnetfelds und des sog. Schönwetterfelds der Erde, sehr schwache Gleichfelder ohne Richtungswechsel, an die sich Mensch und ↑Natur seit langem angepasst haben. Auch das schwache natürliche Magnetfeld ist noch biologisch bedeutsam, indem es beispielsweise den Zugvögeln zur Orientierung bei ihren jährlichen Wanderungen dient.
E. beeinflusst die Befindlichkeit des Menschen und kann, je nach seiner Stärke, auch der Gesundheit schaden. Die Beeinträchtigungen reichen von einer Beeinflussung der Gehirnströme über Schlafstörungen (gebremste Melatonin-Ausschüttung) und lokale Überwärmung bis hin zu vermehrtem Auftreten von Leukämie bei Kindern, die unter Hochspannungsleitungen leben. Das Phänomen erhöhter Krebsraten ist statistisch nicht eindeutig belegt. Es wird wie auch die anderen beobachteten Wirkungen des E. von der interessierten Industrie wie auch von Teilen der Wissenschaft in Zweifel gezogen. Der Gesetzgeber baut gesundheitlichen Schäden mit einer Verordnung über elektromagnetische Felder vor, die aber nach Meinung von Umweltschützern zu lasch und zu lückenhaft ist. Vor übermäßigem E. kann sich der Einzelne begrenzt dadurch schützen, dass er strahlungsarme Installationen und Geräte bevorzugt und indem er für Abstand und, wenn möglich, Abschirmung gegenüber den strahlenden Quellen wie etwa Mobilfunksendern sorgt. *DJW*

EMAS-Verordnung ↑Öko-Audit

Emissionen/Emissionsminderung. Emissionen (E.) sind die von festen oder beweglichen Anlagen oder von Produkten abgegebenen ↑Schadstoffe in die ↑Umweltmedien ↑Wasser, ↑Boden und Luft; sie können in Form von Luftverunreinigungen, Geräuschen, Strahlen, Wärmemengen, Erschütterungen und anderen Effekten auftreten. Die maximal zulässige Abgabe von E. wird durch Gesetze, Verordnungen und sonstige Regelwerke in Form von Richt- und/oder ↑Grenzwerten festgelegt. Beispiele hierfür sind verschiedene ↑Technische Anleitungen (↑Abfall, ↑Sonderabfall, ↑Lärm, Luft).
Eine Emissionsminderung (EM) kann durch Primär-, Sekundär- oder Tertiärmaßnahmen erfolgen. Während bei den Primärmaßnahmen die Entstehung von Schadstoffen vermieden oder reduziert wird, geht es bei den Sekundärmaßnahmen um die Reduzierung bereits entstandener Schadstoffe (s. ↑End-of-pipe-Maßnahmen). Tertiärmaßnahmen sorgen für eine räumlich und zeitlich bessere Verteilung von Schadstoffen in den Umweltmedien; es handelt sich dabei also nicht um eine EM, sondern um eine Immissionsminderung. Die Aufgabe der EM ist ein wesentlicher Bestandteil des ↑Kyoto-Protokolls, in dem sich 38 Staaten und die EU darauf verständigten, die E. von sechs Treibhausgasen in der ersten Verpflichtungsperiode von 2008 bis 2012 weltweit um durchschnittlich 5,2 % gegenüber 1990 zu reduzieren. *CG*

Emissionszertifikate, handelbare. Handelbare Emissionszertifikate (E.) sind ein flexibles marktwirtschaftliches Instrument zur Reduzierung von Schadstoffemissionen, das insbes. in der ↑Klimaschutzpolitik durch das ↑Kyoto-Protokoll an Bedeutung gewonnen hat. Es sorgt bei einer Steuerung der Emissionsmengen (fixierter ökologischer Standard nach politischen und naturwissenschaftlichen Vorgaben) bei frei handelbaren Preisen der E. für optimale Lösungen des Emissionsproblems (Mengensteuerung). Zuvor wird die Verteilung der Zertifikate (bzw. Lizenzen) seitens der Umweltbehörde in Form einer Gratisvergabe (Grandfathering) oder einer Versteigerung (Auktion) organisiert. Die Gültigkeit dieser Rechte kann auf einen bestimmten Zeitraum beschränkt sein oder eine unbefristete Laufzeit haben. Die Emissionsrechte sollen nach Angebot und Nachfrage an Umweltbörsen gehandelt werden können und können durch eine staatlich vorgegebene Verringerung des Angebots an Zertifikaten zu einer kontinuierlichen Verschärfung des ↑Umweltstandards führen.

Der Eigentümer von E. erhält das Recht, die dem Zertifikat entsprechende Menge an ↑Schadstoffen zu emittieren oder die Zertifikate bei einer Verringerung der eigenen ↑Emissionen, nach dem Prinzip der geringeren Grenzvermeidungskosten, zu veräußern. Somit entsteht marktwirtschaftlich über ↑Kosten-Nutzen-Analysen ein Anreiz zur Emissionsreduktion.

Eine wichtige Grundlage eines Systems von E. bildet das Monitoring, das die tatsächlich emittierten Schadstoffmengen dokumentiert und kontrolliert. Bei Verstoß können festgelegte Sanktionen in Form von Geldstrafen folgen. Erste Erfahrungen im regionalen Zertifikathandel sammelten die USA bereits ab Mitte der 1970er Jahre in der ↑Luftreinhaltung. Ein europäisches Zertifikatemodell ist im Aufbau und soll innerhalb der EU bis 2005 eingeführt werden. *ES*

Endlagerung. Endlagerung (E.) bezeichnet eine Methode der Beseitigung von ↑Abfall auf ↑Deponien durch geregelte Ablagerung. Sie wird in der ↑Technischen Anleitung zur ↑Verwertung, Behandlung und sonstigen Entsorgung von Siedlungsabfällen (TA Siedlungsabfall) und der Technischen Anleitung zur Lagerung, chemisch-physikalischen, biologischen ↑Behandlung, Verbrennung und Ablagerung von besonders überwachungsbedürftigen Abfällen (TA Abfall) geregelt. Zukünftig ist die oberirdische E. nur noch für reaktionsträgen Abfall, unterirdische in ↑Untertagedeponien für festen auslaugbaren Abfall angestrebt. *JA*

End-of-Pipe-Maßnahmen. End-of-Pipe-Maßnahmen sind rein nachsorgende ↑Umweltschutztechniken, mit denen im Produktionsprozess entstehende ↑Umweltbelastungen durch Filter oder Rückhaltevorkehrungen behandelt werden. *BS*

Energie. Energie (E.) kommt in verschiedenen Formen vor, als Bewegungsenergie (kinetische E.), potenzielle E. (Lageenergie), Wärme- und Lichtenergie (Strahlungsenergie), elektrische E., chemische E. und Kernenergie. Allgemein gilt, dass E. nicht vernichtet und nicht neu geschaffen werden kann; man vermag lediglich eine Energieform in eine andere umzuwandeln. So wird z.B. bei einem Motor elektrische bzw. chemische E. in Bewegungsenergie, bei einem Generator Bewegungs- und bei einer Solarzelle Strahlungsenergie in elektrische E., bei der Verbrennung von Kohle chemische E. in Wärmeenergie umgewandelt. Die Stromerzeugung geschieht bei einem Wasserkraftwerk über die potenzielle E. des gestauten Wassers, bei einem Windkraftwerk durch die Bewegungsenergie der Luft, bei einem Kernkraftwerk durch die nukleare E. der Atome. Bei großen technischen Anlagen finden meist mehrere Prozesse der Energieumwandlung statt, so dass sich eine Umwandlungsreihe bzw. Umwandlungskette ergibt. Zwischen Primär- und Endenergie treten dann weitere Energieformen auf. Dabei entstehen stets Verluste; nur ein Teil wird in eine neue, nutzbare Energieform, ein anderer Teil in eine nicht oder nur schwer nutzbare Energieform umgewandelt (z.B. Wärme). Wie groß bei Energieumwandlungen der Anteil nutzbarer E. ist, wird durch den Wirkungsgrad (griech. «eta» = abgegebene bzw. zugeführte E.) ausgedrückt. Derzeit (2002) wird elektrische E. in Deutschland zu 30% aus Kernenergie, zu 28% aus Braunkohle, zu 9% aus Erdgas, zu 4% aus Wasser, zu 2% aus Müll und ↑Biomasse, zu 24% aus deutscher Steinkohle, zu 3% aus Wind und zu 0,03% aus Sonne gewonnen. *NB*

Energieagenturen. Energieagenturen (E.) wurden in den 1990er Jahren in Deutschland in großer Zahl gegründet. Sie sollen dazu beitragen, ↑Energie effizienter zu nutzen, erneuerbare ↑Energieträger zu fördern, innovative Energieprojekte zu realisieren und weitere energiepolitische Ziele umzusetzen.

Die E. sind dem öffentlichen Interesse verpflichtet, unterscheiden sich aber in ihrer organisatorischen Anbindung und ihrem konkreten Arbeitsfeld voneinander. Neben den großen Landesenergieagenturen gibt es eine Vielzahl kleiner Agenturen, die auf regionaler oder kommunaler Ebene tätig sind, sowie die vom Bund eingerichtete Deutsche Energie Agentur (dena). Häufige Organisationsformen sind GmbH bzw. gGmbH (im Besitz der Kommunen, Länder und Landesbanken bzw. Bund) und e.V. Viele E. haben die Auflage, kostendeckend zu arbeiten, und bieten daher auch kostenpflichtige Beratung an. Adressaten sind private Haushalte, kommunale Einrichtungen, Firmen sowie Akteure der Wohnungswirtschaft. Das Arbeitsfeld der E. ist breit gestreut; es umfasst Aufklärungskampagnen, Veröffentlichung von Energiespartipps, Informations- und Weiterbildungsprogramme, Durchführung von Förderprogrammen, kommunales Energiemanagement sowie Unterstützung von Modellprojekten.

www.energieagenturen.de *TW*

Energieträger, fossile und erneuerbare. Energieträger (E.) sind Stoffe, die ↑Energie gespeichert haben und diese bei ihrer Nutzung wieder freisetzen können. Man unterscheidet zunächst zwischen primären und sekundären E. Primäre E. sind solche, die in der ↑Natur vorkommen, aber meist nicht genutzt werden können, wie Braunkohle, Steinkohle, Erdöl, Erdgas, Holz, ↑Wasser und Uranerz. Sekundäre E. sind weiterverarbeitete primäre Energieträger wie Koks, Brikett, Strom, Fernwärme, Benzin und Heizöl.

Die fossilen (urzeitlichen, ausgegrabenen) primären E. sind Kohle, Erdöl und Erdgas. Sie entstehen, wenn Pflanzen die Energie der Sonneneinstrahlung bei der ↑Photosynthese umwandeln, um Kohlenstoff aus der ↑Atmosphäre für ihr Wachstum einzubinden. Die Flora der Erde speichert so in Kohlenstoffform die Energie, die von der Sonne in Form von Strahlen eintrifft. Wenn die Pflanzen und andere Kleinstlebewesen absterben, entstehen nach einigen Mio. Jahren abgeschlossener Lagerung unter der Erdoberfläche Torf, Kohle, Erdöl oder Erdgas. Die darin gespeicherte Energie lässt sich durch Verbrennen in Form von Wärme zurückgewinnen. Da ihre Erneuerung erst nach erneuter Einbindung des Kohlenstoffes aus der Atmosphäre in Pflanzen und weiteren Mio. Jahren Ablagerung möglich wäre, sind diese E. aus menschlicher Perspektive nicht erneuerbar, d.h., die derzeitigen Bestände können nur einmal verbraucht werden und sind dann erschöpft. Bei dem gegenwärtigen, weltweit steigenden Verbrauch an fossilen Brennstoffen wird davon ausgegangen, dass die Gasvorkommen noch etwa ein bis zwei Jahrhunderte reichen werden, die Kohle noch einige Jahrhunderte. Öl könnte dagegen bereits in wenigen Jahrzehnten knapp werden.

Für erneuerbare E. gelten diese Vorratsgrenzen nicht. Ihr Vorkommen ist nach menschlichem Ermessen unerschöpflich: Sonne (↑Photovoltaik, Solarthermie, Passivwärme, Aufwindkraftwerke), Wind, Erdwärme, Gezeiten, ↑Biomasse (Verbrennung von Holz und anderen organischen Materialien) oder die ↑Wasserkraft (Staudämme oder Laufwasserkraftwerke) können genutzt werden, um Strom, Wärme oder Kälte zu erzeugen. Obwohl auch diese E. auf Verträglichkeitsgrenzen stoßen, werden sie im Allgemeinen als umweltfreundlich angesehen. *www.iea.org*

Dietrich Brockhagen

Energiewende ↑Erneuerbare-Energien-Gesetz; Kraft-Wärme-Kopplung

Energiewirtschaftsgesetz. Zweck des Energiewirtschaftsgesetzes (E.) aus dem Jahr 1935 ist eine möglichst sichere und preisgünstige leitungsgebundene Versorgung mit Elektrizität und Gas im Interesse der Allgemeinheit. Da Investitionen für leitungsgebundene Energien sehr hoch sind, wurden in der Vergangenheit den Energieversorgungsunternehmen (EVU) Gebietsmonopole eingeräumt. Mit der aktuellsten Fassung des E. von 1998 wurden die bestehenden Gebietsmonopole der Energieversorger aufgehoben. Damit war eine Voraussetzung für die Liberalisierung des Strommarktes geschaffen. Wesentlich für die Effektivität des Wettbewerbs ist die Frage nach dem Zugang zum Endverbraucher. Es wurde daher festgelegt, dass der Netzzugang grundsätzlich nach dem «System des verhandelten Netzzugangs» erfolgt. Die Netznutzungskosten dürfen hierbei nicht über den Kosten liegen, die ein Netzbetreiber vom eigenen EVU oder verbundenen Unternehmen einfordern würde. Im Mai 1998 wurde eine «Verbändevereinbarung über Kriterien zur Bestimmung von Durchleitungsentgelten» geschlossen. Die aktuellste Novellierung des E. zur Umsetzung der EU-Binnenmarktrichtlinie für Gas befindet sich z.Z. im parlamentarischen Verfahren und wird voraussichtlich 2003 abgeschlossen sein. Die Binnenmarktrichtlinie Erdgas von 1998 verpflichtet die Mitgliedstaaten der Europäischen Union, die Gasmärkte schrittweise zu öffnen. Danach sind ab 2003 28 % und ab 2008 33 % des jährlichen Gesamtgasverbrauchs des jeweiligen Mitgliedstaates für den generellen Wettbewerb zu öffnen. *BP*

Enquete-Kommissionen. Enquete-Kommissionen (EK) sind Beratungsgremien des Deutschen Bundestages. Gemäß § 56 Abs. 1 der Geschäftsordnung werden sie zur «Vorbereitung von Entscheidungen über umfangreiche und bedeutsame Sachkomplexe» eingesetzt. Ihr Ziel ist es, Informationen über die Auswirkungen von technischen, ökonomischen und gesellschaftlichen Entwicklungen zu sammeln und auszuwerten, dem Bundestag Regelungs- und Entwicklungsmöglichkeiten aufzuzeigen und Empfehlungen für politische Entscheidungen zu erarbeiten. Besonderes Merkmal einer EK ist die Zusammenarbeit von Abgeordneten und Sachverständigen, die jeweils zur Hälfte die Mitglieder stellen (ca. 20 Mitglieder insgesamt). Durch diese Verknüpfung von parlamentarischem, wissenschaftlichem und praktischem Sachverstand soll zum einen externes Wissen in die parlamentarische Praxis eingebunden werden; zum anderen sollen die Abgeordneten dafür sorgen, dass sich die Arbeit am aktuellen politischen Entscheidungsbedarf orientiert. EK werden für die Dauer einer Legislaturperiode eingesetzt. Es werden nach etwa zwei Jahren ein Zwischenbericht und vor Ablauf der Wahlperiode ein Endbericht erstellt, damit er noch im Bundestag diskutiert werden kann. Die EK-Berichte werden in Auflagen von 10000–15000 Exemplaren hergestellt. Die Kommissionen tagen 15–17-mal jährlich, in der Regel an einem Tag während der Sitzungswochen des Bundestages.

Seit der Schaffung dieser Institution in den 1960er Jahren haben sich die bisherigen EK mit Themen wie der Verfassungsreform, der ↑Atomenergie, den Auswirkungen des demografischen Wandels, der ↑Gentechnologie, der Bildung und dem ↑Umweltschutz befasst. Seit 1979 wurden 12 EK zu technologie- oder umweltpolitischen Fragen eingesetzt. Sie haben sich mit der zukünftigen Kernenergie (8. und 9. Wahlperiode), mit Neuen Informations- und Kommunikationstechniken (9.), den Chancen und Risiken der Gentechnologie (10.), der Zukunft der parlamentarischen ↑Technikfolgenabschätzung und -bewertung (10. und 11.), dem Schutz der ↑Atmosphäre (11. und 12.), dem Schutz des Menschen und der ↑Umwelt (12. und 13.), der Globalisierung der Weltwirtschaft (14.) und der nachhaltigen Energieversorgung (14.) befasst.

Die Arbeit der EK hat sich im Laufe der Zeit verändert. Bei den ersten Kommissionen wurde die Chance genutzt, mit einem auf Konsens ausgerichteten Diskurs zu kontrovers diskutierten Themen differenziert Stellung zu nehmen. Hierbei setzte insbes. die EK über die zukünftige Kernenergiepolitik den Standard, kontroverse Themen in Form alternativer Entwicklungspfade aufzubereiten. Die Endberichte der EK der letzten Legislaturperiode zeichnen sich hingegen durch eine Vielzahl von Sondervoten aus, die insbes. Ausdruck parteipolitischer Vorstellungen sind. Hinzu kommt, dass der Umfang vieler Endberichte so stark angewachsen ist, dass die Ergebnisse kaum noch von den Abgeordneten bei parlamentarischen Entscheidungen berücksichtigt werden können. Diese Entwicklungen beeinträchtigen die Beratungsfunktion der EK. *Thilo Pahl*

Entgelte auf die Nutzung globaler Gemeinschaftsgüter. Wird die Nutzung globaler ↑Gemeinschaftsgüter wie des internationalen Luftraums oder der Hohen See nicht geregelt, besteht die Gefahr der Übernutzung. Bisher sind die Handlungs- und Verfügungsrechte für globale Gemeinschaftsgüter nur unzureichend definiert. Die CO_2-Emissionen des internationalen Luft- und Seeverkehrs werden z.B. nicht in den Emissionsbilanzen der Länder erfasst und fallen damit auch nicht unter die quantitativen Verpflichtungen des ↑Kyoto-Protokolls. Diese Regelungslücken im Bereich globaler Gemeinschaftsgüter können durch die Erhebung von Nutzungsentgelten (N.) vermindert werden.
Kennzeichen des Konzepts globaler N. sind die ökologischen Lenkungswirkungen und die Mobilisierung zusätzlicher Finanzmittel. Ökologische Lenkungswirkungen werden dadurch erzielt, dass den Nutzern globaler Gemeinschaftsgüter durch ein Entgelt die nutzungsbedingten ↑Umweltkosten ganz oder teilweise in Rechnung gestellt werden. Dadurch werden Anreize gesetzt, ↑Umweltschäden über verbesserte Techniken und entsprechende Verhaltensanpassungen zu reduzieren. Zusätzlich werden auch Finanzmittel generiert, die zur Finanzierung globaler Nachhaltigkeitspolitik genutzt werden können.
Der ↑Wissenschaftliche Beirat der Bundesregierung Globale Umweltveränderungen (WBGU) empfiehlt die Erhebung von Entgelten für die Nutzung des internationalen Luftraums und der Hohen See. Darüber hinaus sollte geprüft werden, ob das Konzept der N. auch auf nationale Güter von globalem Wert, wie z.B. den Schutz der ↑Biodiversität, anwendbar ist. Die Aufkommensbeiträge sollten als echte zusätzliche Mittel zur Finanzierung globaler Nachhaltigkeitspolitik genutzt werden. In diesem Sinne sind die N. ein pragmatischer Einstieg in ein internationales Abgabensystem zur Finanzierung des Schutzes globaler ↑Öffentlicher Güter. *TP*

Entropie. Entropie (E.) ist ein Maß für die in Gestalt von Wärme bei Arbeitsleistungen unabdingbar verloren gehende ↑Energie. Auf die Welt als Gesamtsystem übertragen, führt E. letztlich zum Wärmetod des Kosmos. Der aus Rumänien stammende Ökonom Nicholas Georgescu-Roegen hat die neoklassische Ökonomie als gefährliches E.-Beschleunigungsprogramm gedeutet. *ALT*

Entschleunigung. Entschleunigung ist das Prinzip der ↑Suffizienz, das auf die Verlangsamung und Verzögerung ökologisch problematischer schnelllebiger Prozesse, z.B. im Computerbereich, bei der Mobilität oder im ↑Produktlebenszyklus abstellt. Ziel ist die Steigerung der ↑Lebensqualität durch einen bewussteren und menschennäheren Umgang mit Zeit (s. ↑Ökologie der Zeit). *BS*

Entwaldung. Von den ursprünglich weltweit ca. 58 Mio. km^2 Urwald sind noch etwa 13,5 Mio. km^2 oder 23 %

unangetastet. Diese Flächen schwinden schnell. Legale und illegale Holznutzung, Infrastrukturentwicklung und Rodung für Landwirtschaft sind die Hauptgründe dafür. *CL*

Entwicklungszusammenarbeit (EZ). Entwicklungszusammenarbeit (EZ) ist eine Sammelbezeichnung für Leistungen materieller Art (z.B. Kredite, ↑Technologietransfer) und nichtmaterieller Art (z.B. Beratung) der Industrieländer an die Entwicklungsländer. Sie wird von einem Land zum anderen (bilateral) oder über internationale Organisationen (multilateral) gewährt. Im Rahmen der multilateralen Zusammenarbeit wird die EZ über internationale Organisationen durchgeführt, wie z.B. die Vereinten Nationen oder die ↑Weltbank. Im Rahmen der bilateralen Zusammenarbeit schließt Deutschland mit einzelnen Ländern Vereinbarungen über Projekte und Programme zunehmend auch zum ↑Umweltschutz. Dies kann finanziell durch Kredite oder Zuschüsse geschehen, technisch oder personell mit Aus- und Fortbildung von Fachkräften, Entsenden von Personal und der Förderung von Existenzgründungen. Soweit die Zusammenarbeit unmittelbar zwischen den Regierungen vereinbart wird, betraut das Bundesministerium für Entwicklung und Zusammenarbeit eine deutsche Organisation mit der Ausführung dieser Aufgaben. Es gibt vier Arten von vor Ort tätigen Organisationen: Durchführungsorganisationen der staatlichen Entwicklungszusammenarbeit (z.B. Gesellschaft für Technische Zusammenarbeit (GTZ), Kreditanstalt für Wiederaufbau (KfW), Deutscher Entwicklungsdienst (DED), Bundesanstalt für Geowissenschaften und Rohstoffe (BGR), ↑Nichtregierungsorganisationen (NRO), politische Stiftungen und kirchliche Organisationen. Beispiele für multilaterale Zusammenarbeit sind die Initiative gegen den Handel von Kleinwaffen oder die Entschuldungsinitiative. In der Praxis sind die verschiedenen Formen der Zusammenarbeit vielfach miteinander verbunden. So werden z.B. bilateral geförderte Projekte oft mit europäischen oder multilateralen Förderprogrammen verbunden, oder Aktivitäten von NRO erhalten staatliche Zuschüsse. *BP*

Environmental Management and Auditing Scheme (EMAS) ↑Öko-Audit

Environmental Protection Agency (EPA). Die 1970 gegründete US-amerikanische Environmental Protection Agency (EPA) ist für die Erforschung, Setzung und das Monitoring von ↑Umweltstandards in den USA zuständig. Wo diese Standards nicht erfüllt werden, kann die EPA Sanktionen erlassen. Die EPA verfügt über 18 000 Mitarbeiter, 10 regionale Niederlassungen und 17 Labore. Der Leiter der EPA wird vom Präsidenten der USA ernannt. *www.epa.gov* *BP*

EPA ↑ Environmental Protection Agency

Epidemiologie. Epidemiologie ist die Lehre von der Entstehung, Verbreitung, Häufigkeit und Bekämpfung epidemischer Krankheiten und Todesursachen in Bevölkerungsgruppen, die unterschiedlich starken (↑Umwelt-)Belastungen ausgesetzt sind. Mit Stadt-Land-Vergleichen wird z.B. der Versuch unternommen, den Einfluss der städtischen ↑Luftverschmutzung auf die menschliche Gesundheit zu ermitteln. *UES*

Erdbeobachtung. In der Erdbeobachtung (E.) wird durch Satelliten die sichtbare und nicht sichtbare Strahlung gemessen, welche von Landoberflächen, Ozeanen und der ↑Atmosphäre der Erde ausgeht, um auf deren chemische, physische und biologische Eigenschaften zu schließen. Im zivilen Bereich dient die E. vor allem der Umweltanalyse und der Wettervorhersage. *WL*

Erdgipfel von Rio ↑Konferenz über Umwelt und Entwicklung der UN; Rio-Erklärung

Erdsystem. Das Erdsystem (E.) umfasst die Gesamtheit aller Komponenten und Prozesse, welche die globalen Umweltbedingungen bestimmen. Das E. besteht aus der Ökosphäre und dem «menschlichen Faktor». Zu Ersterer zählen ↑Atmosphäre, Ozeane, Kryosphäre, Pedosphäre und ↑Biosphäre als aktive Komponenten sowie die sie verbindenden biogeochemischen und physikalischen Flüsse. Der menschliche Faktor setzt sich aus der Anthroposphäre als dem Aggregat aller individuellen Menschenleben, Handlungen und Erzeugnisse sowie einer in Entstehung begriffenen Weltbewusstseinsgröße, dem «Globalen Subjekt», zusammen.
Unter dem Einfluss externer Antriebskräfte (Variation der solaren Einstrahlung, Asteroideneinschläge etc.) und interner Wechselwirkungen erfährt das E. einen permanenten Wandel, der mit dem Auftreten der menschlichen Zivilisation als Ko-Evolution von ↑Natur und Kultur aufgefasst werden kann und der sich seit dem Zweiten Weltkrieg in beispielloser Weise beschleunigt hat. Im Zuge dessen haben Paul J. Crutzen und Eugene F. Stoermer für das Zeitalter seit dem Beginn der industriellen Revolution den Begriff «Anthropozän» geprägt.
Mit dem Auftreten des Globalen Subjekts und der Reflexion des menschlichen Beitrags zur planetarischen Dynamik bricht eine neue Phase der Ko-Evolution an: die bewusste Gestaltung des E. im Sinne einer bewahrenden ↑Nachhaltigen Entwicklung durch eine fortgeschrittene und verantwortliche Spezies. *HJS/HH*

Erdsystemanalyse. Erdsystemanalyse (E.) ist eine sprachliche Neuschöpfung durch Zusammenziehen der Begriffe «Erdsystem» und «Systemanalyse». Die E. fokussiert auf großskalige raumzeitliche Strukturen und Funktionszusammenhänge. Der mechanistisch orientierte Begriffsrahmen eines «Systems» impliziert, dass entscheidende Effekte nur durch das Zusammenspiel einer größeren Zahl von Komponenten erklärbar sind. Die Erde wird als nichtlineares System begriffen, das konkurrierende Gleichgewichtszustände aufweist, welche unter dem Einfluss externer Störungen oder interner Variabilität wechselweise angenommen werden. Dies kann auf stetige oder abrupte Weise geschehen, wobei partiell irreversible Effekte auftreten (s. ↑Irreversibilität). Die E. bedient sich insbes. einer Zusammenschau der Erkenntnisse traditioneller Disziplinen. Sie ist bestrebt, fragmen-

tarische Informationen aus Klimaarchiven, aktuellen Messnetzen und sozioökonomischen Datenbanken durch eine Vielfalt von Modellen in einen Zusammenhang zu bringen.
Im Rahmen des Systemparadigmas ist es gelungen, für eine Reihe von empirischen Phänomenen Erklärungen vorzulegen, so für den vor 5500 Jahren erfolgten abrupten Übergang von Savanne zu Wüste im Bereich der heutigen Sahara, für die dekadischen Temperaturänderungen von ca. 10°C, dokumentiert in grönländischen Eisbohrkernen, oder den Wandel von Niederschlagsmustern auf Grund von Landnutzungsänderungen im asiatischen Monsungebiet. Insgesamt konnte die E. die zentrale Rolle der ↑Biosphäre als aktive Komponente des ↑Erdsystems verdeutlichen.
Ziel der E. ist es auch, einen Katalog der alternativ möglichen dynamischen Zustände des Erdsystems und der Schaltelemente für einen Zustandswechsel zu erstellen. Des Weiteren ist sie um Methoden bemüht, den gegenwärtigen «Sicherheitsabstand» von kritischen Schaltpunkten zu ermitteln. Dabei ist besonderes Augenmerk auf die Frage gerichtet, ob die Menschheit gegenwärtig das Erdsystem in eine andere Betriebsweise, inklusive eines neuartigen Klimazustands, treibt. Hierbei gilt die Deutung der Daten des Vostoker Eisbohrkerns als besondere Herausforderung. Dieses Klimaarchiv zeigt zum einen eine starke Kopplung von Treibhausgasen und globaler Mitteltemperatur, die auf einen engen Regelbereich beschränkt blieben. Zum anderen belegen die Daten, dass dieser über 420000 Jahre eingehaltene Regelbereich nunmehr durch anthropogene Emission von Treibhausgasen während des Anthropozäns drastisch übersteuert wird. Die Konsequenzen dieser Übersteuerung gilt es auszuleuchten.
E. stellt so in erster Linie Grundlagenforschung dar, die historisch-geologische mit physikalistisch-prozessbasierten Herangehensweisen verbindet. Daneben wird sie einer ihrer Managementaufgabe zunehmend bewussten Weltgemeinschaft von Nutzen sein. Ihre Ergebnisse können dazu beitragen, mögliche Entwicklungen zu katastrophalen Systemzuständen aufzuzeigen sowie Mindeststandards und Handlungsmöglichkeiten zu deren Vermeidung zu identifizieren.

Hans-Joachim Schellnhuber/ Hermann Held

Ernährung. Ernährung (E.) bezeichnet die Aufnahme von Nährstoffen durch Lebewesen. Grüne Pflanzen bauen ihre organische Substanz aus den anorganischen Stoffen CO_2, Wasser und Mineralien durch ↑Photosynthese auf. Tiere und Menschen decken ihren Energie- und Kohlenstoffbedarf durch die Aufnahme organischer Substanz. Für eine gesunde E. des Menschen mit den Nährstoffen Kohlenhydrate, Fett, Eiweiß, Vitamine, Mineralien sowie ↑Wasser und Ballaststoffen stellt die sog. Ernährungspyramide die Gewichtung der Nahrungsmittel dar. Basierend auf 1. Getränken wird sie über 2. Getreideprodukte und Kartoffeln, 3. Obst und Gemüse, 4. Eier und Milchprodukte, Fleisch und Fisch sowie 5. Fette, Öle und Süßspeisen schmaler. Ernährungsprobleme ärmerer Gesellschaften sind Unterernährung mit Kohlenhydraten und Eiweiß sowie Mangel an Jod, Eisen und Vitamin A. In reicheren Gesellschaften führt zu reichhaltige, süße, fette und vitaminarme E. zu Krankheiten.

Grundlagen für die Deckung des Nahrungsmittelbedarfs einer wachsenden Weltbevölkerung sind die Landwirtschaft (Ackerbau, Gartenbau, Viehwirtschaft) sowie die ↑Fischerei und deren Produktivität. Angesichts der ↑Überfischung der Weltmeere wächst die Bedeutung von ↑Aquakulturen, mit denen jedoch auch ökologische Folgeprobleme verbunden sind. Ökologische Probleme der intensiven Landwirtschaft sind Bodendegradation, Eintrag von Stickstoff – aus industriellen Düngern und Gülle – und ↑Pestiziden in Ökosysteme, Treibhausgasemissionen, Verminderung der Arten- und Biotopvielfalt.

Wichtige Trends bei Nahrungsmittelangebot und -nachfrage in Deutschland sind wachsender Preisdruck und die Ausweitung des Handels mit hochverarbeiteten Produkten (Tiefkühlgerichte, Nahrungsergänzungsmittel usw.) einerseits sowie exotischen und frischen Produkten – auch außerhalb der Saison – andererseits. Die hohe Transportintensität des Ernährungssektors geht auf den Import von Futter- und Nahrungsmitteln und die Unternehmenskonzentration in Nahrungsmittelverarbeitung und -handel zurück. Ressourcenintensive Verarbeitungs- und Konservierungsverfahren, Geruchsemissionen und mit organischen Stoffen belastete ↑Abwasser, ↑Abfälle und Abluft zählen zu den ökologischen Problemen in der Nahrungsmittelverarbeitung.

Wichtige Strategien für eine ökologisch verträgliche ↑Landwirtschaft sind der Ökolandbau und der integrierte Landbau. Der Ökolandbau basiert auf flächengebundener Tierhaltung und dem weit gehenden Verzicht auf industrielle ↑Dünge- und Pflanzenschutzmittel. Der integrierte Landbau zielt auf hohe Erträge unter Einbeziehung von gentechnisch verändertem Saatgut und effizientem Einsatz von industriellen Dünge- und Pflanzenschutzmitteln. Die Regionalisierung von Landwirtschaft, Verarbeitung und Verbrauch ermöglicht eine Verringerung der Transporte. Die Verbraucher können durch die Nachfrage nach gering verarbeiteten, regionalen Nahrungsmitteln aus ökologischem Landbau und verringerten Konsum tierischer Produkte zur Ökologisierung der Sortimente im Einzelhandel beitragen. Aufgaben der öffentlichen Hand liegen in der Verbraucheraufklärung, ↑Lebensmittelsicherheit und der Gestaltung von Rahmenbedingungen für einen ökologischen Ernährungssektor. Der ↑Rat für Nachhaltige Entwicklung (RNE) nennt den Anteil des ökologischen Landbaus und die Gesamtbilanz des Stickstoffüberschusses als Leitindikatoren für eine ↑Nachhaltige Entwicklung im 21. Jahrhundert.

Lorenz Erdmann

Ernährungs- und Landwirtschaftsorganisation der UN (FAO). Die 1945 gegründete Ernährungs- und Landwirtschaftsorganisation der UN (FAO) ist eine Sonderorganisation der Vereinten Nationen und hat die Aufgabe, weltweit zu einem höheren Lebensstandard und zur Überwindung von Hunger und Unterernährung beizutragen. Die FAO sammelt Daten und Informationen und stellt sie den Mitgliedsländern sowie der Öffentlichkeit zur Verfügung. Sie hat rund 3700 Mitarbeiter, und ihr gehören 184 Mitgliedstaaten sowie die Europäische Union an. *www.fao.org* *BP*

Erneuerbare-Energien-Gesetz. Das Erneuerbare-Energien-Gesetz (EEG) trat 2000 in Kraft. Ziel des EEG ist die Verdopplung des Anteils erneuerbarer ↑Energien an der Stromversorgung bis 2010. Instrumente für die Umsetzung des EEG sind die Mindestpreisregelung mit der Pflicht der nächstgelegenen Netzbetreiber zur Aufnahme und Vergütung des Stroms aus erneuerbaren Energien, die Weiterleitung der Vergütungen an Übertragungsnetzbetreiber (Hochspannungsnetze) mit der Pflicht zum bundesweiten Ausgleich der unterschiedlichen Belastungen sowie die Kaufpflicht der Energieversorgungsunternehmen, die Strom an Endverbraucher liefern, in anteiliger Menge. Damit wird erreicht, dass regional unterschiedliche Belastungen bundesweit verteilt werden. Das Verfahren führt zu einer durchschnittlichen Erhöhung der Bezugskosten von Strom für Endverbraucher in der Größenordnung von derzeit rd. 0,05 Cent pro kWh. Bei dem gewünschten kräftigen Wachstum der erneuerbaren Energien wird diese «Belastung» in einigen Jahren auf rd. 0,1 Cent pro kWh steigen. Bei der Mindestvergütung an die Einspeiser differiert die Vergütungshöhe nach Sparten der erneuerbaren Energien, nach Größe der Anlagen und bei ↑Windenergie nach dem Windstandort. Planungs- und Investitionssicherheit wird durch feste Centbeträge pro eingespeister kWh sowie eine maximale Laufzeit von 20 Jahren gewährleistet. Damit wird ein Anreiz zur Investition in entsprechende Anlagen geschaffen. Neben dem weiteren Ausbau der Windenergienutzung auf hohem Niveau (Offshore-Windparke) zielt das EEG auf eine ähnliche Dynamik bei der ↑Biomasse, der Nutzung der ↑Photovoltaik und Geothermie zur Stromerzeugung. Eine Novelle des EEG ist für 2003 geplant. *BP*

Erneuerbare Energieträger ↑Energieträger, fossile und erneuerbare

Erosion. Erosion (E.) ist der Abtrag der obersten lockeren Gesteinsverwitterungsschicht, der von Wasser und Wind bewirkt und vom Menschen durch nicht angepasste Landnutzung gefördert wird. Sie ist an vielen Stellen der Erde ein natürlicher Prozess, wird aber weltweit durch Nutzung der ↑Böden verstärkt oder oft sogar erst ausgelöst. Seit 1960 hat der Bodenabtrag in Deutschland um ca. 60% zugenommen, der Verlust liegt bei 4–8 mm Boden pro Jahr. E. kann nicht durch Bodenneubildung (ca. 0,1 mm/Jahr) kompensiert werden. *BP*

Ethik. Ethik (E.) denkt über die Bedingungen der Möglichkeit des guten Lebens im Miteinander von Menschen nach. Sie formuliert dazu Grundsätze, Maßstäbe und Handlungsorientierungen. Ungeachtet der Weiterentwicklung der neuzeitlichen (nachmetaphysischen) E. ist Kants kategorischer Imperativ nach wie vor fundamental: «Handle so, dass die Maxime deines Handelns zum allgemeinen Gesetz erhoben werden kann.» Dabei ist vorausgesetzt, dass jeder Mensch eine Würde hat, die in den Handlungsabsichten der anderen Menschen zu achten ist. Die Menschenwürde geht in moralischer Sicht von der Gleichheit aller Menschen ohne Berücksichtigung von Leistung, Amt und Ansehen aus. Sie zeichnet den Menschen als Menschen dadurch aus, nicht auf einen «Wert» für etwas anderes reduzierbar zu sein. Die Menschenwürde in diesem Sinn beinhaltet sowohl die Möglichkeit, Rechte zu besitzen, als auch die Verpflichtung, die Rechte anderer zu achten.

Eine Erweiterung dieser Konstellation wurde seit dem 19. Jahrhundert von einzelnen Denkern (Arthur Schopenhauer, Albert Schweitzer) in dem Sinne versucht, dass der Würdebegriff auf den tierischen Bereich ausgeweitet wurde. Fundamental, aber gleichzeitig heftig umstritten ist Schweitzers Ansatz der Ehrfurcht vor allem Leben. Diese Diskussion hat sich im 20. Jahrhundert besonders intensiv im englischen (P. Taylor, T. Regan, P. Singer), aber auch im deutschen (G. Teutsch) Sprachbereich fortgesetzt. Strittig geblieben ist dabei die Frage, ob die Zuerkennung der Kreaturwürde nur eine Projektion oder nicht vielmehr die Anerkennung real existierender Werte darstellt. Auch gegenüber den mit der Kreaturwürde geltend gemachten Rechten (z. B. Tierrechten) gibt es Einspruch. Rechte könnten nur dort sein, wo die Fähigkeit ist, auch Pflichten wahrzunehmen.

Diese Auseinandersetzung zwischen anthropozentrischen und biozentrischen Positionen ist nicht abgeschlossen. Sie wird mit grundsätzlicher Schärfe geführt. Dabei wird in den meisten Fällen übersehen, dass der anthropozentrische Standpunkt notwendig auch die Frage nach den Überlebensinteressen und -fähigkeiten der nichtmenschlichen ↑Natur mit einschließt. Wie sollte der Mensch sonst seine Zukunft sichern? Und umgekehrt kommt jede biozentrische Position nicht darum herum, die Überlebensrechte und -bedürfnisse des Menschen in seiner Rolle als Mitlebewesen zur Kenntnis zu nehmen. Im mehrfachen Durchlaufen jener Spannung zwischen ↑Anthropozentrismus und ↑Biozentrismus könnte ein ethisches Gesamtkonzept entstehen, das einerseits nach der sozialen und generativen Verträglichkeit, andererseits auch nach der ökologischen Verträglichkeit menschlichen Handelns fragt.

In allen aktuellen Konzepten von Nachhaltigkeit (s. ↑Nachhaltige Entwicklung), in denen gesellschaftlicher Fortschritt auf seine Zukunftsfähigkeit unter Berücksichtigung ökologischer Stabilitätskriterien befragt wird, sind beide Komponenten (die biozentrische und die anthropozentrische) im Spiel. Die Gewichtung der Interessen zugunsten des menschlichen oder des kreatürlichen (ökologischen) Wohls fällt dabei – je nach Standpunkt – verschieden aus. Die härteste Auseinandersetzung ergibt sich dort, wo Nachhaltigkeit und ökonomische Interessen im Sinne sozialer und ökologischer Verträglichkeit aufeinander bezogen werden. In der Regel kommt dabei die ökologische und soziale Dimension gegenüber der von der neoklassischen Ökonomie betonten Eigendynamik des Marktes zu kurz. *Günter Altner*

EU-Organe. Für die Verabschiedung von gesetzlichen Vorschriften sowie deren Umsetzung, Überwachung und Auslegung verfügt die EU über mehre-

re Organe, deren Zusammenstellung und Kompetenzen im EG-Vertrag (EGV) geregelt sind.
Der Rat umfasst die Vertreter der Regierungen der Mitgliedstaaten – für Umweltfragen handelt es sich um die Umweltminister – als eine Art europäischer Gesetzgeber. Aufgabe des Rates ist die Verabschiedung von EU-Gesetzen, wobei die Entscheidungsregeln (z.B. qualifizierte Mehrheit) nach den entsprechenden Artikeln des EGV vorgegeben sind. Der Rat tagt in Brüssel und gelegentlich in Luxemburg. Den Vorsitz hat dasjenige Mitglied, dessen Mitgliedstaat die (halbjährlich wechselnde) Präsidentschaft der EU innehat. Die Staats- und Regierungschefs bilden zusammen den Europäischen Rat und sind für die strategischen Fragestellungen der EU zuständig.
Das Europäische Parlament (EP) ist die Versammlung der direkt gewählten Vertreter der Wähler der EU (Unionsbürger). Seine wichtigste Aufgabe ist die Mitwirkung bei der Verabschiedung von EU-Gesetzen in Zusammenarbeit mit dem Rat. Sie wird nach dem EGV geregelt (z.B. nach dem Verfahren der Mitbestimmung). Das EP entscheidet mit der Mehrheit der Stimmen und tagt in Brüssel und Straßburg. In Bezug auf Umweltgesetze der EU hat es sich sehr oft gezeigt, dass die ursprünglichen Vorschläge nach erster Begutachtung durch den Rat vom EP verschärft wurden. Das EP hat das Recht, der Ernennung der Mitglieder der Europäischen Kommission zuzustimmen. Die Mitglieder der Kommission (KOM) werden von den Regierungen der Mitgliedstaaten nach den Bestimmungen des EGV vorgeschlagen und bilden eine Art Exekutive der EU. Sie sind gehalten, im europäischen und nicht im nationalen Interesse zu handeln. Wesentliche Aufgaben der KOM sind die Ausarbeitung von Vorschlägen für EU-Gesetze und die Überwachung von deren Umsetzung in das Recht und die Praxis der Mitgliedstaaten. Für bestimmte Bereiche (sog. Gemeinschaftspolitiken wie die ↑Agrarpolitik) hat die EU einen beträchtlichen eigenen Haushalt, dessen Verausgabung von der KOM veranlasst und kontrolliert wird. Die KOM hat ihren Sitz in Brüssel und verfügt über zahlreiche nachgelagerte Behörden (z.B. die ↑Europäische Umweltagentur (EEA) in Kopenhagen).
Der Europäische Gerichtshof (EuGH) mit Sitz in Luxemburg ist zuständig für die Interpretation des EU-Rechts und für Entscheidungen, die an ihn herangetragen werden. In diesem Kontext hat die KOM das Recht, Mitgliedstaaten, denen sie eine mangelnde oder fehlende Umsetzung von EU-Gesetzen vorwirft, vor dem EuGH zu verklagen. Dem EuGH obliegt die Verpflichtung, solche Klagen zu behandeln und ggf. in der Sache ein Urteil zu fällen.
Es gibt weitere Organe der EU, wie z.B. der für die Außenbeziehungen zuständige EU-Generalsekretär, das Amt für (Umwelt-)Veröffentlichungen EUROSTAT oder die Europäische Zentralbank EZB, die unterschiedliche ökologische Themen berühren.

Jan C. Bongaerts

EU-Richtlinien/-Verordnungen. EU-Richtlinien (R.) und EU-Verordnungen (V.) sind die beiden wichtigsten Formen der EU-Gesetzgebung. Eine R. ist eine gesetzliche Regelung, die nach der Verabschiedung durch das Euro-

päische Parlament und den Rat (wobei der EG-Vertrag dazu genaue Vorschriften enthält) innerhalb einer im Text festgehaltenen Frist in das Recht der Mitgliedstaaten umgesetzt werden muss. Es ist somit eine Entscheidung der Parlamente der Mitgliedstaaten erforderlich. Damit wird das Subsidiaritätsprinzip berücksichtigt, wonach die verschiedenen Ebenen (EU, Mitgliedstaat) diejenigen Dinge regeln, für die sie am besten geeignet sind. Die Form der R. wird immer dann gewählt, wenn die Umsetzung eine Tätigkeit oder die Übernahme von Verantwortung durch die Regierungen oder die Behörden der Mitgliedstaaten erfordert. Im Bereich der Umweltgesetzgebung ist das der übliche Fall.
Eine V. ist eine gesetzliche Regelung, die nach der Verabschiedung durch das Europäische Parlament und den Rat nicht in das Recht der Mitgliedstaaten umgesetzt werden muss und die sich an bestimmte (betroffene), im Text genannte Adressaten richtet. Die Form der V. wird gewählt, um die Adressaten unabhängig von ihrem Sitz innerhalb der EU zur Einhaltung der gleichen Vorschriften zu verpflichten. Im Umweltbereich gibt es wenige V. Die bekannteste Verordnung ist die sog. ↑Öko-Audit-V. *JCB*

Europäische Umweltagentur (EEA). Die 1990 gegründete Europäische Umweltagentur (EEA) nahm 1994 ihre Arbeit in Kopenhagen auf und hat die Aufgabe, Entscheidungsträger in umweltpolitischen Fragen zu beraten und die Öffentlichkeit über aktuelle Umwelttrends in der Europäischen Union zu unterrichten. Darüber hinaus informiert die EEA über gute Beispiele im ↑Umweltschutz auf EU-Ebene (s. ↑EU-Umweltpolitik) und über aktuelle Forschungsergebnisse im Umweltschutz. Die EEA sammelt und verteilt Umweltinformationen, die über das European Environment Information and Observation Network (EIONET) gewonnen werden. Sie verfügt über etwa 100 Mitarbeiter. *www.eea.eu.int* *BP*

Europäische Umwelträte (EEAC). Das Netzwerk der Europäischen Umwelträte (EEAC) ist ein Zusammenschluss von Beratungsgremien aus EU-Mitgliedstaaten und Beitrittskandidaten im Bereich ↑Umweltpolitik und ↑Nachhaltige Entwicklung. Das Ziel des Netzwerkes sind die Bündelung von Beratungsaktivitäten auf EU-Ebene, der Erfahrungsaustausch und die Erarbeitung gemeinsamer Stellungnahmen zur EU-Nachhaltigkeitspolitik. *www.eeac-network.org* *BP*

Eutrophierung. Euthrophierung bezeichnet die in ein Gewässer erfolgte erhöhte Nährstoffzufuhr (s. ↑Überdüngung) und alle daraus resultierenden Vorgänge, die infolge natürlicher oder anthropogen bedingter Ursachen zu einem überhöhten Angebot pflanzenverfügbarer Nährstoffe und damit zu einer i.d.R. unerwünschten Steigerung des Pflanzenwachstums (Vergrünung) führen. Mögliche Folge ist ein durch Sauerstoffmangel entstehendes anaerobes Milieu (Umkippen, Fischtod). *A&HPJ*

EU-Umweltpolitik. Die Verabschiedung des ersten Umweltaktionsprogramms der EG im Jahr 1973 gilt als Geburtsstunde einer eigenständigen europäischen Umweltpolitik (U.). Obwohl die EG die ausdrückliche Kompetenz für Umweltschutzbelange erst mit Inkrafttreten der Einheitlichen Europäischen Akte im Jahr 1987 erhielt, wurde in der Zwischenzeit eine Vielzahl von Vorschriften vor allem in den Bereichen ↑Luft- und Gewässerreinhaltung, ↑Abfall oder Lärmschutz erlassen.

Mit Inkrafttreten der Verträge von Maastricht (1993) und Amsterdam (1999) wurden die rechtlichen Grundlagen stark aufgewertet: Das Prinzip der ↑Nachhaltigen Entwicklung ist nun in der Präambel und den Grundsätzen des EG-Vertrages enthalten. Die EU ist verpflichtet, ein hohes Schutzniveau der ↑Umwelt einzuhalten, die Umweltqualität zu verbessern und bei sämtlichen Maßnahmen Umweltbelange zu berücksichtigen. Zentrale Prinzipien der U. sind das Vorbeuge-, das ↑Vorsorge-, das Ursprungs- und das ↑Verursacherprinzip. Waren die umweltpolitischen Maßnahmen zunächst überwiegend ordnungsrechtlicher Natur (Standards, ↑Grenzwerte, Verbote), erweiterte sich das Instrumentarium seit Mitte der 1980er Jahre zunehmend um ökonomische Anreizinstrumente und Informations- und Partizipationsvorschriften.

Die Bilanz der U. fällt gemischt aus: Einerseits ist es gelungen, ein nahezu umfassendes Regelwerk zum Schutz der Umwelt zu verabschieden. Andererseits fällt die Umsetzung der Rechtsvorgaben in allen Mitgliedstaaten defizitär aus. Die Integration von Umweltbelangen etwa in die Agrar-, Verkehrs- oder Energiepolitik findet nur unzureichend statt. *AV*

EU-Umweltrecht. Zentrale Rechtsgrundlage des EU-Umweltrechts (U.) sind die Art. 174–76 EGV. Der Art. 174 EGV definiert als Ziele europäischer ↑Umweltpolitik den Schutz, die Erhaltung und die Qualitätsverbesserung der ↑Umwelt, den Schutz der menschlichen Gesundheit, die umsichtige und rationale Verwendung natürlicher ↑Ressourcen sowie die Förderung von Maßnahmen auf internationaler Ebene zur Bewältigung globaler und regionaler Umweltprobleme. Dabei wird unter Berücksichtigung regionaler Unterschiede auf ein hohes Schutzniveau abgezielt. Das U. beruht auf den Grundsätzen der Vorsorge und Vorbeugung, der Ursprungsbekämpfung von Umweltschäden und auf dem ↑Verursacherprinzip.

Die Gesetzgebung erfolgt vornehmlich durch unmittelbar im innerstaatlichen Recht geltende Verordnungen oder, häufiger, durch verbindliche Richtlinien, die den Mitgliedstaaten aber die Wahl und Form der Mittel zur Zielerreichung freistellen. Das U. baut auf einer konkurrierenden Gesetzgebungskompetenz auf, d. h., die Mitgliedstaaten können so lange tätig werden, wie eine Materie nicht abschließend durch EU-Recht geregelt ist. Europäische Rechtssetzung erfolgt nach dem Subsidiaritätsprinzip erst dann, wenn die umweltpolitischen Ziele besser auf europäischer als auf nationaler Ebene erreicht werden können.

Inzwischen sind in fast allen Regelungsbereichen gemeinschaftliche Vorschriften erlassen worden. Da diese Anwendungsvorrang vor nationalem Recht haben, betreffen mittlerweile ca. 80 % aller neu erlassenen Rechtsakte in Deutschland die Umsetzung europäischer Rechtsvorgaben. Die Mehrzahl der Vorschriften wird mit qualifizierter Mehrheit im Ministerrat verabschiedet. Wichtige Regelungsbereiche erfordern aber immer noch eine einstimmige Verabschiedung, so etwa Vorschriften steuerlicher Art. *AV*

EU-Wasserrahmenrichtlinie. Die 2000 in Kraft getretene Europäische Wasserrahmenrichtlinie (W.) löst die 30 bisher im Bereich ↑Wasser existierenden Richtlinien mit dem Ziel ab, die aquatische Umwelt wirksam zu schützen und eine nachhaltige und gerechte Wassernutzung zu fördern. Grund für die Vereinheitlichung der Wasserpolitik war letztendlich, dass keine der bisherigen Richtlinien vollständig von den Mitgliedstaaten umgesetzt und angewandt wurde, vielmehr konnte und kann bis heute von einem einheitlichen Gewässerschutzniveau in der Gemeinschaft nicht die Rede sein.
Wesentliche Elemente der Richtlinie sind eine auf das Flusseinzugsgebiet bezogene Herangehensweise, die integrierende Behandlung von Grund- und Oberflächengewässern und die Forderungen nach Erreichung eines «Guten Zustandes» der ↑Gewässer im Sinne eines gesamtökologischen Ansatzes bis zum Jahr 2015 nach preisdeckender Gestaltung der Wasserversorgungs- und Abwasserentsorgungskosten sowie nach weit gehender Konsultation der Öffentlichkeit bei Maßnahmeplänen und bei der Berichterstattung.
Im Sinne der Richtlinie ist Wasser also weiter als öffentliches Gut (s. ↑Öffentliche Güter) zu betrachten. Mit der 7. Novellierung des ↑Wasserhaushaltsgesetzes wurden wesentliche Elemente der Richtlinie in deutsches Recht umgesetzt. Die spezifische Ausgestaltung und Umsetzung obliegt den Bundesländern bzw. der Länder-Arbeitsgemeinschaft Wasser (LAWA). *VL*

Evolution. Der Begriff «Evolution» (E.) erfuhr mit Charles Darwins Buch «Die Entstehung der Arten durch natürliche Zuchtwahl» 1859 seine erste wissenschaftliche Begründung. Es gab Vorläufer, so u.a. Erasmus Darwin, den Großvater von Charles, die den Begriff pantheistisch deuteten. Seit Darwin wird unter E. die Naturgeschichte aller Organismen verstanden, die mit einfachen nichtzelligen Lebewesen beginnt und über drei Mrd. Jahre hinweg immer komplexere Lebewesen und schließlich auch den Menschen hervorbringt. Darwin hat zur Erklärung des Zustandekommens von E. das Zusammenwirken von Vererbung und Auslese in seiner Selektionstheorie ins Feld geführt. Trotz aller Erkenntnisfortschritte, die seit 1859 in Genetik und Evolutionsbiologie stattgefunden haben, gilt das von Darwin beschriebene Grundgefüge von Vererbung und Auslese bis heute. Unter dem Einfluss der mechanischen Physik wurde in der Biologie über Jahrzehnte von der mechanistischen Evolutionstheorie gesprochen.
Seit den 1960er Jahren ist ein Paradigmenwechsel im Gange. Unter dem Einfluss von Chaostheorie und ↑Systemanalyse wird E. heute interdisziplinär als offener Prozess in der Zeit verstanden, der, angestoßen durch wechselnde Rahmenbedingungen, neue Regeln seines Voranschreitens entfalten kann. Dieses nichtmechanistische Evolutionsdenken macht es möglich, die Übergänge zwischen der natürlichen und der kulturellen E. offen und ideologiefrei zu denken. Als Grundkategorie ist E. für

die ↑Ökologie (s. ↑Ökologie der Zeit) und daraus abzuleitende Handlungskonzepte unverzichtbar. *ALT*

Externe Effekte. In der ↑Umweltökonomie werden unter externen Effekten (e.E.) diejenigen Auswirkungen wirtschaftlicher Aktivität verstanden, die nicht in das marktwirtschaftliche System integriert sind und daher nicht in der Preiskalkulation der Betriebe berücksichtigt werden. Man unterscheidet positive und negative e.E. Zu den positiven e.E. zählen z.B. die Freude an ↑Kulturlandschaften oder an Architektur, während die negativen e.E. z.B. Umwelt- und Gesundheitsschäden umfassen. Da für viele Umweltgüter wie Luft, stabiles ↑Klima oder Qualität der Oberflächengewässer keine Preise auf dem Markt existieren, werden sie von den Wirtschaftsakteuren genutzt, ohne dass diese für ihre Bereitstellung zahlen. Es existiert also kein Knappheitsindikator, der für die Individuen und Unternehmen einen Anreiz zum sparsamen Umgang mit Naturgütern bietet. Die Kosten werden entweder auf die Opfer, die Gesellschaft als Ganze oder auf zukünftige Generationen abgewälzt. Daher wird der Einsatz des Staates zur ↑Internalisierung der e.E. in das Preissystem des Marktes mit Hilfe von Ökosteuern (s. ↑Ökologische Steuerreform) oder handelbaren ↑Emissionszertifikaten gefordert. Auf diese Weise sollen die ökologischen Kosten in das Kalkül von Unternehmen und Einzelpersonen einbezogen werden. *BS*

EZ ↑Entwicklungszusammenarbeit

Faktor 4. «Faktor Vier – doppelter Wohlstand, halbierter Naturverbrauch» wurde von Ernst U. von Weizsäcker, Amory Lovins und Hunter Lovins als Bericht an den ↑Club of Rome 1995 zunächst auf Deutsch publiziert. Dieses am ↑Wuppertal Institut für ↑Klima, ↑Umwelt, ↑Energie konzipierte Buch schildert fünfzig Beispiele dafür, wie man aus einer Kilowattstunde, einem Fass Öl, einer Tonne Erz oder einem Kubikmeter ↑Wasser mindestens viermal so viel Wohlstand herausholen kann wie mit den Techniken des ausgehenden 20. Jahrhunderts.

Zu den Beispielen gehören: das «Passivhaus», welches nur noch 1–2 l Heizöl pro m^2 Wohnfläche und Jahr benötigt, zehnmal weniger als ein mittelmäßig isoliertes Haus; das erst auf dem Reißbrett vorhandene «Hyperauto», das nur noch 1–2 l Treibstoff auf 100 km braucht; die Sparglühbirne; das Re-Manufacturing: die Verwendung gebrauchter Autos oder Haushaltsgeräte als Rohlinge für neue; Gemüse oder Rindfleisch, für dessen Herstellung nur noch ein Viertel der heute üblichen Energie eingesetzt werden muss; der Erdbeerjoghurt, für dessen Herstellung Lastwagen nicht 8000, sondern nur 1000 km fahren; das Leasing von Chemikalien, das der Verleihfirma den Anreiz gibt, dass nichts verloren geht.

Ebenfalls am Wuppertal Institut entwickelte Friedrich Schmidt-Bleek das Konzept der Materialintensität pro Serviceleistung (MIPS) – und forderte eine Reduktion von MIPS um einen ↑Faktor 10. Die Konzepte Faktor 4 und Faktor 10 ergänzen sich. Ein Faktor 4 ist mittelfristig, ein Faktor 10 eher langfristig erreichbar. Ferner

schließt der Faktor 4 prioritär die Energieeffizienz ein, während beim Faktor 10 auch Energie auf ↑Stoffströme und ↑Ökologische Rucksäcke umgerechnet wird.
Das Buch «Faktor Vier» wurde in zwölf Sprachen übersetzt, und das «Faktor-Konzept» taucht inzwischen in zahlreichen programmatischen Dokumenten der ↑Organisation für wirtschaftliche Zusammenarbeit und Entwicklung (OECD), der EU und der UN auf. Allerdings bleiben zwei große Probleme: 1. Die Randbedingungen billiger Rohstoffe und Energie machen den Fortschritt in Richtung eines Faktors 4 sehr mühsam. 2. Die reinen Effizienzgewinne können jederzeit wieder von zusätzlichem Konsum aufgezehrt werden (s. ↑Rebound-Effekt).
Bei der Betonung der Massenströme (MIPS) bleibt darüber hinaus das Problem, dass bestimmte Stoffe wie etwa ↑Dioxin oder ↑Radioaktivität nur sehr geringe Massen darstellen und trotzdem große Schadwirkungen entfalten. Dennoch ist die Betonung der Inputseite der Produktion ein wichtiger Ansatzpunkt zu ihrer ökologischen Umgestaltung (ökologischer ↑Strukturwandel). *Ernst U. von Weizsäcker*

Faktor 10. Jeder Westeuropäer verbraucht jährlich etwa 70 t nichterneuerbare ↑Ressourcen. Ein Vietnamese bringt es hingegen nur auf 2 t. 20 % der Menschen beanspruchen heute mehr als 80 % der natürlichen Ressourcen der Welt. Um weltweit einen Standard Westeuropas zu erreichen, müssten zumindest zwei Planeten Erde als Ressourcenbasis verfügbar sein. Schon heute verursacht der Ressourcenverbrauch jedoch gefährliche und extrem teure Umweltveränderungen. Entsprechend ist nicht die langfristige Verfügbarkeit von natürlichen Ressourcen das dringlichste Problem, sondern es sind die ökologischen Konsequenzen ihres Verbrauchs. Abschätzungen besagen, dass der heutige laufende Ressourcenverbrauch um mindestens die Hälfte abgesenkt werden muss, um die Weltwirtschaft in Einklang mit der ↑Natur zu bringen. Die begrenzten Ressourcen dieser Erde sowie die Destabilisierung der Ökosphäre, eingebunden in die Forderung nach Chancengleichheit für alle Menschen, gebieten deshalb die Absenkung des absoluten Ressourcenverbrauchs in den westlichen Ländern um mindestens den Faktor 10 (s. ↑Dematerialisierung).
Vielfache praktische Erfahrungen des «International Factor 10 Innovation Network» und anderer Fachleute haben gezeigt, dass einer solchen Forderung bei vergleichbarer Wohlstandsleistung technisch prinzipiell nichts im Wege steht. Faktor 10 ist jedoch unter den geltenden wirtschaftlichen Rahmenbedingungen nicht erreichbar. Die politisch gesetzten Preissignale an den Markt entsprechen der Vorstellung einer Ära, in der wirtschaftlicher Fortschritt mit wachsendem Ressourcen- und insbes. Energieverbrauch gleichgesetzt wurde. Arbeit als bevorzugte Steuer- und Abgabenquelle des Staates ist so teuer geworden, dass es sich nicht lohnt, die Nutzung von Naturkapital in Form von Produkten zu verbessern. Hingegen wird der Ressourcenverbrauch durch Abschreibungen, Steuervorteile, ↑Subventionen, Standards, ↑Normen und staatliche Beschaffungsmaßnahmen weiterhin gefördert (s.

↑Instrumentarium der Umweltpolitik). Weder Forschungs- und Lehreinrichtungen noch die ↑Massenmedien haben bisher die umfassende Bedeutung der Dematerialisierung zur Kenntnis genommen.

Immerhin könnte auch bei heutigen Ressourcenpreisen jeder deutsche Haushalt 5000 Euro jährlich sparen, wenn die Wirtschaft um 25 % dematerialisiert würde. Zusätzlich entstünden nach Abschätzung von Arthur D. Little hierbei etwa 700 000 neue Arbeitsplätze, und die Einnahmen des Staates könnten um 40 Mrd. Euro jährlich zunehmen. Nur Regierungen können die Anpassung der wirtschaftlichen Rahmenbedingungen in die Wege leiten.

Ein mutiger und signifikanter Paradigmenwechsel ist im Hinblick auf den Umgang mit natürlichen Ressourcen und die ↑Effizienz vonnöten, mit welcher sie zum Wohle aller Menschen genutzt werden. Ohne Faktor 10 ist Wirtschaftswachstum langfristig kaum denkbar. Die Weltmärkte der Zukunft werden vor allem die belohnen, die radikal dematerialisierte Produkte und Dienstleistungen anbieten. Die Umstrukturierung der Weltwirtschaft hin zur Nachhaltigkeit (s. ↑Nachhaltige Entwicklung) ist die größte Investitionschance in der Geschichte der Menschheit.

Friedrich Schmidt-Bleek

FAO ↑Ernährungs- und Landwirtschaftsorganisation der UN

Fauna-, Flora-, Habitat-Richtlinie (FFH-Richtlinie). Die 1992 verabschiedete Fauna-, Flora-, Habitat-Richtlinie (FFH-Richtlinie) ist die erste umfassende Richtlinie der EU zum Lebensraum- und ↑Artenschutz. Kernpunkt der Richtlinie ist die Ausweisung von Schutzgebieten für bedrohte Lebensraumtypen und Arten. Zusammen mit den nach der Vogelschutzrichtlinie auszuweisenden «Vogelschutzgebieten» bilden die FFH-Gebiete das europäische Schutzgebietssystem Natura 2000. Ziel der FFH-Richtlinie ist die Sicherung der Artenvielfalt durch Erhaltung der natürlichen Lebensräume sowie der wild lebenden Tiere und Pflanzen. Die Auswahl der Gebiete hat durch die EU-Mitgliedstaaten nach ausschließlich fachlichen Gesichtspunkten mit den Bewertungskriterien Repräsentativität, relative Flächengröße und Erhaltungszustand zu erfolgen. Für diese Flächen gilt ein generelles Verschlechterungsverbot. Des Weiteren sind Management- und Monitoringpläne zu erstellen und berichtspflichtig umzusetzen.

In Deutschland stößt die Umsetzung der FFH-Richtlinie auf große Schwierigkeiten und Verzögerungen, was zu einer Verurteilung durch den Europäischen Gerichtshof führte. Während nach FFH-Richtlinie etwa 15 % der EU-Landfläche für den Aufbau des europäischen Schutzgebietssystems genutzt werden sollen, hat Deutschland bis 2002 erst 6,6 % seines Territoriums unter Schutz gestellt. *VL*

FCKW ↑Fluorchlorkohlenwasserstoffe

Fernerkundung. Mit der Fernerkundung (engl.: remote sensing) werden aus der Entfernung (per Flugzeug oder Satellit) Informationen über ein Objekt oder eine Fläche gewonnen. Für die Umweltbeobachtung ist die Kartierung von Luftverunreinigungen, Landnutzungsänderungen, Vegetationsschäden, Waldbränden, Bodenerosion von besonderer Bedeutung. *CL*

FFH-Richtlinie ↑Fauna-, Flora-, Habitat-Richtlinie

Fischerei. Fischerei (F.) bezeichnet den erwerbsmäßigen Fang von Fischen und anderen Wassertieren (weltweit 1989 über 101,6 Mio. t, 1999 ca. 126,2 Mio. t, 2000 mehr als 130,4 Mio. t; Marktführer Peru mit 10,6 Mio. t) und erfolgt differenziert nach Binnen- sowie Küsten- und Hochseefischerei, vor allem mit Schleppnetzen, Treibnetzen, Ringnetzen, Langleinen auf Fabrikschiffen. Seit 1977 gilt für den Fischfang EG-weit die nationale 200-Meilen-Wirtschaftszone. Durch technische Verbesserung der Fangmethoden und Verkleinerung der Netzmaschen droht eine ↑Überfischung der Weltmeere. Verbote von Treibnetzfischerei, zu engmaschigen Netzen u.a. nach der UNO-Resolution (seit 1992), durch EG-Verordnung Nr. 1239/98 seit Januar 2002 für Atlantik und Mittelmeer sowie die internationale Quotierung von Fangmengen (Fischfangquoten) haben wegen mangelhafter Kontrolle nur zweifelhafte Wirkung. Die F. wird besonders durch Wasserverschmutzung und Fangtechniken, die keine Regeneration der Bestände mehr zulassen, beeinträchtigt. Fisch findet Verwendung als menschliche Nahrung, Viehfutter (Fischmehl), Köder u.a. Lt. britischem Fischereiministerium (1998) fielen bis zu 82 % der Fänge als unbrauchbarer Abfall an. In der Binnenfischerei stammen nur ca. 20 % aus Fängen in natürlichen ↑Gewässern, der Großteil wird inzwischen in Farmen gezüchtet (s. ↑Aquakultur). *IC*

Fischsterben. Fischsterben (F.) ist das Massensterben von Fischen in ↑Gewässern, das meist durch Sauerstoffmangel mit vorangegangener ↑Eutrophierung ausgelöst wird. Weitere Ursachen können Schadstoffeinleitungen (↑Pestizide, Industrieabwässer) sein. Im Meer können auch Toxine aus Algenblüten (Red Tides) F. verursachen. In der ↑Aquakultur können auf Grund der hohen Bestandsdichten Infektionskrankheiten auftreten. *SchuBa*

Flächennutzungsplan ↑Raumordnung & Landesplanung

Flächenrecycling. Flächenrecycling ist die Wiederverwendung von nicht mehr genutzten Bau-, Industrie-, Gewerbe- und Militärflächen für neue Zwecke. Das ↑Recycling kann den Rückbau von Anlagen, die Beseitigung von ↑Altlasten und Sanierung von ↑Böden, neue ↑Bauleitplanung, Erschließung und Bebauung bzw. Renaturierung umfassen. *MS*

Flächenverbrauch. Flächenverbrauch (F.) oder Flächennutzung drücken aus, dass «Fläche» eine endliche ↑Ressource ist und vielfältigen Nutzungskonkurrenzen unterliegt. Von der Gesamtfläche Deutschlands mit 35,7 Mio. ha waren 1997 54 % bzw. 19,3 Mio. ha Landwirtschaftsfläche und 10,5 Mio. ha Waldfläche (30 %); weitere Nutzungen sind Siedlungsfläche mit 2,2 Mio. ha Gebäude und Freifläche (6 %) sowie 1,7 Mio. ha Verkehrsfläche (5 %). Kontinuierlicher Bedarf führt derzeit dazu, dass ca. 120 bis 130 ha pro Tag neu erschlossen werden, vor allem für Siedlungszwecke. Allein im Jahr 2000 wurden ca. 43 000 ha Flächen für Wohnen, Gewerbe und Infrastruktur (inkl. Grünflächen für Freizeit, Erholung und Gärten) verbraucht.

Besonders kritisch sind die Zersiedelung und Minimierung naturbelassener Flächen. Zersiedelung bedeutet die gravierende Veränderung historisch gewachsener Siedlungsstrukturen, indem sich z.B. kleine Orte im Umland der Ballungsräume zu Städten entwickeln. Diese Entwicklung bedingt zumeist einen weiteren Verlust an Natur- und ↑Kulturlandschaften sowie eine Zerschneidung der Lebensräume der Tiere und Pflanzen. Weitere Folgen sind die kontinuierliche Bodenversiegelung, die Beeinträchtigung der Grundwasserregeneration, Veränderungen des Mikroklimas (Frischluftschneisen) sowie die Minderung der Naherholungsmöglichkeiten für die Großstädte. Daneben bedeuten Zersiedlung und F. angesichts der demografischen Entwicklung auch unerwünschte Auswirkungen auf die ↑Lebensqualität der Städte. Infolgedessen hat sich die Bundesregierung in ihrer 2002 verabschiedeten ↑Nachhaltigkeitsstrategie das Ziel gesetzt, den täglichen Zuwachs der Siedlungs- und Verkehrsfläche bis zum Jahre 2020 auf 30 ha zu begrenzen. *GÖ*

Flexible Mechanismen ↑Kyoto-Protokoll

Fließgleichgewicht. Ein (Öko-)System befindet sich langfristig in einem Fließgleichgewicht (F.), wenn es spezifische, systemimmanente Eigenschaften besitzt, die es ihm ermöglichen, nach extern oder intern induzierten Störungen (z.B. Klimaschwankungen) wieder zu einem stabilen Zustand zurückzukehren. Die Steuerung des F. erfolgt durch Regelkreise und interdependente Einflussgrößen, die eine innere Anpassung an sich verändernde äußere Umweltbedingungen ermöglichen. *NB*

Fluorchlorkohlenwasserstoffe (FCKW). Fluorchlorkohlenwasserstoffe (FCKW) sind ungiftige, geruchlose, unbrennbare und farblose Stoffe, die eine breite Anwendung in Verbraucherprodukten fanden, als Kältemittel in Kühlschränken, Treibmittel in Spraydosen, industriellen Kühlanlagen und Wärmepumpen. Sie sind chemisch so stabil, dass sie nach dem Freisetzen in die ↑Atmosphäre nicht abgebaut werden, sondern bis in die ↑Stratosphäre aufsteigen. Dort werden sie durch die UV-Strahlung der Sonne zerlegt, wobei Chlor freigesetzt wird; das Chlor schädigt die stratosphärische Ozonschicht (sog. Ozonloch). Durch die ↑Wiener Konvention von 1985 und das ↑Montrealer Protokoll von 1987 wurden Herstellung und Verbrauch von FCKW verboten. *UES*

Flurbereinigung. Flurbereinigung (F.) bezeichnete ursprünglich den in der Landwirtschaft stattfindenden Prozess der Optimierung von Anbauflächen durch Zusammenlegung. Durch das Flurbereinigungsverfahren verschwanden u.a. Weg- und Feldraine, Heckenreihen und kleine Feldgehölze. In Folge der Ökologisierung der Landwirtschaft wird F. zunehmend auch zum Schutz und zum Ausgleich von Naturschutzflächen angewendet. *MZ*

FoEI ↑Freunde der Erde International

Forschung & Entwicklung (F&E). Forschung & Entwicklung (F&E) bezeichnet die planmäßige, organisierte und kontrollierte Gewinnung wissenschaftlicher Erkenntnisse und deren Umsetzung, z.B. für den ↑Umweltschutz. Probleme treten auf beim Übergang von einer Entwicklungsstufe zur nächsten und beim Übergang zur ökonomischen Verwertung, bes. bei ↑Technologietransfer. Grundproblem sind die Nichtplanbarkeit von Zeitaufwand, Kosten und Ergebnissen, die Zufallsbedingtheit des Erfolgs und Ungewissheit bezüglich Nutzen und Zeithorizont der Verwertbarkeit. Technische Erfolgsquoten liegen bei 50–60%, wirtschaftliche bei 10%. EU-Schwerpunkte bei F&E im Umweltbereich sind emissionsarme industrielle Prozesse, Reinigung und Reduktion von Industrieabgasen, Abfallbehandlung und -verwertung, Lärmbekämpfung und umweltfreundliche Gestaltung von Produkten (z.B. demontage- und recyclingfreundliche Konstruktionen, Stoffkreisläufe) sowie ↑Bio- und ↑Gentechnologie. Die höchsten Investitionen in F&E tätigen USA, Japan und Deutschland mit bis zu 2,8% des Bruttosozialprodukts. *IC*

Forstwirtschaft. Forstwirtschaft bezeichnet die ökonomisch orientierte Holzgewinnung durch planmäßige Bewirtschaftung von Nutzwäldern. In Mitteleuropa vergehen von der Anlage der Kultur bis zur Ernte der Bäume oft Jahrzehnte, teilweise mehr als hundert Jahre. In Deutschland wird versucht, eine nachhaltige Forstwirtschaft (Hanns von Carlowitz, 1713) durch ungleichaltrige, standortgerechte Baumarten in Mischwäldern und die Begrenzung des Einschlags zu praktizieren und standardisierte Zertifizierungsverfahren (Forest Stewardship Council, FSC-Zertifizierung) einzuführen. *IC*

Forum Umwelt & Entwicklung. Das Forum Umwelt & Entwicklung wurde 1992 von 35 deutschen ↑Nichtregierungsorganisationen (NRO) gegründet. Durch verbesserte Zusammenarbeit soll eine stärkere gemeinsame Einflussnahme bei nationalen und internationalen Verhandlungen erreicht werden. Besonderes Ziel ist die beschleunigte Umsetzung der Beschlüsse von Rio (insbes. ↑Agenda 21 und die ↑Rio-Erklärung). In mehreren Untergruppen arbeiten Mitglieder der unterschiedlichen Organisationen über Themen wie internationalen Handel, ↑Biodiversität, ↑Klima und Entwicklung. *www.forumue.de* *KL*

Fossile Energieträger ↑Energieträger, fossile und erneuerbare

Free-Rider-Verhalten ↑Trittbrettfahrer-Verhalten

Freies Gut ↑Umweltökonomie

Freizeitmobilität ↑Lebensstil

Freunde der Erde International (FoEI). Freunde der Erde International (engl.: Friends of the Earth, FoEI) ist das größte dezentral organisierte Netzwerk von ↑Umweltverbänden welt-

weit, z.Z. von 71 Gruppen. Jeder Mitgliedsverband hat gleiche Rechte, unabhängig von seiner Finanzkraft. FoEI war eine der ersten Umweltgruppen, die den Zusammenhang zwischen sozialen und ökologischen Fragen betonte. Der ↑Bund für Umwelt und Naturschutz Deutschland (BUND) ist eines der größten Mitglieder des Netzwerks.
www.foei.org *BP*

Frieden mit der Natur. Frieden (F.) gilt bis heute vorrangig als eine inner- sowie zwischenstaatliche Aufgabe. In der Naturkrise der wissenschaftlich-technischen Welt hat sich jedoch gezeigt, dass die Ordnungen des menschlichen Verhaltens auch in einen Einklang mit dem Ganzen der ↑Natur gebracht werden müssen. Dieser Einklang ist der «F. mit der Natur» (Meyer-Abich), der in der Naturkrise fehlende Einklang also ein Unfrieden mit (dem Ganzen) der Natur.
Wie der zwischenmenschliche F. kann auch der mit der Natur ethisch und rechtlich näher bestimmt werden. Die Ethik des «F. mit der Natur» ist ein Teil der praktischen Naturphilosophie. Wenn den Dingen und Lebewesen der natürlichen ↑Mitwelt Rechte zuerkannt würden, wären diese als Rechte der Natur in Bezug auf den menschlichen Umgang mit der natürlichen Mitwelt zu verstehen (s. ↑Umweltrecht). Sowohl ethisch als auch rechtlich ist der «F. mit der Natur» eine Aufgabe des Menschen. Die Tiere, Pflanzen und die Dinge der unbelebten Natur haben ihre eigenen Ordnungen, in denen sie füreinander da sind und keiner weiteren Regularien bedürfen (s. ↑Bioethik). *KMA*

FSC-Zertifizierung ↑Forstwirtschaft

Gaia-Hyothese. Nach der von James Lovelock formulierten Gaia-Hypothese ist die Erde als ein lebender Gesamtorganismus aufzufassen, in dem bestimmte Regionen, Landschaften (belebte und unbelebte Konfigurationen) und Meeresgebiete besondere Funktionen für den Erhalt des ↑Erdsystems übernehmen. Zur wissenschaftlichen Erforschung dieser Theorie dient die ↑Erdsystemanalyse. *BS*

GAK ↑Gemeinschaftsaufgabe Agrarstruktur und Küstenschutz

GAU ↑Reaktorsicherheit

GEF ↑Globale Umweltfazilität

Gefährdungshaftung. Grundprinzip der gesetzlichen Haftung ist das Verschulden des Schädigers. Die Gefährdungshaftung begründet eine Haftung bereits bei Schäden durch bloßen Gebrauch eines Produktes, durch Betätigung oder Inbetriebnahme z.B. einer Anlage und spielt u.a. im Atomgesetz sowie im ↑Produkthaftungsgesetz eine besondere Rolle. *MZ*

Gefahrgutverordnung. Die Gefahrgutverordnung (G.) regelt Stoffe und Gegenstände, von denen auf Grund ihrer Eigenschaften oder ihres Zustandes beim Transport Gefahren für die öffentliche Sicherheit und Ordnung, insbes. für wichtige Gemeinschaftsgüter, für Leben und Gesundheit von Menschen und Tieren ausgehen können und die deshalb als gefährliche Güter gelten.
Gefährliche Güter werden nach ihren Eigenschaften in neun Klassen zusammengefasst. Beispiele der Klasse 1: ex-

plosive Stoffe und Gegenstände mit Explosivstoff wie Feuerwerkskörper, Munition; 2: Gase wie Propan, Butan, Acetylen; 3: entzündbare flüssige Stoffe wie Alkohole, gebrauchtes Aceton (Lösemittel); 4.1: entzündbare feste Stoffe wie Kautschukabfälle, Nitrocelluloseabfälle; 4.2: selbstentzündliche Stoffe wie Zelluloidabfälle, ölhaltige Baumwollabfälle; 4.3: Stoffe, die in Berührung mit Wasser entzündbare Gase entwickeln, wie Calciumcarbidabfälle; 5.1: entzündlich (oxidierend) wirkende Stoffe wie ammoniumnitrathaltige Düngemittelreste; 5.2: organische Peroxide wie Peroxyessigsäure; 6.1: giftige Stoffe wie leere ungereinigte Behälter von Pflanzenbehandlungsmitteln, bestimmte Altmedikamente; 6.2: ansteckungsgefährliche Stoffe wie ↑Abfall aus Kliniken (Verbandsmaterial, Spritzen etc.); 7: radioaktive Stoffe wie radioaktive Abfälle mit geringer spezifischer Aktivität (z.B. Tritium aus der biologischen Forschung; ↑Radioaktivität); 8: ätzende Stoffe wie Abfallnitriersäuremischung, Abfallschwefelsäure; 9: verschiedene gefährliche Stoffe und Gegenstände wie ↑Asbest, wasserverunreinigende Stoffe. Die Abfallklassifizierung nach der G. ist Aufgabe des Abfallerzeugers bzw. Abfallbesitzers. *JA*

Gefahrstoffverordnung. Die Gefahrstoffverordnung beruht auf einer Ermächtigung des ↑Chemikaliengesetzes und regelt die ordnungsgemäße Einstufung, ↑Verpackung und Kennzeichnung von gefährlichen Stoffen und Zubereitungen sowie den Umgang mit Gefahrstoffen im beruflichen Bereich. Sie dient damit dem Gesundheits- und dem ↑Umweltschutz zugleich. *MZ*

Gefangenendilemma ↑Spieltheorie

Gemeinlastprinzip ↑Umweltpolitik

Gemeinschaften, indigene. Indigene Gemeinschaften, Gruppen bzw. Völker leben in enger Beziehung zur ↑Natur und achten deren ↑Ökologie. Sie selbst und ihr Lebensraum sind vielfach durch Raubbau gefährdet (z.B. Patentierungsversuche durch Biotechnologie-Konzerne). In der ↑Agenda 21 (Kap. 26) wird deshalb der besondere Schutz ihrer Lebensweise und Lebensräume gefordert. *GÖ*

Gemeinschaftsaufgabe Agrarstruktur und Küstenschutz (GAK). Die Gemeinschaftsaufgabe Agrarstruktur und Küstenschutz (GAK) ist eine zentrale Förderinstitution der deutschen Agrarpolitik. Die GAK wird von Bund und Ländern weit gehend paritätisch finanziert. Der überwiegende Teil der Förderung entfällt auf Maßnahmen der agrarsozialen Sicherung (wie Einkommenssicherung und Ausgleichszulagen). *AV*

Gemeinschaftsgüter, globale. Es gibt zwei Arten von globalen Gemeinschaftsgütern (g.G.): 1. natürliche g.G., wie z.B. der internationale Luftraum, die Aufnahmefähigkeit der ↑Atmosphäre für Treibhausgase, die Hohe See oder der Orbit; 2. vom Menschen gemachte g.G., wie z.B. universelle ↑Normen und Prinzipien (Menschenrechte), Wissen und das Internet.
Natürliche g.G. sind sog. Open-Ac-

cess-Güter, die von jedem Individuum auf der Erde frei genutzt werden können. Eine Zuteilung von Eigentumsrechten scheidet auf Grund von Diffusions- und Strömungsvorgängen i. d. R aus. Falls sich die Staatengemeinschaft nicht auf gemeinsam getragene Regeln für die Nutzung solcher Güter einigt, besteht die Gefahr der Übernutzung, weil kein knappheitsgerechtes Entgelt für die Nutzung zu entrichten ist (s. ↑Umweltökonomie). Das Beispiel des ↑Treibhauseffekts zeigt, dass die Aufnahmefähigkeit der Atmosphäre zunehmend erschöpft sein wird, wenn für klimaschädliche ↑Emissionen kein Nutzungsentgelt gezahlt werden muss. Die ↑Klimarahmenkonvention ist in diesem Sinne ein Ansatz, das natürliche g. G. Atmosphäre von der internationalen Gemeinschaft treuhänderisch zu verwalten, um eine weitere Übernutzung zu verhindern. Bei den vom Menschen gemachten g. G. besteht hingegen das Problem, dass sie im ökonomischen Sinne zu wenig genutzt werden. Beispielsweise führen Zugangsbarrieren dazu, dass das g. G. Wissen in einem zu geringen Umfang genutzt wird. *TP*

Gemeinwohl. Gemeinwohl bezeichnet den sittlichen Grundsatz für die Gestaltung des öffentlichen Lebens, lt. Jeremy Bentham «das größtmögliche Glück der größtmöglichen Zahl» (Naturrechtsphilosophie). Es ist Gegenstand der christlichen Soziallehren, der säkularen Philosophie und politischen Theorien und in Deutschland verankert in Art. 14, 2 GG. *IC*

General Agreement on Tariffs and Trade ↑Welthandelsorganisation (WTO)

Generationenvertrag, ökologischer. Der Begriff des «ökologischen Generationenvertrages» stellt, geprägt durch die Forderung des ↑Brundtland-Berichts nach ↑Nachhaltiger Entwicklung (sustainable development), ein moralisches Verhältnis zwischen Angehörigen zeitlich separierter Generationen her, die gleichermaßen auf die Nutzung natürlicher ↑Ressourcen und auf eine intakte ↑Biosphäre angewiesen sind. *NB*

Genfer Luftreinhaltekonvention. Die Genfer Luftreinhaltekonvention (engl.: Convention on Long-range Transboundary Air Pollution (LRTAP)) eine Rahmenkonvention zur ↑Luftreinhaltung von 1979, die 1983 in Kraft trat und inzwischen in acht Protokollen substantiiert worden ist. Sie ist ein bemerkenswertes Ergebnis beharrlicher Entspannungsbemühungen während des Kalten Krieges, der Umsetzung der Helsinki-Akte, in welche der KSZE-Prozess im Jahre 1975 mündete und durch die er frischen Wind erhielt. Innerhalb von Korb 2 «Zusammenarbeit (Wirtschaft, Wissenschaft, Forschung)», für welchen die UN-ECE zuständig war, wurde zunächst das Mess- und Auswerteprogramm EMEP ausgearbeitet, womit eine multilaterale Struktur geschaffen war, die nach Betätigungsfeldern suchte. Mit der Entdeckung des drohenden ↑Waldsterbens durch versauernd und eutrophierend wirkende, weiträumig übertragene Substanzen wurde eine multilaterale Lösung für das Problem der ↑Luftverschmutzung in Mitteleuropa schrittweise ausgearbeitet; in Südostasien steht die Übertragung dieses modellhaften Politikansatzes immer noch aus.

Die «Substantiierung» der Konvention in Protokollen folgte sowohl dem Schema der Vertiefung wie dem der Verbreiterung.
Um das Problem des Waldsterbens in den Griff zu bekommen, brauchte es einer fünfmaligen «Verbesserung» bzw. Verbreiterung des einschlägigen Protokolls, bis sämtliche Vorläufersubstanzen von der rechtlichen Regulierung erfasst waren. Abgeschlossen wurde dieser Prozess durch das sog. Helsinki-Protokoll aus dem Jahre 1999, dem Protocol to Abate Acidification, Eutrophication and Ground-level Ozone. Neben diesen sechs Protokollen wurden im Jahre 1998 Protokolle über ↑Schwermetalle und über ↑Persistente Organische Stoffe (POPs) vereinbart. *HJL*

Gentechnologie. Gentechnologie (G.) ist das Verfahren der mehr oder weniger gezielten Übertragung von Erbinformationen (Genen) auf das Erbgut (Genom) von Mikroorganismen, Pflanzen, Tieren und Menschen. Dieses Verfahren wurde möglich, nachdem die molekulare Grundstruktur des Erbgutes durch James Watson und Francis Crick aufgeklärt war und sich als universale Matrix für alle Organismen erwies.
Das Erbmaterial besteht aus der DNS (Desoxyribonukleinsäure), einem komplexen Zweistrangmolekül, in dessen Längserstreckung die aufeinander folgenden Basenbausteine als Informationsspeicher fungieren. Die auf den DNS-Strängen liegenden Gene sind im Falle des Menschen (und anderer Organismen) noch keineswegs vollständig lokalisiert. Ein schwer klärbares Geheimnis ist und bleibt auch das Zusammenwirken mehrerer Gene bei der Ausprägung von erblich bedingten Eigenschaften. Dennoch sind die praktischen Fortschritte der G. beträchtlich.
Je nach Anwendungsbereich wird zwischen der weißen (Mikroorganismen), der grünen (Pflanzen) und der roten (Tiere) G. mit jeweils verschiedenen Risikolagen unterschieden. Bei Pflanzen konzentriert sich die Übertragung von Genen im Anwendungsbereich vor allem auf drei Ziele: Erhöhung der Schädlingsresistenz, Verbesserung der Herbizidresistenz, Steigerung der Produktionsleistung.
Die toxikologischen, die züchterischen und die ökologischen ↑Risiken im Landwirtschaftsbereich können nicht als geklärt betrachtet werden. Ungeachtet dessen drängt die mit G. arbeitende Landwirtschaftsproduktion der westlichen Industriestaaten auf den Weltmarkt. Die Folgen für die landwirtschaftliche Produktion in der Dritten Welt sind unübersehbar. *ALT*

Gerechtigkeit, ökologische. Die ökologische Gerechtigkeit (ö. G.) ist ein zentrales Prinzip in der ökologischen ↑Ethik, das auf die Verteilung von Zugangs- und Nutzungsrechten der ↑Natur unter heutigen und zukünftig lebenden Menschen bezogen ist. Im Rahmen der Diskussion um ↑Nachhaltige Entwicklung werden vor allem die intragenerative G. unter den heute lebenden Menschen und die intergenerative G. zwischen der heutigen und den zukünftigen Generationen eingefordert.
Hinsichtlich der Umsetzung der intragenerativen G. werden drei Konzepte diskutiert: Besitzstandsgerechtigkeit,

welche die Beibehaltung der vorhandenen, durch Leistung oder Erbschaft erworbenen Besitzstände und Ressourcennutzungsrechte beinhaltet; Leistungsgerechtigkeit, bei der die Verteilung von Rechten und Privilegien nach der individuellen Leistung bemessen wird, und Bedürfnisgerechtigkeit. Letztere sieht die gleichmäßige Verteilung von Nutzungsrechten der Naturleistungen auf alle Menschen vor; hierbei wird davon ausgegangen, dass jeder Mensch einen gleichen Anspruch und die gleichen Bedürfnisse für diese Leistungen hat.

Hingegen zielt das Prinzip der intergenerativen G. auf eine faire Verteilung von Nutzungsrechten und -möglichkeiten zwischen den Generationen (s. ökologischer ↑Generationenvertrag). Besonders problematisch sind in dieser Hinsicht die irreversible Ausbeutung von Naturressourcen (s. ↑Irreversibilität) und die ökologischen Hinterlassenschaften insbes. der modernen Industriegesellschaften. *BS*

Germanwatch. Germanwatch ist eine unabhängige und überparteiliche Nord-Süd-Initiative, die sich dafür einsetzt, die deutsche Politik am Leitbild der ↑Nachhaltigen Entwicklung auszurichten. Neben Entwicklungspolitik und Klimaschutz sind Ernährungssicherung und die soziale und ökologische Gestaltung des Welthandels Schwerpunkte der Arbeit. Gezielter Dialog mit Politik und Wirtschaft, Öffentlichkeitsarbeit sowie Kampagnen sind zentrale Elemente der Arbeitsweise. *www.germanwatch.org* *BP*

Gesundheit & Umwelt. Die Kategorie Gesundheit & Umwelt bezeichnet die intersektorelle Strategiebündelung der Sicherung der natürlichen Lebensgrundlagen mit dem Schutz der menschlichen Gesundheit.

1984 einigten sich die Mitgliedstaaten der ↑Weltgesundheitsorganisation (WHO) in der Europäischen Region (WHO-Euro) mit der Strategie «Gesundheit für alle» auf eine gemeinsame Gesundheitspolitik, in der sieben Ziele zum umweltbezogenen Gesundheitsschutz aufgelistet waren. Die Erste Europäische Konferenz «Umwelt und Gesundheit» 1989 in Frankfurt formulierte die Europäische Charta «Umwelt und Gesundheit»: «Jeder Mensch hat Anspruch auf eine Umwelt, die ein höchstmögliches Maß an Gesundheit und Wohlbefinden ermöglicht, auf Informationen und Anhörung über die Lage der Umwelt sowie über Pläne, Entscheidungen und Maßnahmen, die voraussichtlich Auswirkungen auf Umwelt und Gesundheit haben, auf Teilnahme am Prozess der Entscheidungsfindung.»

Die zweite Konferenz (1994) legte die Basis für den Europäischen Aktionsplan «Umwelt und Gesundheit für Europa» (EHAPE). Wie bei der ↑Agenda 21 verpflichteten sich die Teilnehmerstaaten, diesen Europäischen Aktionsplan jeweils durch «Nationale Aktionspläne Umwelt und Gesundheit» (NEHAP) bis 1997 umzusetzen. Auf globaler Ebene etablierte 1992 die WHO eine Kommission für Gesundheit und Umwelt.

Charakteristisch für die strategische Bündelung von ↑Umwelt und Gesundheit ist ein schrittweiser, paradigmatischer Wandel in der Gesundheitspolitik weg von der pathogenetischen Betrachtung (Verminderung, in bestimmten

Fällen auch Vermeidung von krankheitsauslösenden Faktoren) hin zur salutogenetischen Betrachtung: Diese zielt auf eine menschengemäße Gestaltung und Nutzung der Umwelt ab, wobei das Menschengemäße in die ökologischen Zusammenhänge eingeordnet wird; ↑Lebens- und Umweltqualität werden so zu einer dialektischen Einheit. *JB*

Gewässer. Der Begriff «Gewässer» (G.) umfasst Meere und Binnengewässer. Meere bedecken über zwei Drittel (361,2 Mio. km^2 = 70,8 %) der Erdoberfläche. Der Meeresanteil der Nordhalbkugel liegt bei 61 %, derjenige der Südhalbkugel bei 81 %. Die mittlere Tiefe der Weltmeere beträgt 3790 m, ihr mittlerer Salzgehalt 35 ‰. Die größte Meerestiefe wurde im Marianen-Graben des Pazifik mit 11 034 m gemessen. Die produktivsten Gebiete befinden sich an den Kontinentalrändern, wo Tiefenwasser mit höheren Gehalten an NO_3 und PO_4 zur Oberfläche strömt. Die zunehmend auftretenden Verschmutzungen auch der Meere beruhen auf vom Menschen verursachten Stoffzufuhren, die die Selbstreinigungsprozesse des Meeres zumindest lokal zu überfordern beginnen.
Binnengewässer werden in unterirdische und oberirdische G. unterteilt. Unterirdische G. sind Grundwasser und Höhlengewässer, oberirdische G. sind Fließgewässer (Bäche, Flüsse, Kanäle, Gräben) und Standgewässer (Seen, Weiher, Teiche, Tümpel). Im Unterschied zur erstgenannten Gruppe folgen Standgewässer nicht beständig einem Gefälle, sondern stehen in Hohlformen, die im Wesentlichen geogenen Ursprungs sind (Teiche und Stauseen sind vom Menschen angelegt); sie können von einem Fließgewässer durchströmt werden.
Die Güte eines G. wird anhand seines Nährstoffgehalts (s. ↑Eutrophierung) bzw. Verschmutzungsgrades bestimmt: Güteklasse I (oligotroph): unbelastet bis sehr gering belastet; Güteklasse II (mesotroph): mäßig belastet; Güteklasse III (eutroph): stark verschmutzt; Güteklasse IV (polytroph): übermäßige Verschmutzung; Güteklasse V (hypertroph): Ökosystem zerstört. *A&HPJ*

Gewässerbelastung ↑Wasserverschmutzung

Gewässerschutzpolitik. Das Umweltprogramm der Bundesregierung von 1971 gab zur Gewässerschutzpolitik (G.) verbindliche Ziele zwecks Ordnung des ↑Wasserhaushalts vor: 1. Das ökologische Gleichgewicht der ↑Gewässer ist zu bewahren; 2. die Wasserversorgung der Bevölkerung und der Wirtschaft ist sicherzustellen; 3. andere Wassernutzungen, die dem Gemeinwohl dienen, sind langfristig zu gewährleisten.
Die G. geht davon aus, dass Gewässerökosysteme die beste Leistungsfähigkeit und Funktionstüchtigkeit bei naturnaher Ausprägung besitzen. Daraus leitet sich eine Steuerung der Wassermengen- und Wassergütewirtschaft mit Hilfe von Bewirtschaftungsplänen und Wasser-/Abwasserrecht ab. Bewirtschaftungsregelungen betreffen Oberflächenwasser für Trinkwassergewinnung, für Badegewässer und Fischgewässer. Mit der Novelle des ↑Wasserhaushaltsgesetzes (WHG) im

Jahr 2002 erfolgte in Umsetzung der ↑EU-Wasserrahmenrichtlinie eine Neustrukturierung, u.a. bei der Bewirtschaftungsplanung. Für die G. ist weniger der natürliche Wasserkreislauf, sondern vielmehr die große Zahl der anthropogenen Nutzungen von Bedeutung (in Deutschland etwa 13 % des Dargebots von rd. 180 Mrd. m^3 pro Jahr), die verschmutzt und/oder erwärmt wieder abgegeben werden.

Das WHG unterwirft die Gewässernutzung der staatlichen Steuerung. Der Bund hat hier nach der Verfassung jedoch nur die Rahmenregelungskompetenz, der Vollzug liegt bei den Bundesländern. Die Gewässernutzung darf nur erteilt werden, wenn damit eine Beeinträchtigung des Wasserdargebots nicht zu erwarten ist (§§ 2, 3 u. 6 WHG) und eine Einleiteerlaubnis gegeben werden darf (§ 7a WHG). In Anlehnung an das ↑Chemikaliengesetz wurden dazu Wassergefährdungsklassen erlassen, die dem Risikopotenzial angemessene technische Anforderungen gegenüberzustellen gestatten (Verwaltungsvorschrift Wassergefährdende Stoffe 1999). Parallel dazu stellt das Abwasserrecht (Abwasserverordnung 1997) standardisierte Mindestanforderungen an verfahrenstechnisch definierte Abwasserströme (rd. 11 Mrd. m^3 1998). Der wasserrechtliche Vollzug wird gemäß ↑Verursacherprinzip durch Abgaben von Abwassererzeugern auf definierte Schadeinheiten flankiert (s. ↑Abwasserabgabengesetz). Durch wasser- bzw. abwasserrechtlich geregelte Ordnungswidrigkeiten soll bei Verstößen durch Wassernutzer die strafrechtliche Ahndung erfolgen (§ 324 StGB). *Hans W. Jakobi*

Gifte. Gifte sind meist körperfremde Stoffe, die bereits in geringen Dosen im lebenden Organismus Funktionsstörungen hervorrufen. Je nach Menge wirken sie tödlich (s. ↑Letale Dosis), schädigend oder auch therapeutisch. Stoffwechselgifte werden im Organismus selbst erzeugt. *A&HPJ*

Global Compact. Global Compact ist ein weltweiter Pakt, der 1999 auf dem ↑Weltwirtschaftsforum von UN-Generalsekretär Kofi Annan für internationale Wirtschaftsunternehmen angeregt wurde und in dem diese sich freiwillig auf nachhaltige Unternehmenspolitiken verpflichten (s. ↑Nachhaltige Entwicklung). Der Pakt umfasst die Bereiche Menschenrechte, Arbeit und ↑Umwelt und enthält neun Prinzipien, darunter die Beseitigung von Kinderarbeit und die Beachtung des ↑Vorsorgeprinzips beim ↑Umweltschutz. *BP*

Global Governance. Das Konzept der Global Governance (GG) hat viele politische und wissenschaftliche Geburtshelfer. Bei allen Unterschieden in Begrifflichkeit und Begründung bedeutet GG primär und vor allem den Prozess der politischen Gestaltung der Globalisierung. Das Ziel von GG kann definiert werden als Entwicklung eines Institutionen- und Regelsystems sowie neuer Mechanismen internationaler Kooperation, welche die kontinuierliche Problembearbeitung globaler Herausforderungen und grenzüberschreitender Phänomene erlauben.

Die internationale Diskussion über GG wurde durch den Bericht der Commission on Global Governance

(«Our Global Neighbourhood», 1995) angestoßen. Der sich daraus entwickelnde Diskurs knüpfte zum einen an den Begriff der «Weltinnenpolitik» an, der im Brandt-Bericht (1980) eine wichtige Rolle gespielt hatte, und griff zum anderen die Empfehlungen des ↑Brundtland-Berichts (1987) auf. Zentrale Bausteine des Konzepts sind:

- GG heißt nicht Global Government, also Weltregierung oder Weltstaat. Die Herausforderung besteht vielmehr darin, die Welt ohne Weltstaat zu regieren. GG entspricht insofern der bereits bei Immanuel Kant anvisierten Weltföderation von freien Republiken mit einem Minimum an Zentralstaatlichkeit.
- GG basiert auf verschiedenen Formen und Ebenen internationaler Koordination, Kooperation und kollektiver Entscheidungsfindung: Internationale Organisationen übernehmen die Koordinationsfunktion und tragen zur Herausbildung globaler Sichtweisen bei; Regime übersetzen den Willen zur Kooperation in verbindliche Regelwerke; Staaten verpflichten sich durch vertragliche Vereinbarungen zu Entscheidungen über gemeinsame Probleme.
- GG verändert das traditionelle Verständnis von Souveränität. Die Notwendigkeit zur Kooperation von Staaten verlangt Souveränitätsverzichte, die Globalisierungseffekte und Interdependenzstrukturen längst erzwungen haben.
- Die Neuverteilung der weltwirtschaftlichen und weltpolitischen Gewichte («multipolare Welt») ist begleitet von einem Prozess der Regionalisierung. In allen Weltregionen formieren sich neue Kooperations- oder Integrationszonen, wobei die Europäische Union als das am weitesten entwickelte Modell gilt.
- Bei GG geht es nicht nur um ein Mehr an staatlich organisiertem Multilateralismus, sondern auch um das Zusammenwirken von staatlichen und nichtstaatlichen Akteuren (↑Nichtregierungsorganisationen (NRO)), von der lokalen bis zur globalen Ebene.
- Die Nationalstaaten verlieren im Gefolge ihrer Einbindung in Interdependenzstrukturen an autonomen Handlungsspielräumen, bleiben aber Hauptakteure der internationalen Politik. Sie sind «Interdependenzmanager» mit komplexen Koordinationsaufgaben in Mehrebenen-Entscheidungssystemen.

Die Umsetzung von GG in reale Politik steht vor großen Herausforderungen: In der GG-Architektur entstehen durch die Verlagerung politischer Entscheidungen in internationale Verhandlungssysteme Demokratie- und Legitimationsprobleme, die durch neue Mechanismen (Transparenz, Rechenschaftspflicht, Machtteilung) eingehegt werden müssen; die Hinwendung der US-Regierung zu einer unilateralistischen Hegemonialpolitik erschwert dabei einen kooperativen Multilateralismus; die zunehmende Bedeutung internationaler ↑Normen, Standards und Regime überfordert die Leistungsfähigkeit vieler Entwicklungsländer.

Dirk Messner

Global-Environment-Outlook-Berichte. Die Global-Environment-Outlook-Berichte werden seit 1997 vom ↑UN-Umweltprogramm (UNEP) veröffentlicht und enthalten globale Analysen über die Lage der ↑Umwelt. Ziel dieser Berichte ist die regelmäßige wissenschaftliche Bewertung globaler Umwelttrends zur Bereitstellung von Handlungswissen für die internationale ↑Umwelt- und Entwicklungspolitik.
www.unep.org/GEO *BP*

Globale Umweltfazilität (GEF). Um die Forderung der Entwicklungsländer nach einem unabhängigen Weltumweltfonds abzuwehren, wurde 1990 auf deutsch-französische Initiative hin die Gründung einer Globalen Umweltfazilität bei der ↑Weltbank beschlossen: Global Environment Facility (GEF). Die Weltbank verwaltet diese Einrichtung gemeinsam mit dem ↑UN-Entwicklungsprogramm (UNDP) und dem ↑UN-Umweltprogramm (UNEP). Aufgabe der GEF ist der Schutz globaler Umweltgüter: des ↑Klimas, der Ozonschicht, der internationalen ↑Gewässer, der ↑Biodiversität sowie des ↑Bodens in Trockengebieten. Das Finanzvolumen der GEF betrug bislang rund 700 Mio. US-Dollar pro Jahr. Im Vorfeld des ↑Weltgipfels für Nachhaltige Entwicklung (WSSD) in Johannesburg wurde eine Aufstockung um 2,92 Mrd. Dollar für die Jahre 2002–2006 vereinbart (sog. neues Fenster der GEF).

1994 erfolgte eine strukturelle Reform der Einrichtung. Die GEF-II ist nunmehr eine eigenständige Körperschaft mit Vollversammlung, Rat und Sekretariat. Von den 32 Sitzen im Rat werden sechzehn von Entwicklungsländern, zwei von Transformationsländern und vierzehn von OECD-Ländern eingenommen, welche zugleich 60 % der Gesamtzahl der GEF-Teilnehmer und 60 % der gesamten Beitragszahlungen einschließen muss. Die Entwicklungsländer können deshalb Entscheidungen der GEF blockieren, allerdings nicht, wie etwa in der UN-Vollversammlung, selbst durchsetzen.
UES

Globaler Wandel. Globaler Wandel (g. W.) (engl.: Global Change) bezeichnet vom Menschen verursachte und sich gegenseitig beeinflussende ökologische und sozioökonomische Änderungsprozesse von globaler Reichweite. Wesentliche Motoren dieses Wandels sind die Wechselwirkungen zwischen globaler Umwelttransformation, ökonomischer Globalisierung, Lebensstiländerungen und dem Nord-Süd-Gefälle. Was die Transformation der natürlichen ↑Umwelt betrifft, umfassen die Kernprobleme des g. W. vor allem die Klimaerwärmung, die Bodendegradation (s. ↑Boden), den Verlust von ↑Biodiversität, die Verknappung und Verschmutzung von Süßwasser sowie die Übernutzung und Verschmutzung der Weltmeere.

Während der Mensch bis in die Neuzeit «nur» einzelne Arten, ↑Gewässer oder Böden geschädigt hat, vernichtet er seit Beginn der Industriellen Revolution ganze Ökosysteme und stört damit globale Regelkreisläufe. Dadurch können Dynamiken angestoßen werden, die die gesamte «Betriebsweise» des Systems Erde gefährden (s. ↑Erdsystemanalyse). Auch im gesellschaftlichen Bereich sind solche kritischen Entwicklungen mit globaler Reichwei-

te auszumachen. Hierzu zählen das weitere Bevölkerungswachstum, Hunger und Unterernährung, die zunehmenden sozioökonomischen Disparitäten innerhalb und zwischen den Ländern sowie neue Gesundheitsrisiken.
Der g. W. umfasst indes nicht nur kritische Entwicklungen, manche Bedingungen sind heute in vielen Regionen besser als früher. So hat sich die Zahl der Unterernährten seit 1980 deutlich verringert. Heute haben rund 70 % der Menschen Zugang zu sauberem Trinkwasser, 1970 waren es nur 13 %. Manchen Ländern gelangen auch große Erfolge bei der Senkung der Einkommensarmut, wie etwa China. In den Entwicklungsländern stieg die durchschnittliche Lebenserwartung in den letzten drei Jahrzehnten um etwa 10 Jahre. Die Alphabetisierungsrate nahm von 48 % im Jahre 1970 auf über 72 % zu.
Allerdings haben sich in einigen Regionen die Lebensbedingungen auch verschlechtert. In Afrika südlich der Sahara geht die Lebenserwartung auf Grund von AIDS wieder zurück. Noch immer leben rund 1,2 Mrd. Menschen in absoluter Armut. Mehr als 1 Mrd. Menschen in den Entwicklungsländern haben keinen Zugang zu sicherem Trinkwasser. Gleichzeitig stiegen die Wohlstandsunterschiede wie nie zuvor: Das Verhältnis zwischen dem Einkommensanteil der reichsten 20 % und der ärmsten 20 % der Menschheit betrug 1960 30:1, 1994 aber bereits 78:1. Gleichzeitig sind auch die Unterschiede zwischen Nord und Süd bei der Kommunikation, der Forschung und der Bildung größer geworden.
In den letzten Jahren ist die sich selbst verstärkende Dynamik von Teilprozessen des g. W. als eine weitere Risikodimension erkannt worden. Dazu zählen z. B. die Möglichkeit von plötzlichen Umschwüngen im Klimasystem, wie der Ausfall des ↑Golfstroms, einer rasanten weltweiten Verbreitung von ↑Viren durch den internationalen ↑Verkehr oder die Möglichkeit von Dominoeffekten im internationalen Finanzsystem. Auf diese Entwicklungen wurde in den vergangenen Jahren zunehmend politisch reagiert (sog. Global Subject). Beispiele sind die Weltgipfel der 1990er Jahre zu ↑Ernährung, Siedlungswesen und sozialer Sicherheit, die Verabschiedung völkerrechtsverbindlicher Vereinbarungen zum Schutz des ↑Klimas, der Böden und der Biodiversität, die Entschuldungsinitiative der G8 für die ärmsten Entwicklungsländer, die Verhandlungen um einen verbesserten Zugang der Entwicklungsländer zu den Agrarmärkten des Nordens sowie die Verhandlungen über Entwicklungsfinanzierung auf der Konferenz von Monterrey und dem ↑Weltgipfel für Nachhaltige Entwicklung (WSSD) von Johannesburg 2002. *Benno Pilardeaux*

Globalisierung & Nachhaltigkeit. Unter Globalisierung (G.) werden verschiedene Tendenzen des zunehmenden weltweiten Austausches von Kapital, Waren und Dienstleistungen verstanden. Eine besondere Dynamik der G. entstand im ausgehenden 20. Jahrhundert vor allem durch das Sinken von Transportkosten für den Güterverkehr und die Verbreitung von Techniken der ↑Information & Kommunikation. Zudem ist mit der G. auch die zunehmend internationale Ausrichtung und Organisation von großen

Unternehmen verbunden, die mitunter die Wirtschaftskraft von Nationalstaaten erlangen.

Zwischen den Zielen der Nachhaltigkeit und den Globalisierungstendenzen der Weltwirtschaft besteht ein Spannungsverhältnis, das insbes. durch die damit verbundenen ökologischen und sozialen Folgen entsteht. So benötigt der weltweite Warentransport große Mengen an ↑Energie, ↑Ressourcen und Fläche. Zudem führt G. in vielen Fällen zu einer Intensivierung der Ressourcenbeanspruchung. Ökologische Probleme werden so in globalem Maßstab von Industrieländern in Entwicklungsländer verlagert (z.B. ↑Abfall, ↑Luftverschmutzung, Klimaveränderung). Zu den sozialen Problemen zählt die Missachtung von Arbeitsschutzstandards und Menschenrechten bei der Produktion von Waren und der Erbringung von Dienstleistungen.

Um diesen Problemen zu begegnen, wird die Einhaltung internationaler Standards zunächst auf freiwilliger Basis (s. ↑Global Compact) oder im Rahmen nationalstaatlicher Regulierung gefordert (z.B. ↑Attac). Zur ↑Internalisierung der durch Transportdienstleistungen entstehenden ↑Externen Effekte wird z.B. die Besteuerung von Flugbenzin verlangt. Zudem wird die Schaffung internationaler Institutionen im Rahmen der Diskussion um ↑Global Governance gefordert, womit den schädlichen Wirkungen der G. begegnet werden soll. *BS*

Golfstrom. Der Golfstrom (G.) ist der stärkste Meeresstrom des Nordatlantik mit einem Volumenstrom von bis zu 150 Mio. m^3/s (etwa dem Tausendfachen des Amazonas). Aus dem Golf von Mexiko kommend, strömt er entlang der Küste von Florida nach Norden, verlässt bei Kap Hatteras die amerikanische Ostküste und biegt in den offenen Atlantik ab. Seine Verlängerung von den Grand Banks vor Neufundland bis vor die europäischen Küsten wird als Nordatlantikstrom bezeichnet; dieser strömt zwischen Island und Schottland bis in das europäische Nordmeer. Der G. hat eine Breite von rund 100 km und eine Tiefe von etwa 1000 m; die Strömungsgeschwindigkeit in seinem Kern beträgt etwa 2 m/s. Hinter Kap Hatteras wird der Strom breiter und bildet starke Mäander und Ringe mit Durchmessern von bis zu 350 km.

Angetrieben wird der G. zum überwiegenden Teil durch den Wind. Er bildet den westlichen Randstrom des nordatlantischen Subtropenwirbels, der eine Folge der vorherrschenden nordöstlichen Passatwinde in subtropischen Breiten und der Westwinde in den mittleren Breiten ist. Dieser Teil des Golfstromwassers strömt daher weiter östlich im Atlantik in Oberflächennähe wieder nach Süden zurück. Ein geringerer Anteil des G. (etwa 15 Mio. m^3/s) gehört jedoch zur «thermohalinen Zirkulation», einer durch Temperatur- und Salzgehaltsunterschiede verursachten tiefen Umwälzbewegung des Atlantikwassers. Dieses Wasser zirkuliert nicht in Oberflächennähe, sondern in der Tiefe. Es strömt über den Nordatlantikstrom bis in das Nordmeer und die Labradorsee, wo es absinkt und in 2000–3000 m Tiefe als tiefer westlicher Randstrom unter dem G. nach Süden zurückkehrt.

Obwohl vom Volumenstrom her geringer, ist der thermohaline Anteil des G. für seine Klimawirkung entscheidend, da dieses Wasser über den Nordatlantikstrom bis in hohe Breiten vordringt und dabei riesige Wärmemengen an die Luft abgibt: rund 10^{15} Watt, was der Leistung von einer halben Million Großkraftwerken entspricht. Auf Satellitenbildern erkennt man, wie die warme Atlantikströmung große Teile des europäischen Nordmeers selbst im Winter eisfrei hält. Modellrechnungen zeigen, dass durch diese Strömung die Lufttemperaturen über dem Nordmeer im Winter um etwa 20°C erwärmt werden; auch weit in den europäischen Kontinent hinein beträgt die Wirkung noch mehrere Grad.

Nach derzeitigen Erkenntnissen haben Änderungen im Verlauf der Atlantikströmungen in der Klimageschichte immer wieder zu abrupten Klimawechseln geführt, vor allem während der letzten Eiszeit. Diese abrupten Klimawechsel, Dansgaard-Oeschger-Ereignisse genannt, sind in Bohrkernen aus dem Grönlandeis und den Atlantiksedimenten klar ersichtlich. Die Temperaturen änderten sich dabei um bis zu 10°C innerhalb von ein oder zwei Jahrzehnten; als Auslöser kommen vor allem Änderungen im Süßwassereinstrom in den Atlantik (durch Niederschläge, Flüsse und Eisschmelze) in Frage. Solche Klimaänderungen lassen sich mit modernen ↑Klimamodellen am Computer simulieren.

Ob die vom Menschen verursachte Erderwärmung wieder zu gravierenden Strömungsänderungen im Atlantik führen könnte, ist Gegenstand der aktuellen Forschung; diese Gefahr lässt sich derzeit nicht ausschließen. Grund ist die in einem wärmeren Klima zu erwartende Verdünnung des Wassers im nördlichen Atlantik durch zunehmende Niederschläge und Schmelzwasser, für die es erste Indizien aus Messdaten gibt. *Stefan Rahmstorf*

Green Cabinet ↑Staatssekretärsausschuss für Nachhaltige Entwicklung

Green Investment ↑Ökologisches Investment

Greenpeace. Greenpeace (G.) ist als gemeinnützige Umweltschutzorganisation mit ca. 2,8 Mio. Mitgliedern in über 40 Ländern der Welt vertreten. Hauptsitz der Organisation ist Amsterdam. Seit 1971 führt G. Kampagnen mit dem Ziel durch, die Öffentlichkeit auf Umweltprobleme aufmerksam zu machen. Stärkstes Druckmittel auf Entscheidungsträger sind spektakuläre Aktionen, die gewaltfrei, wenn auch oft lebensgefährlich für die Aktivisten sind (z.B. die Einsätze des Schiffes «Rainbow Warrior» im Rahmen der Anti-Walfang-Kampagne).
www.greenpeace.org *KL*

Grenzen des Wachstums. Jahrtausendelang nahm die ↑Weltbevölkerung zwar langsam, aber stetig zu, und ebenso maßvoll wuchs ihr Bedarf an Nahrungsmitteln, ↑Rohstoffen und ↑Energie. Vor gut hundert Jahren aber begann sich dieses Wachstum enorm zu beschleunigen. Die Bevölkerungszahl verdoppelte sich und erreichte 6 Mrd. im Jahr 2000; bis 2050 werden 9,4 Mrd. erwartet. Parallel dazu stiegen die Wachstumsraten der Industrieproduktion, des Rohstoffverbrauchs und der Umweltverschmutzung steil an. Angesichts begrenzter, z.T. schon vor ihrer Erschöpfung stehender Rohstoffquellen sowie der begrenzten, z.T. schon überschrittenen Aufnahmekapazität der ↑Natur für produzierte ↑Abfälle und ↑Schadstoffe muss dieses quantitative ↑Wachstum einmal aufhören und in eine globale Stabilisierung übergehen. Offen ist, wann und wie sich dieses Gleichgewicht einstellt, ob es der Endzustand einer von Hunger, Krankheit und Krieg dezimierten Menschheit ist oder ob rechtzeitig die Weichen zu einer nachhaltigen Gesellschaft gestellt wurden.

Es waren solche Fragen, die 1968 zur Gründung des ↑Club of Rome führten, der alsbald eine Forschergruppe am Massachusetts Institute of Technology (MIT) beauftragte, mit Hilfe der dort entwickelten Systems Dynamics Antworten auf diese Fragen zu finden. Auf Basis eines komplexen Computerprogramms (Weltmodell World 3) legten Donella und Dennis Meadows und ihre Mitarbeiter 1972 dem Club die Studie «The Limits to Growth» (deutsch: «Die Grenzen des Wachstums») vor, die rasch zu einem Welt-Bestseller wurde und leidenschaftliche Diskussionen zwischen Wissenschaft, Politik und Zivilgesellschaft auslöste.

Das Buch enthielt keine Prognose und beschrieb auch keine vorherbestimmte Zukunft, sondern präsentierte zwölf Zukunftszenarien im Sinne unterschiedlicher Optionen für die Menschheit. In Szenario 1 («Standardlauf») und Szenario 12 («Aktive Politik») sind die beiden extremen Entwicklungstrends der wichtigsten Modellparameter (Bevölkerung, ↑Ressourcen, Industrieoutput, Nahrungsmittel, Umweltverschmutzung) wiedergegeben. Das Buch schloss mit drei summarischen Folgerungen:

1. Wenn die gegenwärtige Zunahme der Weltbevölkerung, Industrialisierung, Umweltverschmutzung und Ausbeutung natürlicher Ressourcen unverändert anhält, werden die absoluten Wachstumsgrenzen auf der Erde im Laufe der nächsten hundert Jahre erreicht. Mit großer Wahrscheinlichkeit führt dies zu einem raschen, nicht aufhaltbaren Absinken der Bevölkerungszahl und der industriellen Kapazität.
2. Es erscheint möglich, diese Wachstumstrends zu ändern und einen ökologisch-ökonomischen Gleichgewichtszustand herbeizuführen. So könnten die materiellen Lebensgrundlagen für jeden Menschen auf der Erde sichergestellt und Freiheitsräume erhalten werden.
3. Je eher die Menschheit sich entschließt, diesen Gleichgewichtszustand herzustellen, und je rascher sie damit beginnt, umso größer sind die Chancen, dass sie ihn auch erreicht.

Aus der weltweiten Diskussion um die Grenzen des Wachstums und die eingetretenen partiellen Grenzüberschreitungen ist eine – zwar widersprüchliche und konfliktreiche, aber kraftvolle – Vision der ↑Nachhaltigen Entwicklung entstanden. Die Vorstellung von Begrenzung, ausreichender Versorgung, gerechter Verteilung und höherer Ressourcenproduktivität wirkt nicht mehr länger als Bedrohung, sondern als Leitlinie. *Udo E. Simonis*

Grenzwerte. Die Verringerung von ↑Schadstoffen in den ↑Umweltmedien

↑Wasser, ↑Boden und Luft kann nach zwei Prinzipien erfolgen: dem Verbotsprinzip und dem Minimierungsprinzip.
Das Verbotsprinzip findet überall dort Anwendung, wo keine natürlichen Abbaumechanismen für eine Reduzierung der vorhandenen Schadstoffmengen sorgen. Beim Minimierungsprinzip wird der maximal zulässige Schadstoffeintrag in die Umwelt durch Grenzwerte (G.) festgesetzt. G. müssen einer ständigen Überprüfung unterzogen und dem ↑Stand der Technik angepasst werden. Sie dienen einer präventiven Schadensabwehr, können aber ökologische Schäden nicht ausschließen. G. werden bei der Genehmigung festgelegt und sind beim Betrieb der Anlage einzuhalten.
Die Überschreitung eines G. ist rechtswidrig und ermächtigt die zuständige Aufsichtsbehörde, die Anlage stillzulegen. Somit sind G. ein wichtiger Bestandteil des Emissions- und Immissionsschutzes (s. ↑Bundesimmissionsschutzgesetz). *CG*

Grundwasser ↑Wasser

Grüne Liga. Die Grüne Liga ging 1990 während der Wende aus der DDR-Umweltbewegung hervor. Sie ist ein Netzwerk von etwa 650 Gruppen und zahlreichen Einzelpersonen in Ostdeutschland, unterstützt lokale und regionale Initiativen und Umweltprojekte und strebt eine umfassende Ökologisierung der Gesellschaft an. *www.grueneliga.de* *BN*

Grüne Revolution ↑Agrarpolitik

Grüner Punkt ↑Duales System Deutschland

Habitat ↑Weltsiedelungskonferenz

Handelshemmnisse ↑Welthandelsorganisation

Harrisburg-Störfall. Im Atomkraftwerk Three Mile Island nahe Harrisburg im US-Staat Pennsylvania schmolz 1979 durch Ausfall des Kühlsystems der Reaktorkern teilweise, und radioaktive Stoffe (s. ↑Radioaktivität) traten aus. Erhebliche Gesundheitsschäden bei rd. 2000 Menschen waren die Folge sowie eine unbekannte Anzahl von Toten in späteren Jahren. *JA*

Heidelberger Erklärung. Die Heidelberger Erklärung (1975) war die erste öffentliche Wissenschaftlererklärung zum Für und Wider des Kernkraftwerksausbaus. Sie warnte vor den ungeklärten ↑Risiken und befürwortete das Konzept einer alternativen Energiepolitik auf der Grundlage von verbesserter Energienutzung und erneuerbaren ↑Energieträgern. Zu den Unterzeichnern gehörten so verschiedene Persönlichkeiten wie der Philosoph Martin Heidegger und der Ökonom Udo E. Simonis. *ALT*

Hohe-See-Einbringungsgesetz ↑Meeresschutz/-verschmutzung

Hormonelle Schadstoffe (Umwelthormone). Nicht nur Lebensmittel, sondern auch viele Konsumartikel enthalten Zusatzstoffe, die in das Hormonsystem von Mensch und Tier eingreifen. Folgen können vorgeburtliche Schäden, Geburtsfehler, Schädigung der Gehirnentwicklung, Krebs,

Unfruchtbarkeit sowie Beeinträchtigungen des Immunsystems sein. Der Bericht über hormonelle Schadstoffe des Internationalen Programms zur Chemikaliensicherheit und der ↑Weltgesundheitsorganisation (WHO, 2002) kommt zu dem Schluss, dass bei Tieren die schädliche Wirkung von hormonstörenden Chemikalien nachgewiesen sei; beim Menschen gebe es konkrete Hinweise darauf. Das ↑Umweltbundesamt (UBA) gab 2001 eine Einschätzung der Lage in Deutschland und schlug eine Reihe von Maßnahmen vor, um die Gefahren für Mensch und Tier abzuwehren bzw. zu verringern. *UES*

Hot Spot ↑Biodiversität

Humanökologie. Die Humanökologie (H.) bildet einen theoretisch-konzeptionellen Zugang zur fachübergreifenden Analyse und Erklärung der Zusammenhänge zwischen Mensch, ↑Natur und ↑Umwelt. Kennzeichnend ist die Einbeziehung ökologisch-naturwissenschaftlicher Kenntnisse, z. B. über die ökologischen Schäden menschlichen Handelns, und sozialwissenschaftlicher Konzepte und Analysen. Die H. stützt sich dabei auf integrative Ansätze aus der Evolutions- und Systemtheorie.

Unter der humanökologischen Sichtweise stellen sich Umweltprobleme immer als sozial und kulturell verursacht und vermittelt dar. Es ist der Mensch, der diese Probleme schafft, interpretiert und zu bewältigen versucht. Die Umwelt wird dabei nicht nur als objektiv gegebene Umgebung, sondern als menschliche Einflussgröße angesehen und ist im gegenwärtigen Zustand das Ergebnis menschlicher Aneignungs- und Gestaltungsprozesse. Daher spielen natur- und umweltbezogene Wertvorstellungen ebenso eine Rolle wie die aktuelle Untersuchung der Interaktionen zwischen Mensch und natürlichen Systemen in ihrer Ko-Evolution.

Das Spektrum der bearbeiteten Forschungsthemen und -ansätze im Rahmen der H. ist breit. So werden Themen aus der Stadt- und Raumplanung, der Geografie, der Medizin, der Biologie wie auch der Psychologie, Anthropologie, Soziologie und Politologie behandelt. *BS*

Humantoxikologie. Die Humantoxikologie (H.) befasst sich mit der Risikobewertung von Fremdstoffen im Hinblick auf die menschliche Gesundheit. Hier wird der Begriff in Abgrenzung gegenüber der ↑Ökotoxikologie für die Toxikologie am Säuger verwendet, an welchen Befunde nach experimenteller Verabreichung eines Fremdstoffes, oft in unterschiedlichen Dosen, erhoben werden.

Falls nicht andere Erkenntnisse dafür sprechen, dass eine Besonderheit der jeweiligen Spezies vorliegt, wird davon ausgegangen, dass die erhobenen Wirkungen der Art nach auf den Menschen übertragbar sind. Aus den Versuchen am Säuger resultieren auch Erkenntnisse zum Ausmaß des Effektes in Abhängigkeit von der Dosis (s. ↑Letale Dosis). Als weitere Komponente für die Risikoabschätzung kommt die Abschätzung der Exposition des Menschen (am Arbeitsplatz, im täglichen Leben) hinzu. Der Abstand zwischen der Dosis, welche im Experiment als die niedrigste Dosis ohne toxischen Effekt gefunden wurde, und den Mengen, welchen der Mensch im täglichen

Leben ausgesetzt ist, wird als Sicherheitsabstand (margin of safety, MOS) bezeichnet und kann als Maß für die Gefährdung des Menschen interpretiert werden. In der Bewertung der Toxizität eines Fremdstoffes spielen Befunde am Menschen eine wichtige Rolle.

Die H. befasst sich weiterhin mit Erkrankungen, welche nach Aufnahme von Fremdstoffen oder Pflanzen auftreten (Vergiftungen, s. ↑Gifte). Ziel hierbei ist, aus den Symptomen Rückschlüsse auf den verursachenden Fremdstoff/die Pflanze ziehen zu können und damit eine kausale Behandlung zu ermöglichen. Der Nachweis eines Fremdstoffes/eines Pflanzeninhaltsstoffes mittels spezifischer, sensitiver Messtechnik ist bestätigend für den aus den klinischen Symptomen abgeleiteten Verdacht einer Vergiftung. Die Erforschung therapeutischer Möglichkeiten und die Verbesserung bestehender Therapien zur Behandlung von Vergiftungen sind ein weiteres Ziel der Humantoxikologie. *UGR*

Hygiene. Hygiene (H.) ist der Teil der medizinischen Wissenschaft, der die Aufrechterhaltung der menschlichen Gesundheit zum Ziel hat. Hierbei werden Maßnahmen zur Gesunderhaltung des Menschen durch Ausschalten und Beseitigen aller Quellen einer möglichen Gesundheitsschädigung sowie Maßnahmen zur Vorbeugung der Entstehung und Ausbreitung von Krankheiten durchgesetzt.

Die H. als Wissenschaft befasst sich mit dem Studium der Wechselwirkungen zwischen der ↑Umwelt und dem lebenden Organismus. Faktoren, die zu Störungen im Organismus führen und dessen Leistungsfähigkeit herabsetzen, werden aufgezeigt und nach Durchsetzung bestimmter hygienischer Maßnahmen zu beseitigen versucht. Häufig wird der Begriff nur auf die Humanhygiene bezogen, die maßgeblich durch die Entwicklung der medizinischen Mikrobiologie (Robert Koch) beeinflusst wurde und deren Kenntnis für die praktische Seuchenbekämpfung unerlässlich ist.

Mit Forderungen hinsichtlich der Gesundheitspflege greift die H. in alle Lebensbereiche der Gesellschaft ein und beeinflusst direkt oder indirekt alle Maßnahmen zur Gesunderhaltung der Gesellschaft und des Einzelnen. Je nach dem Gebiet, mit dem man sich beschäftigt, spricht man von Allgemeiner H., Veterinärhygiene, Lebensmittelhygiene, Betriebs- oder Arbeitshygiene, Sozialhygiene, Schulhygiene u. a. m. Der Erfolg der hygienischen Maßnahmen muss mit geeigneten Methoden, die in Hygieneverordnungen festgelegt sind, regelmäßig kontrolliert werden. *A&HPJ*

ICLEI ↑Agenda 21

IGBP ↑Internationales Geosphären-Biosphären-Programm

IHDP ↑Internationales Programm für die menschliche Dimension des Globalen Wandels

Immission. Immission bezeichnet die Einwirkung von Luftverunreinigungen, Geräuschen, Erschütterungen, Strahlen, Wärmemengen und ähnlichen Effekten auf Menschen, Tiere, Pflanzen und Sachgüter. *UES*

Indigene Völker ↑Gemeinschaften, indigene

Industrialisierung ↑Infektionsschutzgesetz; Metabilismus, industrieller

Infektionsschutzgesetz. Das ↑Bundesseuchengesetz trat zum Ende des Jahres 2000 außer Kraft und wurde durch das Infektionsschutzgesetz ersetzt. Das Gesetz zur Verhütung und Bekämpfung von Infektionskrankheiten beim Menschen ist Teil des ↑Seuchenrechtsneuordnungsgesetzes und seit Januar 2001 in Kraft. Regelungen, die zuvor in mehreren Gesetzen und Verordnungen enthalten waren, wurden dadurch in einem einheitlichen Regelungswerk zusammengefasst. Das Gesetz fordert häufigere und detailliertere Meldungen bei Erkrankungsfällen sowie mehr Eigenverantwortung und Eigenkontrolle seitens der Betroffenen und der medizinischen Einrichtungen. *RVR*

Information & Kommunikation. Der rasante Bedeutungszuwachs von Information und Kommunikation (IK) in allen Bereichen von Wirtschaft und Gesellschaft wird unter dem Begriff «Informationsgesellschaft» zusammengefasst. Die zugrunde liegenden Informations- und Kommunikationstechniken (IKT) mit ihren Endgeräten, Netztechniken und Infrastruktureinrichtungen stellen eine Schlüsseltechnologie dar, die nicht nur über ein hohes ökonomisches Potenzial verfügt, sondern auch im Hinblick auf eine nachhaltige Wirtschaftsweise von größter Bedeutung ist.

Bei den Umweltwirkungen von IKT können drei Ebenen unterschieden werden: die direkten Umweltwirkungen der IKT-Infrastruktur (Energieverbrauch von PCs und Servern, Elektronikabfall, elektromagnetische Strahlung etc.), Sekundäreffekte durch Anwendungen der IKT (z.B. Navigationssysteme im Auto, Online-Shopping etc.) und Tertiärwirkungen auf Grund von Folge- und ↑Rebound-Effekten (z.B. Zunahme der Online-Nutzung durch sinkende Preise). IKT sind ökologisch ambivalent. So trägt ihr Einsatz z.B. durch effiziente Prozesssteuerung in der Produktion oder durch ↑Substitution des Transports materieller Güter durch den immateriellen Austausch von Informationen dazu bei, ↑Umweltbelastungen zu senken. Andererseits treten mit neuen Produkten und Anwendungsfeldern auch zusätzliche Umweltbelastungen auf. Neben der Optimierung der IKT-Infrastruktur kommt es daher vor allem auf die Art und Weise an, wie die IKT genutzt werden. *BE*

Innovationen, ökologische. Ökologische Innovationen (ö.I.) oder Umweltinnovationen sind technische, soziale oder organisatorische Neuerungen, die zu einer Verminderung von ↑Umweltbelastungen beitragen, unabhängig davon, ob dies auch beabsichtigt ist. Im engeren Sinne bezeichnen ö.I. das Segment von umweltangepassten Technologien jenseits von ↑End-of-pipe-Maßnahmen.

I. können inkrementale oder radikale Veränderungen für Produkte oder Prozesse bedeuten. Für ein nachhaltig umweltverträgliches Wirtschaften sind in vielen Bereichen radikale I. notwendig, die gegenwärtige Produktions- und Konsumtionsmuster in Frage stellen. Die Marktnachfrage alleine reicht aber als Stimulus nicht aus, weil ö.I. einer doppelten Externalität unterliegen: Wie bei normalen I. treten sog. Spillover-Effekte auf (Investitionen in ↑Forschung & Entwicklung (F&E) kommen nicht nur dem Innovateur zugute, sondern auch Imitatoren), und Umweltverbesserungen sind i.d.R. von kollektivem Nutzen. F&E-Investitionen in ö.I. bleiben daher unterhalb des ökonomischen Optimums.

Eine innovationsorientierte ↑Umweltpolitik versucht, dieses Marktversagen auszugleichen und die Suchfunktionen des Marktes zu verstärken. Die Effekte einzelner Politikinstrumente werden dabei vielfach überschätzt: Für die Innovationswirkung von Umweltpolitik sind neben einem breiten Policy-Mix, der potenzielle Innovateure und Übernehmer in allen Phasen unterstützt und fordert, auch die Akteurskonfiguration und der Politikstil entscheidend. Mit ö.I. können Effizienzsteigerungen gegenüber bisherigen Technologien verbunden sein und internationale Märkte erschlossen werden, so dass durch anspruchsvolle Umweltpolitik Win-Win-Situationen entstehen, die mit ökonomischen Wettbewerbsvorteilen verbunden sind (Porter-Hypothese). *KJ*

Instrumentarium der Umweltpolitik. Strukturelle Entwicklungen in der Ökonomie und in der Umweltproblematik erfordern eine Änderung des Instrumentariums der Umweltpolitik (IU). Die Globalisierung von Produkt- und Kapitalmärkten sowie von Technologieentwicklungen erhöht die Kosten der ↑Umweltpolitik, wenn diese über die traditionellen Instrumente der individuellen Genehmigung (↑Ordnungspolitik) erfolgt. Auch die Umweltprobleme globalisieren sich. Bei lokalen Problemen lagen früher ökonomischer Vorteil und ökologischer Nachteil meist beieinander, nämlich in der lokalen Gemeinschaft; bei den globalen Problemen wie Klimaänderung und Ozonschichtabbau divergieren Vor- und Nachteile. Bei der ↑Klimaschutzpolitik zeigt sich die Beschränkung des traditionellen I. in besonderer Weise. Es bedarf daher der Instrumente, die einen Anreiz zur ↑Nachhaltigen Entwicklung geben. Die Trade-offs sollten klar sein, zum Beispiel ausgedrückt als ↑Öko-Effizienz. Für solche Instrumente ist die Integration der Umweltpolitik erforderlich, national wie global.

Die Entwicklung des IU geht in zwei Richtungen, die eine, wo kräftige Anreize gegeben werden für spezifische Verbesserungen mit Marktinstrumenten wie Abgaben und handelbaren ↑Emissionszertifikaten, die andere, wo integrierte Umweltziele mit sanften Anreizen verknüpft sind, mit Informationsinstrumenten wie ↑Öko-Audits und ↑Öko-Label oder integrierten Systemanalysen (wie LCA, ↑Produktlebenszyklus, ↑ISO 14000). Das Verhältnis der Marktinstrumente zum Eigentumsrecht wie dem Haftungsrecht ist allerdings unklar. Mit Abgaben zahlt der Verursacher für den Schaden. Die resultierenden Transferzahlungen sind aber ökonomisch nur sinnvoll, wenn sie für den globalen Markt gelten. Die handelbaren Emissionsrechte

Instrument	Beispiel	Bemerkung
Verbietende Instrumente	Stoffverbot Individuelle Genehmigung	Kaum weiter zu benutzen für effiziente Politik
Vorschreibende Instrumente	Produktzulassung Individuelle Genehmigung	Kaum weiter zu benutzen für effiziente Politik
Möglichkeiten schaffende Instrumente	Getrennte Müllsammlung	Sensibel, aber mit sanfter Wirkung und beschränkter Genauigkeit
Ökonomische (oder Markt-)Instrumente	Handelbare Emissionsrechte Emissionsabgaben	Wirksame Abgaben nur international abgestimmt möglich; für beide ↑Öko-Effizienz klar und stark
Informatorische Instrumente	↑Öko-Labels Quantified Environmental Audits	Sanfter Anreiz, aber mit hoher Integration möglich
Strukturelle Instrumente	Haftungsrecht (Extended Liability)	Breite Wirkung, verbunden mit Öko-Effizienz
Prozedurale Instrumente	Umweltbeauftragter im Vorstand	Unklare Wirkung, indirekt eventuell sehr einflussreich

vermeiden die Transferzahlung, verstoßen aber gegen das ↑Verursacherprinzip, das direkt verknüpft ist mit dem privaten Eigentumsrecht. Wenn strukturelle Instrumente eine größere Rolle spielen, wie in den USA mit der Strict Liability für toxische ↑Abfälle, wächst der Konflikt mit den handelbaren Emissionsrechten.

Die Tabelle gibt eine Übersicht über Instrumente zur öffentlichen Regulierung privater Akteure, gegliedert nach Wirkungsmechanismen. Bei den Informationsinstrumenten zeigt sich die interessante Entwicklung, dass private Akteure sich gegenseitig regulieren, aufbauend auf den ISO-Normen für ↑Umweltinformation über Produkte und Betriebe. *Gjalt Huppes*

Instrumente, betriebswirtschaftliche im Umweltschutz. Betriebswirtschaftliche Instrumente (I.) im ↑Umweltschutz dienen der Umsetzung umweltschutzbezogener Ziele im Rahmen des betrieblichen ↑Umweltmanagements und haben zumeist informatorischen Charakter. Ihr tatsächlicher Einsatz hängt vom jeweiligen ökologischen Engagement der Unternehmen ab und ist größtenteils nicht gesetzlich vorgeschrieben. Die wichtigsten I. sind:

- Umweltanalyse: Um relevante Signale gegenwärtiger und zukünftiger Entwicklungen zu erkennen, reicht die herkömmliche Marktforschung meist nicht aus, so dass im Rahmen einer erweiterten Umweltanalyse Instrumente wie die Cross-Impact-Analyse und die Szenariotechnik eingesetzt werden, mit denen auch schwache Signale und Trends erkannt werden können.
- Strategisches Management: Zur längerfristigen Planung der Unternehmensaktivitäten und zur Positionierung im Wettbewerb müssen Unternehmen umweltbezogene Strategien entwickeln. Diese können z.B. proaktiv und chancenorientiert oder defensiv sein.
- ↑Öko-Controlling: Die entscheidungsrelevante Aufbereitung von Informationen ist die Kernaufgabe des Controlling. Beim Öko-Controlling geht es um die Erfassung und Aufbereitung von ökologischen Informationen im Unternehmen, wofür eine Vielzahl von Instrumenten, u.a. die Umweltkostenrechnung und die ↑Ökobilanz, zur Verfügung stehen.
- Organisation: Die Organisation betrieblicher Abläufe und betriebsinterner Strukturen kann dem ↑Umweltschutz in unterschiedlichem Maße Rechnung tragen. Die Einrichtung von Umweltmanagementsystemen oder von Umweltabteilungen sind entsprechende Möglichkeiten.
- ↑Öko-Marketing: Die umweltorientierte Gestaltung von absatz- und beschaffungsmarktbezogenen Aktivitäten im Unternehmen umfasst die Produkt-, die Preis-, die Distributions- und die Kommunikationspolitik. *BS*

Integrierte Produktpolitik. Integrierte Produktpolitik ist ein Politikansatz, der auf die Minimierung von Umwelteinwirkungen im Rahmen des gesamten ↑Produktlebenszyklus von Produkten abzielt. Sie unterscheidet sich von der herkömmlichen Fokussierung auf Produktionsprozesse und begreift die Produkte selbst als Umweltprobleme. *BS*

Integrierter Umweltschutz. Integrierter Umweltschutz (i.U.) ist der Einsatz von Vermeidungstechniken im Produktionsprozess, welche die Entstehung ökologisch problematischer Stoffe und ↑Risiken verhindern sollen. Ihr Einsatz folgt dem ↑Vorsorgeprinzip im Bereich der ↑Umweltschutztechnik. I.U. ist ein strategisches Gegenmodell zu ↑End-of-Pipe-Maßnahmen. *BS*

Interessengruppen, gesellschaftliche ↑Stakeholder

Intergovernmental Panel on Climate Change (IPCC). Der Zwischenstaatliche Ausschuss über Klimaänderungen (engl.: Intergovernmental Panel on Climate Change (IPCC)) wurde 1988 von der Weltorganisation für Meteorologie (WMO) und dem ↑UN-Umweltprogramm (UNEP) konstituiert. Seine Aufgabe ist die wissenschaftliche Bewertung der durch den Menschen verursachten Klimaänderungen. Da es dem IPCC von Anfang an gelang, hochkarätige Wissenschaftler aus allen Ländergruppen zu integrieren, erregten die

1990, 1995 und 2000 erschienenen Berichte große Aufmerksamkeit. Der erste umfassende Sachstandsbericht wurde bei der zweiten Weltklimakonferenz der WMO 1990 vorgestellt und diskutiert. Dies führte zur Aufforderung an die Vereinten Nationen, bis zur ↑Konferenz über Umwelt und Entwicklung in Rio de Janeiro 1992 eine ↑Klimarahmenkonvention zeichnungsfertig vorzulegen. Die Basis für diesen Beschluss waren drei wesentliche Aussagen: Erstens wird die Zusammensetzung der ↑Atmosphäre vom Menschen nachhaltig verändert, die Konzentration aller drei langlebigen Treibhausgase – Kohlendioxid (CO_2), Methan (CH_4) und Distickstoffoxid (N_2O, Lachgas) – steigt rasch an; zweitens war in der Klimageschichte ein hoher Gehalt an CO_2 und CH_4 mit hohen Temperaturen verbunden; und drittens erwärmt sich die Erdoberfläche nach Klimamodellrechnungen bei ungebremster Nutzung fossiler Brennstoffe im 21. Jahrhundert über alle Werte der vergangenen 10000 Jahre hinaus.

Nach der Zeichnung des in Rio 1992 vorgelegten Rahmenübereinkommens der Vereinten Nationen zu Klimaänderungen (United Nations Framework Convention on Climate Change, UNFCCC) durch 154 Länder und deren Ratifizierung Ende 1994 legte das IPCC im Vorfeld der in Berlin 1995 tagenden ersten ↑Vertragsstaatenkonferenz zum UNFCCC einen Sonderbericht vor, der das sog. Berliner Mandat anregte. Darin wurde gefordert, dass ein völkerrechtlich verbindliches Protokoll mit Emissionsminderungen für Industrieländer auf der dritten Vertragsstaatenkonferenz zu verabschieden sei.

Im Dezember 1995 wurde im zweiten Sachstandsbericht des IPCC dann der das ↑Kyoto-Protokoll auslösende Satz formuliert: «The balance of evidence suggests a discernible human influence on global climate» (Die Bilanz der Fakten bezeugt einen signifikanten Einfluss des Menschen auf das globale ↑Klima). Zu den drei Kernaussagen des 1. Berichts trat so der statistische Beweis, dass in den Klimabeobachtungen bereits der Fingerabdruck des Menschen erkennbar ist. Neben diesen Befunden aus der reinen Klimaforschung enthielt der 2. Bericht im Abschnitt über Folgen von Klimaänderungen jedoch viele neue Beobachtungen zur Ausbreitung von Krankheiten, zum Einfluss von Klimaänderungen auf Land- und ↑Forstwirtschaft sowie über die naturnahen Ökosysteme. Die Szenarien zur Emissionsminderung zeigten, dass zum Klimaschutz kräftige Emissionsminderungen im Laufe des 21. Jahrhunderts gegenüber den heutigen Werten von ca. 7 Mrd. t Kohlenstoff (als CO_2) pro Jahr notwendig sind.

Der 3. Sachstandsbericht vom Dezember 2000 enthielt eine erste Zuordnung der beobachteten Klimaänderung zu Einflussfaktoren. Demnach ist in den vergangenen Jahrzehnten der Mensch zum Hauptfaktor des Klimageschehens geworden. Diese Aussage hat die Ratifizierung des Kyoto-Protokolls befördert.

Für das Jahr 2007 ist der 4. Sachstandsbericht angekündigt; zur Zeit werden dazu die Wissenschaftlerteams weltweit zusammengestellt.

www.unep.ch/ipcc *Hartmut Graßl*

Internalisierung. Internalisierung bezeichnet die Einbeziehung ↑Externer

Effekte in das marktwirtschaftliche Preissystem. Damit sollen den Wirtschaftsakteuren die tatsächlichen Kosten für ökologische Schäden deutlich gemacht werden, so dass sie ihr Entscheidungs- und Optimierungsverhalten entsprechend anpassen können. Typische Mittel zu diesem Zweck sind Ökosteuern (s. ↑Ökologische Steuerreform) und Schadenshaftung (s. ↑Umwelthaftung). *BS*

Internationale Strategie zur Reduzierung von Naturkatastrophen (ISDR). Die 2000 in Nachfolge der Internationalen Dekade zur Reduzierung von Naturkatastrophen von der UN eingerichtete Internationale Strategie zur Reduzierung von Naturkatastrophen (ISDR) hat die Aufgabe, Gesellschaften widerstandsfähiger gegen ↑Katastrophen zu machen. Im Vordergrund steht die Verbesserung und Verbreitung von Vorsorgemaßnahmen. Die ISDR soll z. B. die Folgen des ↑El-Niño-Phänomens untersuchen und die Einrichtung von Frühwarnsystemen unterstützen. *BP*

Internationaler Währungsfonds (IWF). Aufgaben des Internationalen Währungsfonds (IWF, engl.: International Monetary Fund (IMF)) sind die Förderung der internationalen Zusammenarbeit auf dem Gebiet der Währungspolitik, des Welthandels und der Stabilität der Wechselkurse. Zudem stellt der IWF den Mitgliedsländern bei Zahlungsbilanzschwierigkeiten allgemeine Fondsmittel zeitweilig und unter angemessener Sicherung zur Verfügung, um die Dauer und das Ausmaß der Ungleichgewichte der internationalen Zahlungsbilanzen der Mitgliedsländer zu verringern. Die ökologische Relevanz des IWF ergibt sich über die Auswirkungen, die mit seiner Politik verbunden sind. Diese hat sich bislang vorrangig auf die Förderung gesamtwirtschaftlichen Wachstums konzentriert, ökologische Belange (s. ↑Umweltschutz) dagegen vernachlässigt. *TP*

Internationales Geosphären-Biosphären-Programm (IGBP). Das Internationale Geosphären-Biosphären-Programm (IGBP) ist ein internationales, interdisziplinäres Forschungsprogramm, das sich mit der Erforschung des Systems Erde befasst. Das Programm besteht derzeit aus neun Kernprojekten u. a. zu den Themen Atmosphärenchemie, Wasserkreislaufsysteme, Land- und Meeresökosysteme und Küstenzonen. *www.igbp.kva.se* *BP*

Internationales Programm über die menschliche Dimension des Globalen Wandels (IHDP). Das Internationale Programm über die menschliche Dimension des Globalen Wandels (IHDP) ist ein internationales, interdisziplinäres Forschungsprogramm, das sich mit der Erforschung der gesellschaftlichen Dimension des ↑Globalen Wandels befasst. Das Programm besteht derzeit aus vier Kernprojekten zu den Themen menschliche Sicherheit, Institutionen, industrielle Transformation und Landnutzungsänderungen. *www.ihdp.org* *BP*

IPAT-Formel ↑Umweltforschung, sozialwissenschaftliche

IPCC ↑Intergovernmental Panel on Climate Chance

Irreversibilität. Irreversibilität bezeichnet eine Veränderung an einem Organismus oder einem Ökosystem, die nicht mehr rückgängig gemacht werden kann, wie es z. B. beim Artensterben (s. ↑Biodiversität) der Fall ist. *BS*

ISDR ↑Internationale Strategie zur Reduzierung von Naturkatastrophen

ISO 14000. ISO 14000 ist die internationale ↑Norm für ↑Umweltmanagementsysteme in Unternehmen. Die Umsetzung ist freiwillig und wird von einem unabhängigen Zertifizierer überwacht. Im Gegensatz zum ↑Öko-Audit handelt es sich hier um ein aus privatwirtschaftlicher Initiative entstandenes Normensystem. *BS*

IUCN ↑World Conservation Union

IWF ↑Internationaler Währungsfonds

Johannesburg-Aktionsplan. Der Johannesburg Plan of Implementation (sog. Aktionsplan) ist eines der beiden Dokumente, die von allen 190 Teilnehmerstaaten der UN-Konferenz 2002 unterzeichnet wurden. Er umfasst 153 umwelt- und entwicklungspolitische Abschnitte, die die Staaten bei der zukünftigen Gestaltung ↑Nachhaltiger Entwicklung beachten sollen. *UES*

Johannesburg-Erklärung. Die Johannesburg-Erklärung über ↑Nachhaltige Entwicklung ist eines der beiden Dokumente, die von allen Teilnehmerstaaten des ↑Weltgipfels für Nachhaltige Entwicklung (WSSD) 2002 unterzeichnet wurden. Sie umfasst 37 umwelt- und entwicklungspolitische Leitsätze, die die Staaten bei der Gestaltung ↑Nachhaltiger Entwicklung beachten sollen. *UES*

Joint Implementation ↑Kyoto-Protokoll

Katalysatoren ↑Abgaskatalysator

Katastrophen/Naturkatastrophen. Der Begriff «Katastrophe» (K.) hat auf Grund seiner griechischen Wortbedeutung («Umschlag») über die Mathematik biologischer Systeme in die modellierende Beschreibung diskontinuierlicher Ereignisse (Bifurkationen) auch in die ↑Umweltwissenschaften Einzug gehalten. Mit Hilfe von Differentialgleichungen wird dabei das Verhältnis kurzfristiger Gleichgewichte und langfristiger Dynamiken untersucht, wobei insbes. solche Punkte von Interesse sind, in denen die «Gestalt» der langfristigen Dynamik sich schlagartig zu verändern vermag. Der abrupte Abbruch des ↑Golfstroms im Verlauf des stetigen Klimawandels wäre ein Beispiel für eine solche Entwicklung. Versteht man die Mathematik als eine Schule des Sehens (von Strukturen), so nimmt es nicht wunder, dass in der Folge immer häufiger katastrophenträchtige Situationen auch in der ↑Natur entdeckt und beschrieben wurden. Aber Phänomene dieser Struktur sind nicht auf die Natur beschränkt. Auch in sozialen und ökonomischen Systemen, wie vor allem dem Finanzsystem, sind katastrophale Entwicklungspo-

tenziale offensichtlich und werden zunehmend modellierbar.
Mit «Naturkatastrophen» (N.) werden nicht solche Bifurkationen in der Natur selbst bezeichnet, sondern Ereignisse, bei denen der Mensch mit seinen Einrichtungen von einer Naturgewalt getroffen wird, die ihn überfordert. Rechtlich ist die K. deshalb sozial definiert als ein Schadensereignis, das mit lokalen Hilfskräften allein nicht zu bekämpfen ist. Damit ist der bikausale Charakter der sog. N. definitorisch eingeführt. Auch N. sind eben menschen-gemacht (man-made). Was sich einstellt, sind extreme Naturereignisse. Damit aus einem extremen Naturereignis eine K. wird, muss seitens des Menschen etwas hinzukommen: Eine K. aus Anlass eines Naturereignisses ist immer ein Ko-Produkt von Natur und Mensch.
Der Beitrag des Menschen besteht aus zweierlei Formen von Unterlassungen: 1. vorauszusehen und 2. Schutzmaßnahmen zu ergreifen. Beide Unterlassungen sind nicht gleich gewichtig. Das (Voraus-)Sehen ist Voraussetzung des Handelns. Der prinzipielle Entstehungsmechanismus von K. besteht darin, dass am Anfang einer K. die Verdrängung des ↑Risikos steht. N. zu diagnostizieren, ist latent ein Beitrag zu einer solchen Verdrängung.
Was regelmäßig verdrängt wird, ist in Wahrheit jedoch nicht das Risiko, sondern der potenzielle Schaden hohen Ausmaßes. Hinter dieser Diagnose steht die Auffassung von Risiko als mathematischem Produkt von Eintrittswahrscheinlichkeit und Schadensausmaß, die im deutschen Recht allerdings nicht übernommen ist. Vorsorge besteht in dieser Sicht deshalb zuallererst im Screening von Situationen im Hinblick auf einen Schaden katastrophenträchtigen Ausmaßes. Diese Verfahrensweise ist insbes. bei Rückversicherern, die auch als Katastrophenversicherer bezeichnet werden, üblich (s. ↑Versicherungen & Umwelt). Denn das Ausscheiden von potenziellen Schadensereignissen, die sie in die Zahlungsunfähigkeit treiben und ihren Bestand somit gefährden können, aus ihrem Portfolio ist für sie überlebenswichtig.

Hans-Jochen Luhmann

Kennzeichnungspflicht. Genveränderte Nahrungsbestandteile und Lebensmittel sind auf dem Markt, müssen nun aber, nach Beschluss der EU-Agrarminister vom November 2002, gekennzeichnet werden (Etikettierung), wenn sie mindestens 0,9 % gentechnisch veränderte Organismen (GVO) enthalten. Betroffen von der Neuregelung sind verarbeitete Produkte wie Speiseöl oder Margarine, aber auch Futtermittel. Zusatzstoffe, Aromen und Produkte von Tieren, die gentechnisch verändertes Futter bekamen, wie Eier, Milch und Fleisch, bleiben von der Kennzeichnungspflicht ausgenommen. Offen ist auch die Haftungsfrage (GVO-Haftungsregelung) und damit die Verantwortung der Hersteller (s. ↑Verbraucherschutz). *UES*

Kernenergie ↑Atomenergie

Kirche & Umwelt. Die Entstehung des kirchlichen Umweltbewusstseins Anfang der 1970er Jahre hatte zwei Ursachen. Einmal waren Kirchengemeinden und einzelne Christen am Widerstand gegen die ↑Atomenergie und an anderen Umweltaktionen beteiligt. Zum anderen gab es theologische Veröffentlichungen (Günter Altner, Udo Krolzik, Gerhard Liedke, die dieses Thema unter dem Vorzeichen der Schöpfungsverantwortung behandelten. Hatte bis dahin das Heil für den Menschen im Zentrum der kirchlichen Verkündigung gestanden, so ging es nun auch um die Erhaltung und Heilung der drangsalierten Schöpfung.

Sehr bald entstanden kirchliche Strukturen. In den evangelischen Landeskirchen und in den katholischen Diözesen wurden Umweltbeauftragte berufen, die bis heute in einer Arbeitsgemeinschaft kooperieren. Daneben gingen die kirchlichen Tagungsstätten (Akademien) dazu über, das Umweltthema als öffentlichen Streitfall auf ihr Programm zu setzen. Kirchliche Denkschriften zum Thema ↑Umweltschutz erschienen, und schließlich wurde das Thema der Schöpfungsverantwortung auch auf die Tagesordnung der landeskirchlichen Synoden gesetzt. Nach ↑Tschernobyl sprachen sich fast alle Synoden gegen den Ausbau der Atomenergienutzung aus.

Insgesamt wurde und wird Umwelt- bzw. Mitweltschutz in den Kirchen als ein politisch-gesellschaftlicher Beitrag im Sinne konkreter Schöpfungsverantwortung verstanden. Die gesellschaftspolitische Einrede «nach draußen» wird ergänzt durch Bemühungen nach innen um eine ökologische Neuorientierung in der kirchlichen Haushaltspraxis (wie Energieeinsparung und Solarkollektoren auf Kirchendächern). *ALT*

Klärschlamm ↑Bodenbelastung

Klima. Klima (K.) ist traditionell gesehen die Gesamtheit der Witterungserscheinungen, die den mittleren Zustand der ↑Atmosphäre einer geografischen Lage über einen größeren Zeitraum hinweg kennzeichnen. Zu diesen Witterungserscheinungen gehören unter anderem die mittlere Jahrestemperatur, die tiefste und höchste gemessene Temperatur, das mittlere tägliche Minimum des kältesten bzw. Maximum des wärmsten Monats und die mittlere tägliche Temperaturschwankung. Merkmale in Bezug auf Niederschlag, Feuchte, Sonnenschein kommen hinzu, um das K. und die Klimazonen der Erde zu charakterisieren.

Verbreitet sind Klimaklassifikationen, die auf Schwellenwerten von Temperatur und Niederschlag basieren und die jahreszeitlichen Schwankungen dieser Merkmale berücksichtigen. Ökologisch beschreibt ein derartig klassifiziertes K. die großräumige Verteilung der Vegetation und zum Teil auch der Tierarten von den tropischen bis zu den polaren Klimaten. Nach diesem traditionellen Verständnis ist K., vereinfacht gesagt, das Beständige am Wetter. Ursachen von Klimaänderungen, die es nachweislich gab, lassen sich so aber nicht verstehen. Dies erfordert ein moderneres Bild vom K. als einem komplexen System verschiedener Elemente.

Zum Klimasystem gehören neben der ↑Atmosphäre mit Wetter und Treibhausgasen die Sonnenstrahlung, die Hydrosphäre mit den Ozeanen, die Lithosphäre mit den Vulkanen, die Kryosphäre des «ewigen Eises», die ↑Biosphäre mit den bewirtschafteten oder unbewirtschafteten Ökosystemen und, als jüngstes Element, die Anthroposphäre der menschlichen Zivilisation. In diesem komplexen System sind Perioden der Erdgeschichte mit relativ stabilem K. wie zum Beispiel in den letzten 10000 Jahren eher die Ausnahme. Dies ergaben Analysen von Eisbohrkernen, Sedimentablagerungen oder anderen Datenarchiven vergangener Klimazustände. Aus dem Vergleich paläoklimatischer Daten mit Klimasystemmodellrechnungen erwächst ein neues Verständnis der Dynamik des Klimasystems und der Klimaänderungen. Die auf die Erde treffende Strahlung der Sonne variiert mit den Schwankungen der Erdbahn und der Neigung der Erdachse sowie der Sonnenaktivität. Dieser Antrieb ändert sich auch mit der Verteilung Kontinente/Ozeane oder durch Vulkanausbrüche. Hinzu kommen interne Rückkopplungen im Klimasystem, wie z. B. Änderungen der globalen ozeanischen Strömungen. In diesem System von Wechselwirkungen sind Lebewesen und Ökosysteme nicht nur Klimaindikatoren, sondern Klimaakteure. Je nachdem, ob große Teile der Landoberfläche mit ↑Wald, Steppe oder Wüste bedeckt sind, ergibt sich ein jeweils anderes K.

Der Klimawandel des Industriezeitalters als Teil des ↑Globalen Wandels zeigt Besonderheiten gegenüber vergangenen Klimaänderungen: In einer Warmzeit infolge natürlicher Faktoren sorgen vom Menschen verursachte Treibhausgasemissionen für zusätzliche und rasche Erwärmung (s. ↑Treibhauseffekt). Die Menschen sind sowohl Verursacher als auch Betroffene des Klimawandels. Dabei spielt neben der Verbrennung fossiler ↑Energieträger auch die Veränderung der Landnutzung eine wesentliche Rolle. Den Gefahren des resultierenden Klimawandels ist auf zwei Wegen zu begegnen: durch deutliche Verminderung von Treibhausgasemissionen, durch Erweiterung der Treibhausgassenken und zusätzlich durch vorausschauende Anpassung an die Folgen der trotzdem kommenden Klimaänderung.

Manfred Stock

Klimamodelle. Klimamodelle sind Computerprogramme, mit denen Klimaprognosen erstellt werden. Dazu werden sie mit den beobachteten Klimadaten der Vergangenheit, naturwissenschaftlichen Erkenntnissen über Klimaprozesse, deren treibende Kräfte und gegenseitige Wechselwirkungen sowie mit Annahmen über die zukünftige Entwicklung von Wirtschaft und Gesellschaft gespeist. *www.ipcc.ch* *DB*

Klimarahmenkonvention. Klimarahmenkonvention (K.) bezeichnet das Übereinkommen der Vereinten Nationen über Klimaänderungen (Framework Convention on Climate Change, UNFCCC), das 1992 in Rio de Janeiro verabschiedet und inzwischen von 186 Staaten und der Europäischen Union unterzeichnet worden ist. Die derzeitige US-Administration hat erklärt, das im Rahmen des Übereinkommens ausgehandelte Umsetzungsprotokoll (↑Kyoto-Protokoll) nicht ratifizieren zu wollen. Das Sekretariat der K. ist in Bonn angesiedelt.

Die UNFCCC gilt als das zentrale internationale Übereinkommen zum Schutz des ↑Klimas. Art. 2 definiert das Ziel der K.: «Das Ziel ... ist es, ... die Stabilisierung der Treibhausgaskonzentrationen in der ↑Atmosphäre auf einem Niveau zu erreichen, auf dem eine gefährliche anthropogene Störung des Klimasystems verhindert wird. Ein solches Niveau sollte innerhalb eines Zeitraums erreicht werden, der ausreicht, damit die Ökosysteme sich auf natürliche Weise den Klimaänderungen anpassen können, die Nahrungsmittelerzeugung nicht bedroht wird und die wirtschaftliche Entwicklung auf nachhaltige Weise fortgeführt werden kann.»

Diese Definition macht die Komplexität des Schutzgegenstandes Klima deutlich. Sie zeigt auch, dass eine Stabilisierung des Klimas im strikten Sinne als unmöglich angesehen wird; die Klimaänderung soll (nur) in einem gewissen Rahmen gehalten werden, der sie (für den Menschen) nicht gefährlich werden lässt.

Im Jahr 1994 trat die K. in Kraft. Seither haben acht ↑Vertragsstaatenkonferenzen (Conference of the Parties, COP) stattgefunden. Die K. sieht die Möglichkeit vor, zu einzelnen Themenfeldern Umsetzungsprotokolle zu verabschieden. Das im Jahr 1997 in Kyoto verabschiedete Protokoll (Kyoto-Protokoll) ist bisher jedoch das einzige derartige Protokoll, dessen Inkrafttreten für 2003 erwartet wird.

Die K. enthält Leitlinien und Vorschläge, an denen sich die Vertragsstaaten orientieren sollen. Dazu gehören u.a. Vorschläge zur Erfassung der Treibhausgasemissionen und Maßnahmen zur Steigerung der Energieeffizienz, zur Förderung erneuerbarer ↑Energien und zur Erhöhung der Absorptionskapazität der Natur (Senkenfunktion).

www.unfccc.int/ *UES*

Klimaschutzpolitik. Klimaschutzpolitik, kurz: Klimapolitik (K.), ist der Teilbereich der ↑Umweltpolitik, der sich mit dem anthropogenen ↑Treibhauseffekt auseinandersetzt. Grundsätzlich kann unterschieden werden zwischen vorsorgenden und nachsorgenden Politiken. Zu den nachsorgenden Politiken gehört die Anpassung an den Klimawandel, z.B. durch Bau von Deichen an Küsten und Flüssen. Ziel der vorsorgenden K. ist es, die Erderwärmung durch Reduktion der Treibhausgaskonzentration in der ↑Atmosphäre zu vermeiden bzw. zu reduzieren. Dies kann entweder durch Absorption von Kohlenstoff z.B. durch Aufforstung geschehen (s. ↑Wald) oder durch Emissionsvermeidung. In der Annahme, dass die Absorption nur eine begrenzte Rolle spielen kann, steht die Emissionsvermeidung im Zentrum der K.

Die K. betrifft direkt oder indirekt fast alle Bereiche des modernen Lebens, da Menschen bei vielen Aktivitäten fossile ↑Energieträger verbrauchen und dabei Kohlenstoff emittieren. Sie umfasst Vorgaben darüber, welche Akteure wann ihre Emissionen senken sollen und wie sie das erreichen können. So reguliert auf der globalen Ebene das ↑Kyoto-Protokoll die Emissionen der Industrieländer. Auf EU-Ebene gibt es ein Klimaschutzprogramm der EU-Kommission mit vorhandenen oder geplanten ↑EU-Richtlinien zur Emissionsreduktion der Industrie (s. ↑Emissionszertifikate), Gebäudestandards, Verbrauchsstandards für Haushaltsgeräte sowie die freiwillige Vereinbarung mit europäischen Autoherstellern zur Senkung des Treibstoffverbrauchs von Autos.

Die Bundesregierung hat im Jahre 2000 ihr fünftes Klimaschutzprogramm

beschlossen. Dieses umfasst u.a. die ↑Ökologische Steuerreform, das ↑Erneuerbare-Energien-Gesetz, die ↑Selbstverpflichtung der deutschen Wirtschaft, den Ausbau der ↑Kraft-Wärme-Kopplung, die Unterstützung der Bahn und eine Schwerverkehrsabgabe (s. ↑Koalitionsvertrag 2002).
www.bmu.de *DB*

Koalitionsvertrag 2002 – ökologische Aspekte. ↑Abfall: Bei der Verbrennung von Abfällen in Industrieanlagen sollen schärfere Auflagen durchgesetzt werden. Im Januar 2003 wurde das Dosenpfand eingeführt (s. ↑Pfandsysteme).
↑Energie: Für erneuerbare Energien ist ein Marktanreizprogramm mit festen Fördersätzen für Forschungs- und Pilotprojekte vorgesehen. Ihr Anteil an der Stromerzeugung soll sich bis 2010 gegenüber 2000 verdoppeln. Daneben wird die Steuer auf Erdgas erhöht und an diejenige für leichtes Heizöl angeglichen. Die ↑Subventionen für Kohle sollen ab 2006 abgebaut werden. Der Ausstieg aus der ↑Atomenergie wird fortgesetzt, obgleich sich die Laufzeit des Atomkraftwerkes Obrigheim um zwei Jahre verlängert.
Entwicklungshilfe: Der Entwicklungshilfe-Etat soll bis 2006 von derzeit 0,27 auf 0,33 % des Bruttoinlandprodukts steigen. Die ↑Entwicklungszusammenarbeit (EZ) in den Bereichen Wasser- und Abwassertechnologie sowie erneuerbare Energien soll gestärkt werden.
Klimaschutz: Die Treibhausgase sollen bis zum Jahr 2020 um 40 % gegenüber 1990 gesenkt werden. Dies soll jedoch nur dann gelten, wenn die EU dazu bereit ist, ein Reduktionsziel von 30 % anzupeilen.
Kompetenz-Umschichtung: Das Verbraucherschutzministerium erhält ein Initiativrecht. Damit können andere Ressorts gezwungen werden, sich mit Verbraucherthemen zu befassen. Die erneuerbaren Energien wechseln aus dem Wirtschafts- in das ↑Bundesumweltministerium. Letzteres übernimmt die Zuständigkeit für die ↑Deutsche Bundesstiftung Umwelt (DBU).
↑Lärm: Das Fluglärmgesetz soll novelliert werden und nochmals zur Abstimmung ins Parlament kommen.
↑Naturschutz: Es wurde ein Ausbaustopp für Elbe, Donau, Saale und Havel beschlossen. Um die Flächenversiegelung zu reduzieren, werden die Eigenheimzulagen für Neubauten halbiert und denen von Altbauten angeglichen.
↑Ökologische Steuerreform: Die fünfte Stufe der Ökosteuer wird zum 1. Januar 2003 in Kraft treten. Im Jahr 2004 soll eine ergebnisoffene Überprüfung erfolgen sowie eine Diskussion darüber, wie die Steuerreform weiter gestaltet werden kann. Bereits vor 2004 werden steuerliche Begünstigungen für Unternehmen eingeschränkt.
↑Verkehr: Die Kraftfahrzeugsteuer soll sich künftig nicht mehr nach dem Hubraum des Motors richten, sondern nach dem Kohlendioxid-Ausstoß. Ab 2005 wird die Mehrwertsteuer für den Personennahverkehr der Bahn von derzeit 16 auf 7 % gesenkt. Bahntickets sollen sich dadurch um etwa 10 % verbilligen. Die Mehrwertsteuer-Befreiung für Flüge in Länder der EU wird aufgehoben. Hier soll künftig der volle Steuersatz gelten. Daneben will sich die Regierung für eine europaweit einheitliche Steuer auf Flugbenzin einsetzen. *Udo E. Simonis*

Kohlendioxid ↑Treibhauseffekt

Kohlenmonoxid ↑Treibhauseffekt

Kommission zur Nachhaltigen Entwicklung (CSD). Die Kommission zur Nachhaltigen Entwicklung (engl.: Commission on Sustainable Development (CSD)) wurde 1997 gegründet und ist dem Wirtschafts- und Sozialrat der Vereinten Nationen (ECOSOC), einem ihrer Hauptorgane, beigeordnet. Ihre 53 Mitglieder werden auf regionaler Grundlage gewählt und sollen auf Ministerebene vertreten sein. Arbeitsgrundlage ist die ↑Agenda 21, die über jährlich wechselnde Themenschwerpunkte in die Praxis der Mitgliedstaaten der UN umgesetzt werden soll. Von den Verwaltungskosten abgesehen, verfügt die CSD über keine eigenen Finanzmittel. *UES*

Kommunikation ↑Information & Kommunikation

Kompensationslösungen ↑Umweltökonomie

Kompost ↑Abfall

Konferenz über Umwelt und Entwicklung der UN (UNCED). Die Konferenz über Umwelt und Entwicklung der UN (UNCED) oder der «Erdgipfel von Rio» fand 1992 in Rio de Janeiro 20 Jahre nach der ersten UN-Umweltkonferenz von Stockholm statt. Angesichts der wachsenden Einsicht, dass Umweltzerstörung und Armut eng zusammenhängen, standen die Themen ↑Umwelt und Entwicklung im Zentrum der Verhandlungen. Die Konferenz fand in einem Klima des allgemeinen Aufbruchs statt. Sie war mit rund 17000 Teilnehmern die bis dahin größte UN-Konferenz und trug wesentlich zur Popularisierung des im ↑Brundtland-Bericht neu definierten Begriffes der ↑Nachhaltigen Entwicklung bei.

Die wichtigsten Ergebnisse der UNCED waren: 1. die ↑Rio-Erklärung, bestehend aus 27 Prinzipien, darunter das Prinzip der «gemeinsamen, aber differenzierten Verantwortung» und das ↑Vorsorgeprinzip; 2. die ↑Agenda 21, das Aktionsprogramm für das 21. Jahrhundert, das aus 40 Kapiteln zu den unterschiedlichsten Handlungsbereichen besteht, zur Armutsbekämpfung, zum Ressourcenschutz und zur Finanzierung. Diese Agenda bildet auch nach dem ↑Weltgipfel für Nachhaltige Entwicklung (WSSD) 2002 den Orientierungsrahmen für die Umsetzung der Ziele Nachhaltiger Entwicklung; 3. die Schaffung der Kommission für Nachhaltige Entwicklung (CSD) mit der Aufgabe, die Umsetzung der Ziele der Agenda 21 zu beobachten und voranzubringen; 4. die Verabschiedung der ↑Klimarahmenkonvention und der ↑Biodiversitätskonvention der Vereinten Nationen; 5. die Vereinbarung, eine Konvention zum Schutz der ↑Böden in Trockengebieten auszuhandeln, die spätere ↑Desertifikationskonvention.

Fünf Jahre nach der UNCED-Konferenz fand eine erste Bewertung durch die UN-Sondergeneralversammlung statt («Rio plus 5»).

www.un.org/esa/earthsumit
www.un.org/geninfo/bp/enviro.html

BP

Konflikte, ökologische. Ökologische Konflikte resultieren aus der Kollision von ökologischen mit wirtschaftlichen, gesellschaftlichen und militärischen Interessen (Überbeanspruchung natürlicher ↑Ressourcen; Grüne und ↑Blaue Revolution; Erschöpfung nicht nachwachsender ↑Rohstoffe, permanent zunehmende Entropieproduktion) und münden in solche (Wasserkonflikte; Umweltkatastrophen). Lösungen werden angestrebt mittels ↑Internalisierung ↑Externer Effekte, Unterlassung, Rehabilitation durch außergerichtliche Einigung (Coase-Theorem), staatliche (zivil-, straf- und öffentlich-rechtliche) Umweltschutzgesetze bzw. internationale Regelungen (Protokolle, Abkommen, Konferenzen und Institutionen). *IC*

Konsistenz/-strategie. Zur effektiven Umsetzung der Ziele der ↑Nachhaltigen Entwicklung bedarf es nicht nur einer ↑Effizienz- und ↑Suffizienzstrategie, sondern auch einer Konsistenzstrategie. Hierbei geht es um die Anschlussfähigkeit menschlicher Nutzungsformen natürlicher ↑Ressourcen an ökologische Maßgaben. Ziel ist die Vereinbarkeit von anthropogenen und natürlichen ↑Stoffströmen hinsichtlich Qualität und Quantität. Demzufolge gilt es, die in der Ökonomie verwendeten Stoffe so zu wählen, dass sie sich nicht langfristig in der ↑Atmosphäre oder ↑Biosphäre anlagern, sondern entweder im Kreislauf geführt werden (s. ↑Kreislaufwirtschaft) oder stets biologisch verarbeitbar sind. Damit können weit reichende Folgen für Produktionsprozesse und die Industriestruktur im Ganzen verbunden sein, insbes. bei Stoffgruppen wie z.B. Chlor, Erdöl, radioaktive Substanzen, die dieser Forderung widersprechen. Für die chemische Industrie ergeben sich aus der Notwendigkeit, die industriellen und die natürlichen Kreisläufe anzunähern, weit reichende Herausforderungen bei der Komposition neuer Substanzen, den Verwendungsprozessen und bei den Abbauverfahren. *BS*

Konsum, ökologisch orientierter. Nach Berechnungen des ↑Umweltbundesamtes sind 30–40 % der ↑Umweltbelastungen direkt auf den privaten Konsum zurückzuführen. Das derzeitige hohe Konsumniveau der Industrieländer ist nicht weltweit übertragbar. Im Rahmen eines ökologisch orientierten oder nachhaltigen Konsums sollen Wege und Möglichkeiten gefunden werden, die durch Konsumprozesse direkt und indirekt entstehenden Umweltbelastungen zu minimieren.

Durch Veränderung des Nachfrageverhaltens der Verbraucher werden Unternehmen tendenziell dazu veranlasst, vermehrt ökologische Produkte und ↑Dienstleistungen anzubieten. Neben einer moralischen Motivation wäre hierzu auch die Veränderung der Preisstruktur durch ↑Internalisierung der ↑Externen Effekte erforderlich. ↑Öko-Labels bieten den Verbrauchern Entscheidungshilfen zur Einschätzung der ökologischen Wirkungen eines Produkts.

Zu den Handlungsmöglichkeiten eines ökologisch orientierten Konsumenten gehören u.a.: Kauf und Nutzung von Ressourcen sparenden und abfallarmen Produkten; Kauf von Produkten aus ökologischer ↑Landwirtschaft und nachwachsenden ↑Rohstoffen; Ersatz von materiellen Produkten durch Dienstleistungen (z.B. ↑Car-Sharing); Veränderung der eigenen Konsumgewohnheiten (s. ↑Suffizienz); Reparatur von Altgeräten zur Verlängerung des ↑Produktlebenszyklus; Zuführung von ↑Abfällen zum ↑Recycling (s. ↑Kreislaufwirtschaft); Boykott ökologisch schädlicher Produkte. *BS*

Kontamination. Kontamination bezeichnet die Verunreinigung von Substraten, Gegenständen, Organismen (Menschen, Tieren, Pflanzen) und der ↑Umwelt durch radioaktive und chemische ↑Schadstoffe oder Schaderreger (apathogene oder pathogene Mikroorganismen und ↑Viren). *A&HPJ*

Kontrollierter Ökologischer Anbau ↑Landwirtschaft, ökologische

Konversion. Konversion (K.), auch Umwandlung oder Umkehrung, wird im militärischen, ökonomischen, psychologischen, religiösen und technisch-physikalischen Sinne verwendet. Ökologisch besonders bedeutend sind Produktionskonversion (z.B. der Produktion von ↑Fluorchlorkohlenwasserstoffen) und ↑Recycling, die Solarthermie und die K. von Kaliumnitrat (KNO_3); umweltpolitisch bedeutend ist die Urananreicherung für den Einsatz in Atomkraftwerken (s. atomare ↑Wiederaufbereitungsanlagen). *IC*

Konziliarer Prozess. Ein konziliarer Prozess ist ein Aktionsprozess gesellschaftlich orientierter Christen und ihrer Kirchen mit der Absicht, «Gerechtigkeit, Frieden und Bewahrung der Schöpfung» als Leitperspektive für die internationale Entwicklung anzumahnen und dazu ein überkonfessionelles Weltkonzil zu veranstalten. Bisheriger Höhepunkt dieser Entwicklung war die «Europäische ökumenische Versammlung» 1989 in Basel. *ALT*

Kooperationsprinzip. Das Kooperationsprinzip (K.), ein Grundsatz der bundesdeutschen ↑Umweltpolitik, zielt auf eine kooperative Abstimmung umweltpolitischer Entscheidungen mit wichtigen gesellschaftlichen Gruppen ab. Es setzt auf die Mitverantwortlichkeit und Mitwirkung der betroffenen Akteure an der Planung und Umsetzung von umweltpolitischen Maßnahmen. Gleichwohl variieren die Einfluss- und Beteiligungsmöglichkeiten der Akteure je nach Regelungsgegenstand. Beispiele für die Umsetzung des K. sind die freiwilligen ↑Selbstverpflichtungen der Industrie im Bereich des Wertstoffrecyclings (Rücknahme von Verpackungsabfällen im Rahmen des ↑Dualen Systems Deutschland), in der Altautorücknahme und bei der Reduktion der CO_2-Emissionen.
Problematisch am K. kann die mangelnde staatliche Kontrolle der Einhaltung von freiwilligen Verpflichtungen sein. Aber auch ungleiche Machtverteilungen auf die beteiligten gesellschaftlichen Akteure kann zu asymmetrischen Verhandlungsergebnissen führen. *BS*

Korallen. Korallen (K.) gehören zur Gruppe der Nesseltiere und verfügen über eine große Arten- und Erscheinungsvielfalt. Riffbauende K. wachsen im flachen, klaren Wasser in einem schmalen Band um den Äquator. Sie sind empfindlich bezüglich der Wassertemperatur; bereits geringe mittlere Wassererwärmung, etwa durch den Klimawandel, führt zur Korallenbleiche und schließlich zum Korallensterben. *DB*

Kraft-Wärme-Kopplung. Bei der Stromerzeugung in Kraftwerken werden nur etwa 30–40 % der im Brennstoff enthaltenen ↑Energie in Strom umgewandelt, der Rest geht als ↑Abwärme verloren. Bei der Kraft-Wärme-Kopplung (KWK) wird diese Abwärme für Heizzwecke genutzt. ↑Blockheizkraftwerke sind kleine Kraft-Wärme-Kopplungsanlagen; hier treiben Verbrennungsmotoren Generatoren zur Stromerzeugung an, während die Abwärme der Motoren zu Heizzwecken genutzt wird. Etwa 80–90 % der eingesetzten Primärenergie werden in Anlagen mit KWK in Strom und Wärme umgewandelt; auf diese Weise wird etwa eine dreifach bessere Brennstoffausnutzung (Wirkungsgrad) erreicht, wodurch Energie gespart wird und ↑Emissionen reduziert werden. Die KWK gilt als ein zentrales Element der Energiewende. *UES*

Kreisläufe, biogeochemische. Biogeochemische Kreisläufe bezeichnen den Transport und die Verfrachtung wichtiger chemischer Elemente wie Kohlenstoff, Sauerstoff, Wasserstoff, Stickstoff und Phosphor zwischen und innerhalb von belebten (s. ↑Biosphäre) und unbelebten (Geosphäre) Teilsystemen der Erde. *EZ*

Kreislaufwirtschaft. Die meisten Produktions- und Konsumprozesse sind auf den Durchfluss von Stoffen und Energien angewiesen und erzeugen dabei ökologische Probleme durch die Schädigung ökologischer Kreisläufe. Im Gegensatz dazu stellt die Kreislaufwirtschaft (K.) auf die Erhaltung und Wiederherstellung der Ver- und Entsorgungsleistungen der ↑Natur ab, so dass ein stabiler Stoffwechsel zwischen Wirtschaft und Natur ermöglicht wird. Eine K. ist gekennzeichnet durch die Kreislaufführung der Materieströme sowie die Nutzung regenerativer Energiequellen wie der ↑Solarenergie. Dabei müssen die Wirtschaftsaktivitäten in die übergeordneten natürlichen Kreisläufe integriert werden (s. ↑Konsistenz). Ansatzpunkte für die praktische Umsetzung der K. bestehen in folgenden Teilbereichen:

- Schließung von produktbezogenen Kreisläufen: Die Kreislaufführung von Produkten und Werkstoffen bezieht alle Produktlebensphasen mit ein und erfordert eine vorsorgende Produktverantwortung auf Seiten der Hersteller (gemäß ↑Kreislaufwirtschafts- und Abfallgesetz). Dazu gehören die recyclinggerechte Produktentwicklung (nach den Prinzipien der Demontierbarkeit, Minimierung der Einsatzstoffe, Verzicht auf Klebe- an Stelle von lösbaren Schraub- und Steckverbindungen, Verwendung wiederverwendbarer Werkstoffe), der Energie und ↑Ressourcen sparende Gebrauch des Produkts, die Rücknahme und das ↑Recycling der Produkte bzw. der eingesetzten Wertstoffe.
- Schließung von produktionsbezogenen Kreisläufen: Innerhalb von Produktionsprozessen können Stoffe im Kreislauf geführt werden, wie z. B. bei betriebsinternen Wasserkreisläufen.
- Schließung von zwischenbetrieblichen Stoffkreisläufen: Die Nutzung

von ↑Abfällen und Nebenprodukten als Einsatzstoffe in weiteren Produktionsprozessen wird in Verwertungsnetzen (Industriesymbiosen) betrieben. So können z.B. Abfallstoffe aus Raffinerien für die Teerherstellung genutzt werden.

BS

Kreislaufwirtschafts- und Abfallgesetz. Aufbauend auf der Idee der ↑Kreislaufwirtschaft zielt das 1996 in Kraft getretene Kreislaufwirtschafts- und Abfallgesetz (K.) auf die Verlängerung der Nutzung von Produkten und Stoffen, um so zu einer Reduktion der Ressourceninanspruchnahme und einer Verringerung der Abfallmengen beizutragen. Das Gesetz schafft einen rechtlichen Rahmen für weiter gehende Verordnungen wie die Verpackungsverordnung. Die zentralen Neuerungen dieses Gesetzes sind:

- Einführung eines neuen Abfallbegriffs: Im Gegensatz zur herkömmlichen Regelung werden im K. alle beweglichen Sachen als ↑Abfall bezeichnet, deren sich der Besitzer entledigen will oder muss. Damit entfällt die bisherige rechtliche Unterscheidung zwischen Abfall, Rest- und Wertstoffen.
- Festlegung der Prioritätenfolge Vermeiden, Verwerten, Beseitigen: Das K. räumt der Abfallvermeidung einen besonderen Stellenwert ein und spricht damit Hersteller und Konsumenten gleichermaßen an. Wenn die ↑Vermeidung nicht möglich oder nicht zumutbar ist, sollen die eingesetzten Stoffe weitestgehend verwertet werden, was zumeist durch ↑Recycling geschieht.
- Festschreibung einer weit gehenden Produktverantwortung der Hersteller: Aufbauend auf dem ↑Verursacherprinzip, werden die Hersteller im K. verpflichtet, Verantwortung für ihre Produkte über ihren gesamten ↑Produktlebenszyklus zu übernehmen. Sie müssen demzufolge die Produkte so produzieren, dass bei der Herstellung und beim Gebrauch Abfälle vermieden werden und eine anschließende Verwertung ermöglicht wird. Teilweise schließt die Produktverantwortung auch die Verpflichtung zur Rücknahme der Altprodukte ein.
- Verpflichtung zur Erstellung von Abfallwirtschaftskonzepten: Zur Sicherstellung eines sachgemäßen Umgangs mit Abfällen müssen Unternehmen nach den Regelungen des K. Abfallwirtschaftskonzepte aufstellen. Darin sollen eine Abfallbilanz erstellt und ein Soll-Ist-Vergleich der Abfälle angestellt werden. Die Entsorgung der Abfälle darf nur von zertifizierten Entsorgungsfachbetrieben übernommen werden. *BS*

Kulturlandschaft. Der Begriff «Kulturlandschaft» (K.) bezeichnet im weitesten Sinne jede vom Menschen genutzte und beeinflusste Naturlandschaft. Unterschieden wird zwischen naturnaher K. (Landschaft mit hohem Anteil an natürlichen Ökosystemen) und naturferner K. (Stadt- und Industrielandschaft, intensiv genutzte Agrarlandschaft).

Naturnahe K. entstanden seit dem 10. Jahrhundert durch extensive Acker- und Weidelandbewirtschaftung. Sie

zeichnen sich durch Strukturreichtum und hohe Artenvielfalt aus. Häufig sind sie geprägt durch Offenlandbiotoptypen, wie z.B. Kalkmagerrasen oder Heiden.
Mit dem Wandel der Landwirtschaft begann eine Strukturverarmung und Nivellierung vieler K., die ab der zweiten Hälfte des 20. Jahrhunderts an Umfang zunahm: Kleinbiotope und naturnahe Lebensräume verschwinden auf Grund des hohen Nutzungsdrucks (Schadstoffeinträge, Entwässerung, Ausräumung) und wegen der Aufgabe vieler extensiv bewirtschafteter Standorte. Der Erhalt charakteristischer Landschaftsbilder ist essenziell von solchen Formen der Nutzung abhängig. Lange Zeit wurde versucht, K. durch geeignete Schutz- und Pflegemaßnahmen zu konservieren. Dieser Schutzansatz wird mittlerweile als relativ erfolglos, wenig kosteneffektiv und kaum noch finanzierbar kritisiert. Statt sich statisch an historischen Landschaftsbildern zu orientieren (musealer Naturschutz), werden für den Erhalt von K. zunehmend alternative Konzepte befürwortet, wie z.B. die Entwicklung halboffener Weidelandschaften mit großflächiger Beweidung. *AV*

Kunststoffe. Kunststoffe (K.) sind in der chemischen Industrie in großer Menge und Vielfalt für die verschiedensten Anwendungen produzierte organisch-chemische Polymere auf Basis von Kohlenwasserstoffen. Die Produktion in Deutschland beträgt rd. 10 Mio. t pro Jahr. Hauptsächliche K. sind Polyethylen (PE), ↑Polyvinylchlorid (PVC), Polypropylen (PP), Polyurethan (PUR). *JA*

Kuppelprodukte. Entstehen mehrerer Output-Arten bei einem Produktionsprozess; z.B. fallen bei Herstellung von Benzin und ↑Diesel auch Abgase (z.B. CO_2) und ↑Abwärme an und verursachen Umweltprobleme wie ↑Treibhauseffekt, ↑Sauren Regen etc. Entgegen der herrschenden Lehrmeinung sind Kuppelprodukte der Regelfall und nicht ein Sonderfall der Produktion (s. ↑Entropie). *IC*

Küstenschutz. Küstenschutz (K.) umfasst alle Maßnahmen, die die Küste direkt oder indirekt vor Brandungserosion und damit Landverlusten schützt, sowohl bauliche Maßnahmen wie die Errichtung von Deichen, biologische Maßnahmen wie die Bepflanzung von Dünen oder ordnungspolitische Maßnahmen wie die Ausweisung von Schutzgebieten. *SchuBa*

Kyoto-Protokoll. Das Kyoto-Protokoll (K.) wurde im Dezember 1997 von mehr als 160 Nationen in Kyoto verhandelt und nach schwierigen Verhandlungen einstimmig angenommen. Das Protokoll setzt konkrete Minderungspflichten für Treibhausgasemissionen fest und konkretisiert damit die ↑Klimarahmenkonvention der Vereinten Nationen von 1992. Das Protokoll enthält die folgenden wesentlichen Verpflichtungen für die Industrieländer (Staaten der Anlage I):
- Reduktionsziel (Art. 3): Reduktion der Treibhausgasemissionen der Industrieländer um insgesamt mindestens 5 % im Zeitraum 2008–2012 gegenüber 1990. Betroffen sind die sechs für den ↑Treibhauseffekt verantwortlichen

Gase Kohlendioxid (CO_2), Methan (CH_4), Lachgas (N_2O) und die fluorierten Gase HFC, PFC und SF_6. Die Anlage I des Protokolls legt für jedes Industrieland ein genaues Reduktionsziel fest (USA −7 %, Japan −6 %, Australien +8 %, Russland 0 %, EU als Gruppe −8 %). Die Entwicklungsländer haben noch keine quantifizierten Reduktionsverpflichtungen, im Einklang mit dem Prinzip, dem zufolge die Industrieländer als Hauptverursacher vorangehen sollen. Der internationale Luft- und Seeverkehr unterliegt keiner quantifizierten Reduktionspflicht.

- Emissionshandel (ET, Emissions Trading, Art. 17): Um eine Flexibilisierung und ökonomisch effiziente Allokation der Reduktionspflichten zu ermöglichen, dürfen ↑Emissionszertifikate unter den Industrieländern gehandelt werden. Ein Industrieland, das sein Reduktionsziel übererfüllt, kann die überschüssigen Emissionsquoten an ein anderes Land verkaufen.
- Gemeinsame Umsetzung (JI, Joint Implementation, Art. 6): Ähnlich dem Emissionshandel kann ein Industrieland auch direkt ein Projekt in einem anderen Industrieland durchführen, etwa die Modernisierung eines Kraftwerkes, und sich die dabei gesparten Emissionsquoten gutschreiben lassen.
- Clean Development Mechanism (CDM, Art. 12): Im Unterschied zu Joint Implementation können CDM-Projekte von Industrieländern auch in Entwicklungsländern vorgenommen werden. Da diese aber (vorerst) keine Emissionsquoten haben, muss bei einem CDM-Projekt die Emissionsersparnis anhand eines festzulegenden Referenzfalles bestimmt werden, die aussagt, wie viel ohne das jeweilige CDM-Projekt emittiert worden wäre.
- ↑Senken (Art. 3.3 und 3.4): Aufforstung, Wiederaufforstung und Abholzung von ↑Wald wirken sich unmittelbar auf die Kohlenstoffbilanz eines Landes aus. Diese Aktivitäten müssen deshalb erfasst und bilanziert werden. Neben den Wäldern sind auch weitere Senkenarten im Protokoll vorgesehen.

Die Regelungen im K. sind im Allgemeinen noch für vielfältige Interpretationen offen und müssen daher in weiteren Verhandlungen konkretisiert werden. Im Laufe der Verhandlungen auf den ↑Vertragsstaatenkonferenzen übten einige Industrieländer starken Druck aus und erreichten so das Zustandekommen von «Schlupflöchern» im Protokoll.

Das Inkrafttreten des K. erfordert die Ratifizierung durch mindestens 55 Staaten, auf die zusammen mindestens 55 % der Treibhausgasemissionen der Industrieländer von 1990 entfallen. Daher ist das Inkrafttreten auch ohne die USA möglich, die das Protokoll strikt ablehnen. Das Inkrafttreten des K. wird für 2003 mit der angekündigten Ratifizierung durch Russland erwartet. *www.unfccc.de*

Dietrich Brockhagen

Lametta. Traditioneller Christbaumbehang, winterliche Eiszapfen andeutend. Wegen des hohen Bleigehalts

↑Kontamination des Hausmülls bei der Entsorgung. *JA*

Landesplanung ↑Raumordnung & Landesplanung

Land-Ethik ↑Ethik

Landschaftsökologie. Die Landschaftsökologie beschäftigt sich als «synoptische Naturforschung» mit den Beziehungen zwischen abiotischen Faktoren, Organismen und Lebensräumen in der Landschaft. Für Zwecke der Landschaftsplanung und -nutzung werden mehr oder weniger umfassende Teilausschnitte eines Landschaftsökosystems untersucht. *CL*

Landwirtschaft, ökologische. Ökologische Landwirtschaft (ö.L.) meint umweltschonende Landbewirtschaftung, bei welcher der landwirtschaftliche Betrieb als ganzheitlicher Organismus verstanden wird. Es gibt verschiedene Richtungen der ö.L. mit unterschiedlichen Anbaurichtlinien. Allen gemeinsam ist das Hauptziel einer landwirtschaftlichen Produktion, die auf geringem Verbrauch nichterneuerbarer ↑Ressourcen, Förderung der Bodenfruchtbarkeit sowie artgerechter Tierhaltung aufbaut. Leitbild ist die Bewirtschaftung auf der Grundlage eines möglichst geschlossenen betrieblichen Nährstoffkreislaufs: Futter- und Nährstoffgrundlage ist der eigene Betrieb – die Fütterung erfolgt mit hofeigenen Futtermitteln, die Düngung mit pflanzlichen Abfällen und tierischem Dung. Auf den Einsatz von synthetischen Pflanzenschutz- und ↑Düngemitteln, ↑Antibiotika oder gentechnisch veränderten Organismen wird verzichtet. Der Zukauf von Futtermitteln und organischem Dünger ist nach Art und Menge begrenzt. Zentrales Element ist die Gewährleistung einer ausgewogenen Fruchtfolge mit vielen Fruchtfolgegliedern und Zwischenfrüchten sowie eine ausgeprägte Humuswirtschaft.
Im Vergleich zur konventionellen L. fällt die Umweltbilanz auf Grund geringer ↑Schadstoffeinträge (u.a. Ammoniak) und geringfügiger mechanischer Eingriffe bedeutend besser aus (höhere Artenvielfalt, weniger Boden- und Grundwasserverschmutzung). Neben den Anbaurichtlinien der einzelnen Verbände, wie etwa Bioland oder Demeter, ist die zentrale gesetzliche Grundlage die EG-Verordnung 2092/91. In Deutschland wirtschafteten Ende des Jahres 2001 14702 Betriebe nach den Kriterien der EG-Öko-Verordnung auf 634998 ha Fläche. Dies entspricht 3,3 % aller Betriebe auf etwa 3,7 % der gesamten landwirtschaftlichen Nutzfläche. *AV*

Lärm. Das Gehirn verarbeitet über das Ohr aufgenommene Geräusche als Informationen. Geräuschmerkmale wie Töne oder Lautstärkeänderungen werden analysiert; je nach Intensität werden sie subjektiv als Lärm empfunden, unterschiedlich je nach Alter, körperlicher und geistiger Verfassung, aber auch nach Ort und Zeitpunkt. Objektive Schädigungen des Gehörs sind ab bestimmten Lautstärken (Schallpegeln) möglich.
Primäres Ziel der rechtlichen Vorschriften zum Lärmschutz im Wohnumfeld und am Arbeitsplatz ist es, gesundheitliche Beeinträchtigungen zu verhindern. Als Basis dienen das

↑Bundesimmissionsschutzgesetz mit der 15. BImSchV (Baumaschinen), der 16. BImSchV (Verkehrslärm), der 18. BImSchV (Sportanlagen) sowie der ↑Technischen Anleitung Lärm, dazu die Unfallverhütungsvorschrift «Lärm» – VBG 121. Die Berücksichtigung der eher subjektiven Lärmempfindungen erfolgt in Landes- und Gemeinderegelungen durch Tag-, Nacht-, Sonn- und Feiertagsvorschriften und Ausnahmen davon sowie im Nachbarschaftsrecht. *JA*

Lebensmittelsicherheit. Lebensmittelsicherheit wird durch eine Reihe unabdingbarer, in Rechtsvorschriften gesicherter Forderungen, basierend auf der EG-Rahmenrichtlinie (93/43/EWG), beschrieben. Kritische Punkte im Prozessablauf und angemessene Sicherheitsmaßnahmen müssen festgelegt, durchgeführt, eingehalten und überprüft werden, um zu gewährleisten, dass Lebensmittel bei bestimmungsgemäßem Verzehr gesundheitlich unbedenklich sind. *A&HPJ*

Lebensqualität. Lebensqualität (L.) ist ein Begriff aus der angelsächsischen Soziologie und wurde in die deutsche Diskussion eingeführt durch die 4. Internationale Arbeitstagung der IG Metall im Jahre 1972. Unter dem Titel «Qualität des Lebens» wurden die Referate der Tagung in zehn Bänden publiziert.

L. ist zuerst ein Gegenbegriff zu Lebensstandard. Dividiert man das Bruttosozialprodukt durch die Zahl der Einwohner, so ergibt sich das Pro-Kopf-Einkommen eines Landes oder der Lebensstandard. Das Aufkommen des Begriffs L. signalisiert Zweifel daran, dass ein so errechneter Lebensstandard aussagekräftig sein könne für die Qualität der jeweiligen Lebensumstände. L. lässt sich naturgemäß nicht so einfach quantifizieren wie der Lebensstandard. Trotzdem wurden Versuche unternommen, L. durch ein System von sozialen Indikatoren einer vergleichenden Messung zugänglich zu machen. Am bekanntesten ist das System der sozialen Indikatoren der ↑Organisation für wirtschaftliche Zusammenarbeit und Entwicklung (OECD). Dessen Hauptzielbereiche sind 1. Gesundheit, 2. Persönlichkeitsentwicklung und intellektuelle Entfaltung durch Lernen, 3. Arbeit und Qualität des Arbeitslebens, 4. Zeitbudget und Freizeit, 5. Verfügung über Güter und Dienstleistungen, 6. physische ↑Umwelt, 7. persönliche Freiheitsrechte und Rechtswesen und 8. Qualität des Lebens in der Gemeinde.

Die OECD hat jedoch eine Schwierigkeit auch nicht bewältigt: die Klärung des Unterschieds zwischen objektiven und subjektiven Indikatoren. «Verbesserung der Qualität der Arbeitsverhältnisse» ist ein objektiver Indikator; die «Freude», die das Arbeitsleben bereiten soll, ist ein subjektiver usw. Gibt es für die Qualität der Arbeitsverhältnisse objektive Kriterien, so kann die Freude an der Arbeit allenfalls durch Umfragen festgestellt werden. Es wäre wohl konsequent, bei der Summierung objektiver Indikatoren von der Qualität der Lebensbedingungen zu sprechen, nur bei der Summierung subjektiver Einschätzungen von der L. Gegenstand der Politik ist die Qualität der Lebensbedingungen.

Da der Begriff L. vor allem von Sozialdemokraten aufgegriffen wurde, konnte er rechts von der Mitte nie Fuß fassen. Seit den 1980er Jahren wird er immer weniger verwendet.

Erhard Eppler

Lebensstile. «Lebensstil» und «Lebensstile» (L.) sind Begriffe für Gewohnheitsverhalten mit Merkmalen von Selbstdarstellung, das Menschen über Kompromisse zwischen ihren Daseinszielen und ihren verfügbaren Möglichkeiten entwickeln. L. finden Ausdruck bei beruflichen, sozialen, kulturellen oder politischen Aktivitäten ebenso wie in der privaten Haushaltsführung, im individuellen Mobilitätsverhalten und beim Konsum. Lebensstilkonzepte sind Schöpfungen moderner Gesellschaften mit vielfältigsten Verhaltens- und Stilisierungsformen. Die übliche Darstellungsweise ist eine überschaubare Typologie.

Angesichts der zunehmenden globalen Umweltrisiken wird von vielen Seiten gefordert, L. müssten umweltverträglicher – ökologischer, nachhaltiger, zukunftsfähiger – werden. Die L. industrieller Wohlstandsbürger stehen in Kritik, und dies aus zwei Gründen. Erstens sind ihr Ressourcenverbrauch und ihre Belastungen für die ökologischen Systeme im internationalen Vergleich unverhältnismäßig hoch. Zweitens gelten diese L. trotzdem weltweit als erstrebenswert und ihre eigenen Gegenentwürfe daher als wichtiger Beitrag zum Risikoabbau. Ein Einzelproblem ersten Ranges ist dabei nach verbreiteter Einschätzung der motorisierte Individualverkehr (Automobilismus).

Selbst in Deutschland, dessen Bevölkerung man im Allgemeinen ausgeprägtes ↑Umweltbewusstsein bescheinigt, werden bislang erst teilweise ökologische, aber keine völlig ökologisierten Lebensstiltypen festgestellt (sog. patchwork an L.). Neue L. sind soziale Innovationen und wie die meisten Innovationen langwierige gesamtgesellschaftliche Lernprozesse. *KG*

Lehr-/Lernpfade. Lehrpfade – als Idee aus den USA übernommen – dienen dem vertieften Naturverständnis auf der Grundlage konkreter Vor-Ort-Erfahrung. Sie führen durch Natur- und ↑Kulturlandschaften. Als Lernorte sind sie aus der schulischen Umweltbildung nicht mehr wegzudenken. *ALT*

Leitbild ↑Nachhaltige Entwicklung; Nachhaltigkeitsstrategie

Leitplanken, ökologische. Das Konzept der ökologischen Leitplanken (L.) entstammt der ordnungspolitischen Diskussion um die Möglichkeiten einer marktwirtschaftlich geprägten Nachhaltigkeitspolitik (s. ↑Nachhaltige Entwicklung) vom Anfang der 1990er Jahre. Es ist ein pragmatisches Konzept, welches vom Grundgedanken der Befürworter einer Nachhaltigkeitspolitik ausgeht, gemäß dem die langfristige gesellschaftliche Entwicklung von drei «Kapital»-Größen bzw. essenziellen Komponenten abhängt, die nur begrenzt substituierbar und darum in einem gewissen Mindestumfang zu erhalten oder zu schützen sind: das ökologische Realkapital, das künstliche (vom Menschen geschaffene) Realkapital sowie das Sozialkapital.

Die Anhänger dieses Konzepts bezweifeln die Möglichkeit der Ausformulierung eines umfassenden gesellschaftlichen Nachhaltigkeitsplanes bzw. der Ableitung eines eindeutig definierten gesellschaftlichen Nachhaltigkeitspfades wegen der damit verbundenen Bewertungs- , Informations- und Durchsetzungsprobleme. Sie sehen im Markt einen nichtautoritären Selbststeuerungsmechanismus, der unter Wettbewerbsbedingungen gesellschaftlich wünschenswerte Leistungen wie Anpassung der Produktion an die Konsumentenwünsche (individualistisches Gesellschaftskonzept), statische und dynamische ↑Effizienz, hohe Reagibilität auf Datenänderungen, Fähigkeit zur ↑Innovation und Wissensproduktion sowie (etwa über Preissenkungen) sogar Verteilungsleistungen erbringt. Sie sehen aber auch das Risiko, dass wegen defizitärer Zuweisungsmöglichkeiten von Eigentumsrechten an den natürlichen ↑Ressourcen, einer nicht auszuschließenden Kurzfristigkeit einzelwirtschaftlicher Planungen und des Auftretens von Akkumulationsschäden das ökologische Realkapital aufgezehrt wird und darum langfristige Wohlfahrtsschäden zu Lasten künftiger Generationen entstehen können. Um dem entgegenzuwirken, treten sie für einen Mindesterhalt – etwa die Freihaltung von 15 % der naturnahen Flächen von anthropogener Nutzung – oder die Festlegung maximaler Emissionsmengen bei begrenzter Aufnahmekapazität der ↑Umweltmedien (↑Wasser, ↑Boden, Luft) ein.

Solche Beschränkungen dürfen aber nur essenzielle Ressourcen betreffen; sie sollten sparsam gesetzt werden und gesellschaftlich plausibel sein. Letztlich handelt es sich um politische Entscheidungen im Sinne der Setzung von L.; sie definieren einen Korridor, dessen Ausnutzung dann dem marktwirtschaftlichen Allokationsmechanismus überlassen bleiben soll. In Fällen, in denen eine L. bereits durchbrochen wurde, muss durch entsprechende Maßnahmen versucht werden, das System wieder in den Korridor zurückzuführen. *Paul Klemmer*

Lernen, ökologisches. Ökologisches Lernen (ö.L.) bezeichnet den Prozess der Aneignung neuen Wissens und Könnens über ökologische Zusammenhänge, Probleme und Lösungsmöglichkeiten. Im Rahmen der Umweltbildung wird ö.L. zunehmend, jedoch in sehr unterschiedlicher Qualität und Intensität in das bundesdeutsche Bildungssystem integriert. So gibt es zahlreiche Modellversuche und Musterbeispiele für ökologische Bildungs- und Lernvorhaben in Kindergärten, Schulen, Ausbildungsstätten und Hochschulen, aber diese wurden bislang nicht flächendeckend weiterverbreitet.

Im Prozess des ö.L. kann man vier verschiedene Ebenen unterscheiden:

- Sinnlich-emotionale Ebene: Die sinnliche Erfahrung ist ein zentrales Element insbes. im Umgang mit der natürlichen ↑Umwelt. Hierbei geht es um die Vermittlung von Naturerlebnissen, z.B. im ↑Wald oder im Gebirge. Solche Erlebnisse prägen auch die emotionale Haltung zur ↑Natur und zum ↑Umwelt- und ↑Naturschutz auf der Seite der Lernenden.
- Geistig-rationale Ebene: Das rationale Verständnis für die Probleme des menschlichen Umgangs mit der ↑Natur, die entstandenen ↑Umweltschäden und die konkreten

Lösungsmöglichkeiten ist elementar für die handlungspraktische Umsetzung des Gelernten. Dabei stellt sich die besondere Anforderung, mit den oftmals sehr komplexen Wirkungsgefügen der Natur und der vielfältigen Eingriffe des Menschen gedanklich umgehen zu können (s. ↑Systemdenken/-analyse).

- Normativ-wertbezogene Ebene: Damit das Gelernte auch dauerhaft umgesetzt werden kann, müssen sich auch die individuellen ↑Werte des Lernenden verändern. Hierbei steht die Bildungsarbeit vor der besonderen Herausforderung, dass moralisches Lernen nicht direkt angestoßen, sondern immer nur indirekt z.B. über die Erörterung moralischer Probleme initiiert werden kann.
- Handlungspraktische Ebene: Schließlich bedarf es auch der praktischen Vermittlung von Handlungsweisen und Fähigkeiten zur Umsetzung des Umwelt- und Ressourcenschutzes. Die Vermittlung von Problembewusstsein reicht ebenso wenig hin wie die ausschließliche Unterweisung in konkreten Handlungen, um dauerhaftes ökologisch bewusstes Handeln auszulösen. Es müssen daher alle vier Ebenen berücksichtigt werden. *Bernd Siebenhüner*

Lernorte ↑Lehr-/Lernpfade

Letale Dosis. Die letale Dosis ist die von Lebewesen aufgenommene tödliche Konzentration eines Stoffes. Durch ↑Tierversuche ist eine artspezifische Angabe LD 50 für den Tod der Hälfte der Individuen möglich, z.B. Kaliumcyanid oral Ratte: LD 50 = 5 mg/kg. *JA*

Limnologie. Limnologie ist die Wissenschaft von den Binnengewässern und ihren Ökosystemen. Untersucht werden deren Struktur und Funktionsweise sowie die Zusammenhänge von physikalischen, chemischen und biologischen Prozessen in diesen ↑Gewässern. *A&HPJ*

Logistik, umweltverträgliche. Das herkömmliche Logistikkonzept dient der ökonomisch effizienten Organisation der Beschaffungs-, Distributions-, Ersatzteil- und Transportkanäle sowie der ↑Verpackung. Um ökologische Ziele erweitert, beinhaltet es eine umweltschutzorientierte Lieferantenauswahl, die Wahl emissionsarmer Fördermittel und kurzer Transportwege, die umweltverträgliche Modifikation einer Just-in-Time-Anlieferung sowie die Verwendung umweltgerechter Verpackungsmaterialien. Im Rahmen der Entwicklung der ↑Kreislaufwirtschaft hat sich ein besonderer Logistikbereich herausgebildet, die Entsorgungslogistik, welche die (Wieder-)↑Verwertung (s. ↑Recycling) berücksichtigt. *NB*

London Dumping Convention. Die London Dumping Convention ist ein internationales Übereinkommen zur Verhütung der ↑Meeresverschmutzung durch Einbringen von ↑Abfällen und anderen Stoffen, das in der Bundesrepublik Deutschland seit Ende 1977 verbindlich ist. Sie sieht ein Einbringungsverbot ins Meer für bestimmte gelistete Stoffe vor (außer bei Spurengehalten, Beispiel: ↑Dünnsäure aus der Titandioxidproduktion) und wurde 1978 um Regelungen der Verbrennung auf See ergänzt. *JA*

Lösemittel. Lösemittel sind flüssige Kohlenwasserstoffe für Anstrich-, Reinigungs- und Entfettungsmittel: Benzinkohlenwasserstoffe (z.B. Testbenzin), Alkohole (z.B. Spiritus), Chlorkohlenwasserstoffe (z.B. Perchlorethylen – PER), Ketone (z.B. Aceton), Ester (z.B. Essigsäureethylester), Mischungen (z.B. sog. Nitroverdünnung). Sie sind gesundheitlich und ökologisch unterschiedlich relevant. *JA*

Love Canal. Im August 1978 rief US-Präsident Jimmy Carter den Föderalen Notfall (Federal Emergency) am Love Canal, einer früheren chemischen Mülldeponie nahe der Stadt Niagara Falls im Staate New York, aus. Dies war die erste menschengemachte ↑Katastrophe, die aus Umwelt- wie Gesundheitsgründen diesen rechtlichen Status erhielt. In Folge der Aktivitäten lokaler Bürgerinitiativen und der Presse erhielt der Fall weltweit große Aufmerksamkeit; er gilt neben den Fällen ↑Amoco Cadiz, ↑Bhopal und ↑Tschernobyl als entscheidender Impuls für die internationale Umweltschutzbewegung. *UES*

Luftreinhaltung. Luftreinhaltung umfasst alle Maßnahmen zur (weit gehenden) Erhaltung der natürlichen Beschaffenheit der Luft wie präventive Maßnahmen (z.B. rationelle Energieverwendung, Einsparung von Brennstoffen), integrierte Maßnahmen (z.B. Prozessinnovationen), additive Maßnahmen (z.B. Abgaswäsche, Filteranlagen) oder kurative Maßnahmen (z.B. Wiederaufforstung). *UES*

Luftverschmutzung. Luftverschmutzung bezeichnet die Verunreinigung des natürlichen Luftgemisches (Stickstoff, Sauerstoff, Kohlendioxid, Edelgase) mit Stoffen oder Stoffgemischen, die durch menschliche Einflüsse (z.B. Abgase aus Kraftwerken) oder natürliche Vorgänge (z.B. aus Vulkanen) in die ↑Atmosphäre gelangen bzw. dort entstehen und die nachteilige Wirkungen auf den Menschen und seine Umwelt haben können. Je nach Aggregatzustand unterscheidet man Gase, Nebel und ↑Staub; in feinster Verteilung (< 10 nm ∅) auch als ↑Aerosole bezeichnet. *UES*

MAB ↑UNESCO-Programm «Man and the Biosphere»

Marktwirtschaft, ökosoziale. Die ökosoziale Marktwirtschaft (ö.M.) ist gedacht als Weiterentwicklung des europäischen wirtschafts- und gesellschaftspolitischen Modells der sozialen M. Das entscheidend Neue im Modell der ö.M. ist, dass in Weiterführung der Synthese zwischen Kapital und Arbeit die ↑Ökologie als integrales Element aller wirtschaftlichen und sozialen Aktivitäten dazukommt.
Der Umstieg vom hohen Ressourcenverbrauch auf ein System der nachhaltigen Ressourcennutzung ist eine zentrale Herausforderung für die Überlebensfähigkeit der Menschheit. Diese Aufgabe wurde bei den UN-Weltkonferenzen in Rio de Janeiro (1992, s. ↑Konferenz über Umwelt und Ent-

wicklung der UN) und Johannesburg (2002, s. ↑Weltgipfel für Nachhaltige Entwicklung) eindringlich beschworen. Die Realisierung des Prinzips der Nachhaltigkeit in Produktion und Konsum wird jedoch so lange nicht gelingen, wie das Preis- und Kostengefüge, das Steuer- und Subventionssystem nichtnachhaltige Produktions- und Konsumweisen begünstigen. Appelle allein reichen nicht aus, um gegen die Signale der Preise und Kosten nachhaltiges Verhalten bei allen Beteiligten durchzusetzen. Im Rahmen des Systems der ö. M. müssen Gesetzgeber und Regierungen dafür sorgen, dass Preise und Kosten die «ökologische Wahrheit» sagen und das Steuer- und Subventionssystem entsprechend zugunsten nachhaltigen Produzierens und Konsumierens umgebaut wird (s. ↑Ökologische Steuerreform).

Dazu dienen folgende Instrumente:

- ↑Internalisierung der ↑Externen Effekte. Umweltbelastung und Ressourcenverbrauch müssen in die Kalkulationen der Produktionsprozesse und die Preisgestaltung der Produkte Eingang finden.
- Ökosoziale Reform des Steuersystems. Dazu gehört einerseits die Schaffung von Vorteilen für erneuerbare ↑Energieträger durch Abgaben auf fossile Energieträger; andererseits muss die hohe Steuerlast auf dem Faktor Arbeit durch kompensatorische Besteuerung von natürlichen ↑Ressourcen verringert werden.
- Produktdeklaration. In einem globalisierten Markt braucht der Konsument verlässliche und leicht nachvollziehbare Informationen über Herkunft, Produktionsweise, Inhaltsstoffe und Behandlungsmethoden der Produkte, insbes. bei Lebensmitteln.
- Wenn ↑Subventionen, dann für ökologische ↑Innovationen im Interesse der Nachhaltigkeit. Verbote dort, wo marktwirtschaftliche Instrumente nicht oder nur schwer anwendbar sind.
- Bildung und Information zu Belangen des ↑Umweltschutzes und der Nachhaltigkeit sind wichtig, um bei möglichst vielen Menschen das Bewusstsein und das Wissen für das persönlich richtige Verhalten zu schaffen.
- Ökosozialprodukt statt Bruttoinlandsprodukt. Um die wirtschaftliche, soziale und ökologische Entwicklung einer Gesellschaft valide beurteilen zu können, brauchen wir neue Maßstäbe (s. ↑Umweltindikatoren / Nachhaltigkeitsindikatoren), die international verbreitet werden sollten.
- Umweltschutz als internationale Aufgabe. Die Bedrohung unserer Lebensräume, der Klimawandel und andere ökologische und soziale Probleme kennen weder nationale noch kontinentale Grenzen. Gegenstrategien müssen daher auch auf internationaler Ebene entwickelt und festgelegt werden (s. ↑Weltumweltpolitik). *Josef Riegler*

Massenmedien. Die Massenmedien (M.) Presse, Rundfunk und Fernsehen sind wichtig für die Popularisierung des ↑Umweltschutzes in der Öffentlichkeit. Seit den 1970er Jahren ist das Thema ↑Umwelt fester Bestandteil der Medienberichterstattung; Umweltzerstörung und Umweltgefahren wur-

den als nachteilige Probleme wahrgenommen und öffentlichkeitswirksam dargestellt. Seither ist Umweltschutz konstitutives Element der Alltagskommunikation geworden, auch wenn das Thema heute nur noch 1–2 % aller Themen in den Medien ausmacht (eine Ausnahme bilden spezialisierte Umwelt- und Wissenschaftsmagazine).
Umwelt ist in den Medien ein sog. Querschnittsthema, kein fester Bestandteil der klassischen redaktionellen Ressorts. Die Komplexität von Umweltthemen und die Problematik der Risiko- und Folgenbewertung machen eine allgemein verständliche Darstellung oft schwierig. Wegen der durch zunehmende Medienkonkurrenz vorherrschenden Alltagsaktualität beschränkt sich die Umweltberichterstattung in den M. fast ausschließlich auf bereits eingetretene Probleme, nicht auf deren vorsorgende ↑Vermeidung. Ereignisse wie ↑Castortransporte, Tankerunglücke (s. ↑Amoco Cadiz) oder kontaminierte Futtermittel sorgen für sofortige Aufmerksamkeit und damit gleichzeitig für höhere Auflagen bzw. Einschaltquoten. Wissenschaftliche Analysen, politische und gesellschaftliche Hintergrundstudien finden dagegen nur wenig Beachtung. Den M. wird deshalb gelegentlich Dramatisierung, Verzerrung und mangelnde Kompetenz vorgeworfen. Voraussetzung für eine kontinuierliche, transparente Umweltberichterstattung ist aber auch die mediengerechte Aufbereitung von Umweltthemen durch die Unternehmen und Umweltinstitutionen. *RVR*

Massentierhaltung ↑Landwirtschaft, ökologische

Massenwirkungsgesetz ↑Metabolismus, industrieller

Materialwirtschaft, ökologische. Die ökologische Materialwirtschaft ist eine betriebliche Querschnittaufgabe, die sowohl die ↑Beschaffung, den Transport, die ↑Logistik, die Bedarfsermittlung, die Lagerung sowie das ↑Recycling und die Deponierung von Gütern und Stoffen umfasst. Sie stellt einen zentralen Ansatzpunkt des betrieblichen ↑Umweltmanagements dar. *BS*

Maut. Maut (M.) (von ahd.: muta, Wegzoll) ist eine Nutzungsgebühr für Straßen (u. U. Brücken und Tunnels). Bezugsgrundlagen sind die gefahrenen Kilometer (Streckenmaut – Péage) bzw. ein Zeitraum (Monat, Jahr – Vignette). M. soll der Reduzierung bzw. Verlagerung des (Güter-)↑Verkehrs auf die Schiene dienen, Wettbewerbsgleichheit von Straße, Bahn und Binnenschifffahrt herstellen, die ökologisch orientierte Umsteuerung bei ↑Logistik, Distributions- und Beschaffungsstrategien der Unternehmen zur Entlastung von ↑Umwelt und Gesundheitssystem bewirken und zur Finanzierung von Unterhalt und Ausbau der Verkehrsinfrastruktur beitragen. M. ist in Europa sehr verbreitet. In Deutschland wird ab 2003 Lkw-Maut erhoben, geplante Berechnungsgrundlagen sind die Anzahl der Achsen, Schadstoffemissionen, Ort und Zeit der Fahrleistung. Die Einführung der (weit gehend) automatisch erhobenen M. soll zu einer weltweiten Vorreiterrolle in diesem Technologiebereich führen (wie berührungslose Abfertigung, virtuelle Zahlstellen, Satellitennavigation). *IC*

Mediationsverfahren. Mediationsverfahren (M.) dienen der Schlichtung von Konflikten und beruhen auf Freiwilligkeit und Konsens. Die Konfliktparteien kommen unter der Moderation eines neutralen Sachverständigen zusammen und suchen gemeinsam nach Lösungen, die verpflichtend sind und von allen Seiten mitgetragen werden. Das M. unterscheidet sich von formellen Verwaltungs- und Planungsverfahren, indem es auf die Partizipation der Beteiligten und den direkten Dialog zwischen ihnen setzt. Der Mediator verfügt lediglich über die Entscheidungsmacht zu Verfahrensfragen und ist dafür verantwortlich, dass die Verhandlungen in einer offenen, kooperativen und konsensorientierten Atmosphäre ablaufen. Dabei muss er zum einen die wesentlichen Streitpunkte und die dahinter liegenden Interessen der Beteiligten offen legen, Win-Win-Lösungen aufzeigen und Interessensübereinstimmungen verdeutlichen. Eine besondere Herausforderung für den Mediator besteht in der Neutralisierung von Machtunterschieden und in der Ausklammerung fundamentaler Wertkonflikte.

Die Vorteile des M. gegenüber formalen Verfahren liegt in der gesteigerten Akzeptanz der erarbeiteten Lösungen auf allen Seiten, der Möglichkeit zur schnellen und kostengünstigen Herbeiführung von Konsenslösungen, der Überbrückung von bestimmten Widerständen und Informationsdefiziten sowie in der höheren Legitimität der Lösungen. Doch haben M. auch den Nachteil, dass sie weniger verbindlich sind als Gerichtsentscheidungen und behördliche Genehmigungen.

Das M. ist vor allem in Japan und den USA als Alternative zu gerichtlichen Entscheidungen verbreitet. Während es in Japan als ehrenrührig angesehen wird, gerichtlich zu prozessieren, und eine außergerichtliche Einigung daher meist vorgezogen wird, sind es in den USA die hohen Kosten von Gerichtsverfahren, die zur Attraktivität des M. beitragen. In Deutschland wurden M. vor allem bei größeren umstrittenen Bauprojekten wie Flughäfen und Müllverbrennungsanlagen eingesetzt. *BS*

Medien & Umwelt. Unterschieden werden «alte» Medien (Printmedien, Radio, Telefon, Fernsehen) und «neue» Medien (Computer, Mobiltelefon). Radio und Fernsehen leisten als «Straßenfeger» einen Beitrag zur Verkehrsentlastung; entgegen ursprünglichen Erwartungen leisten die neuen Medien dies nicht, vielmehr tragen sie zu erhöhtem Umweltverbrauch bei. Statt des «papierfreien Büros» ist mit Einführung des PC der Papierverbrauch signifikant gestiegen. PC-Benutzer entwickeln ein höheres Mobilitätsbedürfnis, u.a. als körperlichen Ausgleich zur bewegungsarmen Tätigkeit am PC und der optischen wie akustischen Reizüberflutung durch diese Technik. Nachteilig für die ↑Umwelt sind u.a. erhöhtes Verkehrsaufkommen und ↑Flächenverbrauch.

Im Bereich der Telekommunikation steigert das Mobiltelefon (Handy) die Freizeitmobilität durch permanente Erreichbarkeit, was spontane Treffen erleichtert. Das Internet ermöglicht die Arbeitsform des «Teleworking». Teleworker tragen kurzfristig zur Verkehrsentlastung bei, da sie nicht täglich in ihr Firmenbüro fahren müssen, Unternehmen sparen Kosten, da sie

Standorte zusammenlegen können. Die Teleworker selbst müssen jedoch oft weitere Strecken zurücklegen als zuvor; außerdem erhöht sich der Ausstattungsbedarf. Mobiltelefone, Rechner und Peripheriegeräte erfordern einen beträchtlichen Einsatz an ↑Energie und ↑Ressourcen. Die Geschwindigkeit des technischen Alterungsprozesses ist hoch. Der Geräteaustausch führt in Deutschland jährlich zu etwa 150000t schwer recyclingfähigem Elektroschrott. *IC*

Meeresschutz/-verschmutzung. Die Meere bedürfen als sensible Ökosysteme und wegen ihrer Bedeutung für das Weltklima des besonderen Schutzes. Das gilt sowohl für die küstennahen Bereiche als auch für den offenen Ozean. Bedroht werden die Meere durch Verschmutzungen und durch direkte Störungen der Tier- und Pflanzenwelt.

Der Verhütung von Verschmutzungen dient ein immer dichter werdendes internationales Regelwerk, das von der UN-Seerechtskonvention bis zu regionalen Vereinbarungen reicht und Grundlage für Programme und Maßnahmen sowie für eine intensive regionale Zusammenarbeit ist, z.B. in der OSPAR- und Helsinki-Kommission zum Schutz von Nordostatlantik und Ostsee. In diesen Gewässern zeichnen sich Teilerfolge ab.

Hauptquellen der Verschmutzung sind Einträge vom Lande, die über die Flüsse und die ↑Atmosphäre ins Meer gelangen. Ein besonderes Problem stellen zu hohe Nährstoffeinträge dar, die zu großflächiger ↑Eutrophierung führen. Weitere Reduzierungsmaßnahmen, insbes. für Stickstoffeinträge aus der Landwirtschaft und dem Verkehrsbereich, sind dringend erforderlich. Um die Belastung der Meere durch Gefahrstoffe zu verringern, soll die Einleitung prioritär benannter Stoffe bis 2020 schrittweise eingestellt werden. Die ↑Verklappung und Verbrennung von ↑Abfällen auf See, einst umweltpolitisches Symbolthema, ist seit langem weitestgehend beendet. Verschmutzungen durch Offshore-Aktivitäten, einschließlich des Betriebes von Windenergieanlagen, sollen durch strenge Einleitungsbeschränkungen und ein präventives Unfallmanagement verhindert werden. Schiffsunfällen mit Auswirkungen auf die Meeresumwelt wird durch Verbesserung der Schiffssicherheit entgegengewirkt, wenn auch immer noch viele technisch veraltete Schiffe unterwegs sind (häufige Tankerunfälle, s. ↑Amoco Cadiz). Dazu gehören umfassende Anforderungen an Schiff und Ladung, die Qualifikation der Schiffsbesatzungen, verkehrsregelnde Maßnahmen sowie umfangreiche Kontrolltätigkeiten. Die sog. Erika-I-Richtlinie sieht vor, dass in der EU Tanker ohne Doppelhülle unter die Lupe genommen werden; von 2015 an dürfen solche Schiffe in der EU keine Häfen mehr anlaufen. Der Untergang des Öltankers «Prestige» vor der spanisch-portugiesischen Küste hat zu der Forderung geführt, dieses Verfahren zu beschleunigen. Das Einleiten von Betriebs- und Ladungsrückständen (Öl, Chemikalien, Schiffsmüll) ist in Nord- und Ostsee, die als Sondergebiete ausgewiesen sind, verboten. In den Häfen müssen ausreichende Entsorgungsmöglichkeiten vorhanden sein und von der Schifffahrt angenommen werden.

Neben der Verhütung von Verschmutzungen gewinnt der maritime ↑Naturschutz an Gewicht. Im Rahmen des Handlungsspielraums, den das Völkerrecht bietet, werden auf See zunehmend geschützte Gebiete für Habitat- und ↑Artenschutz ausgewiesen. Erste Ansätze, die Auswirkungen von ↑Fischerei und ↑Aquakultur auf die ↑Biodiversität auch in der gemeinsamen Fischereipolitik der Europäischen Union stärker zu beachten, müssen vertieft werden. Belange des Meeresschutzes fließen in die Überlegungen ein, die ↑Nachhaltige Entwicklung der Küstenzonen durch ein integriertes Management zu fördern. Mehr und mehr wird die Meeresschutzpolitik von einem umfassenden Ökosystemansatz geprägt. Das betrifft auch die Planungen einer maritimen ↑EU-Umweltpolitik, die regionale und nationale Maßnahmen zunehmend beeinflusst. Ein wichtiger Anstoß dazu wird durch die ↑EU-Wasserrahmenrichtlinie gegeben, die über den terrestrischen Regelungsbereich hinaus auf den Meeresschutz ausstrahlt. Auf dem Erdgipfel in Johannesburg (s. ↑Weltgipfel für Nachhaltige Entwicklung (WSSD)) wurde vereinbart, «wo möglich» die ↑Überfischung der Meere bis zum Jahr 2015 zu beenden und bis zum Jahr 2012 ein Netzwerk geschützter Meeresgebiete einzurichten. *Peter Ehlers*

Mehrweg-Transportsysteme. Mehrweg-Transportsysteme sind ein standardisiertes, oft überbetrieblich in Tauschpools eingesetztes Verpackungsprinzip (z.B. Container, Paletten, Gitterboxen, Faltboxen, Versandtürme, Rollcontainer). Mehrfachverwendung schont ↑Ressourcen und vermindert ↑Emissionen. *IC*

Mengensteuerung ↑Emissionszertifikate

Menschenbild, ökologisches. Die Diskussion um die Notwendigkeit eines ökologisch ausgerichteten Menschenbildes (ö.M.) mit Leitbildfunktion wurde angesichts der ökologischen Probleme erforderlich. Unter einem M. kann generell die Gesamtheit der Annahmen über das Wesen des Menschen und sein Handeln verstanden werden. In ökologischer Hinsicht kommt vor allem der handlungsleitenden Dimension des M. große Bedeutung zu. Sowohl das Konzept der Nachhaltigkeit als auch die Diskussion um politische Lösungswege kommen nicht um eine Auseinandersetzung mit den anthropologischen und handlungstheoretischen Voraussetzungen herum. Sie treffen jeweils Annahmen über menschliches Verhalten, relevante Einflussmöglichkeiten und Veränderungsansätze.

Während herkömmliche M. stark auf ökonomische, soziale und technische Handlungsbereiche des Menschen ausgerichtet sind, fokussiert das M. des *Homo oecologicus* (Meinberg 1995) auf den Umgang des Menschen mit der natürlichen ↑Umwelt und auch mit seiner eigenen ↑Natur, dem Körper. Dieses M. versteht sich als leitbildartiges Konstrukt eines menschlichen Seins, das auf den verträglichen Umgang mit der Umwelt orientiert ist (es ist in diesem Sinne utopisch und normativ konstruiert).

Ausgehend von der Diskussion um die Umsetzung und normative Konzeptualisierung der Nachhaltigkeit, entstand das M. des *Homo sustinens* (Siebenhüner 2001), eines Wesens, das sich am

Leitbild der Nachhaltigkeit orientiert und sich seiner natürlich-biologischen Wurzeln, seiner Subjektivität und seiner kulturellen Einbindung bewusst ist. Zugleich stützt sich dieses M. auf wissenschaftliche Befunde der menschlichen Natur und kann daher auch einen analytischen Status beanspruchen. Es versteht sich insofern als Vermittlung zwischen wissenschaftlich beobachtbaren Tatbeständen und einer normativen Leitvorstellung. Es analysiert zugleich die Disposition von Menschen und beschreibt eine Leitvorstellung für zukünftige Entwicklung.

Für die nachhaltigkeitsorientierte Politik sind aus beiden Konzepten deutlich andere Schlussfolgerungen zu ziehen als aus dem in den Wirtschaftswissenschaften dominanten Bild des *Homo oeconomicus*. Dessen Orientierung auf monetäre Anreize wäre im Rahmen eines ö.M. durch pädagogische Maßnahmen, die Unterstützung kollektiver Zusammenarbeit in ökologisch orientierten Projekten oder die Förderung von Kommunikationsprozessen zu ergänzen bzw. zu konterkarieren. In der ↑Umweltpolitik kommt es demgemäß immer auf einen Instrumentenmix unter Einbeziehung «weicher» Instrumente wie Umweltbildung und informationelle Steuerung an.

Bernd Siebenhüner

Metabolismus, industrieller. Metabolismus (M.) ist in den Naturwissenschaften ein etablierter Begriff. Er bezeichnet die Gesamtheit der biochemischen Vorgänge, die im pflanzlichen, tierischen und menschlichen Organismus ablaufen und dem Aufbau, Umbau und der Erhaltung der Körpersubstanz und der Körperfunktionen dienen. Die Stoffwechselvorgänge lassen sich in Assimilation, Ernährung, Atmung, Verdauung, Resorption und Exkretion unterteilen. Krankheiten, die durch Stoffwechselstörungen bedingt sind und/oder mit solchen einhergehen, sind beim Menschen z.B. Fettsucht und Gicht.

Zwischen biologischen Organismen und industriellen Aktivitäten besteht eine auffällige Analogie. Die Wirtschaftswissenschaft hat früh das Konzept des Wirtschaftskreislaufs – in Analogie zum Blutkreislauf – entwickelt, nicht jedoch das Konzept des M. in ihre Theorie eingeführt. Allgemein lässt sich industrieller Metabolismus (i.M.) als die Gesamtheit aller physikalisch-chemischen Prozesse beschreiben, die Materialien, ↑Energie und Arbeit zu Endprodukten und Abfallstoffen verwandeln; in seiner dezentralen Wettbewerbsform wird er getragen durch den Preismechanismus. So gesehen, ist das Wirtschaftssystem ein metabolisch regulierender Mechanismus. Das Konzept des i.M. lässt sich auf verschiedenen Ebenen anwenden, auf der nationalen und regionalen Ebene, aber auch auf Wirtschaftsunternehmen bezogen. Ein verarbeitendes Unternehmen verwandelt Materialien, Energie und Arbeit in marktgängige Produkte und Abfallstoffe, und es bilanziert die finanziellen Aufwendungen für seine externen Transaktionen. Die physikalischen Bestände des Unternehmens lassen sich leicht beschreiben, und die entsprechenden ↑Stoffströme zwischen seinen Abteilungen und über seine Grenzen hinaus lassen sich gut verfolgen. Das Wirtschaftsunternehmen steht insofern in Analogie zum lebenden Organismus in der Biologie. Dabei gibt es jedoch gewichtige Unterschiede: Biologische Organismen reproduzieren sich von selbst; Unternehmen dagegen erzeugen Produkte oder Dienstleistungen, nicht aber andere Betriebe (außer durch Zufall). Zum anderen brauchen Unternehmen nicht spezialisiert zu sein, während natürliche Organismen i.d.R. hoch spezialisiert sind und ihr Verhalten nicht oder nur über einen langen Zeitraum hinweg verändern können.

Im Falle des Industriesystems haben sich in relativ kurzer Zeit instabile Zustände entwickelt. Insbes. liegt die Rate der Nährstoffmobilisierung durch menschliche Eingriffe in den meisten Fällen um ein Mehrfaches (!) über der der Natur. Das gilt für Kohlenstoff, Stickstoff, Schwefel und Phosphor und für die meisten toxischen ↑Schwermetalle. Auf der Basis solcher Stoffflussbetrachtungen sieht es so aus, als habe die rasch voranschreitende Industrialisierung das globale Ökosystem Erde bereits aus dem Gleichgewicht gebracht.

Mit dem Konzept des i. M. – und seiner Analogie zum biologischen Organismus – tauchen eine Fülle ungelöster umweltstrategischer und -politischer Fragen auf, insbes. solche nach Diagnose und Therapie der «Stoffwechselkrankheiten» des Industriesystems.

Udo E. Simonis

Minamata-Krankheit. Die Minamata-Krankheit ist eine Methylquecksilbervergiftung. Im Gebiet der gleichnamigen südjapanischen Stadt wurde eine Häufung von Nervenkrankheiten bei Fischern infolge chronischer Vergiftung durch Genuss kontaminierter Meerestiere beobachtet. Als Ursache wurde 1960 die ↑Verklappung von Quecksilber durch die Chisso AG (Produzent von ↑Düngemitteln und ↑Kunststoffen) festgestellt. Neben anderen Vergiftungen (wie die Itai-itai-Krankheit durch Cadmium) und die dadurch bewirkten gerichtlichen Auseinandersetzungen war dies der Beginn einer breiten ↑Umweltbewegung in Japan mit internationaler Auswirkung.

CH

Mineralölsteuer ↑Ökologische Steuerreform

MIPS ↑Umweltindikatoren

Mitgeschöpflichkeit. Mitgeschöpflichkeit bezeichnet das Miteinander aller Lebewesen, bezogen auf die Wirksamkeit des göttlichen Schöpfers. Der Mensch ist Geschöpf unter Geschöpfen in der Gemeinsamkeit kreatürlicher Sterblichkeit. Der Mensch soll nach biblischem Verständnis die Erde betreuen, nicht ausbeuten. *ALT*

Mitwelt, natürliche. Der Ausdruck «natürliche Mitwelt» wurde 1984 von dem Philosophen Klaus M. Meyer-Abich in kritischer Abgrenzung von dem üblichen Begriff ↑«Umwelt» eingeführt. Damit soll betont werden, dass die übrige Welt nicht nur für uns da ist. Sie ist mit uns und wir mit ihr.

ALT

Mobilität, ökologische. Der Begriff «ökologische Mobilität» (ö. M.) ist zunächst ein Widerspruch in sich, weil jeder ↑Verkehr als Realisierung von Mobilitätsbedürfnissen mit energetischem Aufwand und Ressourcenverbrauch verbunden ist. Hinzu kommt, dass M. nicht nur notwendige und zweckdienliche Ortsveränderungen umfasst, sondern oft auch als Selbstzweck betrachtet wird: Der Weg ist das Ziel. Dieser den Mobilitätsbedürfnissen zugrunde liegenden komplexen Motivstruktur ist Rechnung zu tragen, weil ansonsten Forderungen nach Verkehrsvermeidung folgenlos bleiben. Es geht also um eine dem Zweck angemessene und ↑Ressourcen sparende Wahl der möglichen Verkehrsmittel.

Zur ö.M. gehören sowohl nach Effizienzkriterien optimierte Verkehrsmittel als auch ein umweltbewusstes individuelles Verhalten. Nicht zuletzt die Verknüpfung der verschiedenen Verkehrsmittel (s. ↑Modal Split) gilt als Erfolg versprechender Weg zu einer ö.M. Damit sollen die vorhandenen Verkehrskapazitäten effizienter genutzt und zukunftsweisende Verkehrslösungen etabliert werden, die auch auf die Regionen der Welt ausstrahlen, in denen ein starkes Wachstum der Verkehrsleistungen auf Grund drastisch steigender Mobilitätsbedürfnisse zu erwarten ist.

Zu den wünschenswerten, zum Teil schon existierenden Elementen einer ö.M. gehören: Leichtbaumobile und optimierte Serienfahrzeuge wie der 3-Liter-Lupo von Volkswagen, minimierte ↑Brennstoffzellen für bestehende Automodelle wie der Necar von DaimlerChrysler, neue modular kombinierbare Züge für wechselnde Nachfragen im Bahnverkehr, aber auch bisherige Nischenangebote für organisiertes Autoteilen – das sich zunehmend professionalisierende ↑Car-Sharing.

Einer ökologisch verträglichen M. stehen jedoch zahlreiche Hindernisse entgegen:

- Kostenwahrheit: Sowohl der Auto- als auch der Flugverkehr tragen nicht alle Kosten, die durch ihre massenhafte Nutzung verursacht werden. Initiativen zur ↑Internalisierung der externen Kosten stoßen auf den Widerstand organisierter Interessen und gelten als politisch kaum durchsetzbar.
- Alternativangebote: Das Auto ist weiterhin Maßstab für Flexibilität und Verfügbarkeit. Dagegen sind die Angebote des öffentlichen Nah- und Fernverkehrs an starre Taktzeiten und Linien gebunden. Attraktive Alternativangebote des öffentlichen Verkehrs müssen daher flexibler sein und auch partielle Autonutzungen beinhalten.
- Routineverhalten: Verkehrsentscheidungen werden selten situativ und oftmals auch nicht marktrational gefällt. Verkehrsverhalten ist in Routinen eingelagert, wodurch der Alltag entlastet wird. Das privat verfügbare Auto hat enorme Vorteile, weil es ein «Nutzen ohne nachzudenken» ermöglicht. Eine einmal getroffene Verkehrsmittelwahl hat Bestand, ein Wechsel der Verkehrsmittel ist nur in Situationen des Routinebruchs wahrscheinlich.

Trotz schwieriger Rahmenbedingungen gibt es aber auch hoffnungsvolle Ansätze für eine ökologisch verträgliche M. Diese finden sich u.a. in Kommunen, in denen autoarme Wohngebiete, Quartiersbusse, Anrufsammeltaxis und vorbildliche Fahrradroutennetze realisiert wurden. Ein ambitioniertes Vorhaben hat die Deutsche Bahn AG im Jahr 2001 begonnen: Nach Schweizer Vorbild bietet sie ihren Kunden ein günstiges ↑Car-Sharing an sowie ein Fahrradangebot für innerstädtische Wege. Die Bahn agiert so gemäß ihrem neuen Leitbild, dem Kunden eine «geschlossene Wegekette von Haus zu Haus» anzubieten. *Weert Canzler*

Modal Split. Modal Split (MS) bezeichnet den jeweiligen Anteil der diversen Verkehrsmittel zur Abwicklung des ↑Verkehrs. Zentrales Ziel einer ökologischen Verkehrspolitik ist es, den Anteil des sog. Umweltverbundes (öffentlicher Verkehr, Fahrrad und Zu-Fuß-Gehen) am MS spürbar zu erhöhen und so ein weiteres Wachstum des Autoverkehrs zu dämpfen. *CA*

Modernisierung, ökologische. Ökologische Modernisierung (ö.M.) bezeichnet ein wissenschaftliches Konzept und ein politisches Programm zur Erneuerung und Umstrukturierung von Staat, Wirtschaft und Gesellschaft in Richtung ökologischer Verbesserungen. Das Konzept baut dabei auf mehreren grundlegenden Prinzipien und Erkenntnissen auf:

- Technisch-wissenschaftliche ↑Innovationen in Richtung umweltverträglicher und ↑Ressourcen sparender Technologien und Dienstleistungen sind unverzichtbar.
- Privatwirtschaftliche Unternehmen und die Marktkräfte können unter richtig gestalteten Rahmenbedingungen diese Innovationen hervorbringen.
- Strikte und vorsorgeorientierte Umweltpolitik ist nötig, um entsprechende Anreize und Impulse zu geben, die eine Transformation der Produktions- und Konsumprozesse herbeiführen. Auch strenge Umweltauflagen sind nicht notwendig wettbewerbsschädlich, weil sie z.B. zur Entwicklung innovativer Technologien führen können, die eine weltweite Marktführerschaft der Innovatoren ermöglichen, wie z.B. in der ↑Windenergie.
- Wegen der Tendenz, Umweltprobleme von einem ↑Umweltmedium in ein anderes zu verlagern (z.B. ↑Luftverschmutzung zu ↑Abfällen), setzt die ö.M. zunehmend auf integrierte Politikansätze, die alle Medien und auch verschiedene Regelungssektoren, wie z.B. Land-, Bau- und Energiewirtschaft, einbeziehen.
- Das Konzept schreibt ↑Umweltverbänden und der Zivilgesellschaft insgesamt eine besondere Rolle in der Herbeiführung ökologischer Veränderungsprozesse zu.

Das Konzept der ö.M. setzt auf die prinzipielle Versöhnbarkeit von ↑Ökologie und Ökonomie auf dem Wege der ↑Internalisierung ↑Externer Effekte. Wegen seiner optimistischen Ausrichtung wurde es zwar verschiedentlich kritisiert, im Laufe der 80er und 90er Jahre jedoch zunehmend in nationaler und supranationaler ↑Umweltpolitik mit einigem Erfolg umgesetzt. *BS*

Monetarisierung. Monetarisierung bezeichnet den Versuch, im Rahmen von Wirtschaftlichkeitsrechnungen Kosten und Nutzen einer Maßnahme in Geldeinheiten zu messen. Grundlagen solcher monetären ↑Bewertungen sind tatsächliche, berichtigte und unterstellte Marktpreise. Weil Umweltgüter nicht ohne weiteres dem Ausschlussprinzip des Marktmechanismus unterworfen sind, entfällt hier die übliche Marktpreisbewertung. Ersatzweise versucht man, mit Hilfe von marktanalogen Bewertungsverfahren Geldwerte für die Nutzen von Umweltdiensten zu finden. Die bislang übliche Bewertung des öffentlichen Gutes «bessere Umwelt» (s. ↑Öffentliche Güter) knüpft an die von der Umweltverschmutzung ausgehenden Schäden für die menschliche Gesundheit, die Tier- und Pflanzenwelt sowie für die Materialien an und betrachtet die durch umweltverbessernde Maßnahmen vermiedenen Schadenskosten als Maß für den aus der Umweltverbesserung erwachsenden Nutzen.

UES

Monokultur. Monokultur steht für die Bewirtschaftung eines großen Areals mit nur einer Pflanzenart in Land-, ↑Forstwirtschaft und ↑Aquakultur meist während eines längeren Zeitraums. Der Vorteil ist die kurzfristig hohe wirtschaftliche Effizienz, Nachteile sind die Zerstörung der Bodenqualität (s. ↑Boden), die explosionsartige Verbreitung von Schädlingen und Seuchen sowie die Reduzierung der Artenvielfalt (s. ↑Biodiversität).

IC

Montrealer Protokoll. Das Montrealer Protokoll (MP) wurde 1987 unterzeichnet und inzwischen von über 180 Regierungen ratifiziert. Es sah bis 1998 eine Drosselung des Gebrauchs von ↑Fluorchlorkohlenwasserstoffen (FCKW) in den Industrieländern um 50% gegenüber 1986 vor, während den Entwicklungsländern eine Übergangszeit von zehn Jahren eingeräumt wurde. Das MP war der erste globale Umweltvertrag, der das ↑Vorsorgeprinzip durchsetzte: Es kam zu entschiedenem Handeln, noch bevor der vermutete Schaden bewiesen worden war. Erst nach der Aushandlung des Vertrages konnten Wissenschaftler bestätigen, dass das in der Antarktis beobachtete Phänomen der Schädigung der Ozonschicht tatsächlich durch FCKW verursacht worden war. Damit gewann die Forderung nach einem völligen Produktions- und Verwendungsstopp für ozonschädigende Chemikalien neuen Auftrieb. Auf Folgekonferenzen in London (1990), Kopenhagen (1992), Wien (1995) und Peking (1996) wurde das Protokoll erweitert und substanziell verschärft. Die Anzahl der kontrollierten Substanzen, zu denen auch Bromverbindungen gehören, stieg von ursprünglich 8 auf über 80; bis 1996 waren die wichtigsten davon in den Industrieländern aus der Produktion genommen. Man geht davon aus, dass sich die Ozonschicht bis Mitte des Jahrhunderts wieder erholt haben wird.

Erstmals war die Schädigung der stratosphärischen Ozonschicht durch FCKW 1974 von Sherwood Rowland und Mario Molina theoretisch begründet worden. Diese Veröffentlichung löste heftige Kontroversen aus, da FCKW außerordentlich nützliche und ökonomisch rentable Substanzen waren, nicht toxisch, nicht entzündlich und nicht korrodierend, deren Anwendungsbereich von Pharmazeutika bis zur Telekommunikation reichte. In einigen Ländern, darunter Kanada, Schweden und die USA, wurden bereits Ende der 1970er Jahre FCKW-Aerosolprodukte (s. ↑Aerosole) verboten, während Regierungen und Chemieunternehmen in Europa, Japan und der ehem. Sowjetunion entschiedene Maßnahmen ablehnten. Vom ↑UN-Umweltprogramm (UNEP) einberufen, fand 1977 die erste von mehreren Konferenzen zur FCKW-Gefahr statt. Auf Grund des fortgesetzten Widerstands der Industrie und der Unsicherheit der wissenschaftlichen Befunde begann erst 1982 die Aushandlung eines internationalen Abkommens. 1985 wurde die ↑Wiener Konvention verabschiedet, in der zur Zusammenarbeit in der Forschung aufgerufen wurde, FCKW aber gar nicht erwähnt sind.

Die Entdeckung eines saisonalen Zusammenbruchs der Ozonkonzentration über der Antarktis (sog. Ozonloch) hatte 1983 das Problem öffentlich bekannt gemacht. Gleichzeitig begannen die US National Aeronautics and Space Administration (NASA) und die National Oceanic and Atmospheric Administration (NOAA) eine umfangreiche Untersuchung der stratosphärischen Ozonschicht. Für ihre bahnbrechende Arbeit über die Ozonschicht und die Folgen ihrer Schädigung für alles Leben auf der Erde erhielten Rowland und Molina zusammen mit Paul J. Crutzen (Universität Mainz) 1995 den Nobelpreis für Chemie.

Das MP ist der erste internationale Vertrag mit Nord-Süd-Priorität, der Finanz- und ↑Technologietransfers (multilateraler Ozonfonds) vorsieht, um den Entwicklungsländern die Umsetzung der Vereinbarungen zu erleichtern. Das Protokoll gab den Anstoß zu einer technologischen Revolution; es trieb die Entwicklung von Ersatzstoffen voran, und zwar zu viel geringeren Kosten als ursprünglich erwartet.

Richard Elliot Benedick

Moore. Moore (M.) sind Lagerstätten einer mindestens 30 cm mächtigen Torfschicht und ihrer Vegetationsdecke. Torfe sind Ablagerungen abgestorbener Moose und höherer Pflanzen, die sich infolge einer durch weit gehenden O_2-Abschluss (überstehendes Wasser) erfolgten Verwesung im Prozess der Inkohlung befinden. Kennzeichnend für diesen Prozess ist die Zunahme des Kohlenstoffgehalts bei gleichzeitiger Abnahme des Wasserstoff- und Sauerstoffgehalts. Als natürliche Wasserspeicher sind M. eine wesentliche Komponente des ↑Wasserhaushalts der sie umgebenden Landschaft. Gemessen am Anteil bedrohter Pflanzen- und Tierarten, nehmen sie einen Spitzenplatz unter den Ökosystemen ein. Ihr Fortbestand ist stark gefährdet, so dass ihre vollständige Sicherung erforderlich ist. Nach Herkunft des ↑Wassers werden zwei Moortypen (jeweils mit Übergangstypen) unterschieden:

- Hochmoore bilden sich ausschließlich unter dem Einfluss von Niederschlagswasser und können nur in niederschlagsreichen Gebieten entstehen. Mit fortschreitendem Wachstum ihrer Vegetationsdecke, der Torfmoose, und gleichzeitigem Absterben der darunter liegenden Vegetation wölben sie sich über ihre Umgebung empor. Der Einfluss von Grund- oder Überflutungswasser ist somit ausgeschaltet. Die Nährstoffzufuhr erfolgt lediglich über Niederschläge und Flugstaub, d.h., sie sind sehr nährstoffarm.
- Niedermoore können sich dort bilden, wo sich Wasser in Geländesenken ohne Abfluss sammelt.

Neben Regenwasser benötigen sie Grund- und/oder Oberflächenwasser zu ihrer Entstehung. Sie können nährstoffreich sein. Häufig entstehen sie aus der Verlandung von Seen mit Röhrichtgürteln. Wächst ein Niedermoor durch Torfanhäufung allmählich über den Einzugsbereich des Grundwassers hinaus, kann sich aus ihm ein Hochmoor entwickeln. *A&HPJ*

MTS ↑Mehrweg-Transportsysteme

Müllabfuhr. Müllabfuhr (M.) ist die Sammlung und der Transport von überwiegend aus Haushalten stammenden ↑Abfällen oder hausmüllähnlichen Gewerbeabfällen. An die Sammelbehälter werden unterschiedliche Anforderungen, wie Geschlossenheit, Haltbarkeit, Arbeitsschutz, Unbrennbarkeit und Handhabbarkeit gestellt. Mit Einführung der getrennten Sammlung von Wertstoffen verändert sich der Begriff M. zu Restmüllabfuhr. Sie umfasst den Teil des Mülls, der nach Abtrennung der diversen verwertbaren Fraktionen verbleibt. *SCH*

Mülltourismus. Mülltourismus bezeichnet das Verbringen von ↑Abfall, insbes. ↑Sonderabfall, über Staatsgrenzen hinweg mit dem Ziel der Verschleierung seines Verbleibs bzw. der Verschiebung der damit verbundenen ökologischen Probleme. Zunächst vor allem innerhalb Europas aufgetreten, wurde der Mülltourismus zunehmend auch zu einem Bestandteil der Nord-Süd-Beziehungen (z.B. von Europa nach Afrika und Asien). Motive sind u.a. verschärfte Umweltgesetze, Widerstand der lokalen Bevölkerung gegen Abfallbehandlungsanlagen und dadurch gestiegene Beseitigungskosten. *UES*

Müllverbrennung ↑Abfallverbrennung

Multilateraler Ozonfonds ↑Montrealer Protokoll

NABU ↑Naturschutzbund Deutschland

Nachhaltige Entwicklung. Auf der ↑Konferenz über Umwelt und Entwicklung der UN (UNCED) 1992 wurde Nachhaltige Entwicklung (NE) (engl.: sustainable development) in der ↑Agenda 21 als Leitbild für das 21. Jahrhundert proklamiert. Der Terminus hat sich durchgesetzt; aber auch Begriffe wie zukunftsfähige, dauerhaft-umweltverträgliche oder tragfähige Entwicklung werden synonym verwendet.

Eine Vorgeschichte hat der Begriff in der deutschen ↑Forstwirtschaft. Er kam im frühen 18. Jahrhundert auf, als in einigen Bergregionen die Wälder abgeholzt wurden und als Geldeinnahmequelle zeitweise nicht mehr nutzbar waren. Daraus entstand die Forderung, dass künftig nur noch so viele Bäume abgeholzt werden sollten, wie neue nachwachsen. Besondere Impulse für die heutige Debatte über Nachhaltigkeit gingen vom ↑Club of Rome («Limits to Growth», 1972) und der Weltkommission für Umwelt und Entwicklung («Our Common Future», 1987) aus. Doch werden dem Begriff «Nachhaltigkeit» höchst unterschiedliche Bedeutungen beigemessen. Wichtig ist die Unterscheidung von schwacher und starker Nachhaltigkeit: Schwache Nachhaltigkeit besagt, dass natürliches Kapital durch andere Kapitalarten (produziertes Kapital, Infrastruktur) substituiert werden kann; starke Nachhaltigkeit geht dagegen von einer komplementären Beziehung dieser Kapitalarten aus (Fischerboote ohne Fische sind nutzlos).

Dem Leitbild Nachhaltigkeit kommt die Funktion einer regulativen Idee zu, deren prinzipielle Handlungsanweisung lautet, unser Handeln so zu organisieren, dass wir nicht auf Kosten der ↑Natur, anderer Menschen, anderer Regionen oder anderer Generationen leben. Dies gilt sowohl für den einzelnen Menschen als auch für jede Organisation und Institution (Staat, Unternehmen, Vereine, Schulen, Familien etc.). Dazu bedarf es der Fähigkeit zur Selbstreflexion, um die Folgen des eigenen Handelns und Nichthandelns einschätzen und berücksichtigen zu lernen (Verantwortung, langfristiges und globales Denken). Strategisch geht es darum, die ökologische, ökonomische, soziale und kulturelle Dimension von Entwicklung so miteinander zu verknüpfen, dass gerechte Lebenschancen innerhalb der heutigen und für die folgenden Generationen möglich sind (intra- und intergenerative ↑Gerechtigkeit, s. ökologischer ↑Generationenvertrag). Umstritten ist, ob dabei der ↑Ökologie Vorrang zukommt oder ob alle Dimensionen der Nachhaltigkeit gleichrangig zu beachten sind. Unumstritten ist dagegen, dass die industrielle, ressourcenintensive Lebens- und Produktionsweise nicht auf alle Staaten und Regionen der Welt übertragen werden kann, weil die Tragfähigkeit der Erde begrenzt ist.

Zur Realisierung einer NE können vier Basisstrategien verfolgt werden: 1. ↑Effizienz: Minimierung des Einsatzes von ↑Ressourcen bei vergleichbarer Leistung; 2. ↑Suffizienz: Änderung der ↑Lebensstile und Konsummuster; 3. ↑Konsistenz: Anpassung an natürliche Kreisläufe und Prozesse (z.B. Ersatz für nichtregenerative Ressourcen); 4. ↑Partizipation: Demokratisierung von Entscheidungsprozessen (Klärung von Bedürfnissen, Zielen, Strategien). Ob und in welcher Weise diese Strategien gemeinsam verfolgt werden müssen, ist strittig; absehbar ist, dass die Effizienzstrategie für eine NE allein nicht hinreicht. Die Gestaltung des damit verbundenen Kurswechsels stellt eine zentrale Zukunftsaufgabe dar. Hierzu gilt es, zahlreiche strukturelle Hemmnisse zu überwinden, insbes. kurzfristige Zeithorizonte, partielle Machtinteressen, institutionelle Defizite und Nicht-Wissen. *Edgar Göll*

Nachhaltiger Konsum ↑Konsum, ökologisch orientierter

Nachhaltigkeit ↑Globalisierung & Nachhaltigkeit; Nachhaltige Entwicklung; Nachhaltigkeitsstrategie

Nachhaltigkeitsrat ↑Rat für Nachhaltige Entwicklung

Nachhaltigkeitsstrategie. Die Nachhaltigkeitsstrategie (N.) «Perspektiven für Deutschland» vom April 2002 ist das Konzept zur Einleitung und Durchsetzung einer ↑Nachhaltigen Entwicklung in Deutschland. Erstmalig liegt ein solches Konzept mit der

politischen Verbindlichkeit eines Kabinettsbeschlusses vor. Im Vorfeld hatte die Bundesregierung im Jahr 2001 den ↑Rat für Nachhaltige Entwicklung (RNE) zu ihrer Beratung in der Nachhaltigkeitspolitik einberufen.
Die Aufstellung von nationalen N. geht auf die 1992 in Rio de Janeiro beschlossene ↑Agenda 21 zurück. Neu sind die integrierte Sichtweise von ↑Umwelt und Entwicklung, das partizipative Herangehen sowie die durch quantifizierte Ziele und Zeitpläne abgesteckten Wegmarken zur Nachhaltigkeit. Vor allem die Quantifizierung soll Nachhaltigkeitspolitik aus der unverbindlichen Programmatik herausführen. Anhand von sieben Handlungsfeldern und 21 Indikatoren soll der Erfolg der Strategie im Zeitverlauf gemessen werden. Die wichtigsten Ziele der deutschen N. sind die Begrenzung des ↑Flächenverbrauchs, die Erweiterung der Ausgaben für die ↑Entwicklungszusammenarbeit, der Ausbau der erneuerbaren ↑Energieträger und die Weiterführung der Vorreiterrolle im Klimaschutz. Zahlreiche andere Staaten verfügen über ähnliche Nachhaltigkeitsstrategien. *GB*

Nachwachsende Rohstoffe. Nachwachsende Rohstoffe oder «Nawaros» stammen von rezenten, d.h. gegenwärtig lebenden Tier- und Pflanzenarten (Ggs.: fossil) ab (z.B. Holz, Stroh, Raps- und Sonnenblumenöl u.a. Kulturpflanzen) und werden vom Menschen für Zwecke verwendet, die nicht der ↑Ernährung bzw. der Tierfütterung dienen (chemisch-technische und/oder energetische Nutzung). *A&HPJ*

Nahrungskette. Nahrungskette bezeichnet die Nahrungsbeziehungen von lebenden Arten in Ökosystemen, z.B. die Fraßnahrungskette Plankton – Fisch – Mensch. Bei Eintrag von ↑Schadstoffen erfolgt stufenweise eine Konzentration (Akkumulation); am Ende der Kette ist eine schädliche Wirkung über die Nahrungsaufnahme möglich (Biomagnifikation). *JA*

National Environment Policy Plan (NEPP). Der National Environment Policy Plan (NEPP) ist ein nationaler Umweltplan der Niederlande, der seit 1989 vorgelegt wird und vielen anderen Staaten als Vorbild gilt. Der aktuelle NEPP 4 umfasst neben dem Ziel einer nachhaltigen ↑Umweltpolitik neuartige Elemente der Vorsorge und Eigenverantwortung sowie eine weit gehende Politikintegration. *SLT*

Nationalpark. Ein Nationalpark (N.) ist ein großräumiges, streng geschütztes Schutzgebiet nach § 24 des ↑Bundesnaturschutzgesetzes. Ziel eines N. ist es, im überwiegenden Teil des Gebiets eine möglichst ungestörte Entwicklung der Naturvorgänge in ihrer natürlichen Dynamik zu gewährleisten. Gegenwärtig gibt es in Deutschland 13 N. *AV*

Natur. Natur (N.) bedeutet im heutigen Allgemeinbewusstsein ungefähr die «grüne Welt», die man vor dem Fenster hat oder dort vermisst. Gleichzeitig ist damit aber philosophisch das gemeint, was von N. aus so ist, wie es ist – im Gegensatz zur Kultur, vermöge derer die Dinge erst von uns aus so sind, wie sie sind.
Beiderlei Naturverständnisse sind nicht vereinbar, weil die grüne Welt als Teil eines Gartens oder einer ↑Kultur-

landschaft i.d.R. kultivierte N. ist, d.h. sowohl zur N. als auch zur Kultur gehört. Wer den Gegensatz zwischen N. und Kultur aufrechterhalten wollte, dürfte nur die von Menschen unberührte Welt als N. gelten lassen, die es aber kaum noch gibt. Eine zur Orientierung im menschlichen Verhalten bessere Lösung ergibt sich, wenn man die Entgegensetzung von N. und Kultur aufgibt, indem auch die Menschheit uneingeschränkt zur N. gerechnet wird (so wie wir es im Krankheitsfall erfahren und aus der Abstammungslehre wissen). Der am ehesten spezifisch menschliche Beitrag zur Naturgeschichte ist die Kultur, die Ergebnis der menschlichen Fähigkeit zu Bewusstsein und Denken ist.

Wenn wir Menschen uns selber uneingeschränkt als Naturwesen verstehen, meinen wir mit der N. nicht mehr nur einen Teil des Ganzen, sondern das Ganze selbst. Die Grundfrage der praktischen Naturphilosophie ist, welche Umgangsformen hinsichtlich der nichtmenschlichen Dinge und Lebewesen der N. den Menschen und der außermenschlichen N. angemessen sind. Im bisher vorherrschenden anthropozentrischen Natur- und Menschenbild (s. ↑Anthropozentrismus) gilt die außermenschliche N. als ein Ensemble von ↑Ressourcen zur Deckung menschlicher Bedürfnisse; d.h., uns Menschen wird die Sonderstellung zugesprochen, dass die gesamte übrige Welt für uns da sei, wir aber nicht auch für sie.

Die Alternative zum anthropozentrischen N.- und Menschenbild ist das physiozentrische, in dem alle Dinge und Lebewesen ihren je besonderen Eigenwert im Ganzen der N. haben, so dass sie alle im natürlichen Mitsein zur Gemeinschaft der N. gehören und kein Teil der Welt nur für einen anderen als dessen Umwelt da ist (s. ↑Ethik und ↑Biozentrismus). Physiozentrisch verstanden, sind die Dinge und Lebewesen der außermenschlichen N. nicht als unsere Umwelt *für* uns, sondern als unsere natürliche Mitwelt *mit* uns da. Indem wir von ihnen leben, bringen wir in Gestalt unserer Kultur etwas Gutes in die Welt, das auch unserer natürlichen ↑Mitwelt zugute kommt. Ebenso wie die Menschheit ist auch die außermenschliche N. nur ein Teil des Ganzen, allerdings der größere.

Die Alternative zwischen dem physiozentrischen und dem anthropozentrischen N.- und Menschenbild – als Mensch N. zu *sein* oder N. zu *haben* – setzt ein normatives, d.h. wertbestimmtes Naturverständnis voraus (s. ↑Werte, ökologische; ↑Menschenbild, ökologisches). Beide Haltungen bewerten die N. und den Menschen im Naturzusammenhang zwar verschieden, kommen aber darin überein, dass N. letztlich ein normativer Begriff ist. An dieser Norm ist – so oder so – zu bemessen, welche anthropogenen Veränderungen dem Menschen wie dem Ganzen der N. angemessen (naturgemäß) sind und welche nicht.

Klaus M. Meyer-Abich

Natura 2000 ↑Flora-, Fauna-, Habitat-Richtlinie

Naturerfahrung. Es gibt zwei Grundformen der Naturerfahrung (N.), die der Dinge der ↑Natur (Tiere, Pflanzen, Landschaften, Luft und Licht, Erde und Wasser) und die der Natur oder des Seins der Dinge. Erstere kann 1. eine wissenschaftlich-technisch verfügende oder 2. der Natur des jeweiligen Anderen im natürlichen Mitsein gewidmet sein, während Letztere von der N. der Dinge der Natur in die N. der Natur der Dinge als der zweiten Grundform sowie der gemeinsamen Natur aller Dinge übergeht. *KMA*

Naturerziehung. Naturerziehung (N.) ist Erziehung für den ↑Frieden mit der Natur. Sie beginnt im Umgang mit den Dingen und Lebewesen der natürlichen ↑Mitwelt – als Gesundheitserziehung auch in Bezug auf den eigenen Leib – und führt von der ↑Naturerfahrung der Dinge der ↑Natur zu der Natur der Dinge. N. ist im Wesentlichen Gefühls- und Bedürfnisbildung und dadurch in der Schule vor allem eine Aufgabe des Deutsch- und Kunstunterrichts, des Religionsunterrichts, daneben aber auch kognitive Bildung in den naturkundlichen Fächern, wobei die Tier- und Pflanzenkenntnis in den Vordergrund gerückt werden sollte. Dies setzt voraus, dass darauf auch in der Lehrerausbildung wieder Wert gelegt wird. Einen wichtigen Beitrag hierzu leisten Naturschutzvereine. *KMA*

Naturkatastrophen ↑Katastrophen/Naturkatastrophen

Naturschutz. Die Ursprünge des Naturschutzes (N.) lassen sich auf den Beginn des 19. Jahrhunderts zurückdatieren. Im Gefolge der Heimatbewegung wurden erste Versuche zur Erhaltung wertvoller Landschaftsteile vor den Auswirkungen der beginnenden Industrialisierung unternommen. Lange Zeit konzentrierte man sich auf den Schutz einzelner Arten oder ↑Biotope. Erst ab den 1970er Jahren kamen Konzepte des großräumigen Biotopschutzes, des Prozessschutzes und um integrierte Nutzungskonzepte hinzu. Dies deshalb, weil die Grenzen der Artenschutzmaßnahmen sichtbar geworden waren: Zu kleine, isolierte und durch Schadstoffeinträge von außen verschmutzte Schutzgebiete boten keine Basis für einen dauerhaft erfolgreichen Schutz. Mittlerweile wird N. nicht mehr nur verstanden als Summe aller Einzelmaßnahmen zum Schutz von Tier- und Pflanzenarten, sondern auch als medienübergreifender Schutz des gesamten Naturhaushalts.

Insgesamt sind in Deutschland Teilerfolge bei der Bestandssicherung einzelner gefährdeter Arten und bei der Renaturierung einzelner Landschaftsteile erzielt worden. Auch konnte die Fläche der streng geschützten Naturschutzgebiete von 1,3 % im Jahr 1990 auf 2,7 % im Jahr 2001 gesteigert werden. Der anhaltenden Zerstörung und Zerschneidung von ↑Natur und Landschaft, vor allem durch Städte- und Infrastrukturbau und durch Abbau von ↑Rohstoffen, konnte aber nicht entscheidend entgegengewirkt werden. Als Folge hält der allgemeine Trend der Landschaftsverarmung, des Artenschwundes und der Beeinträchtigung der Leistungs- und Nutzungsfähigkeit des Naturhaushaltes sowie seiner Erholungs- und Erlebnisqualität an.

Etwa zwei Drittel aller Biotoptypen (und fast alle wertvollen Biotoptypen) sind als gefährdet eingestuft; mindestens 39 % aller Tierarten und 28 % der Pflanzenarten sind stark gefährdet oder bereits ausgestorben; die Schutzgüter ↑Wasser, ↑Boden oder Luft sind in ihrer Funktionsfähigkeit in vielen

Gebieten dauerhaft gestört. Eine Ursache ist die Durchsetzungsschwäche der Naturschutzverwaltungen gegenüber anderen Fachverwaltungen: Naturschutzbelange werden insbes. in Bauplanungen unzureichend berücksichtigt. Auf Grund fehlender finanzieller Mittel können Landwirten kaum attraktive Angebote zur Umstellung ihrer Bewirtschaftung gemacht oder der Erwerb und die Unterhaltung ausreichend großer Flächen geleistet werden. Zukünftig wird es darauf ankommen, die Kommunikation und Kooperation mit den Nutzern von Natur und Landschaft zu verbessern und Naturschutzbelange wirkungsvoller zu vermitteln. Nach wie vor wird N. von weiten Teilen der Bevölkerung auf den Schutz seltener Arten reduziert, der im Zweifelsfall hinten anzustehen hat. N. muss demgegenüber als Bestandteil einer nachhaltigen Regionalentwicklung konzipiert werden, die zu neuen Entwicklungsperspektiven und Beschäftigungsmöglichkeiten beiträgt. Zahlreiche Einzelvorhaben bestätigen die Machbarkeit einer solchen integrativen Gesamtstrategie (Rhön, Eifel etc.). Daneben muss die Integration in andere relevante Politikfelder konsequent betrieben werden. Erste Schritte hierzu sind die ↑Verbandsklage und die Definition der «guten fachlichen Praxis» im neuen ↑Bundesnaturschutzgesetz.

Axel Volkery

Naturschutzbund Deutschland (NABU). Der 1899 als Bund für Vogelschutz gegründete und 1990 umbenannte Naturschutzbund Deutschland (NABU) hat sich zum Ziel gesetzt, durch Naturschutzprojekte, Öffentlichkeitsarbeit und Kampagnen auf die Zerstörung der ↑Natur durch den Menschen aufmerksam zu machen. Der NABU ist überparteilich und hat rund 370000 Mitglieder. Über 100 NABU-Naturschutzzentren bieten Information und Umweltbildung an. *www.nabu.de* *BP*

Naturvölker ↑Gemeinschaften, indigene

Naturwissenschaft, soziale. Die ↑Ökologie als Naturwissenschaft hat ihren Ursprung in Überlegungen zum Naturhaushalt und zu den symbiotischen Beziehungen in ökologischen Systemen. Typische Beispiele sind das ↑Korallenriff und der Waldteich. Das bedeutet aber, dass nicht klar ist, ob die Ökologie als Naturwissenschaft die angemessene Antwort auf das Umweltproblem darstellt. Hier hat man es nämlich mit gesellschaftlich bestimmten Naturstücken zu tun, und zwar sowohl was ihre Grenzen als auch was die Normwerte angeht. Typische Beispiele sind ein Acker, ein Park oder ein Forst. Zur wissenschaftlichen Behandlung solcher Naturstücke – dann ökologische Gefüge genannt – wurde das Konzept einer sozialen Naturwissenschaft vorgeschlagen, d.h. einer Wissenschaft, die sozial konstituierte Natur behandelt (Böhme/Schramm 1985). Dieses Konzept wurde unter dem Stichwort «gesellschaftliche Naturverhältnisse» weiterentwickelt. Als Rahmenkonzept dient es für einen entsprechenden Förderschwerpunkt beim Bundesforschungsministerium.
Ein weiterer Mangel der naturwissenschaftlich verstandenen Ökologie ist die Vernachlässigung der ästhetischen Dimension. Wenn es um menschliche

↑Umwelt geht, tragen deren ästhetische Qualitäten wesentlich zum Befinden des Menschen bei. Diese Ergänzung der Ökologie wurde unter dem Begriff «ökologische Naturästhetik – neuerdings auch ↑Ästhetik der Nachhaltigkeit – vorgenommen. *BÖ*

NEPP ↑National Environment Policy Plan

Netzwerk. Ein Netzwerk (N.) ist eine Form der Kooperation zwischen Individuen oder Gruppen, die auf freiwilliger Basis zustande kommt und meist informelle Strukturen hat. Im ↑Umweltschutz sind N. zur Artikulation ökologischer oder sozialer Anliegen auf nationaler wie internationaler Ebene wichtig. Die Vernetzung verschiedener Interessengruppen kann kooperative Lösungen für Umweltprobleme befördern. *BS*

Nichtregierungsorganisationen (NRO). Der Begriff «Nichtregierungsorganisation» (NRO) (engl.: Non Governmental Organization (NGO)) wurde zum ersten Mal 1945 auf einer Konferenz der Vereinten Nationen in San Francisco benutzt. Er diente zur Unterscheidung der Beteiligungsrechte für Staaten und internationale private Organisationen.

NRO als solche gab es schon vor 1945, die Bezeichnung gelangte erst ab den 1970er Jahren außerhalb der UN in den allgemeinen Sprachgebrauch. Eine NRO ist eine freiwillige Vereinigung von Bürgern, die kontinuierlich für gemeinsame Ziele unabhängig von direkter Kontrolle durch Regierungen, nicht an finanziellem Gewinn orientiert, nicht kriminell und gewaltfrei handelt. Unterscheiden lassen sich Interest Groups, die subjektive, selbstbezogene Interessen vertreten, und Pressure Groups, die sich für objektivere Ziele einsetzen, von deren Auswirkung sie nicht direkt selbst betroffen sind.

Ihr Engagement beruht rechtlich auf der Vereinigungsfreiheit und politisch auf dem Pluralitätsgebot für jede Demokratie. In der Regel werden NRO als Vereine von den Steuerbehörden als gemeinnützig anerkannt und sind damit von der Steuerpflicht ausgenommen.

Im Zuge der Globalisierung haben sich NRO weltweit entwickelt. Sie bieten lokal, national und international – und bei Bedarf blitzschnell vernetzt – Beiträge zur Lösung globaler Schlüsselprobleme: Umweltzerstörung und Nord-Süd-Konflikt ebenso wie Menschen- und Frauenrechte.

NRO in Nord und Süd eint die Erkenntnis, dass nur eine radikal veränderte nachhaltige Wirtschafts- und Lebensweise der Menschheit als Gattung auf Dauer die Chance zum Überleben sichern kann.

NRO im Norden streben in erster Linie einen entsprechenden Bewusstseins- und Politikwandel in ihren Ländern an. Sie greifen zurück auf 30 Jahre Erfahrungen der Studentenbewegung, von Bürgerinitiativen und Sozialen Bewegungen (s. ↑Umweltbewegungen).

Neben operationalen NRO, die Mittel zur Durchführung eigener Projekte mobilisieren, engagieren sich andere NRO durch Lobbyarbeit, publizistische Öffentlichkeitsarbeit, Fachveranstaltungen oder öffentliche Demonstrationen. Nach Schätzungen kommen auf einen Lobbyisten von NRO in Berlin oder Brüssel 100 Lobbyisten der Wirtschaft.

Angesichts des unzureichenden parlamentarischen Einflusses werden für das Alltagsleben bedeutsame internationale Verhandlungsprozesse (z. B. zur Privatisierung des Bildungs- und Gesundheitswesens im Rahmen von ↑Welthandelsorganisation (WTO) und GATT (General Agreement on Tariffs and Trade)) oft nicht genügend legitimiert. NRO übernehmen hier als kritische Begleiter und Vermittler in der nationalen Diskussion eine Aufgabe als «Überbrücker» zunehmender Legitimitätsmängel.
EU und die ↑Organisation für wirtschaftliche Zusammenarbeit und Entwicklung (OECD) öffnen sich allmählich der Mitwirkung von NRO, jedoch noch unter den Standards der UN, denen zufolge NRO nur beratend tätig werden können. Unter der rot-grünen Bundesregierung wurden NRO verstärkt in Beratungsgremien aufgenommen. Allerdings verlangen ↑Weltbank und Bundesministerium für wirtschaftliche Zusammenarbeit und Entwicklung (BMZ) von Süd-Regierungen stärkere NRO-Beteiligungsrechte, als etwa die Bundesregierung den NRO bei der Erarbeitung ihrer ↑Nachhaltigkeitsstrategie eingeräumt hat.
Haupthemmnis einer stärkeren Wirksamkeit von NRO in Deutschland ist ihre überwiegend prekäre finanzielle Lage. Ohne eine stärkere Öffnung unabhängiger Finanzquellen werden sie ihre genuine Aufgabe nur unzureichend wahrnehmen können.

Michael Baumann

Nitrat ↑Grundwasser

Nitrofen. Nitrofen ist ein Unkrautvernichtungsmittel, dessen Anwendung in Deutschland verboten ist, seit 1988 in den alten, seit 1990 in den neuen Bundesländern. Im Januar 2002 erfolgte ein erster Nitrofen-Nachweis in Babynahrung, im März in Futtermitteln und Fleisch, später auch in Legehennen und Eiern. Betroffen waren Mecklenburg-Vorpommern und Niedersachsen. Im Mai erging ein Handelsverbot für 100 ökologisch bewirtschaftete Betriebe, die Futter von einer verdächtigten Firma bezogen hatten. Die Kontaminationsquelle wurde im Juni in Malchin gefunden, zahlreiche konventionell bewirtschaftete Betriebe in Mecklenburg-Vorpommern wurden gesperrt.

BS

Nordsee ↑Meeresschutz/-verschmutzung

Normen. Bei Normen (N.) handelt es sich im weiteren Sinne um Regeln, Gewohnheiten, Traditionen und Konventionen, die das Verhalten von Akteuren prägen und die Interaktion zwischen ihnen koordinieren. Sie dienen der Komplexitätsreduktion, schaffen wechselseitige Erwartungen und ziehen zumeist Sanktionen bei Fehlverhalten nach sich. Im ökologischen Kontext sind N. auf verschiedenen Ebenen von Bedeutung:
Auf der Ebene von Individuen wirken umweltschutzbezogene N. z. B. bei der Abfalltrennung und beim Einkauf. Zugleich koexistieren diese mit umweltschädigenden N. z. B. hinsichtlich des Mobilitätsverhaltens. Die Veränderung dieser N. ist ein evolutionärer Prozess und bedarf der Veränderung mentaler Modelle und Wertmuster bei den Individuen, die nicht allein durch Informationen und Appelle herbeige-

führt werden können. Hier kommt es stark darauf an, ob das soziale Umfeld bereits umweltschutzbezogene N. aufgegriffen hat bzw. dazu bereit ist.
Auf der Ebene industrieller Akteure stellen N. freiwillige Vereinbarungen dar, die bestimmte Standards festschreiben, auf die sich Unternehmen geeinigt haben oder die von staatlicher Seite vorgeschrieben wurden. Im Bereich des betrieblichen ↑Umweltmanagements ist zum einen die von Unternehmensvertretern ausgearbeitete Normenserie ↑ISO 14000ff. zu nennen. Diese regelt die erforderlichen Bestandteile und Prüfverfahren für die Einführung und Zertifizierung von Umweltmanagementsystemen in Unternehmen. Zum anderen wurde die ↑Öko-Audit-Verordnung von der EU erstellt und dann in deren Mitgliedstaaten eingeführt. Auch die Normung technischer Verfahren, Abläufe und Produkte auf internationaler und nationaler Ebene hat Implikationen für den ↑Umweltschutz. So liegen N. vor über umweltbezogene Messverfahren, Methoden zur Bewertung von Umwelteigenschaften von Produkten und über Rückhaltetechnologien. *BS*

NRO ↑Nichtregierungsorganisationen

Nuklearer Winter. Nuklearer Winter ist die in wissenschaftlichen Studien (USA 1983/4) vorausgesagte Folge eines Atomkrieges: Im Sog der Atompilze würden bei Einsatz der Hälfte des vorhandenen Potenzials (30000 Atombomben mit rd. 5 Mio. t Sprengkraft) über 2 Mrd. t Ruß und Asche von brennenden Wäldern, Städten und Industrieanlagen über 10 km hoch getragen und monatelang das Sonnenlicht global verdunkeln, wodurch Dauerfrost und winterliche Verhältnisse entstünden. *JA*

Nullwachstum ↑Wachstum

Nutzen-Kosten-Analyse. Die Nutzen-Kosten-Analyse ist eine Methode, mit der versucht wird, alle positiven und negativen Wirkungen einer Maßnahme in monetärer Form zu saldieren und diejenige Maßnahme zu bestimmen, die den höchsten sozialen Überschuss (Nutzen minus Kosten) bzw. den größten Quotienten (Nutzen zu Kosten) hervorruft. Gelegentlich wird sie auch im ↑Umweltschutz (s. monetäre ↑Bewertung der Umwelt) angewendet. *UES*

OECD ↑Organisation für wirtschaftliche Zusammenarbeit und Entwicklung

Öffentliche Güter. Öffentliche Güter (ö. G.) haben im Gegensatz zu privaten Gütern zwei besondere Merkmale: Sie können nicht aufgeteilt und nicht verkauft werden, und in der Regel ist niemand freiwillig bereit, zu ihrer Erstellung oder Erhaltung beizutragen, da dies für den Einzelnen mit (erheblichen) Kosten oder Nachteilen verbunden wäre und andererseits der Beitrag des Einzelnen zur Verbesserung der ö. G. in der Regel gering ist bzw. für ihn persönlich keinen (oder nur einen kleinen) Nutzen bringt. Ein Ausschluss von der Nutzung ö. G. kann nicht durchgeführt werden, oder man will ihn aus ethischen oder sonstigen Gründen nicht durchführen. Aus diesen Gründen wird häufig bei der Erstellung und Erhaltung ö.G. ein ↑Trittbrettfahrer-Verhalten eingenommen. Dies gilt insbes. auch für die Umweltgüter, die überwiegend ö.G. sind. *UES*

Öffentlicher Personennahverkehr ↑Verkehr

Oikos. Der Begriff «Oikos» (griech. für Haus; Haushalt; alles, was zum Haus gehört) ist die Wurzel von Ökonomie und ↑Ökologie, der Lehre vom natürlichen Haushalt (Ernst Haeckel 1864). Der Grundgedanke des Begriffes ist, dass Menschen und ihre Lebenswelt ein Netz von Beziehungen bilden. *UES*

Öko-Audit. Öko-Audit oder Environmental Management and Auditing Scheme (EMAS) ist eine EU-weit gültige Norm für die Einführung von ↑Umweltmanagementsystemen in Unternehmen. Die Umsetzung erfordert von den Unternehmen u.a. die Festlegung von Umweltleitlinien, die Einrichtung von umweltschutzbezogenen Organisationseinheiten und die regelmäßige Überprüfung der Unternehmensabläufe. Die Teilnahme ist freiwillig und wird von einem unabhängigen Gutachter(gremium) überwacht. *BS*

Öko-Banking. Öko-Banking bezeichnet die Aktivitäten von Spezialbanken, meist Genossenschaften, deren ökologische Unternehmensethik das Ziel vorgibt, ökologisches Handeln zu fördern. Diese Grundhaltung bestimmt Kreditvergabe, Börsenaktivitäten, Beteiligungen und Kooperationen. Die erste deutsche Ökologische Bank (GLS e.G.) wurde 1974 in Bochum gegründet. *IC*

Ökobilanz. Die Ökobilanz dient der Erfassung, Bewertung und Darstellung der Umweltauswirkungen von Produkten, Prozessen, Betrieben oder Standorten. Die Schritte entsprechender Bilanzierungen umfassen die Zieldefinition (Anwendungsbereich, Bilanzraum, Systemabgrenzung), die Auswirkungen selbst (↑Stoff- und Energieströme eines Produktes oder Prozesses, eines Betriebes oder Standorts), die Wirkungsanalyse (Klimarelevanz, Ökotoxizität, Ressourcenbeanspruchung) und die Bilanzbewertung (Gewichtung der Ergebnisse anhand bestimmter Werte oder Prioritäten). Auf diese Weise kann ein ökologie-orientiertes Informations- und Entscheidungsinstrumentarium entstehen. In der Praxis sind entsprechende Standardisierungen erforderlich. *UES*

Öko-Controlling. Öko-Controlling oder ökologisch orientiertes Controlling ist ein Instrument zur Analyse, Planung, Steuerung und Kontrolle aller umweltrelevanten Aktivitäten eines Unternehmens. Es gilt, im Rahmen eines betrieblichen ↑Umweltinformationssystems sämtliche ↑Stoff- und Energieströme des Produktionsprozesses zu erfassen und zu systematisieren. Hierzu gehören die Festlegung von Umweltzielen, die Durchführung von ↑Umweltverträglichkeitsprüfungen, die Einrichtung ökologischer Frühwarnsysteme sowie die Dokumentation und monetäre Erfassung bestehender Umweltbelastungen mit dem Ziel der ökologischen Bilanzierung der Unternehmensaktivitäten (s. ↑Ökobilanz bzw. ökologische ↑Buchhaltung) als Teil einer umweltbewussten Unternehmensführung. *NB*

Öko-Effizienz. Öko-Effizienz (Ö.) beschreibt die Höhe des Material- und Energieeinsatzes pro Produkt- oder pro Dienstleistungseinheit. Die gewünschten Produktionsleistungen sollen mit geringst möglichem Einsatz an Material und ↑Energie erstellt werden. Materialeinsparungen bei der Produktion, Miniaturisierung oder Verbesserungen der Technik, z. B. effizientere Motoren oder Verbrennungsanlagen, ermöglichen einen geringeren Ressourceneinsatz. Durch Wiederverwendung und stoffliches ↑Recycling können die Stoffe im Zuge einer kaskadischen Stoffverwertung möglichst lange genutzt werden, bevor sie als ↑Abfall wieder in die Naturkreisläufe eingeschleust werden. Durch eine Steigerung der Ö. lassen sich der Ressourcenverbrauch und die ↑Umweltbelastung reduzieren. Die Grenzen der ↑Effizienzstrategie liegen dort, wo die Effizienzgewinne durch höhere Produktionszahlen absolut kompensiert werden.
Neben dieser Verwendung des Begriffes Ö. steht der Name für Konzepte, die u. a. durch den ↑Rat für Nachhaltige Entwicklung und das ↑Wuppertal Institut – in ↑Faktor 4 und ↑Faktor 10 – entwickelt wurden und auf eine ↑Dematerialisierung der Produktion und der Warenströme und somit auf eine Erhöhung der Ressourcenproduktivität hinauslaufen. *BE*

Ökofonds. Ökofonds (Ö.) sind spezielle Fonds, die neben dem ökonomischen Ziel der Renditeerzielung auch ökologische Ziele verfolgen. Die Nachfrage nach Ö. soll bei Unternehmen ökologisches Denken und Handeln initiieren. Anleger können ihren persönlichen Wertvorstellungen entsprechend investieren. *IC*

Öko-Institut. Das Öko-Institut e. V. Institut für angewandte Ökologie (ÖI) ist ein unabhängiges Forschungsinstitut, das zu Themen des ↑Umweltschutzes arbeitet. Es gliedert sich in die Bereiche ↑Biodiversität, Landwirtschaft & ↑Ernährung (bis 2002: ↑Gentechnologie), Chemie, ↑Energie & Klimaschutz, Nukleartechnik & Anlagensicherheit, Produkte & ↑Stoffströme, ↑Umweltrecht sowie ein Arbeitsfeld ↑Verkehr. Die ca. 100 Mitarbeiter in Freiburg/Br., Darmstadt und Berlin werden überwiegend durch öffentliche Projekte finanziert; Forschungsaufträge kommen auch aus der Wirtschaft. Das ÖI wurde 1977 im Umfeld des Widerstandes gegen das geplante Atomkraftwerk ↑Wyhl aus der ↑Umweltbewegung heraus gegründet. Als Verein sollte es, finanziert durch (etwa 4000) Mitglieder, unabhängig von Staat und Industrie kritische Umweltforschung betreiben. Nachdem das Institut zunächst von Wissenschaft und Politik weit gehend abgelehnt worden war, erlangte es, vor allem nach dem nuklearen Unfall in ↑Tschernobyl 1986, zunehmend Akzeptanz in Öffentlichkeit und Wissenschaft. Seit seiner Gründung ist es kontinuierlich gewachsen und hat sich professionalisiert, wodurch der Einfluss der Vereinsmitglieder abgenommen hat. Heute beraten Mitarbeiter des ÖI u. a. Bundes- und Landesregierungen in Fragen der nuklearen Sicherheit. Während die Zusammenarbeit mit den ↑Umweltverbänden eng und intensiv ist, ging die Kooperation mit Bürgerinitiativen vor allem aus der Anti-Atombewegung hervor. Das ÖI ist das größte unabhängige ökologische Forschungsinstitut in Deutschland und war Vorreiter für weitere Institute für angewandte Umweltforschung im In- und Ausland, die unabhängig sind von staatlicher Förderung. *JR*

Öko-Label. Öko-Label (Ö.) sind Warenzeichen zur Kennzeichnung umweltfreundlicher Produkte. Vielfach werden Ö. als Symbol dargestellt, wie z.B. seit 1997 der ↑Blaue Engel. Durch die Komprimierung ökologischen Detailwissens zu einer leicht kommunizierbaren Schlüsselinformation dienen sie als Informations- und Bewertungsinstrument für die Umweltverträglichkeit von Produkten im Vergleich zu anderen, dem gleichen Gebrauchszweck dienenden Produkten. Besonderes Kennzeichen von Ö. ist die Freiwilligkeit der Teilnahme an einem solchen Zertifizierungssystem. Sie unterscheiden sich daher fundamental von gesetzlich vorgeschriebenen Kennzeichnungspflichten bei Umwelt- und Gesundheitsgefahren, die bei Gebrauch von Produkten entstehen können.
Ö. können auf Basis der ↑Umweltstandards unterschieden werden, die einer Vergabe zugrunde gelegt werden. Die Umweltfreundlichkeit kann sowohl umfassend im Rahmen einer Analyse des ↑Produktlebenszyklus als auch auf das Endprodukt bezogen untersucht werden. So kann die Vergabe eines Ö. an Produkt- oder herstellungsbezogene Produktionsstandards gebunden sein. Ö. schaffen Markttransparenz und versetzen die Konsumenten in die Lage, ihre Kaufentscheidung auf Basis ihrer Umweltpräferenzen zu treffen. Dies begünstigt die Herausbildung nachhaltiger Konsumgewohnheiten und fördert nachhaltige Produktionsprozesse. Voraussetzung für die Wirksamkeit von Ö. ist jedoch ein ausreichendes ↑Umweltbewusstsein. Um ihre Glaubwürdigkeit zu gewährleisten, ist eine inflationäre Verwendung von Ö. zu vermeiden, z.B. indem strenge, nachvollziehbare Umweltstandards zugrunde gelegt werden. *TP*

Ökologie. Ökologie (Ö.) ist primär eine biologische Fachdisziplin, die als Lehre vom Haushalt der ↑Natur begründet wurde (Ernst Haeckel 1866). Sie beschäftigt sich mit den Beziehungen der Organismen untereinander und zu ihrer ↑Umwelt. In der Natur bilden Organismenarten jeweils Populationen, welche in ihren Lebensräumen mit artfremden Populationen sog. Lebensgemeinschaften darstellen. Unter natürlichen Bedingungen entwickelt sich durch diese permanenten Wechselbeziehungen ein funktionelles Wirkungsgefüge in der Lebensgemeinschaft und mit ihrem Lebensraum (s. ↑Biotop), das Ökosystem. Die wichtigsten Funktionen – Aufbau, Weitergabe und Abbau von organischer Substanz – werden von Pflanzen, Tieren und Mikroorganismen betrieben, welche in ↑Nahrungsketten miteinander in Beziehungen stehen. In reifen Ökosystemen findet man überwiegend Populationen von Arten, die ihr Populationswachstum dynamisch an das spezielle Ressourcenangebot (Nahrung, Raum etc.) anpassen können. Dadurch entsteht ein ökologisches Gleichgewicht zwischen Mitgliedern der Nahrungsketten, zwischen Auf- und Abbau organischer Stoffe und im ökosystemaren Stoffkreislauf wichtiger

Mineralstoffe, wie Stickstoff und Phosphor. Das ökologische Gleichgewicht ist auch dynamisch an ↑Klima und andere Außenfaktoren angepasst. Es stellt sich im Laufe der Entwicklung natürlicher Ökosysteme selbstorganisiert ein, indem Populationen mit ungebremstem Wachstum durch Übervermehrung zusammenbrechen und von solchen Konkurrenten abgelöst werden, welche die Übervermehrung durch interne Regulationen vermeiden. Insbes. wird die Geburtenrate geregelt, wodurch in Abhängigkeit von der Mortalitätsrate und Ein- bzw. Auswanderungen von Individuen die Anzahl in der Population konstant bleibt oder sich bei veränderlichen Ressourcenangeboten an die optimal mögliche Größe annähert.

Konkrete Ökosysteme wie ein ↑Wald, eine Wiese oder ein Bach beeinflussen sich in der Landschaft gegenseitig und bilden miteinander unter den geoklimatischen Bedingungen regionale ökologische Verbundsysteme, die alle miteinander das «globale Ökosystem» der Erde bilden.

Der Bioökologie als Lehre vom Haushalt der Natur wird heute die Sozialökologie an die Seite gestellt, die unterschiedliche Aspekte der menschlichen Gesellschaft zum Gegenstand hat, wie Siedlungs- und Wirtschaftsgeografie, ↑Raumordnung, ↑Umweltschutz u.a. Eine spezielle Teildisziplin ist die ↑Humanökologie, die ökologische Einflüsse der Menschen auf und durch ihre spezielle Umwelt untersucht, also bio- und sozialwissenschaftliche Aspekte integriert.

Diese Begriffserweiterung der Ö. hat sich als sinnvoll erwiesen, weil Mensch und Natur heute in viel höherem Maß aufeinander einwirken als früher und weil man hofft, ökologische Prinzipien des Naturhaushalts auf ↑Kulturlandschaften und Wirtschaftsräume übertragen zu können. Ökologische ↑Land-, ↑Forst- oder Wasserwirtschaft wie auch ökologisch ausgerichtete Industriewirtschaft (Industrial Ecology) können von angewandt-ökologischen Forschungsdisziplinen wissenschaftlich fundiert werden. Tragende Prinzipien sind beispielsweise ↑Ressourcen sparende Stoffkreisläufe und Minimierung von Stoffverlusten in Systemverbünden sowie Nachhaltigkeit von Ressourcennutzung durch Systemmitglieder, also auch durch Menschen. *Gerd Weigmann*

Ökologie der Zeit. Ökologie der Zeit bezeichnet einen interdisziplinären Zugang, der sich mit Naturzeiten und Kulturzeiten sowie deren Wechselbeziehungen befasst. Es wird nicht von den raum-zeitlichen Bedingungen abstrahiert («Labor»), sondern Kontexte, zeitliche Vielfalt sowie Dynamiken werden beachtet. Erkenntnisse der Chrono- und Evolutionsbiologie werden ebenso verarbeitet wie die der Zeitökonomik und anderer natur- und sozialwissenschaftlicher Zugänge. Wichtige Stichworte sind u.a. System- und Eigenzeiten, Rhythmen, Chronotop, Zeitlandschaften, *kairos*, Beschleunigung, Pausenlosigkeit, Gleichzeitigkeit, Zeitverdichtung, ↑Irreversibilität und ↑Resilienz. Übergeordnete Konzepte sind Zeitvielfalt, Zeitkultur, Zeitpolitik und Zeitwohlstand. Die Beachtung von Zeitskalen und zeitlichen Verzögerungen (z.B. Reaktionszeiten) sind zum Verständnis globaler Probleme wie Klimawandel und Bodendegradation grundlegend.

Zeitökologische Erkenntnisse gehen in die Umsetzung des Leitbilds ↑Nachhaltige Entwicklung ein. Sie finden Anwendung von der Ebene globaler Probleme über Fragen einer nachhaltigen Landwirtschaft und ↑Ernährung bis hin zu Fragen des Geschlechterverhältnisses und dem persönlichen Umgang mit Zeiten durch Beachtung von Rhythmen und Eigenzeiten. Zeitökologische Erkenntnisse sind für die Beachtung der Naturzeiten, etwa der Rhythmen von ↑Gewässern und Hochwasser (Wechselspiel von Niederschlags-, Verweil- und Abflusszeiten), ebenso relevant wie für die Weiterentwicklung im Bereich des ↑Naturschutzes, d.h., der Weg führt weg von rein konservierenden Ansätzen hin zum Prozessschutz. Sie geben Anstöße, ergänzend zum Güterwohlstand das Konzept Zeitwohlstand zu erarbeiten. Über die bisherige Fokussierung auf die Produktion hinausgehend, wird der enge Zusammenhang von Reproduktion und Produktionspotenzialen herausgearbeitet. Das Überspielen der Rhythmen und Eigenzeiten durch die Tendenz, die Zeiten zu kontrollieren, hat für Menschen, Gesellschaft und äußere ↑Natur weit reichende Auswirkungen. Demgegenüber ist die alte Maxime wieder neu zu lernen und umzusetzen: «Alles hat und braucht seine Zeit.» *MH*

Ökologische Ökonomie. Die ökologische Ökonomie (ö.Ö.) ist ein wissenschaftlicher Ansatz, der sich mit den wechselseitigen Beziehungen zwischen Wirtschaftssystemen und den sie umgebenden Ökosystemen befasst. Sie entwickelte sich vor allem aus der Kritik an der herkömmlichen Behandlung der Umweltprobleme in der ↑Umweltökonomie neoklassischer Prägung. Dieser wird vorgeworfen, die ökologischen Grenzen des Wirtschaftssystems nicht zu berücksichtigen, die Interdependenzen zwischen ökologischen und ökonomischen Systemen zu schematisch zu analysieren und die zeitliche Struktur wirtschaftlicher Prozesse grob zu vereinfachen. Im Gegensatz zum anthropozentrischen Ansatz der Umweltökonomie (s. ↑Anthropozentrismus) verfolgt die ö.Ö. einen biozentrischen Ansatz (s. ↑Biozentrismus). Während in der Umweltökonomie ökologische Probleme nur insoweit berücksichtigt werden, als sie in die Präferenzen der Individuen Eingang gefunden haben, integriert die ö.Ö. naturwissenschaftliche Aussagen und Erkenntnisse über die Systemgegebenheiten der natürlichen ↑Umwelt.

Die zentralen Arbeitsgebiete sind:

- das Skalenproblem: Die Wirtschaft ist ein offenes Teilsystem des globalen Ökosystems, von dessen natürlichen Funktionen es abhängig ist. Während die Materie- und Energiedurchsätze der globalen Wirtschaft in der Vergangenheit noch weit von den Grenzen der ↑Tragfähigkeit des globalen Ökosystems entfernt waren, sind diese Grenzen zunehmend näher gerückt, wie anhand der Verknappung der ↑Ressourcen und der Belastung der ↑Senken deutlich wird. Hieraus folgt, dass die ö.Ö. sich nicht mehr nur mit der effizienten Verteilung der Produktionsfaktoren (Allokation), sondern auch mit den ↑Grenzen des Wachstums des Materiedurchsatzes und ihres

Energiekonsums (Skalenproblematik) zu befassen hat und hierfür effiziente Reduktionsmaßnahmen aufzeigen muss.

- Irreversibilitäten und ↑Thermodynamik: Die Anwendung der Thermodynamik war einer der Kerngedanken bei der Entstehung der ö.Ö. Die Verwandlung von hochgeordneten Strukturen (Ressourcen, Energiequellen) in wenig geordnete Wärmeenergie ist problemgeladen, weil dieser Prozess irreversibel ist (s. ↑Irreversibilität). Langfristig kann daher das Wirtschaftssystem nur durch die Nutzung der ↑Solarenergie aufrechterhalten werden.
- Ko-Evolution: Veränderungsprozesse des ökonomisch-ökologischen Gesamtsystems beruhen auf der Ko-Evolution von gesellschaftlichen ↑Werten, Institutionen, Technologien und Wissensbeständen mit den Vorgängen in der natürlichen ↑Umwelt. Dies kann unterschiedliche Entwicklungen fördern. Beispielsweise kann eine technische Einrichtung Schäden in der Umwelt verursachen, die zu einem gesellschaftlichen Lernprozess in Richtung umweltorientierter Werthaltungen und zu einem Zuwachs an Wissen über die Schadensursachen führt.
- Globale und intertemporale Gerechtigkeitsfragen: Während sich die Umweltökonomie vornehmlich mit Fragen der effizienten Nutzung von Umweltgütern beschäftigt, sieht die ö.Ö. auch die Einbeziehung von ethisch relevanten Fragen wie der internationalen und intergenerativen ökologischen ↑Gerechtigkeit als notwendig an. Die ungleiche Verteilung von Ressourcen und Lebenschancen zwischen Industrie- und Entwicklungsländern wird dabei ebenso als Problem angesehen wie die Hinterlassung von ↑Umweltschäden für die zukünftigen Generationen.
- Multikriterielle Bewertungsverfahren: Ausgehend von den Problemen der monetären ↑Bewertung von Naturgütern, entwickelt die ö.Ö. Bewertungsverfahren, die mit einer Vielzahl von Kriterien arbeiten und so ein komplexes, aber realitätsnahes Bild gesellschaftlicher Präferenzen liefern können.

Bernd Siebenhüner

Ökologische Psychologie ↑Umweltpsychologie

Ökologische Steuerreform. Hintergrund der Diskussion um die Umweltaspekte einer Finanzreform bzw. eine ökologische Steuerreform (ö.S.) sind sowohl umwelt- als auch steuerpolitische Problemlagen. Vier zentrale Faktoren lassen sich benennen: Durch das Verbrennen von Erdöl, Erdgas und Kohle werden ↑Umweltschäden in Milliardenhöhe verursacht; erforderlich sind daher «ökologisch wahre Preise», die den Verursachern die von ihnen induzierten Umweltschäden in Rechnung stellen. Die ↑Umweltpolitik der Bundesrepublik agierte vorwiegend mit dem Ordnungsrecht (Ge- und Verbote, s. ↑Ordnungspolitik/-recht); die damit verbundene Regelungsdichte führte zu einem ↑Vollzugsdefizit. Der Ressourcen- und Energieverbrauch steigt; nach der ↑Enquete-Kommission des Deutschen Bundestages zum ↑Klima müssen die energiebedingten CO_2-Emissionen bis 2050 weltweit um 50% reduziert werden. Das deutsche Steuersystem ist in einer Schieflage; der Ressourcenverbrauch ist billiger geworden, während Lohnsteuer und Sozialversicherung die Kosten der Arbeit immer weiter erhöht wurden. Die ö.S. soll zur Lösung dieser Problemlagen beitragen.

Bei den konkreten Konzepten der ö.S. gibt es zwei Diskussionsschwerpunkte: Steuersätze: Befürworter der ö.S. fordern, den Umbau des Steuersystems schrittweise und langfristig zu vollziehen; er soll somit für Produzenten wie für Konsumenten berechenbar und kalkulierbar sein.

Aufkommensverwendung: Das Aufkommen aus den Umweltsteuern soll nicht in den allgemeinen Haushalt fließen, sondern (ganz oder teilweise) zur Senkung der Sozialversicherungsbeiträge und ggf. auch der Einkommen- und Unternehmenssteuern genutzt werden. Die Mehrzahl der Befürworter präferiert Aufkommensneutralität, nach der die Steuereinnahmen in vollem Umfang an die Gruppe der Abgabenpflichtigen zurückfließen. Andere Akteure bevorzugen eine Verwendung zumindest eines Teils des Aufkommens für ökologische Investitionen und/oder soziale Transferleistungen.

Die seit Anfang der 1980er Jahre diskutierte ö.S. wurde nach dem Regierungswechsel 1998 (SPD und B90/Grüne) durchgeführt. Besteuerung: Die Mineralölsteuer wird (in Stufen eins bis fünf) von 1999 bis 2003 um jährlich 3,07 Cent verteuert. Es wurde mit der ersten Stufe eine Stromsteuer von 1,02 Cent je Kilowattstunde eingeführt, die in den Jahren bis 2003 um jährlich 0,26 auf insgesamt 2,06 Cent je Kilowattstunde steigt. Leichtes Heizöl und Erdgas wurden in der ersten Stufe mit 2,05 Cent bzw. 0,16 Cent pro Kilowattstunde besteuert, auf den folgenden Stufen wurden sie dagegen von weiteren Anhebungen ausgenommen. Mit den Einnahmen aus der ö.S. wurden die Beiträge zur Rentenversicherung von Arbeitnehmern und Arbeitgebern um insgesamt 0,8 Prozentpunkte abgesenkt. Auf Grund des Drucks von Teilen der Wirtschaft hatte die Koalition großzügige Ausnahmeregelungen für das produzierende Gewerbe getroffen. Ebenso wie die Land- und ↑Forstwirtschaft erhielten diese Branchen bei den Steuererhöhungen auf Strom, Öl und Gas eine Ermäßigung um 80%. Im ↑Koalitionsvertrag von SPD und Grünen 2002 wurde festgelegt, dass die Ausnahmen bei Strom für das produzierende Gewerbe (bislang 20% des Ökosteuersatzes) abgebaut werden. Weitere Steuererhöhungen auf Benzin und Strom sollen 2004 geprüft werden.

Die Effekte der Reform sind nur schwer einzuschätzen. Befürworter verweisen auf eine Abnahme des Kraftstoffverbrauchs, die Zunahme der Fahrgastzahlen bei Bahn und öffentlichem Nahverkehr, den wachsenden Absatz Sprit sparender Autos und effizienter Haushaltsgeräte sowie auf den Boom bei den Mitfahrzentralen.

Carsten Krebs/Danyel Reiche

Ökologischer Fußabdruck. Das Bild des ökologischen Fußabdrucks veranschaulicht den Verbrauch von ↑Ressourcen (↑Rohstoffen, Produktion, Transport, Wohnen etc.) bei Umrechnung auf die vorhandene Fläche.

Jedem Erdbewohner stehen durchschnittlich 1,7 ha zur Verfügung. Der in Deutschland realisierte Ressourcenverbrauch entspricht einer Größenordnung von 5 ha, der globale Durchschnitt liegt bei 2,8 ha. Der Großteil der Menschheit lebt demnach ökologisch auf «zu großem Fuß». *BP*

Ökologischer Rucksack. Der ökologische Rucksack (ö. R.) ist die anschauliche Bezeichnung für alle Material- und Energieströme, die während des gesamten ↑Produktlebenszyklus – d.h. in der Produktions-, Gebrauchs- und Entsorgungsphase – in Bewegung gesetzt werden. Um den ö. R. eines Produkts zu ermitteln, muss von der Gesamtsumme der Material- und Energieinputs das Eigengewicht des Produkts abgezogen werden.

Die ö.R. sind unsichtbar, aber immer vorhanden. Man kann einem Produkt meist nicht ansehen, wie schwer sein Rucksack ist. In der Regel ist der ö.R. viel schwerer als das Produkt selbst. So beträgt z.B. der ö.R. eines 5 g wiegenden Goldrings etwa 2 t; der ö.R. einer leeren 0,33 l Getränkedose ist etwa 1,2 kg schwer.

Diese Zahlen beziehen sich auf die Gesamtmenge der biotischen und abiotischen Materialien. Um die Transparenz bei der Ermittlung der ö. R. zu gewährleisten, werden die Material- und Energieströme meist in fünf Kategorien getrennt erfasst: abiotische Rohmaterialien; biotische (↑Nachwachsende) Rohstoffe; Bodenbewegungen bzw. ↑Erosion; ↑Wasser und Luft.

Das Konzept des ö.R. wurde am ↑Wuppertal Institut im Rahmen der Forschungsaktivitäten zu den Möglichkeiten und Grenzen einer ↑Dematerialisierung unserer heutigen Lebens- und Wirtschaftsweise entwickelt. Dahinter steht die Annahme, dass eine starke Reduzierung der globalen ↑Stoffströme notwendig ist, um einen wesentlichen Beitrag zur Verringerung der strukturellen ↑Umweltbelastung zu leisten. Um dieses Ziel zu erreichen, müssen zum einen die ö.R. aller Produkte so weit wie möglich reduziert werden; zum anderen müssen die Produkte selbst länger und intensiver genutzt werden (können). *MJW*

Ökologischer Stadtumbau ↑Stadtökologie

Ökologisches Gleichgewicht ↑Ökologie

Ökologisches Investment. Mit ökologischem Investment ist auf der Seite von Anlegern die Geldanlage in ökologisch-ethisch ausgerichteten Fonds und Unternehmenswerten gemeint. Mittlerweile existieren einige entsprechende Investment-Fonds, die sich auf jeweils konkret benannte und überprüfte Kriterien umweltschutzbezogener Aktivitäten der im Fonds vertretenen Unternehmen stützen. *BS*

Ökologisches Jahr. Das Ökologische Jahr (ÖJ) bezeichnet freiwillige Aktivitäten vorwiegend jugendlicher Menschen zum Schutz und zur Pflege der ↑Natur mit großer Palette von Einsatzmöglichkeiten. Gearbeitet wird generell mit voller Wochenstundenzeit gegen ein monatliches Taschengeld. Weibliche Teilnehmer sind in der Überzahl. Neuerdings wird das freie ÖJ als

Zivildienst anerkannt, wenn es sich um neu geschaffene Stellen handelt. *UES*

Öko-Marketing. Öko-Marketing meint die Ausrichtung der absatzmarktbezogenen Aktivitäten eines Unternehmens auf ökologische Anforderungen. Es beinhaltet die Produkt-, Preis-, Vertriebs- und Kommunikationspolitik des Unternehmens und reicht daher von der ökologischen Produktentwicklung und -gestaltung bis hin zu entsprechenden Werbeaktivitäten. *BS*

Ökosozialprodukt ↑Umweltökonomische Gesamtrechnungen

Öko-Sponsoring. Öko-Sponsoring (Ö.) bezeichnet ein Instrument von Unternehmen zur Förderung des ↑Umweltschutzes (s. ↑Instrumentarium der Umweltpolitik). Darunter fällt die Bereitstellung von Geld, Sachmitteln, Wissen, Werbebotschaften und organisatorischen Leistungen für ökologische Projekte und Veranstaltungen. Unternehmen verfolgen damit zumeist das Ziel, Imagepflege zu betreiben und auf ihre umweltschutzbezogenen Aktivitäten oder Produkte aufmerksam zu machen. Unternehmen können durch Ö. auch Kontakte zu bestimmten Gruppen aufbauen und sich externes Wissen aneignen. Gefördert werden dabei zumeist Umweltorganisationen, wie z.B. ↑WWF, der ↑Bund für Umwelt und Naturschutz Deutschland (BUND), Bürgerinitiativen oder auch öffentliche Einrichtungen wie z.B. Nationalparkverwaltungen. Zu den geförderten Projekten zählen: Veranstaltungen (Ausstellungen, Feste); Wettbewerbe; Verkaufsaktionen (z.B. Umweltpfennige als festgelegte Anteile des Umsatzes, der für Umweltschutzprojekte aufgewendet wird); Umweltschutzvorhaben (z.B. Nationalparkpflege, Waldschutzaktionen, Schutzaktionen für den tropischen Regenwald oder das Wattenmeer).
In einigen ↑Umweltverbänden hat Ö. Diskussionen ausgelöst über den möglichen «Ausverkauf» ihrer Werte und Ideale. Daher achten sie zunehmend auf die Verwirklichung ihrer Interessen, verschaffen sich im Vorfeld ein genaues Bild über das fördernde Unternehmen, um zu vermeiden, dass Ö. als Alibi für fehlendes internes ökologisches Engagement des Unternehmens genutzt wird. *BS*

Ökosteuer ↑Ökologische Steuerreform

Ökosystem ↑Ökologie

Ökotest. Ein Ökotest ist die bilanzierende Bewertung von Konsumgütern auf Umweltverträglichkeit (s. ↑Umweltveträglichkeitsprüfung), üblich im Vergleich zu konkurrierenden marktgängigen Erzeugnissen. Die vergleichende Grenzziehung des jeweiligen Bilanzrahmens und der Umweltfolgeneinschätzung ist problematisch. Unter anderem ist die Zeitschrift *Öko-Test* auf diesem Gebiet tätig. *JA*

Ökotourismus ↑Tourismus, ökologischer

Ökotoxikologie. Die Ökotoxikologie ist ein interdisziplinäres Fach zwischen ↑Ökologie, Toxikologie und Umweltchemie. Untersucht werden schädliche Wirkungen und Verteilung der vom Menschen in die ↑Umwelt eingetragenen Stoffe. Im Mittelpunkt stehen Ökosysteme oder deren Teile (Arten, Populationen, Lebensgemeinschaften) sowie ↑Stoffströme. Ziel ist es, wissenschaftliche Erkenntnisse für Bewertungs- und Handlungskonzepte zur Vermeidung von ↑Umweltschäden zu erarbeiten. So konnten in der Vergangenheit z. B. Populationseinbrüche bei Raubvögeln auf Grund der Umweltverschmutzung mit ↑Bioziden erklärt werden. Belastete Weibchen produzierten dünnschalige Eier, die bei der Brut zerbrachen. Diese Erkenntnisse führten in vielen Ländern zu Anwendungsverboten von DDT.

Da Schadwirkungen von der verfügbaren Menge eines Stoffes abhängen, sind Reaktionen zwischen Chemikalien und den ↑Umweltmedien ↑Wasser, ↑Boden und Luft wichtige Parameter, welche die Umweltkonzentrationen bestimmen. Organische ↑Schadstoffe können verändert werden (abiotischer Abbau: Reduktion, Hydrolyse, photochemischer Abbau) oder in der unbelebten Natur angereichert werden. Dabei spielt die Zusammensetzung von Böden bzw. Sedimenten eine wichtige Rolle. Deren Lebensgemeinschaften können ihrerseits Schadstoffe abbauen (s. industrieller ↑Metabolismus) oder anreichern (s. ↑Bioakkumulation). Geschädigt werden die Arten selbst oder das Artengefüge (Struktur) sowie ökologische Funktionen. Die Chemikalien verteilen sich im terrestrischen Bereich durch die direkte Aufnahme aus den Böden in Pflanzen, Boden- und Mikroorganismen; durch Nahrungsbeziehungen werden sie dann in höheren Organismen angereichert. Im aquatischen Bereich spielt die direkte Aufnahme aus dem Wasser eine wichtige Rolle. Gut akkumulierende/schlecht abbaubare Stoffe (z. B. ↑Persistente Organische Schadstoffe) sind von großer Bedeutung, da sie lange im System verweilen.

Neben akuten (tödlichen) Vergiftungen sind chronische Schäden zu beobachten. Um sie frühzeitig zu erkennen und um gesetzliche Auflagen zu kontrollieren, hat sich das Arbeitsgebiet «Bioindikation/Biomonitoring» etabliert. Geeignete Arten oder Reaktionen in Individuen (z. B. DNA-Schäden) werden untersucht, um den Zustand der Umwelt darzustellen. Genannt sei das Flechtenmonitoring zur Überwachung des SO_2-Gehalts der Luft. Die Entwicklung geeigneter ökotoxikologischer Testsysteme ist ein Feld, auf dem wichtige Erkenntnisse für ↑Zulassungsverfahren von Chemikalien erarbeitet werden. Eine besondere Herausforderung stellen schwer diagnostizierbare Wechselwirkungen von Stoffen und Organismen (Antagonismen, Synergismen) sowie die Übertragung von Ergebnissen aus Labor- auf Freilandsituationen dar.

Die Schadstoffquellen sind vielfältig: u. a. chemische Industrie, Agrarindustrie, ↑Altlasten, Haushalte, ↑Verkehr, Energieerzeugung. Über Flüsse und den Luftpfad werden Schadstoffe weltweit verbreitet, so dass selbst arktische Tiefseefische persistente Chemikalien aufweisen. Ökotoxikologen diskutieren mit Experten aus den Bereichen ↑Umweltrecht, ↑Umweltpolitik und ↑Bioethik über ↑Grenz- oder Richtwerte sowie gesetzliche Rahmensetzungen. Ergebnisse solcher Arbeiten fanden u. a. Niederschlag im ↑Chemikaliengesetz und in der ↑EU-Wasserrahmenrichtlinie. Ständig neue Um-

weltprobleme (z.B. Robbensterben in der Nordsee) erfordern einen weiteren Ausbau dieses Wissenschaftszweiges.
Wolfgang Scharenberg

Ölpest. Ölpest bezeichnet die Gewässerverschmutzung durch Mineralöl, speziell die ↑Kontamination von Küstenregionen nach Havarie von Tankschiffen und Austreten von Rohöl. Als Folge können Massensterben von Meerestieren und langfristige Nutzungseinschränkung bei Fischfang und Touristik eintreten (s. ↑Amoco Cadiz). *JA*

Ordnungspolitik/-recht. Ordnungspolitik bzw. Ordnungsrecht (O.) bezeichnet den gesetzgeberischen Handlungsbereich zur rechtlichen Regelung von Verfahrensweisen. Beim ↑Umweltschutz wird das O. von staatlicher Seite zur Rahmensetzung für betriebliche Prozesse und individuelles Handeln genutzt. Auf Grund seines Vorschriftscharakters wird es auch als Command-and-Control-Policy bezeichnet. Es enthält Ver- und Gebote über bestimmte ↑Umweltschutztechniken, ↑Umweltstandards, ↑Umweltauflagen u.ä.m.
In Deutschland dominiert das O. als ↑Instrumentarium der Umweltpolitik. Es wird zum einen als erfolgreiches Mittel zur Erreichung bestimmter ↑Umweltqualitätsziele angesehen. In einigen Bereichen haben ordnungsrechtliche Maßnahmen auch zu ökologischen ↑Innovationen im Zuge der Umsetzung bestimmter Anforderungen geführt. Gleichwohl wird es aber auch kritisiert, weil es i.d.R. hohe Kosten bei den Unternehmen verursacht. Zudem können Unternehmen unterschiedlich hart getroffen werden, wenn eine bestimmte Maßnahme (z.B. der Einbau einer Filteranlage) von sehr unterschiedlichen Betrieben verlangt wird. Auch hat die Fülle der Regelungen auf Bundes-, Landes- und Kommunalebene vielfach zu ↑Vollzugsdefiziten geführt. Einige der Schwächen des O. können durch marktkonforme Instrumente wie Abgaben oder die ↑Ökologische Steuerreform besser behoben werden. *BS*

Organisation für wirtschaftliche Zusammenarbeit und Entwicklung (OECD). Die 1960 gegründete Organisation für wirtschaftliche Zusammenarbeit und Entwicklung (engl.: Organization for Economic Cooperation and Development (OECD)) mit Sitz in Paris ist eine Organisation der Industrieländer zur Koordinierung der Wirtschafts- und Währungspolitik, der Entwicklungshilfe und der Außenwirtschaftspolitik, der inzwischen 37 Mitgliedstaaten angehören. Durch Analysen, Empfehlungen und Statusberichte zur nationalen und internationalen ↑Umweltpolitik trägt die OECD maßgeblich zur Verbreitung innovativer Umweltschutzkonzepte bei. *UES*

Ostsee ↑Meeresschutz/-verschmutzung

Ozon, bodennahes. Bodennahes Ozon ist ein dreiatomiger hochreaktiver Sauerstoff, der bei Sonneneinstrahlung durch Reaktion des UV-Lichtanteils mit ↑Stickoxiden und organischen Verunreinigungen in der Luft (z.B. Abgasen aus Verbrennungsmotoren) entsteht. Ab 100 $\mu g/m^3$ können Pflanzenschäden, ab 400 $\mu g/m^3$ Husten- und Asthmaanfälle die Folge sein. Der

↑Grenzwert für Ozonalarm in Deutschland liegt bei 120 μg/m³ (Smogalarmverordnung 1995). *JA*

Ozon, stratosphärisches. Ozon (O.) ist die dreiatomige Form (O_3) des gewöhnlichen Luftsauerstoffs (O_2). Es entsteht überwiegend in der tropischen ↑Stratosphäre zwischen 20 und 50 km Höhe bei gleichzeitiger Absorption von ultravioletter Strahlung (Schutzschildfunktion). Durch die vorherrschenden Winde wird das O. bis in die Polargebiete transportiert, und im Mittel ist gerade in den Tropen besonders wenig O. vorhanden, was dort bei hohem Sonnenstand zu einer besonders starken UV-Strahlung und damit Sonnenbrandgefahr führt.
Durch katalytische Abbaureaktionen wird O. zerstört, einerseits durch natürliche, andererseits durch anthropogene Katalysatoren, die Halogene (Chlor, Brom, Jod u.a.) enthalten, aber auch durch ↑Stickoxide, die bei der Verbrennung fossiler ↑Energieträger entstehen. Die Zunahme der anthropogenen Katalysatoren, insbes. durch die ↑Fluorchlorkohlenwasserstoffe (FCKW), hat seit etwa 1980 zu einer weltweiten Ozonabnahme von ca. 3 % pro Dekade geführt. Die Ozonabnahme ist aber in der extrem kalten Stratosphäre während des antarktischen Frühjahrs wesentlich stärker und führt dort seit 1985 regelmäßig zur Ausbildung des sog. Ozonlochs, wenn der «normale» Ozongehalt um mehr als die Hälfte reduziert wird. Die Umsetzung des ↑Montrealer Protokolls (u.a. Produktionsstopp für verschiedene Produkte, die FCKWs enthielten) hat den Anstieg der FCKWs in der ↑Atmosphäre gestoppt. Da die Spurenstoffe, wie z.B. das Chlor, nur sehr langsam aus der Stratosphäre in die ↑Troposphäre entmischt werden, wird sich die Situation aber voraussichtlich erst Mitte dieses Jahrhunderts wieder normalisiert haben. *LA*

Pareto-Effizienz. Eine Allokation wird als pareto-effizient bezeichnet, wenn der Nutzen keines Individuums mehr gesteigert werden kann, ohne gleichzeitig den Nutzen eines anderen zu schmälern. Unter Umweltgesichtspunkten erhöht sich demnach die Gesamtwohlfahrt einer Gesellschaft, wenn von einer Verbesserung des ↑Umweltzustandes alle Bürger profitieren oder zumindest ein Teil der Bevölkerung besser gestellt ist, ohne dass dadurch andere schlechter gestellt werden. *NB*

Partizipation. Partizipation (P.) bezeichnet Tätigkeiten, die Bürger freiwillig unternehmen, um Entscheidungen auf allen Ebenen des politischen Systems zu beeinflussen. Dazu zählen Wahlen, aktive Parteimitgliedschaft oder auch ziviler Ungehorsam. Zugleich umfasst sie die Teilhabe von Mitgliedern einer Gruppe, wie Organisationen, Unternehmen und Schulen, an gemeinsamen Belangen (z.B. Mitbestimmung, Selbstorganisation). P. setzt auf Seiten der Betroffenen (s. ↑Stakeholder) ein Mindestmaß an Verständnis, Motivation, persönlichem Engagement und sozialer Handlungskompetenz (soziales Kapital) voraus.
In Bezug auf ↑Ökologie und ↑Nachhaltige Entwicklung sind von Einzelnen und Gruppen Lernprozesse zwecks Ver-

haltensänderungen gefordert (Selbstreflexion, Folgedenken, Umdenken), um Gewohnheiten mit schädlichen bzw. gefährlichen Folgen zu verändern. Erforderlich sind bessere Möglichkeiten für Engagement, attraktive Gestaltung von Gelegenheitsstrukturen für Teilhabe, hinreichende Information, Transparenz, Anerkennung der Partizipationsprozesse und nachvollziehbare Berücksichtigung ihrer Ergebnisse. Ein Ausbau direkt- bzw. basisdemokratischer Elemente in gesellschaftlichen Entscheidungsprozessen ergänzt diese Modernisierung von bisheriger Demokratie. Auch die üblichen Verfahren zur Beteiligung von Bürgern (Alltagsexperten) an Verwaltungsentscheidungen werden häufiger, wenn auch nur punktuell durch neue Methoden wie die Zukunftswerkstatt, den runden Tisch und die Planungszelle erfolgreich ergänzt. Im Zuge der kommunalen Aktivitäten für eine Lokale ↑Agenda 21, die explizit einen Konsultationsprozess zwischen Behörden und Bürgern erfordert, werden partizipative Verfahren benutzt (bis hin zu «Bürgerhaushalten»). Dem für Partizipationsverfahren benötigten zeitlichen Zusatzaufwand stehen fast immer qualitativ bessere, tragfähigere und breiter legitimierte Ergebnisse gegenüber. *GÖ*

Pathozentrismus ↑Ethik

PCB ↑Polychlorbiphenyle

Persistente Organische Schadstoffe (POPs). Persistente Organische Schadstoffe (engl.: Persistant Organic Pollutants, POPs) sind giftige Chemikalien, die – einmal freigesetzt – auf Grund ihrer spezifischen Eigenschaften zu einer Gefahr für Mensch und ↑Umwelt werden können. Sie sind nur schwer abbaubar (persistent), reichern sich im Gewebe an (bioakkumulierbar) und verbreiten sich potenziell über weite Strecken in ↑Wasser, ↑Boden und Luft. Durch wiederholtes Verdunsten und Kondensieren (sog. Grasshopper's Effect) wandern die POPs in Richtung der Erdpole, wo sie in hoher Konzentration die Inuit-Bevölkerung sowie Säuger und Raubtiere auf Grund ihrer Krebs erregenden wie immun-, hormon- und nervensystemschädigenden Wirkungen gefährden. Einige POPs werden in der Landwirtschaft als ↑Pestizide eingesetzt, andere in der Industrie; wieder andere entstehen als Neben- und Abfallprodukte im Produktionsprozess, bei unvollständigen Verbrennungen oder beim Verbrauch anderer chemischer Produkte. Während in den Industrieländern die Produktion und der Verbrauch vieler dieser Chemikalien bereits verboten ist oder weit gehend reguliert wird, werden sie in Entwicklungs- und Transformationsländern weiterhin eingesetzt, wo u.a. große Alt- und Lagerbestände von Pestiziden zum Problem werden. Die Vielfalt der ↑Schadstoffe und ihre Verwendung sowie ihre Schadenswirkung in weiter Entfernung von ihrem Einsatzort verweisen auf die globale Dimension des Problems. In der Vergangenheit versuchte man es in mehreren internationalen Regelungsversuchen anzugehen, so u.a. beim internationalen Handel, in der Meeresumweltpolitik und der Luftreinhaltepolitik. Angeregt durch die ↑Konferenz über Umwelt und Entwicklung der UN (UNCED) und die ↑Agenda 21 mündeten die Bemühungen in den vom ↑UN-Entwicklungsprogramm (UNEP) ausgerichteten Vertragsverhandlungen auf der Ebene einer Weltchemikalienpolitik, die 2001 mit dem Stockholmer Übereinkommen über POPs (sog. POP-Konvention) als einer völkerrechtlich bindenden Regelung zu einem Abschluss gebracht werden konnten.

Den Kern der POP-Konvention bildet ein Artikel über das Verbot und die Beschränkung von zwölf besonders gefährlichen POPs (sog. ↑Schmutziges Dutzend). Mit Ausnahme des von einigen Entwicklungsländern für die Malariabekämpfung weiterhin eingesetzten Pestizids DDT wurde für alle anderen zwölf Stoffgruppen der Ausstieg aus der Produktion oder eine Verwendungseinschränkung beschlossen.

Da laufend neue potenziell hochgefährliche POPs entwickelt werden, kommt dem in der Konvention vorgeschriebenen Prüfverfahren eine umweltpolitische Schlüsselfunktion zu. Hier wurde u.a. das ↑Vorsorgeprinzip verankert. Dieses dynamische Element sowie die Entbindung des Prüfungsverfahrens von langwierigen Ratifizierungsprozessen in den Vertragsstaaten können als positive umweltpolitische Signale gewertet werden.

Über die Wirksamkeit und den Erfolg der POP-Konvention, die mit der 50. nationalstaatlichen Ratifizierung im Jahr 2004 in Kraft treten dürfte, wird jedoch auch der Finanzmechanismus entscheiden (als Interimslösung ist die ↑Globale Umweltfaszilität (GEF) vorgesehen), da ohne ausreichende Finanzen viele Entwicklungsländer nicht in der Lage sein werden, die Konvention umzusetzen. *Christine Wank*

Pestizide. Pestizide sind chemische Substanzen, die zur Schädlingsbekämpfung eingesetzt werden. Dazu zählen Herbizide (Unkräuter), Insektizide (Insekten), Fungizide (Pilze) und Bakterizide (↑Bakterien) (s. ↑Biozide). *SchuBa*

Pfandsysteme. Pfandsysteme (P.) sind Mehrwegsysteme, bei denen auf die ↑Verpackung eines Produkts ein Entgelt erhoben wird, das dem Käufer bei Rückgabe wiedererstattet wird. Ziel ist die Mehrfachverwendung von Produkten bzw. Produktverpackungen und dadurch die Einsparung von ↑Energie und ↑Rohstoffen sowie die Reduzierung des Abfallaufkommens.

In Deutschland finden P. vorrangig im Bereich der Getränkeverpackungen Anwendung. Um den Kauf von Mehrwegprodukten zu stabilisieren, muss nach der Verpackungsverordnung eine Mindestquote für Mehrwegverpackungen in Höhe von 72 % erfüllt werden. Wird die 1991 erreichte Quote von Mehrwegverpackungen in zwei aufeinander folgenden Jahren unterschritten, tritt sechs Monate später ein Pflichtpfand für alle betroffenen Einwegverpackungen in Höhe von 25 Cent bzw. 50 Cent bei einem Füllvolumen von mehr als 1,5 Litern in Kraft. Der Anteil von Mehrwegverpackungen ist seit Mitte der 1990er Jahre rückläufig. Die Quote für Bier, Wein und Mineralwasser wurde z.B. bereits 1997–98 unterschritten. Die Erhebung eines Pflichtpfands ist aber bislang am Widerstand betroffener Wirtschaftskreise gescheitert.

Ob ein Pfand auf ↑Einwegprodukte ökologisch sinnvoll ist, bleibt umstritten. Befürworter verweisen auf die mangelnde Lenkungswirkung der bisherigen Regelung. Kritiker befürchten, dass der Anteil von Mehrwegverpackungen noch mehr sinken wird, da die Kosten des Aufbaus eines zweiten Rücknahmesystems Anreize zur Ausdehnung des Absatzes von Einwegprodukten schaffen. Stattdessen wird vorgeschlagen, die externen Kosten der Verpackungssysteme durch eine entsprechende Verpackungsabgabe dem Käufer direkt anzulasten. *AV*

Pflanzenschutz. Pflanzenschutz (P.) ist der Schutz von Nutzpflanzen aller Art vor Krankheiten, Schädlingsfraß, Konkurrenz und Wildverbiss in der Land- und ↑Forstwirtschaft sowie im Gartenbau. In einem weiteren Sinne umfasst P. auch den Schutz wild lebender Pflanzen und ihrer ↑Biotope. Unterschieden wird zwischen chemischen Maßnahmen (u.a. Einsatz von Herbiziden, Fungiziden, Insektiziden, s. ↑Biozide), biologischen Maßnahmen (u.a. Einsatz von natürlichen Feindinsekten, Sexuallockstoffen, Resistenzzüchtungen) und mechanischen Maßnahmen (u.a. Jäten, Schutzzäune, Fallen). Eine vierte Form ist der integrierte P., der den Einsatz chemischer Mittel beschränkt und der Ausnutzung natürlicher Begrenzungsfaktoren den Vorrang gibt. Chemische Mittel werden hier erst eingesetzt, wenn nach Anwendung aller möglichen Maßnahmen die wirtschaftliche Schadenschwelle (Kosten durch Ernteausfall gleich Kosten einer wirksamen Schadenserregerbekämpfung) überschritten wird.
Rechtsgrundlage für den P. ist in Deutschland das Pflanzenschutzgesetz. Der Einsatz von Pflanzenschutzmitteln darf nur nach «guter fachlicher Praxis» erfolgen, was u.a. die Beachtung der Grundsätze des integrierten P. und des Grundwasserschutzes beinhaltet. Pflanzenschutzmittel bedürfen einer Genehmigung durch die Biologische Bundesanstalt. Bei schädlichen Auswirkungen auf Mensch, Tier oder Grundwasser sowie erheblichen Schädigungen des Naturhaushalts kann ein Anwendungsverbot erlassen werden. Die Vorgaben der «guten fachlichen Praxis» führten bislang aber allenfalls im Apfel- und Hopfenanbau zu signifikanten Reduzierungen der Belastung von Grundwasser und ↑Boden. *AV*

Photosynthese. Photosynthese ist die unter Lichteinwirkung ablaufende chemische Synthese, im Wesentlichen von Kohlendioxid und Wasser zu Kohlehydraten in Gegenwart des grünen Blattfarbstoffs Chlorophyll unter Freisetzung von Sauerstoff (Assimilation); formal: $12\ H_2O + 6\ CO_2 > C_6H_{12}O_6 + 6\ O_2\uparrow + 6\ H_2O$. Dieser zentrale evolutionäre Prozess ist die Voraussetzung für alle pflanzlichen und indirekt alle tierischen Lebensformen. Sie findet in der ↑Biotechnologie zur Erzeugung von ↑Biomasse mit Hilfe von Sonnenlicht Verwendung und ist auch zur Wasserstoffgewinnung einsetzbar (s. ↑Wasserstofftechnologie). *JA*

Photovoltaik. Photovoltaische Zellen (Silicium-Zellen, Dünnschichtzellen, Tandem- bzw. Multispektralzellen) wandeln Licht in elektrischen Strom um. Sie bestehen aus mehreren Schichten verschiedener halbleitender Materialien (zu etwa 95 % Silizium, selten Indium oder Tellur). Durch äußere Bearbeitung (Dotierung) des Basismaterials entsteht an den Grenzschichten ein elektrisches Feld. Elektronen (negative elektrische Ladung) und Elektronenlöcher (positive elektrische Ladung) sind auf beiden Seiten der Grenzschicht in unterschiedlichen Konzentrationen vorhanden. Wird eine Solarzelle beleuchtet, werden in diesem Feld durch die Lichteinwirkung erzeugte Elektron-Loch-Paare getrennt und stehen als Ladungsträger für den Stromfluss durch den Verbraucher zur Verfügung. Kommerziell verfügbare Solarzellen haben derzeit einen Wirkungsgrad von 15–18 %, im Labor bereits über 25 %. Bei ausreichendem Lichteinfall liefert eine Siliziumsolarzelle etwa 0,5 V.

Zur Herstellung von Solarzellen wird hochreines Silizium benötigt, das in einem komplizierten chemischen Produktionsprozess aus Quarzsand gewonnen wird. Gegenwärtige Solarzellen benötigen etwa drei Jahre, bevor sie die Energie generiert haben, die zu ihrer Herstellung benötigt wurde (Lebensdauer etwa 20 Jahre). Die Kosten pro produzierter kWh Strom belaufen sich zur Zeit auf etwa 0,6 Euro und liegen damit weit über den gegenwärtigen Strompreisen. Diese Kosten könnten sich durch technische Innovationen bis 2020 auf etwa 0,14 Euro senken lassen (Dünnschichtzellen, organische und Farbstoffsolarzellen). *DB*

pH-Wert. Maßzahl für die Konzentration von Wasserstoff-Ionen in wässrigen Medien. Lösungen mit einem pH-Wert unter 3 werden als stark sauer, zwischen 3 und 7 als schwach sauer, zwischen 7 und 11 als schwach basisch und ab 11 als stark basisch bezeichnet. *JA*

Physiozentrismus ↑Ethik

Pigou-Steuer. Die Pigou-Steuer (PS) wurde in den 1920er Jahren von Arthur Cecil Pigou zur ↑Internalisierung ↑Externer Effekte entworfen. Der Steuersatz müsste dabei genau so bemessen sein, dass er exakt in Höhe der z. B. bei Produktionsprozessen verursachten externen Kosten erhoben wird. Durch diese steuerliche Belastung des Verursachers würden eine gesamtwirtschaftlich optimale Bereitstellung von Gütern und eine effiziente Verteilung der ↑Ressourcen bewirkt. Infolge der Internalisierung der Externen Effekte muss der Verursacher seine Preise anders kalkulieren und die von ihm verursachten Schäden mit einbeziehen (s. ↑Verursacherprinzip).

Die praktische Umsetzung des Konzeptes birgt jedoch große Schwierigkeiten, weil zum einen Schadenshöhen nicht exakt monetär bewertet werden können (s. monetäre ↑Bewertung der Umwelt), zum anderen eine exakte Zuordnung der Schäden zu bestimmten Verursachern meist nicht möglich und die ständige Anpassung des Steuersatzes an die Entwicklung der Schadenskosten administrativ nicht umsetzbar ist. Gleichwohl findet sich der Grundgedanke der PS auch in modernen Ansätzen der ↑Ökologischen Steuerreform. Der Standard-Preis-Ansatz versucht einigen dieser Schwierigkeiten Rechnung zu tragen und ist daher praxisnäher. *BS*

PIK ↑Potsdam Institut

Planfeststellungsverfahren. Ein Planfeststellungsverfahren ist ein mehrstufiges Verwaltungsverfahren nach Vorgaben der Fachplanungsgesetze zur Prüfung der Zulässigkeit von geplanten Projekten zumeist öffentlicher Art (Bau von Straßen, Kraftwerken oder Mülldeponien). Bei Einsprüchen von Gemeinden, Behörden oder Verbänden können Auflagen für die Durchführung festgesetzt werden, z.B. zur Minderung von Umweltbeeinträchtigungen. *AV*

Planungszelle ↑Partizipation

Plutonium. Plutonium (P.) ist das nach Menge und Bedeutung wichtigste radioaktive Element mit einer Halbwertszeit von 20400 Jahren, das in der Natur nur in Spuren als Transuran vorkommt. Alpha-Strahler, Ordnungszahl 94 im periodischen System der Elemente, Atomgewicht 239 (kurzlebige Isotope 232–237, 241), chem. Symbol Pu. Die spontane Neutronenstrahlung von P. ermöglicht die atomare Kettenreaktion; P. ist daher als Brennstoff für Atom- bzw. Kernreaktoren und zum Bau von Atombomben geeignet. Letztere werden nur noch mit P. gebaut. Hauptsächliche Bedenken sind die Proliferation, d.h. die Abzweigung von P. zum Bau von Atombomben (rd. 5 kg pro Bombe), sowie Entsorgungsprobleme: In über 400 Atomkraftwerken werden weltweit fast 100 t pro Jahr erzeugt. Beseitigungs- (z.B. Verglasen und/oder ↑Endlagerung untertägig in Salzstollen) und Aufarbeitungstechniken unter Abtrennung von P. aus abgebrannten Uranbrennstäben sind störanfällig (s. ↑Wiederaufarbeitungsanlage). Sicherheitstechnisch problematisch sind auch die extreme Toxizität (die Inhalation von ca. 1 mg ist für Menschen tödlich) sowie das Kontrolldefizit: Internationale Richtlinien (1997) über nationale Berichtspflichten sind nur Empfehlungen. In Deutschland fielen bis zum Jahr 2000 rd. 80 t P. in abgebrannten Uran-Brennelementen an, jährlich rd. 4 t. Die vertraglich geregelte Aufarbeitung zu Uran-Pu-Mischoxid-Brennstäben (MOX) erfolgt in der französischen Brennelementfabrik bei La Hague. Bei Stilllegung der deutschen Atomkraftwerke ca. 2030 und damit dem Stopp der Aufarbeitung wird die Rückholung von Brennelementen mit P. erforderlich (Stand Jahr 2000: insgesamt rd. 32 t P.). *JA*

Pollux. Pollux bezeichnet unterirdische Endlagerungsbehälter aus Edelstahl mit Bor-angereicherter Innenbetonschicht für aufbereitete Brennelemente in Glaskokillen, sie sind leichter als ↑Castoren. Der Hauptdeckel wird verschweißt und nicht, wie beim Castor, verschraubt. Der Ursprung des Namens liegt in der griechischen Mythologie: Zwillingssöhne von Zeus: Castor (sterblich), Pollux (unsterblich). *IC*

Polychlorbiphenyle (PCB). Polychlorbiphenyle (PCB) sind eine Gruppe chemischer Verbindungen (etwa 60 der 209 theoretisch möglichen sind nachgewiesen) mit verschiedenen Chlorgehalten an zwei verbundenen Benzolringen. Sie werden weltweit in Mio. t für Elektroisolier-, Kühl- und Hydraulikflüssigkeiten, als Weichmacher und Brandschutzmittel produziert, dabei und danach gelangen sie in Ökosysteme und ↑Nahrungsketten. PCB sind beständig im biologischen Milieu, es erfolgt die starke Anreicherung bei Weitergabe in Nahrungsketten mit der Folge chronisch-toxischer Wirkungen. PCB können die Bildung von Tumoren fördern. In den meisten

Industriestaaten ist ihre Herstellung verboten, die letzte Produktion in Deutschland erfolgte 1982. *JA*

Polychlorierte Dibenzodioxine ↑Dioxine

Polyvinylchlorid (PVC). Der am häufigsten eingesetzte chlorhaltige ↑Kunststoff Polyvinylchlorid (PVC) wird vorrangig im Bauwesen eingesetzt (rd. 50 %). In Deutschland werden rd. 1,5 Mio. t (1997/98), weltweit rd. 180 Mio. t (1999) produziert, Tendenz steigend. Ökologische Bedenken: 1. Restgehalte an Krebs erzeugendem Vinylchlorid; der Grenzgehalt wurde von 100 auf 1 ppm reduziert; 2. Gehalte an toxischen ↑Schwermetallen Cadmium, Blei und Zinn; der weit gehende Austausch gegen Barium-Zink-Stabilisatoren ist erfolgt; 3. Krebsrisiko durch hauptsächliche Weichmacher Diethylhexylphthalat (DEHP); ein Zusammenhang ist ungewiss, jedoch wird PVC nicht mehr für Nahrungsmittelverpackung und Spielzeug verwendet; 4. ↑Dioxin-Emissionen bei Verbrennung; Nachrüstung von Müllverbrennungsanlagen, Abgasgrenzwertsetzung auf 1 ng pro m^3; 5. Schäden durch Salzsäurebildung bei Bränden (10 % PVC für Elektroisolation); dies ist nicht zu verhindern; 6. geringe ↑Verwertung; wegen Produktvielfalt, Gebrauchsdauer und Kosten liegt sie unter 3 % des Abfallanfalls und stagniert. *JA*

POPs ↑Persistente Organische Schadstoffe

Potsdam Institut (PIK). Das Potsdam Institut für Klimafolgenforschung (PIK) wurde 1992 auf Initiative des Bundes und des Landes Brandenburg gegründet. Es ist ein interdisziplinäres Forschungsinstitut mit rund 150 Mitarbeiterinnen und Mitarbeitern, die sich mit der Analyse des Klimawandels und dessen Konsequenzen sowie der ↑Erdsystemanalyse im weiteren Sinne befassen und hierzu entsprechende Anpassungs- und Vorsorgestrategien entwickeln. Es untersucht globale und regionale Zusammenhänge ebenso wie einzelne Sektoren (z. B. Land- und Forstwirtschaft, Verfügbarkeit von Süßwasser), die unter dem Einfluss globaler Veränderungen stehen. *UES*

Prävention ↑Vorsorgeprinzip

Pressure-State-Response-Modell. Das Pressure-State-Response-Modell ist im Umweltindikatorenmodell der ↑Organisation für wirtschaftliche Zusammenarbeit und Entwicklung (OECD) ein Maß für das Umweltbelastungspotenzial (Pressure) menschlicher Aktivitäten, in Bezug gesetzt zu den Veränderungen der Umweltqualität (State), aus denen unterschiedliche Reaktionsmöglichkeiten (Response) resultieren. Das Modell suggeriert einfache, lineare Wirkungszusammenhänge, hat jedoch gegenüber anderen ↑Umwelt- und Nachhaltigkeitsindikatoren den Vorteil, auf Akteure ausgerichtet, d. h. umsetzungsorientiert zu sein. *NB*

Primärenergie ↑Energieträger, fossile und erneuerbare

Produkthaftungsgesetz. Mit dem Produkthaftungsgesetz wird eine EG-Richtlinie in Form eines Bundesgesetzes umgesetzt, das eine ↑Gefährdungshaftung für Hersteller einführt. Damit haften Hersteller verschuldensunabhängig, d. h., auch wenn ihnen konkret kein Fehlverhalten in einem Schadensfall nachgewiesen werden kann. *BS*

Produktlebenszyklus. Unter Produktlebenszyklus (P.) wird der Weg eines Produkts oder Stoffs von der Rohstoffgewinnung über die Vorproduktion und Produktion, den Gebrauch, das ↑Recycling bis zur Entsorgung verstanden. Bei umweltorientierter Produktionsausrichtung muss der P. beachtet werden. Ziel sind die Minimierung von Umweltbelastungen sowie ein hoher Recyclinggrad. *NB*

Produktlinienanalyse. Die Produktlinienanalyse ist eine Methode zur Bewertung der ökologischen, sozialen und ökonomischen Wirkungen von Produkten über den gesamten ↑Produktlebenszyklus hinweg. Sie fokussiert auf das jeweilige Bedürfnis (z. B. Mobilität) und das Mittel zur Bedürfnisbefriedigung (z. B. Auto). Das Konzept wurde 1987 vom ↑Öko-Institut entwickelt und seither auf mehrere Produkte angewendet (weniger aufwendige Methode s. ↑Ökobilanz). *BS*

Produktverantwortung ↑Kreislaufwirtschaftsgesetz

Property Rights. Property Rights (PR) ist der englische Begriff für Eigentums-, Verfügungs- und Handlungsrechte, die an einem physischen Gut, aber auch losgelöst von Sachen (immaterielle Güter) bestehen können. Dabei werden Güter als Bündel von Rechten und der Tausch von Gütern als Tausch von Rechtsbündeln aufgefasst, welche die Verhaltensnormen in Bezug auf die Ressourcennutzung festlegen. In der Regel sind PR, insbes. bezogen auf Umweltgüter, unvollständig spezifiziert, d. h., Nutzungsbeschränkungen, ↑Externe Effekte und Abweichungen von der ↑Pareto-Effizienz sind möglich. *NB*

PVC ↑Polyvinylchlorid

Pyrolyse. Pyrolyse (P.) ist die Zersetzung vorwiegend organischer Stoffe durch direkte oder indirekte Wärmezufuhr in inerter Umgebung. Unter ökologischen Gesichtspunkten interessieren insbes. P. von Abfällen, gebrauchten ↑Kunststoffen und Altreifen. Bei der P. von (Haushalts-)Abfällen entstehen Pyrolysegase (oft mit hohem Brennwert) und zu deponierende Rückstände. Es ist möglich, noch nicht hinreichend inerte Rückstände durch teilweise Verbrennung der gewonnenen Pyrolysegase zu inertisieren. Diese Verfahrensweise dürfte günstiger sein als die direkte Verbrennung des ↑Abfalls.
Spezielle Pyrolyseverfahren wurden für Kunststoffe und Kunststoffabfälle sowie Altreifen – also kohlenwasserstoffreiche Produkte – entwickelt mit dem Ziel, petrochemische Rohstoffe, aus denen die genannten Produkte hergestellt wurden, wiederzugewinnen. Bei der P. von Polyolefinen (PE, PP) entstehen aus 100 kg Edukt ca. 50 kg Gase (Methan, Ethen, Propen sowie C_4-Kohlenwasserstoffe), ca. 30 kg Teerprodukte und < 5 kg Rückstand (Ruß, anorganische Füllstoffe). Ca. 15 kg der Pyrolyseprodukte müssen zwecks Gewinnung der Pyrolyseener-

gie und des sonstigen Energiebedarfes der Verfahren verbrannt werden. Bei der P. von Altreifen fallen die Füllstoffe (Ruß, Zinkoxid u.a.) als Rückstand an; für diesen Rückstand gibt es wiederum Verwertungschancen.
Bisher gibt es noch keine rentabel arbeitenden Pyrolyseanlagen. Aus den Daten einer längere Zeit betriebenen Demonstrationsanlage kann geschlossen werden, dass bei einem Rohölpreis von 30 Dollar/Barrel durch den Verkauf der Pyrolyseprodukte Rentabilität erreicht werden könnte.
Pyrolyseverfahren benutzen den Drehrohrofen oder Wirbelschichten (Sand) als Reaktionsgefäße. Die Produktstruktur lässt sich durch Reaktionsführung beeinflussen. Nicht zu große Chlorgehalte (<3 %) im einzusetzenden Abfall lassen sich leicht durch Kalkzusätze abfangen. Die Bildung bedenklicher Stoffe (wie etwa TCDD) kann durch geeignete Reaktionsführung vermieden werden. *HS*

Qualitatives Wachstum ↑Wachstum

Quecksilber ↑Schwermetalle

Radioaktivität. Radioaktivität (R.) ist die Eigenschaft mancher chemischer Elemente, ohne Beeinflussung von außen ↑Energie abzugeben. Dabei zerfallen die Atomkerne so lange, bis ein stabiler Zustand des Elements erreicht ist. Jeder radioaktive Stoff hat seine spezifische Halbwertszeit. R. besteht aus Gamma-Strahlung (elektromagnetische Strahlung), Beta-Strahlung (Elektronen) oder Alpha-Strahlung (Heliumkerne). Die R. wird in Bequerel (Bq) gemessen und gibt die Zahl der Zerfälle pro Sekunde an. Ein Bq entspricht $2{,}7 \times 10^{-11}$ Einheiten der früher üblichen Größe Curie. R. kann von außen auf den Organismus einwirken oder über die Nahrung bzw. Atemluft in den Körper gelangen. Akute Strahlenschäden treten bei Ganzkörperbelastungen oberhalb von 0,5 Sv auf (Übelkeit, Erbrechen). Ab etwa 2 Sv Ganzkörperbelastung sind Todesfälle möglich. Als Spätfolgen können bei niedriger Strahlenbelastung Krebs sowie Veränderungen des Erbguts auftreten. Auf Grund von Risikoabschätzungen wurden ↑Grenzwerte festgesetzt, die in der ↑Strahlenschutzverordnung festgelegt sind. *UES*

Rapsöl ↑Biodiesel

Rat für Nachhaltige Entwicklung (RNE). Der Rat für Nachhaltige Entwicklung (RNE) wurde 2001 von Bundeskanzler Gerhard Schröder einberufen (s. ↑Nachhaltige Entwicklung). Er entwickelt Beiträge für eine Nachhaltigkeitspolitik der Bundesregierung, benennt konkrete Pilotprojekte und soll dazu beitragen, Nachhaltigkeit zu einem wichtigen öffentlichen Anliegen zu machen. Dem Rat gehören 16 Personen des öffentlichen Lebens an (Vorsitzender: Dr. Volker Hauff), die ad personam berufen werden. Der Rat führt Vertreter der ↑Umwelt-, Entwicklungs- und Verbraucherverbände, der Gewerkschaften und Kirchen mit Repräsentanten aus der Wirtschaft, der Wissenschaft und Politik im Sinne eines «Stakeholder-Gremiums» zusammen. Die Einrichtung des RNE könnte eine

Zäsur markieren. War das Bemühen um Nachhaltigkeit bisher durch konzeptionelle Beiträge verschiedener parlamentarischer ↑Enquete-Kommissionen und aus der Wissenschaft sowie durch lokale Agenda-Prozesse geprägt, so könnte Nachhaltigkeit zunehmend ein Feld konkreter Politik von Staat, Unternehmen und zivilgesellschaftlichen Akteuren werden. Auf Seiten der Regierung steht dem Rat ein ↑Staatssekretärsausschuss für Nachhaltige Entwicklung (Green Cabinet) unter Leitung des Staatsministers im Bundeskanzleramt gegenüber.

Der RNE betont die Fortschritte im Klimaschutz und bei wirtschaftlichen Lösungen zum ↑Umweltschutz, hält aber insgesamt die derzeitige ökologische, wirtschaftliche, kulturelle und soziale Entwicklung für nicht nachhaltig. Die Bundesregierung hat im Vorfeld des ↑Weltgipfels für Nachhaltige Entwicklung (WSSD) in Johannesburg 2002 die nationale ↑Nachhaltigkeitsstrategie beschlossen, zu deren Erarbeitung der RNE maßgeblich beigetragen hat.

www.nachhaltigkeitsrat.de *GB*

Rat von Sachverständigen für Umweltfragen (SRU). Die Hauptaufgabe des 1971 eingerichteten und ausschließlich mit Wissenschaftlern interdisziplinär besetzten Rates von Sachverständigen für Umweltfragen (SRU) (auch «Umweltrat» genannt) ist es, in Form von Gutachten die Umweltsituation und ↑Umweltpolitik in Deutschland und deren Entwicklungstendenzen darzustellen und zu bewerten sowie Fehlentwicklungen und Möglichkeiten zu deren Vermeidung oder Beseitigung aufzuzeigen. Der SRU besteht aus sieben für vier Jahre berufenen Mitgliedern. Ziel der Gutachten ist es, die Urteilsbildung bei allen umweltpolitisch verantwortlichen Instanzen und in der Öffentlichkeit zu erleichtern. Die Gutachten enthalten – mit wechselnden Schwerpunkten – jeweils einen Überblick über die Bereiche des ↑Umweltschutzes sowie die wichtigsten Probleme der deutschen Umweltpolitik, und sie geben Handlungsempfehlungen zu deren Bewältigung sowie zur Verbesserung der Umweltsituation in Deutschland. *www.umweltrat.de* *BP*

Raumordnung & Landesplanung. Der Bund setzt für die gesamträumliche Planung des Bundesgebietes den Rahmen mit dem Raumordnungsgesetz (ROG, novelliert 1998). Es legt die Leitlinien für die zukünftige Siedlungsentwicklung fest (z.B. «natürliche Lebensgrundlagen schützen» und «gleichwertige Lebensverhältnisse herstellen») und stellt Grundsätze der räumlichen Gestaltung und Ordnung auf (z.B. dezentrale Siedlungsstruktur, Schonung von ↑Boden und ↑Wasser). Die Raumordnung soll nachhaltig gestaltet werden, d.h. soziale (z.B. Wohnen und Infrastruktur) und ökonomische (z.B. Gewerbe und Mobilität) Ansprüche mit ökologischen Erfordernissen in Einklang bringen.

Naturschutzrechtliche Belange wurden durch die Eingriffsregelung im regionalen Maßstab, durch regionale Flächennutzungspläne und Raumverträglichkeitsprüfungen gestärkt. Das ROG fungiert als Rahmen der Raumentwicklung im föderalen System, die Länder mit ihren spezifischen Planungen und Strategien konkretisieren es. Die Landesentwicklungsplanung macht detaillierte

Aussagen zu Siedlungsentwicklung, ↑Natur- und Freiraumschutz sowie zur Verkehrs- und Versorgungsinfrastruktur und bildet zugleich den Rahmen für die eigenverantwortliche kommunale ↑Bauleitplanung. Die wichtigsten Mittel hierzu sind der Flächennutzungsplan für das Gemeindegebiet mit der Art der baulichen Nutzung in den Grundzügen (u.a. mit Ausweisung von Wohn-, Gewerbe- und Erholungsgebieten) und die Bebauungspläne mit der Art und dem Maß der baulichen Nutzung (z.B. allgemeines Wohngebiet mit Aussagen zur maximalen Bebauungsfläche). *MS*

Reaktorsicherheit. Reaktorsicherheit (R.) ist die technisch-wissenschaftliche Befassung mit Sicherheitsfragen von Nuklearreaktoren. Sie basiert insbes. auf Betriebserfahrungen mit Störungen und auf theoretischen Sicherheitsuntersuchungen für die üblichen Leichtwasserreaktoren.

Die im Reaktor erzeugten radioaktiven Stoffe setzen auch nach Abschalten der Kettenreaktion große Wärmemengen frei (7 % der Gesamtleistung direkt nach Abschaltung, 1 % nach einer Stunde), die durch Sicherheitseinrichtungen (z.B. Kühlsysteme) beherrscht werden müssen. Andernfalls käme es zu Kernschmelzunfällen mit massiven Aktivitätsfreisetzungen. Deshalb ist Vorsorge zur Gewährleistung der R. auf den verschiedenen Sicherheitsebenen zu treffen.

In den 1960er und 1970er Jahren wurde ein größter anzunehmender Unfall (GAU) definiert, den eine Reaktoranlage gerade noch beherrschen muss. Schwerwiegendere Ereignisse wurden nicht in Betracht gezogen. Die Reaktorunfälle in ↑Harrisburg (1979) und ↑Tschernobyl (1986) sowie einige Beinaheunfälle beeinflussten die Weiterentwicklung der R. stark.

Die im Laufe der Zeit gesammelten Erfahrungen führten zum heute angewandten Konzept der gestaffelten Sicherheitsebenen. Es umfasst Maßnahmen zur Vermeidung bzw. Beherrschung von Betriebsstörungen und ↑Störfällen, Maßnahmen zur Reduzierung der Gefährdungszustände, zur Vermeidung schwerer Kernschäden und zur Minderung ihrer Auswirkungen. Dabei muss das Zusammenwirken von Technik, Mensch und Organisation berücksichtigt werden.

Für die Sicherheitsebene 1 (Normalbetrieb, Stillstand, Instandhaltungsvorgänge) müssen betriebliche Einrichtungen einen möglichst störungsfreien Betrieb sicherstellen.

Der Sicherheitsebene 2 (anomaler Betrieb) sind Fehlfunktionen von Anlageteilen oder Systemen zugeordnet, mit denen auf Grund ihrer Eintrittshäufigkeit während der Betriebszeit der Anlage zu rechnen ist. Sie dürfen die Sicherheit der Anlage nicht beeinträchtigen.

Für die Sicherheitsebene 3 (Störfälle) ist ein umfangreiches Netz von mehrfach vorhandenen Sicherheitssystemen vorzusehen, die sicherstellen, dass die Auswirkungen auslegungsbestimmender Störfälle unterhalb der nach der Strahlenschutzverordnung zulässigen Störfallwerte liegen. Außerdem sind Auslegungsgrundsätze für diese Sicherheitssysteme einzuhalten, die sich aus der Ingenieurserfahrung ergeben und in kerntechnischen Regelwerken festgelegt sind.

Die Sicherheitsebene 4 umfasst spezielle, seltene Ereignisse und Zustände, die nicht den auslegungsbestimmenden

Störfällen zugerechnet werden. Hier sollen Maßnahmen des anlageninternen Notfallschutzes schwere Reaktorkernschäden vermeiden bzw. die radiologischen Auswirkungen in der Umgebung bei auslegungsüberschreitenden Anlagenzuständen begrenzen. Internationale Regeln für die R. werden durch die Internationale Atomenergieorganisation (IAEO) festgelegt; diese haben empfehlenden Charakter und sind oft nach dem Prinzip des kleinsten gemeinsamen Nenners zwischen den Mitgliedsländern zustande gekommen. Die großen Kernenergieländer haben weiter gehende nationale Regelwerke. In Deutschland besteht das Regelwerk u.a. aus verschiedenen Vorschriften des ↑Bundesumweltministeriums (z.B. Sicherheitskriterien für Kernkraftwerke, Störfall-Leitlinien DWR), der Reaktorsicherheitskommission (RSK-Leitlinien für DWR, Einzelempfehlungen der RSK) und des Kerntechnischen Ausschusses (sog. KTA-Regeln). *Michael Sailer*

Rebound-Effekt. Rebound-Effekt bezeichnet die Überkompensation von relativer Umweltentlastung (z.B. Entkoppelung von Bruttosozialprodukt und Energieverbrauch) durch weiteres quantitatives Wirtschaftswachstum. *UES*

Recycling. Recycling (R.) ist die Gesamtheit der Maßnahmen mit dem Ziel, ↑Abfälle und Altstoffe in Sekundärstoffe zu verwerten. R. ist ein Materialkreislauf, in dem der ↑Rohstoff nach Gebrauch eines Produkts wiedergewonnen und erneut in ein Produkt eingebaut werden kann. Die Wiederverwertung von Altglas, Altpapier und Weißblech sind die bisher am häufigsten genutzten Recyclingmethoden. Wichtig ist, dass der Wertstoff sauber und ohne Beimischungen gewonnen werden kann. Deshalb ist eine getrennte Sammlung in Wertstofftonnen für Glas, Kunststoffabfälle und Papier erforderlich. Durch die Wiederverwertung von Altstoffen können Primärrohstoffe (z.B. Eisenerz) oder Primärenergie (z.B. Kohle) eingespart und die Abfallmengen verringert werden. *UES*

Rekultivierung ↑Bergbaufolgen/-lasten

Resilienz. Resilienz (R.) bezeichnet bestimmte Stabilitätseigenschaften eines ökologischen Systems. Der Begriff wurde 1973 durch C.S. Holling in die ↑Ökologie eingeführt und als Maß für die Menge an Veränderungen oder Störungen angesehen, die ein System absorbieren kann, ohne seine Grundstruktur zu verändern (Bedeutung 1). Ein in diesem Sinne resilientes ökologisches System muss keinesfalls «stabil» im Sinne von konstant sein, d.h., es kann auch in Abwesenheit äußerer Einflüsse starke interne Schwankungen aufweisen (z.B. schwankende Populationsgrößen).
In einer anderen häufig benutzten Bedeutung bezeichnet R. die Geschwindigkeit, mit der ein ökologisches System nach der Auslenkung aus einem bestimmten Zustand wieder in diesen zurückkehrt (Bedeutung 2). Dies setzt voraus, dass es einen solchen enger definierten Referenzzustand gibt und dass das System die Fähigkeit hat, nach einer Auslenkung zu diesem Zustand zurückzukehren. Manche Autoren be-

zeichnen auch diese Fähigkeit selbst als R. (Bedeutung 3).

Ob und in welchem Maße ein ökologisches System in einer der genannten Bedeutungen resilient ist, ist keineswegs offensichtlich. Zudem gilt, dass ein und dasselbe System gegenüber verschiedenen Einflussfaktoren (Nährstoffeintrag, Feuer, Beweidung) unterschiedlich resilient sein kann. Die Erhaltung oder (Wieder-)Herstellung der R. ökologischer Systeme ist ein zunehmend wichtiges Ziel in ↑Naturschutz und Ressourcenmanagement, nicht zuletzt, da es nicht die als wissenschaftlich überholt angesehene Annahme eines statischen «ökologischen Gleichgewichts» zugrunde legt. *JAX*

Ressourcen. Unter Ressourcen (R.) versteht man Stoffe, die von der ↑Natur bereitgestellt und für menschliche Zwecke nutzbar gemacht werden können. Man unterscheidet erneuerbare (regenerierbare, biotische) und nichterneuerbare (erschöpfbare, abiotische) R. Erneuerbare R. wachsen innerhalb eines überschaubaren Zeitraums nach; Beispiele sind landwirtschaftliche Güter wie Getreide, Kartoffeln oder Gemüse. Nichterneuerbare R. werden durch Produktionsprozesse aufgezehrt und wachsen nicht nach; Beispiele sind fossile ↑Energieträger und Mineralien. Gemeinschaftsgüter bzw. Allmendegüter wie Weideland, Fischbestände oder ↑Wald bilden eine Untergruppe der erneuerbaren R. Kennzeichen sind offener Zugang und rivalisierender Konsum, die eine gemeinschaftliche Bewirtschaftung erfordern; den Anreiz zur Übernutzung hat Garret Hardin als «Tragödie der ↑Allmende» bezeichnet.

Gegenstand der Ressourcenökonomik sind Regeln und Strategien für die Nutzung von R. Für erneuerbare R. gilt eine Nutzung als optimal, wenn sie unterhalb der Regenerationsrate liegt. Aus der ↑Forstwirtschaft ist dies als «nachhaltige Nutzung» bekannt. Für nichterneuerbare R. gilt die Nutzungsregel einer funktionalen Substitutionsfähigkeit, nach der die geschaffenen Werte den Wertverlust der R. kompensieren sollen.

Ressourcenknappheit wurde u. a. vom ↑Club of Rome thematisiert. Aus ökonomischer Sicht hängt die tatsächliche Erschöpfung wesentlich von der Preisentwicklung ab. Ressourcenknappheit bedingt steigende Preise, steigende Preise stimulieren den technischen Fortschritt und führen zur sparsameren Nutzung bzw. zur Entdeckung geeigneter Ersatzstoffe. Prognosen über Ressourcenknappheit waren in der Vergangenheit häufig zu pessimistisch. Oft liegen die Knappheiten weniger beim Ressourcenangebot, sondern in der begrenzten Aufnahmefähigkeit der Ökosysteme für ↑Schadstoffe, die aus der Ressourcennutzung entstehen.

Unter Ressourcenproduktivität versteht man das Verhältnis von erbrachter wirtschaftlicher Leistung zum Verbrauch an R. Dabei wird der Ressourcenverbrauch über die gesamte Wertschöpfungskette ermittelt. Nach Forschungsarbeiten am ↑Wuppertal Institut werden die verwendeten R. als «Materialintensität pro Serviceeinheit – MIPS» aufaddiert. Nicht verwertete Stoffmengen beim Ressourcenabbau wie z. B. Bodenaushub werden als ↑Ökologische Rucksäcke mitgerech-

net. Das Statistische Bundesamt ermittelt den Rohstoffverbrauch jährlich in seinen ↑Umweltökonomischen Gesamtrechnungen (UGR).
Ein Anstieg der Ressourcenproduktivität führt zu einer Entkoppelung der erwirtschafteten Leistungen von der Menge der eingesetzten R.; der Leistungsschwerpunkt verschiebt sich dabei von der kurzfristigen Fertigungs- zur langfristigen Nutzenoptimierung. Entsprechende Strategien umfassen Vorsorgeaspekte, Produktverantwortung, technische Innovation und Unternehmenskommunikation. Möglicherweise kann diese Dynamik eine Halbierung des Naturverbrauchs bei Verdoppelung der Wohlstandsleistungen im Sinne eines ↑Faktor 4 bewirken.
Raimund Bleischwitz

Retinität. Retinität bezeichnet ein vom ↑Rat von Sachverständigen für Umweltfragen (SRU) eingeführtes ethisches Prinzip, das ein Bewusstsein um die menschliche Würde in der Gesamtvernetzung des menschlichen Lebens innerhalb von Generationen und ökologischen Systemen fordert. *BS*

Rinderwahnsinn ↑BSE/-Krise

Rio-Erklärung. Die Rio-Erklärung zu Umwelt und Entwicklung wurde als einziges Dokument von allen Teilnehmerstaaten der ↑Konferenz über Umwelt und Entwicklung der UN (UNCED) 1992 unterzeichnet. Sie umfasst 27 umwelt- und entwicklungspolitische Prinzipien, die die Staaten bei der Gestaltung von Gesellschaft, Wirtschaft, Wissenschaft und Gesetzgebung unter Berücksichtigung der Bedürfnisse künftiger Generationen beachten sollen. *UES*

Risiko/-management. Risiken (R.) entstehen durch Handeln bzw. Nichthandeln von Menschen. Wie andere Lebewesen sind Menschen vielfältigen Gefahren ausgesetzt. Sobald menschliches Verhalten mit dem Eintreten einer Gefahr verknüpft ist, handelt es sich um R. So stellt ein Erdbeben eine Gefahr dar, ein damit verbundenes R. bestünde darin, sich nicht dagegen zu schützen. Mit den weit und tief reichenden Eingriffen der Menschen in Naturprozesse, insbes. durch komplexe Technologien, nehmen die R. negativer kurz- und langfristiger Folgen zu (s. ↑Risikogesellschaft). Zugleich werden die Wirkungszusammenhänge tendenziell unüberschaubar, die möglichen ↑Synergieeffekte zwischen verschiedenen Stoffen nur selten nachvollziehbar (z.B. Effekte verschiedener Chemikalien in einem Fluss) und häufig auch nicht direkt wahrnehmbar («schleichende ↑Katastrophen»).
Objektives R. wird definiert als Produkt von potenzieller Schadenshöhe und Eintrittswahrscheinlichkeit. Subjektives R. bezieht sich auf die individuelle Wahrnehmung von R., die von realen Gefahren abweichen können. Die Risikoanalyse untersucht die Entstehung, Wahrnehmung und Bewältigung von R.
Einer angemessenen Abschätzung und Bearbeitung von R. (Risikobewertung) stehen drei zentrale Probleme entgegen: Das Wissen über die möglichen Folgen einer bestimmten Handlung ist unsicher, die Zuweisung von Verantwortung für bestimmte Effekte und Schäden ist unklar, und die Orientie-

rung an Werten und Maßstäben hängt von unterschiedlichen Interessen und Abwägungen ab.
Risikomanagement versucht, Schadenseintritt und -höhe auf der Basis des ↑Vorsorgeprinzips zu minimieren (s. ↑Technologiefolgenabschätzung). Hierfür werden unterschiedliche gesellschaftliche Risikokulturen unterschieden und mittels politischer Regulierung (z. B. Gesetzen, Sicherheitsvorkehrungen, Versicherungen, Qualifizierung) oder durch betriebliche Maßnahmen (z. B. Produktdesign, Sicherheitssysteme, Checklisten) zu bearbeiten versucht. *GÖ*

Risikogesellschaft. Risikogesellschaft ist eine Begriffsschöpfung des Soziologen Ulrich Beck, der Mitte der 1980er Jahre konstatierte, dass sich die üblicherweise als «postmodern» bezeichnete Gesellschaft grundlegend von ihren Vorläufern unterscheide: Sie besitze kein Steuerungszentrum, sondern sei selbstreferenziell, d. h., sie werde durch die Wirkungen und unbeabsichtigten Folgen ihres eigenen Handelns gesteuert. Während es früher um Reichtumsverteilung gegangen sei, rückten nun Verteilungskämpfe um ↑Risiken in den Mittelpunkt gesellschaftlicher Auseinandersetzung. *UES*

RNE ↑Rat für Nachhaltige Entwicklung

Robin Wood. Robin Wood wurde 1982 als gemeinnütziger Verein zum Schutz der ↑Umwelt mit Sitz in Bremen gegründet. Zur Zeit sind ca. 2300 Mitglieder bundesweit in 14 Regionalgruppen organisiert. Schwerpunktthemen sind ↑Energie, ↑Wald, Tropenwald und ↑Verkehr. Durch Öffentlichkeitsarbeit und spektakuläre gewaltfreie Aktionen (z. B. Besetzung von ↑Tropenholz-Verladekränen) üben die selbst betitelten «Rächer der Entlaubten» umweltpolitisch Druck auf Entscheidungsträger in Politik und Wirtschaft aus.
www.robinwood.de *StB*

Rohstoffe ↑Nachwachsende Rohstoffe; Ressourcen

Rote Listen. Die in Deutschland 1977 erstmals aufgestellte Rote Liste der gefährdeten Tier- und Pflanzenarten folgte den Red Data Books der ↑World Conservation Union (IUCN). 1994 und 2000 kamen Listen über bedrohte ↑Biotope und Pflanzengesellschaften hinzu. Inzwischen sind sie ein allgemein anerkannter Standard im ↑Naturschutz und werden in bestimmten Zeitabständen aktualisiert. In die nächste Auflage will das ↑Bundesamt für Naturschutz (BfN) Informationen zur Biologie, ↑Ökologie und zur Verbreitung der Arten aufnehmen. Weltweit gesehen, gelten 24 % der Säugetiere und 12 % der Vögel als gefährdet.
www.redlist.org *UES*

Rücknahmeverpflichtung. Die Rücknahmeverpflichtung (R.) basiert auf § 24 des ↑Kreislaufwirtschaftsgesetzes, § 14 des Abfallgesetzes und der Verpackungsverordnung von 1991. Ziele sind die Reduzierung von Menge, Gewicht und Volumen des ↑Abfalls, die Verwendung umweltfreundlicher Materialien, die Wiederverwendung und die stoffliche ↑Verwertung des ↑Verpackungsabfalls. Differenziert wird nach Transport-, Verkaufs- und Umverpackungen. Instrumente sind nichtstaatliche Rücknahme, Mehrweg- und ↑Pfandsysteme incl. Bereitstellung von geeigneten Behältern. Betroffen von der R. sind Hersteller und Vertreiber, nicht Endverbraucher. Die Betroffenen haften für ordnungsgemäße Beseitigung und Dokumentation gegenüber dem jeweiligen gebietskörperschaftlichen Entsorgungsträger. *IC*

Runder Tisch ↑Partizipation

Saurer Regen. Saurer Regen ist Niederschlag mit einem ↑pH-Wert unter 4,7, der vor allem durch anthropogene ↑Emissionen von Schwefel- und ↑Stickoxiden verursacht wird. Geschädigt werden Materialien (Korrosion), ↑Böden, Oberflächen- und Grundwasser, Tier- und Pflanzenwelt (s. ↑Waldsterben). Besonders betroffen sind Mittel- und Nordeuropa sowie der Osten Nordamerikas. *A&HPJ*

Schadstoffe. Schadstoffe (S.) sind Stoffe und Stoffgemische, die in die ↑Umwelt eingebracht, langzeitig unzersetzt (persistent), über ↑Nahrungsketten aufkonzentrierend weitergegeben werden (Akkumulation, Biomagnifikation) und zu nachteiligen Veränderungen in Ökosystemen (Verringerung der Artenvielfalt) und Organismen führen (Fehlfunktionen, Stoffwechselstörungen, genetischen Defekten, Erkrankungen) und so toxische Wirkungen hervorrufen. Auf Grund industrieller Massenproduktion, vielfältiger Anwendung, durch Gebrauch und Entsorgung sowie erfolgte Ausbreitung in der ↑Biosphäre hervorzuhebende S. sind: 1. wasserlösliche Verbindungen von Quecksilber, Cadmium, Chrom, Blei, Vanadin, Zink (toxische ↑Schwermetalle); in geringerer Menge vorkommend, doch extrem toxisch und radioaktiv ist ↑ Plutonium; 2. öllösliche, insbes. chlororganische Verbindungen wie ↑Dioxine, ↑Polychlorbiphenyle (PCB), Pentachlorphenol, Hexachlorbenzol, die Pflanzenbehandlungsmittel DDT (Dichlordiphenyltrichlorethan) und Hexachlorcyclohexan (Handelsname Lindan).

Besondere Problembereiche der toxischen Schwermetalle sind bei der Nichteisenmetallverarbeitung Recyclingbetriebe und Galvaniken, die chlororganischen Stoffe bei der Pflanzenbehandlungsmittelproduktion und deren landwirtschaftliche Anwendung sowie die chlorhaltigen ↑Lösemittel.

In der ↑Abfallwirtschaft werden unter S. auch besonders schadstoffhaltige Teile des Konsumabfalls verstanden, die zur separaten Erfassung in kommunale Schadstoffsammlungen kommen sollen (z.B. Altbatterien, Anstrichmittelreste, gebrauchte Lösemittel, Spraydosen). In Deutschland werden 1–2 kg pro Einwohner im Jahr gesammelt. *JA*

Schimmelpilze. Schimmelpilze bestehen aus makroskopisch sichtbaren, meist verzweigten schlauchartigen Hyphen, die ein watteartiges Pilzgeflecht (Myzel) bilden. Sie sind in der Natur weit verbreitet, einige sind Krankheitserreger bei Menschen, Tieren und Pflanzen oder Lebensmittelvergifter, andere werden bei Herstellung und Veredelung von Lebensmitteln genutzt. *A&HPJ*

Schmutziges Dutzend. Beim sog. Schmutzigen Dutzend (SD) (engl.: Dirty

Dozen) handelt es sich um zwölf für Mensch und ↑Umwelt besonders gefährliche Chemikalien, die zu den ↑Persistenten Organischen Schadstoffen (POPs) gehören und 2001 von der internationalen Staatengemeinschaft im Rahmen des Stockholmer Übereinkommens (sog. POP-Konvention) verhandelt und mit Ausnahmen weitestgehend für die Zukunft gebannt wurden.
Zu den zwölf Stoffgruppen gehören neben der Gruppe der als Industriechemikalien bekannten ↑Polychlorbiphenyle (PCB) und einer Reihe von industriellen Neben- und Abfallprodukten wie ↑Dioxinen und Furanen sowie Hexachlorbenzol (HCB) vor allem verschiedene Schädlingsbekämpfungsmittel wie Aldrin, Chlordan, Dieldrin, DDT, Endrin, Heptachlor, das bereits genannte HCB, Mirex sowie Toxaphen. Das wohl bekannteste ist das Insektizid *DDT*, welches bereits in den 1960er Jahren seit Rachel Carsons Buch «Silent Spring» (Der stumme Frühling) auf Grund seiner Mensch und Umwelt schädigenden Wirkungen die breitere Öffentlichkeit für das Thema sensibilisierte. Während die POP-Konvention den zukünftigen Einsatz von DDT im Agrarbereich verbietet, gibt es Ausnahmeregelungen für viele Entwicklungsländer, die auf die traditionelle Anwendung von DDT in der Malariabekämpfung weiterhin angewiesen sind, da bisher noch keine kostengünstigen Alternativen verfügbar sind. Abgesehen von dieser Ausnahme sowie von den o.g. unerwünschten Abfall- und Nebenprodukten konnten jedoch in dem Vertrag für alle anderen Stoffe der Ausstieg aus der Produktion bzw. ihre stark eingeschränkte Verwendung und umweltgerechte Entsorgung festgeschrieben werden. Die prototypische Regelung des SD dient hierbei als Ausgangsbasis für die zukünftige ↑Chemiepolitik und das Verbot weiterer POPs im Rahmen der Konvention. *CW*

Schwefeldioxid. Schwefeldioxid ist ein farbloses, stechend riechendes Gas (SO_2), das vor allem bei der Verbrennung von schwefelhaltiger Kohle und Heizöl sowie bei der Erzverarbeitung und Zementherstellung entsteht. In Kombination mit ↑Staub besitzt es eine starke Reizwirkung und führt bei Inhalation größerer Konzentrationen zu Atembeschwerden. SO_2 wird in der ↑Atmosphäre zu Schwefelsäure oxidiert und ist an der Entstehung des ↑Sauren Regens beteiligt. Die Immissionswerte sind in der ↑Technischen Anleitung Luft geregelt. IW 1:0, 14 mg/m^3, IW 2:0, 4 mg/m^3; die maximale Arbeitsplatzkonzentration beträgt 5 mg/m^3. *UES*

Schwermetalle. Schwermetalle (S.) sind Metalle einer Dichte von über 5 g/cm^3, jedoch konventionell und nach Häufigkeit eingegrenzt auf Blei, Cadmium, Chrom, Eisen, Kobalt, Kupfer, Mangan, Nickel, Quecksilber, Zink und Zinn (also ohne Edelmetalle wie Silber, ohne Seltenerdmetalle wie Cer und ohne radioaktive Metalle wie ↑Plutonium). Mit Ausnahme von Eisen kommen S. natürlich in Gesteinen, ↑Böden und ↑Wasser nur in geringen Konzentrationen vor, sind aber bedeutsam durch die Beteiligung am Stoffwechsel von Pflanzen und Tieren. Sie sind einerseits als Spurenelement lebensnotwendig (Kupfer, Mangan und Zink), andererseits entfalten sie in hö-

heren Konzentrationen toxische Wirkungen (Cadmium, Blei und Quecksilber), vor allem durch Aufkonzentrieren im biologischen Milieu (s. ↑Schadstoffe, ↑Bioakkumulation).
Daher sind spezifische Regelungen erforderlich bei Nahrungsmitteln, im Arbeits-, Gesundheits- und Umweltschutz (z.B. Trinkwasserverordnung, Technische Regeln für Gefahrstoffe – TRGS; max. Arbeitsplatzkonzentrationen – MAK; ↑Gefahrstoff-, ↑Gefahrgut- und Chemikalienverbotsverordnung sowie Bodenschutzgesetz, ↑Technische Anleitung Luft, ↑Abwasserabgabengesetz, Klärschlammverordnung). Die anthropogenen Schwermetalleinträge über die Luft (hauptsächlich an ↑Staub gebunden) und auf den Boden (Deposition) werden in Deutschland im Messnetz des ↑Umweltbundesamtes an 25 Stationen und im Rahmen des Schwermetallprotokolls der UN-Luftreinhaltekonvention ermittelt. Die maximalen Konzentrationen betrugen im Jahr 2000: Blei 0,3; Cadmium 1,6; Kupfer 23,4; Zink 238 g/ha. *JA*

Sekundärrohstoff. Ein Sekundärrohstoff ist ein aus ↑Abfall durch ↑Verwertung gewonnener Stoff, speziell das nach Qualitätsnormen in Konkurrenz zum vergleichbaren Primärrohstoff vermarktete Produkt. *JA*

Selbstbegrenzung ↑Suffizienz/-strategie

Selbstverpflichtungen. Bei Selbstverpflichtungen (S.) handelt es sich um ein Instrument der ↑Umweltpolitik, das auf die freiwillige Selbstregulierung von Industrie und Wirtschaft setzt. Industrie- und Wirtschaftsverbände sichern der Regierung die Reduzierung spezifischer ↑Emissionen durch eine oder mehrere Branchen in einem bestimmten Zeitraum zu. Die Regierung verzichtet dagegen auf gesetzliche Maßnahmen. Die Kontrolle der Zielerreichung erfolgt durch ein Monitoring von Seiten einer staatlichen oder unabhängigen privaten Instanz.
Als Vorteil von S. wird geltend gemacht, dass Unternehmen flexibel die jeweils kostengünstigsten Vermeidungsmaßnahmen ergreifen könnten, wodurch die Zielerreichung effizient und zu niedrigeren gesamtwirtschaftlichen Kosten als im Fall einer staatlichen Regelung erreicht werde. Kritiker bemängeln das fehlende Sanktionspotenzial im Fall der Zielverfehlung. Zudem würden sich Unternehmen nur auf Ziele verpflichten, die sie ohne zusätzliche Anstrengungen erreichen könnten. Die staatliche Verantwortung für einen aktiven ↑Umweltschutz werde unterhöhlt, da eine Handhabe gegenüber Unternehmen fehle, die sich der Selbstverpflichtung entzögen (s. ↑Trittbrettfahrer-Verhalten).
In Deutschland gibt es mittlerweile mehr als 100 unterschiedliche umweltschutzbezogene S., die meisten davon im Abfallbereich. Die bedeutendste S. ist das Ziel der deutschen Industrie, ihre spezifischen CO_2-Emissionen bis zum Jahr 2005 um 28 % gegenüber dem Stand von 1990 zu senken. In der Praxis haben sich S. mehrheitlich als wenig effektiv erwiesen, was insbes. auf mangelnde Transparenz, unklare Ziele und ein nicht funktionierendes Monitoring zurückzuführen ist. *AV*

Senken. Im Kohlenstoffkreislauf der Erde fließt Kohlenstoff in der Form

von Kohlendioxid zwischen den Aufenthaltsorten ↑Atmosphäre, Ozeane und terrestrische ↑Biosphäre (alle Arten von Pflanzen und organischen ↑Böden). Wenn Kohlenstoff aus der Atmosphäre von der Biosphäre aufgenommen wird, erfüllt Letztere eine Aufnahmefunktion und wird daher als Senke (S.) bezeichnet.
Die gesamte ↑Biomasse der Erde besteht zu ca. 50 % aus Kohlenstoff, der damit eines der wichtigsten Grundelemente für den Aufbau von lebender Substanz ist. Die Pflanzen nehmen Kohlenstoff als CO_2 aus der Atmosphäre auf und bauen ihn über die ↑Photosynthese in ihre Biomasse ein. Über die Zersetzung von totem organischen Material sowie durch Atmung von Pflanzen und Tieren und durch diffusen Austausch zwischen Atmosphäre und Ozeanen gelangt der Kohlenstoff wieder in die Atmosphäre; jedes Jahr werden so etwa 25 % des gesamten atmosphärischen CO_2 ausgetauscht. Dies ist etwa 30-mal mehr, als pro Jahr vom Menschen emittiert wird. Die gesamte terrestrische Biosphäre nimmt jährlich etwa 120 Gt Kohlenstoff aus der Atmosphäre auf. Davon wird ein Großteil von den Pflanzen beim Stoffwechsel sofort wieder veratmet oder über Bodenorganismen wieder in die Atmosphäre gebracht. Nur ca. 5 % der Bruttoaufnahme bleibt in den Pflanzen zurück. Durch natürliche Vorgänge (Verrottung) oder menschliche Eingriffe (Feuer, Holzernte) gelangt auch hiervon ein Großteil wieder in die Atmosphäre. Nur etwa 0,5 % der Bruttoaufnahme wird über mehrere Jahrhunderte im Humus oder als Kohle gespeichert.
Die Anrechenbarkeit von durch den Menschen verstärkten S. (Brandschutzmaßnahmen, modifizierte Landwirtschaft) als Klimaschutzmaßnahme im ↑Kyoto-Protokoll ist umstritten, da die komplexen biologischen Vorgänge methodologische Schwierigkeiten mit sich bringen und die Dauerhaftigkeit der Kohlenstoffeinbindung nur schwer garantiert werden kann (Erhaltung und nachhaltige Nutzung der Biosphäre).
www.wbgu.de *DB*

Seuchenrechtsneuordnungsgesetz. Das Seuchenrechtsneuordnungsgesetz trat im Januar 2001 in Kraft. Damit wurde das gesamte, im Wesentlichen aus den 1950er Jahren stammende Seuchenrecht umfassend novelliert. Kernstück des Gesetzes ist ein modernes ↑Infektionsschutzgesetz. *RVR*

Seveso-Katastrophe/Seveso-Richtlinie. Bei der Produktion von Trichlorphenol, einem Ausgangsstoff für die Herstellung von Herbiziden (z.B. 2,4,5-T) und Desinfektionsmitteln (z.B. Hexachlorophen), kam es am 10. Juli 1976 in einem Chemiewerk in der norditalienischen Kleinstadt Seveso (S.) zu einem ↑Störfall: Aus der Produktionsanlage entwichen mehr als zwei Kilogramm des hochgiftigen Stoffes TCDD und verseuchten das umliegende Gebiet. In der Folge mussten 50000 Tiere getötet und mehr als 700 Personen evakuiert werden, von denen viele schwere Hautschäden erlitten (Chlorakne). Da TCDD embryotoxisch wirkt, stieg in der Folgezeit die Zahl der Tot- (1976: 8, 1977: 12, 1978: 14), Miss- (1976: 4, 1977: 38, 1978: 53) und Fehlgeburten (doppelte Anzahl gegenüber vergleichbaren Gebieten).
Als Folge des Störfalls von S. wurde die

Produktion von Trichlorphenol in Europa eingestellt. Als gesetzliche Konsequenz entstanden 1978 die Störfallverordnung, in der Maßnahmen zum Schutz vor Störfällen durch Chemieanlagen erstmals vorgeschrieben wurden, sowie 1981 das ↑Chemikaliengesetz, das die Prüfung von Chemikalien auf ihre schädlichen Umwelteinwirkungen vor der Zulassung vorsieht. Auf europäischer Ebene entstanden die S.-Richtlinie und das Europäische Chemikaliengesetz.

Infolge des S.-Unfalls wurde das Auftreten von TCDD bei verschiedenen chemischen Prozessen (Herstellung von Holzschutzmitteln) und Verbrennungsvorgängen (z.B. Müllverbrennungsanlagen) festgestellt. Auf Grund weiterer gesetzlicher Produktverbote, wie z.B. von ↑Polychlorbiphenylen, Pentachlorphenol, zahlreichen chlorierten Kohlenwasserstoffen, und Emissionsbeschränkungen für Müllverbrennungsanlagen konnte die Belastung der Nahrungskette mit TCDD deutlich gesenkt werden, so dass auch die kritische Belastung der Muttermilch in den letzten zehn Jahren um etwa 50% abgenommen hat.

Langzeitwirkungen hinsichtlich der Krebsmortalität konnten in der Region von S. nicht festgestellt werden. Allerdings veränderte sich das Geschlechterverhältnis der Nachkommen in S. durch ein massiv ausgeprägtes Übergewicht an Mädchengeburten. Dies ist eine Folge der stark antiöstrogenen Wirkung von TCDD, das 3 bis 4 Zehnerpotenzen stärker wirkt als natürliche Geschlechtshormone. *FV*

Sick Building Syndrome. Das Sick Building Syndrome steht für ein diffuses, bisher nicht eindeutig definiertes Krankheitsbild mit unterschiedlichen Ausprägungen (Schleimhautreizung, Kopfschmerz, Müdigkeit), das mit der Luftqualität und Schadstoffbelastung in Gebäuden in Zusammenhang gebracht wird. *MS*

Simulationsmethoden. Simulationsmethoden (S.) sind Untersuchungen an Nachbildungen eines Systems, in denen sich das Modellsystem in Bezug auf gegebene Fragestellungen möglichst realitätsnah verhält. Simulationen dienen der Erkenntnis bei Problemen, die analytisch nicht lösbar, im realen System experimentell nicht, zu aufwändig oder nur irreversibel zu untersuchen sind.

Analoge Simulationen verwenden vereinfachte oder verkleinerte materielle Modellnachbildungen, z.B. für die Rekonstruktion von Havarien oder die Optimierung von Strömungseigenschaften technischer Systeme. Mit dem Fortschritt der Informationstechnik haben sich numerische Simulationen am Computer weit gehend durchgesetzt.

Numerische Simulationen erfordern eine Modellbeschreibung anhand von Erhaltungssätzen, Materialgesetzen und anderen nachzubildenden Eigenschaften, deren mathematische Beschreibung in Form von Differenzial- oder Integralgleichungen und deren Lösung mittels deterministischer oder stochastischer Verfahren wie der Monte-Carlo-Methode erfolgt. Ferner werden neuronale Netze eingesetzt, wenn man eine mathematische Funktion nicht kennt, aber viele Daten zur Beschreibung der Parameter zur Verfügung hat.

S. finden breite Anwendungen in Wissenschaft, Technik, Wirtschaft und Medizin. Beispiele sind der Klimawandel, das Verhalten von Ökosystemen bei äußerer Störung, Hochwasserverläufe unter verschiedenen Bedingungen, die Abschätzung betriebswirtschaftlicher Risiken oder des wellenförmigen Ablaufs von Epidemien. Auch das ↑Erdsystem wird simuliert, analog 1991 als «Biosphäre II» in Arizona und 2002 in einem japanischen TeraFLOPS-Supercomputer namens «Earth Simulator». *STO*

Smog. Das Kunstwort «Smog» (S.) (aus engl. smoke (Rauch) und fog (Nebel)) bezeichnet die Erhöhung der ↑Luftverschmutzung durch austauscharme Wetterlagen, insbes. in Ballungsgebieten. Zum Umgang mit S. wurden Smogverordnungen erlassen, die in der Regel ein stufenweises Planungssystem und Maßnahmen zur Verhaltensänderung (wie z. B. spezifische Fahrverbote) vorsehen. *UES*

Solarenergie. Solarenergie (S.) im engeren Sinne meint die ↑Energie, die direkt aus der Sonnenwärme und aus dem Sonnenlicht gewonnen wird. Im weiteren Sinne ist S. der Sammelbegriff für alle erneuerbaren Energien, die aktuell von der Sonne generiert werden: ↑Wasserkraft, ↑Windenergie einschließlich der Wellenenergie, das energetisch nutzbare photosynthetisch erzeugte Pflanzenmaterial (↑Biomasse bzw. Bio-Energie). Die Sonne liefert dem Erdball jährlich 20000-mal mehr Energie, als mit dem Jahresverbrauch an atomaren und fossilen Energien erstellt wird. Ein Bruchteil davon, mit technischer Hilfe geerntet, reicht also aus, um den gesamten Energiebedarf der Menschheit zu decken. Dieses Sonnensystem ist 4,5 Mrd. Jahre alt. Seine Lebensdauer wird auf mindestens weitere 4,5 Mrd. Jahre geschätzt. Nach menschlichen Maßstäben ist damit die S. unerschöpflich, im Gegensatz zu den erschöpflichen ↑Energieträgern Erdöl, Erdgas, Kohle oder dem Spaltmaterial Uran.

Die Umwandlung einer solaren Primärenergie in eine Nutzenergie ist, den thermodynamischen Hauptsätzen zufolge (s. ↑Thermodynamik), ebenso wie bei der ↑Atomenergie und fossilen Energien nicht verlustfrei, im Unterschied zu diesen aber schadstofffrei. Eine Ausnahme davon ist die Bio-Energie, die jedoch bei CO_2 schadstoffneutral ist, sofern stets ebenso viel gepflanzt wie geerntet wird. Neben der Unerschöpflichkeit und der Schadstofffreiheit bzw. -neutralität gibt es einen dritten physikalischen Unterschied zu atomaren bzw. fossilen Energien: Während sich jene auf relativ wenige Förderplätze stützen, werden die solaren Energiepotenziale überall auf dem Erdball als natürliche Umgebungsenergie angeboten, meist in diffuser Form, also in geringerer Energiedichte. Daraus ergibt sich eine Nutzung erneuerbarer Energien mit Hilfe zahlreicher dezentraler Anlagen statt über wenige zentrale Großanlagen (Ausnahmen: konzentrierte Wasserkraftnutzung durch Stauseen, solarthermische Kraftwerke in südlichen Ländern).

Diese Dezentralität erzwingt einen umfassenden Strukturwandel der Energieversorgung und ist der wesentliche Grund energiewirtschaftlicher Widerstände. In der Chance zur Dezentralität liegen jedoch – neben der Unerschöpflichkeit und dem ↑Umweltschutz – entscheidende politische und wirtschaftliche Vorteile erneuerbarer Energien: dauerhafte Versorgungssicherheit, Vermeidung internationaler Ressourcenkonflikte und wirtschaftlicher Abhängigkeiten, Belebung regionaler Wirtschaftskreisläufe, dauerhafte Bedeutungssteigerung der Land- und ↑Forstwirtschaft, die zur integrierten Ernährungs- und Energiewirtschaft werden, Effizienzsteigerung der Energiebereitstellung durch den Wechsel von globalen atomaren bzw. fossilen zu regionalen und lokalen solaren Bereitstellungsketten – also geringerer Infrastrukturbedarf, Vermeidung von Energieverlusten auf dem Weg von der Energiegewinnung zur Energienutzung, Vermeidung laufender Brennstoffkosten (Ausnahme wiederum Biomasse). Die technologische Bandbreite wird vor allem durch neue Technologien der dezentralen Energiespeicherung zur vollen Entfaltung kommen (Stichworte: solare Elektrotechnik, solare Mikroelektronik und Informationstechnik, solares Bauen) bis hin zur Dimension individueller Energieautonomie.

Erneuerbare Energien führen deshalb zu einem neuen Energiesystem mit großer Breiten- und Tiefenwirkung in der Gesellschaft. Der Wechsel zu diesen Energien hat eine epochale Bedeutung, die sich im Begriff «Solarzeitalter» ausdrückt. *Hermann Scheer*

Sonderabfall. Sonderabfall bezeichnet ↑Abfall, der auf Grund seiner Schädlichkeit und Menge getrennt entsorgt wird. In Deutschland wird er rechtlich als besonders überwachungsbedürftiger Abfall, europäisch als gefährlicher Abfall definiert. *JA*

Soziale Bewegungen ↑Umweltbewegungen

Soziale Kosten. Soziale Kosten sind Kosten, die Dritten oder der Gesellschaft insgesamt entstehen, ohne dass sie im betrieblichen Rechnungswesen bzw. in der Wirtschaftsrechnung der (privaten und öffentlichen) Haushalte als Kosten auftauchen. Sie entstehen u.a. in Form negativer ↑Externer Effekte (z.B. ↑Luft- und Gewässerverschmutzung), die vom Verursacher nicht monetär abgegolten werden. *UES*

Soziale Naturwissenschaft ↑Naturwissenschaft, soziale

Sozialökologie ↑Ökologie

Sperrmüll. Sperrmüll ist der separat gesammelte, hauptsächlich sperrige Anteil des Siedlungsabfalls. Typisch sind Möbel, Elektrogeräte, Installationsmaterial und Fußbodenbeläge aus privaten Haushalten. Das Aufkommen beträgt in Deutschland 2–3 Mio. t pro Jahr. *JA*

Spieltheorie. Die Spieltheorie (S.) ist ein von Oskar Morgenstern und John von Neumann entworfenes Konzept zur Beschreibung und Lösung von Entscheidungssituationen unter Unsicherheit. Die hypothetischen Spieler beeinflussen sich wechselseitig und verhalten sich annahmegemäß egoistisch. Sie können für die Erreichung bestmöglicher Ergebnisse kooperieren oder sich nichtkooperativ verhalten. Die Metho-

de wird häufig in der ↑Umweltökonomie eingesetzt.
Kernkonzept der S. ist das Gefangenendilemma, mit dem erklärt werden kann, warum zwei Spieler auf Grund fehlender Kommunikation und egoistischen Verhaltens nicht zu einem für beide optimalen Ergebnis kommen. Beide müssen mit dem nichtkooperativen Verhalten des anderen rechnen, das ihnen zum Nachteil gereichen kann. *BS*

SRU ↑Rat von Sachverständigen für Umweltfragen

St.-Florians-Prinzip. Das St.-Florians-Prinzip bezeichnet den Interessenkonflikt zwischen der lokalen Bevölkerung und dem Staat oder einem Unternehmen um den Standort von Projekten, die lokal zu Nachteilen wie ↑Umwelt- oder Gesundheitsbelastungen führen, aber von überörtlicher, allgemeiner Bedeutung sind. *BN*

Staatssekretärsausschuss für Nachhaltige Entwicklung. Der Staatssekretärsausschuss für Nachhaltige Entwicklung («Green Cabinet») unter Leitung eines Staatsministers im Bundeskanzleramt wurde Anfang 2001 von der Bundesregierung eingerichtet. Der Ausschuss hatte zunächst den Auftrag, die ↑Nachhaltigkeitsstrategie der Bundesregierung zu erarbeiten und konkrete Projekte zu ihrer Umsetzung festzulegen. Jetzt obliegt ihm die Überwachung der Durchführung der Strategie. *BP*

Staatsziel Umweltschutz. Das Staatsziel Umweltschutz ist eine Verfassungsbestimmung, die den Schutz der natürlichen Lebensgrundlagen dem besonderen Schutz des Staates unterwirft (s. ↑Artikel 20a GG). Danach sind alle staatlichen Maßnahmen mit dem Gebot des Schutzes der natürlichen Lebensgrundlagen abzuwägen. Ein individueller verfassungsrechtlicher Anspruch auf ↑Umweltschutz ergibt sich dagegen nicht. Da ein individuelles Grundrecht und eine gesetzliche Konkretisierung fehlen, ist die Bestimmung als Leerformel kritisiert worden. *AV*

Stadtökologie. Die Stadtökologie (S.) ist ein noch junges wissenschaftliches Fachgebiet, das sich mit den Umweltwirkungen des durch Industrialisierung und Tertiärisierung geprägten Urbanisierungsprozesses, dessen Siedlungsstrukturen, ↑Lebensstilen, Ver- und Entsorgungssystemen befasst. Die zentrale Hypothese besteht darin, dass die historisch gewachsenen Stadt- und Siedlungsstrukturen wichtige Ursachen der Umweltkrise darstellen. Diese Strukturen sind in ihrer heutigen Ausformung nicht zukunftsfähig, es gilt sie anzupassen und umzubauen (ökologischer Stadtumbau).
Das ökologische Problem nichtnachhaltiger städtischer Siedlungsstrukturen und Lebensstile sind die Vervielfachung des ↑Flächenverbrauchs, des Verbrauchs von ↑Energie, ↑Wasser und ↑Rohstoffen und die zunehmende Gefährdung der Bodenqualität, des ↑Wasserhaushalts, des ↑Klimas wie auch der ↑Biodiversität. Neben den Wirkungen auf die äußere Umwelt befasst sich die S. aber auch mit den sozialen und gesundheitlichen Folgen des modernen Städtebaus. Kritisiert werden u.a. die Verarmung der sinnlichen Wahrnehmungswelt durch mo-

notone Baustrukturen, die Zunahme gesundheitsgefährdenden ↑Lärms und der Verlust an erfahrbaren ganzheitlichen Lebensvorgängen. Die Möglichkeiten zur Identitätsbildung und Selbsterfahrung des Menschen sind stark reduziert und haben seine Sensibilität für lebensfördernde und lebensbedrohende Prozesse beeinträchtigt.

Als Handlungswissenschaft entwickelt die S. Leitbilder und Modelle sowie praxisorientierte Verfahren und Instrumente, wie der ökologisch-nachhaltige Umbau der etablierten Siedlungsstrukturen eingeleitet und vorangebracht werden kann. Dieser Umbau betrifft sowohl das städtische Flächen- und Mobilitätsmanagement, die gebauten Strukturen und die Ver- und Entsorgungsstrukturen als auch die sozialen, politischen und ökonomischen Strukturen der Stadt. In der Entwicklung geeigneter Beteiligungs- und Kooperationskonzepte sieht die S. den Schlüssel eines ökologisches Stadtumbaus. *EH*

Stakeholder. Der Begriff «Stakeholder» (S.) hat sich auch im Deutschen durchgesetzt, da die Übersetzung «gesellschaftliche Interessengruppen» recht unbefriedigend scheint. S. ist eine jener neuen Wortbildungen, wie sie im Rahmen gesellschaftlicher Auseinandersetzungen bzw. Prozesse entstehen. Die Konzepte des Shareholder-Value (Interessen, die die Aktienbesitzer an ein Unternehmen richten) und des S.-Value entstanden in etwa zeitgleich Anfang der 1980er Jahre. Trotzdem war lange Zeit immer nur von den Shareholdern die Rede, bis sich auch diejenigen verstärkt zu Wort meldeten, die zwar nicht vom Auf und Ab von Aktien direkt, aber dennoch auf die eine oder andere Weise von der Geschäftspolitik einer Firma oder den Entscheidungen der Gemeindevertretung tangiert sind (s. ↑Agenda 21).

S. sind also Personen oder Personengruppen inner- und außerhalb eines Unternehmens bzw. einer Organisation, wie zum Beispiel Mitarbeiterinnen und Mitarbeiter, Kundinnen und Kunden, also die ökonomisch motivierten Gruppen, aber auch Nachbarn, Gewerkschaften, Kirchen, Aufsichtsbehörden und nicht zuletzt ökologisch motivierte Gruppen.

Unter S.-Value versteht man einen Managementansatz, dessen Ziel es ist, Wert für alle zu schaffen, die von den Auswirkungen der Unternehmens- und Organisationsentscheidung betroffen sind oder ihrerseits zum Wohl eines Unternehmens bzw. einer Organisation beitragen. Der S.-Ansatz setzt einen Kontrapunkt zu einer ggf. zu einseitigen Ausrichtung auf den Shareholder-Value, bei dem allein der Wertzuwachs eines Unternehmens bzw. einer Organisation im Vordergrund steht. Die differenzierten Ansprüche der S. sind in der Regel nicht leicht zu definieren. Deshalb gehen Unternehmen beispielsweise dazu über, mit ihren S. in einen Dialog über nachhaltige Unternehmensentwicklung zu treten, um deren Werthaltungen und Sichtweisen kennen und einschätzen zu lernen und daraus Schlüsse für die zukünftige Strategie zu ziehen. Wie stark die jeweiligen S. ein Unternehmen bzw. eine Organisation beeinflussen, hängt davon ab, welche gesellschaftliche Macht sie entfalten bzw. mobilisieren können. *HLF*

Stand der Technik. Der Begriff «Stand der Technik» dient der Umschreibung von Maßnahmen zur Begrenzung von ↑Emissionen, die im Betrieb erprobt sind. Er ist im ↑Bundesimmissionsschutzgesetz als «Entwicklungsstand fortschrittlicher Verfahren, Einrichtungen und Betriebsweisen» definiert, der z. B. Betreibern von Anlagen mit schädlichen Umwelteffekten vorgeschrieben wird. Dieser Stand wird unterschieden vom (höheren) «Stand von Wissenschaft und Technik», wie er in der Bundesrepublik Deutschland z. B. im Atomgesetz als Maßstab verwendet wird. Im Ausland sind andere Begriffe üblich (z. B. Großbritannien: BPEO – best practicable environmental option bzw. BPM – best practicable means), die jedoch nur teilweise mit dem deutschen Begriffsinhalt übereinstimmen. *UES*

Standard-Preis-Ansatz ↑Umweltökonomie

State-of-the-World-Berichte. Die State-of-the-World-Berichte des Washingtoner ↑Worldwatch Institute (WWI) erscheinen jährlich und bewerten aktuelle Trends des ↑Globalen Wandels. *www.worldwatch.org* *BP*

Staub. Staub (S.) bezeichnet feste Schwebstoffpartikel in Gasströmen. Der natürliche Anteil in der ↑Atmosphäre besteht aus Silicium, Aluminium, Calcium und deren Chloriden. In Verbrennungsabgasen finden sich oft hohe Gehalte an S. mit hohen Gehalten an ↑Schadstoffen. Gefährlich ist vor allem die lungengängige Form des S. mit Partikelgrößen unter 2,5 Mikrometer. *JA*

Stickoxide. Unter dem Begriff «Stickoxide» (NO_x) werden die beiden Einzelverbindungen Stickstoffmonoxid (NO) und Stickstoffdioxid (NO_2) zusammengefasst.
Bei allen Verbrennungsvorgängen entstehen S. als Verbindung zwischen dem Stickstoff der Luft und dem Sauerstoff; je höher die Verbrennungstemperatur, desto höher die Stickoxidbildung. Stickstoffmonoxid oxidiert in der Luft zum gesundheitsschädlichen Stickstoffdioxid. Aus Stickstoffdioxid kann sich mit Feuchtigkeit Salpetersäure bilden, die wesentlich an der Bildung des ↑Sauren Regens beteiligt ist. Wenn der Tagesmittelwert der Stickstoffdioxid-Konzentrationen über 150 µg pro m^3 Atemluft liegt, treten akute Erkrankungen der Atemorgane auf. Anzeichen einer chronischen Vergiftung sind Kopfschmerzen, Schlaflosigkeit, Geschwüre der Schleimhäute u. a. m. *UES*

Stiftung Warentest. Zu hoher Stromverbrauch von Haushaltsgeräten, ungesunde Innenraumluft und windige Anbieter sog. ökologischer Investments – davor warnt die Stiftung Warentest (SW) inzwischen seit Jahrzehnten. Die 1964 auf Beschluss des Bundestages gegründete Stiftung bürgerlichen Rechts prüft jedes Jahr mehrere tausend Produkte und Dienstleistungen auf ihren Nutzwert für die Kunden. Die Ergebnisse dieser Tests werden in den beiden anzeigenfreien Zeitschriften «test» (monatlich verkaufte Auflage 620000) und «FINANZtest» (monatlich verkaufte Auflage 325 000), in Büchern sowie im Internet verbreitet. Im Internet verzeichnet die SW monatlich 1,5 Mio. Visits und rund 15 Mio. Page Impressions. Dort verkauft sie als Pionier bei den kostenpflichtigen Inhalten jeden Monat ca. 25 000 Tests und Reports zu

Preisen von 50 Cent bis 2,50 Euro. Mit den Verkäufen von Zeitschriften, Büchern und im Internet kann die SW ca. 85–90% ihres Budgets von rund 50 Mio. Euro selbst erwirtschaften. 5,8 Mio. Euro Zuschuss kommen jährlich vom Bund.

↑Umweltschutz im Sinne des Verbrauchers gehört zum Satzungsauftrag der SW. Sie soll die Öffentlichkeit über die Umweltverträglichkeit von Waren und Dienstleistungen sowie über Möglichkeiten umweltbewussten Verhaltens aufklären. Beim Test von Geräten gehört die Prüfung von Umwelteigenschaften wie etwa des Stromverbrauchs, der Reparaturfreundlichkeit oder der Recyclingfähigkeit der Geräte daher zum Kernbereich der Stiftungsaufgaben. Diese Eigenschaften gehen auch in die Qualitätsurteile der SW ein. In den vergangenen Jahren hat die SW zudem einen Arbeitsbereich Umweltanalysen aufgebaut, von dem sich jedes Jahr einige tausend Verbraucher Hausstaubanalysen, Schimmeltests, Lärmgutachten und toxikologische Gutachten für ein vergleichsweise geringes Entgelt erstellen lassen. Im Bereich Finanzdienstleistungen nimmt die SW ökologische Geldanlagen unter die Lupe – hier vor allem mit der Fragestellung, ob die Risiken einer solchen Geldanlage für den Kleinanleger transparent und tragbar sind. Zu den geprüften Angeboten gehören ↑Ökofonds genauso wie ethische und ökologische Riester-Rentenprodukte. Frühzeitig hat die SW in der Rubrik «Grauer Kapitalmarkt» ihrer Zeitschrift «FINANZtest» auf schwarze Schafe aufmerksam gemacht, die mit unseriösen ökologischen oder ethischen Investmentmöglichkeiten werben. Im Jahr 2000 hat der Bundesdeutsche Arbeitskreis Umweltbewusstes Management (B.A.U.M., s. ↑Unternehmensverbände) dem Vorstand der SW Dr. Werner Brinkmann für sein Engagement im Umweltschutz seinen Sonderpreis verliehen.

www.stiftung-warentest.de

Hermann-Josef Tenhagen

Stoffpolitik. Stoffpolitik (S.) umfasst alle politischen Maßnahmen zum Schutz des Menschen und der ↑Umwelt vor schädlichen Einwirkungen stofflicher ↑Ressourcen. S. begann historisch mit lokalen Regelungen zu Umweltproblemen im Nahbereich (z. B. zur Siedlungswasserwirtschaft im 19. Jahrhundert) und führte bis zu Vereinbarungen im Rahmen der internationalen ↑Umweltpolitik über globale Umweltprobleme (z. B. ↑Montrealer Protokoll).

In Deutschland regelt das ↑Wasserhaushaltsgesetz von 1957 die Gewässernutzung und die Entnahme oder Einleitung von Stoffen. Das ↑Abwasserabgabengesetz sieht nach Art und Menge der stofflichen Abwasserbelastung gestaffelte Abgaben vor. ↑Luftreinhaltung und Lärmbekämpfung werden seit 1974 zentral geregelt im ↑Bundesimmissionsschutzgesetz. In zahlreichen Verordnungen und ↑Technischen Anleitungen (TA Luft) wird das Risiko von schädlichen ↑Immissionen durch anlagenbezogene Emissionsgrenzwerte eingedämmt. Dieser Ansatz findet sich auch im Bodenschutzgesetz von 1998. Der Schutz vor gefährlichen Stoffen wird seit 1981 mit dem ↑Chemikaliengesetz auf alle chemischen Produkte bezogen, die als neue Stoffe vor der Vermarktung anmeldepflichtig sind bzw. als sog. Altstoffe einem sukzessiven Bewertungsverfahren unterzogen werden sollen. Besondere Regelungen bestehen für Pflanzenschutz- und Schädlingsbekämpfungsmittel (s. ↑Pestizide) (Pflanzenschutz- bzw. Biozidgesetz s. ↑Biozide). Den sicheren Umgang mit diesen Stoffen sollen jeweils Kennzeichnungs- und Anwendungsvorschriften, teilweise auch Anwendungsverbote bzw. -beschränkungen erreichen. Der Umgang mit radioaktiven Stoffen wird über das Atomgesetz von 1960 und das Strahlenschutzvorsorgegesetz geregelt (s. ↑Strahlenschutz). Das Abfallgesetz von 1986 wandte sich zum ersten Mal dem Mengenproblem der ↑Stoffströme zu. Es soll u.a. die unschädliche «Beseitigung» von ↑Abfall sicherstellen; 1994 wurde es zum ↑Kreislaufwirtschafts- und Abfallgesetz erweitert. Der ↑Vermeidung und ↑Verwertung werden nun Priorität vor der ↑Abfallbeseitigung eingeräumt. Die deutschen Gesetze der S. wurden vielfach als Modell für EU-Regelungen herangezogen, die wiederum Schrittmacher für nationale Maßnahmen wurden.

In den 1990er Jahren wurde deutlich, dass die substanzspezifische und medienbezogene S. nicht ausreicht, die Ver- und Entsorgung auf eine nachhaltige Basis zu stellen. Neben das Ziel der Schadstoffkontrolle trat das Ziel der Verminderung des stofflich-energetischen Ressourcenverbrauchs. Dies kann ohne Wohlstandseinbuße nur über eine Steigerung der Ressourceneffizienz und über ↑Dematerialisierung der Wirtschaft erreicht werden. Ein nachhaltiges Ressourcenmanagement wird dabei auf das bereits bestehende ↑Instrumentarium der Umweltpolitik zurückgreifen und diese weiterentwickeln. ↑End-of-Pipe-Maßnahmen werden durch integrierten ↑Umweltschutz und integrierte ↑Produktpolitik ersetzt, flankiert durch Maßnahmen, die den Einsatz von Primärenergie und -material unattraktiv machen (z.B. ↑Ökologische Steuerreform). Informationsinstrumente zur Erfassung des Ressourcenverbrauchs unterstützen Entscheider in Politik und Wirtschaft und ermöglichen den Firmen die Suche nach ökologischem Produktdesign. Dadurch wird die technologische Entwicklung in Richtung Ressourceneffizienz bzw. Materialproduktivität vorangetrieben, was sich positiv auf Wettbewerbsfähigkeit und Beschäftigung auswirken dürfte. *Stefan Bringezu*

Stoffströme. Stoffströme (S.) bezeichnen die Bewegung von Materialien oder chemischen Substanzen durch eine Firma, eine Region oder eine Volkswirtschaft in einem bestimmten Zeitraum. Es gibt natürliche S. wie den Nährstoffkreislauf in Ökosystemen und vom Menschen induzierte oder veränderte S. Der Stoffwechsel (s. industrieller ↑Metabolismus) der Gesellschaft umfasst die Extraktion oder Ernte von ↑Rohstoffen, deren Verarbeitung zu Vor- und Fertigprodukten, den Gebrauch, die Wiederverwendung und -verwertung bis hin zur Abgabe von ↑Emissionen und ↑Abfällen. Alle diese Stufen können Effekte auf die ↑Umwelt haben, die sich lokal bis global auswirken. Die Wirkung hängt generell ab von der Umsatzmenge pro Zeit und der spezifischen Wirkung pro umgesetzter Menge. Entsprechend wird unterschieden zwischen mengen- und wirkungsorientierten Indikatoren für das mit S. verbundene Umweltbe-

lastungspotenzial (z.B. Energie-, Material-, Wasserverbrauch bzw. Treibhausgas-, Ozonabbaupotenzial usw.). Auf Grund des physikalischen Gesetzes der Massenerhaltung bestimmt die Menge der Ressourcenentnahme den Umfang des Stoffdurchsatzes der Wirtschaft und somit die resultierenden Mengen an Abfall und Emissionen.
Um den Stoffwechsel verschiedener Länder vergleichen und Fortschritte in Richtung ↑Dematerialisierung und ↑Nachhaltige Entwicklung messen zu können, werden Stoffstrombilanzen (= Materialkonten) verwendet, die die Stoffentnahme aus der Umwelt und den Eintrag über Importe (Input in die Wirtschaft) der Stoffabgabe an die Umwelt und dem Austrag über Exporte (Output der Wirtschaft) gegenüberstellen. Daraus werden Indikatoren des gesellschaftlichen Stoffwechsels abgeleitet: Der Direkte Material-Input (DMI) umfasst die Menge der inländischen Rohstoffproduktion (↑Energieträger, Erze, Mineralien, ↑Biomasse) und die Menge der Importe, d.h. den Stoffeinsatz in Industrie, Handwerk und Handel. Der Globale Materialaufwand (engl.: Total Material Input, TMI) umfasst zusätzlich die ↑Ökologischen Rucksäcke der inländischen Rohstoffproduktion (nicht verwertete Extraktion z.B. im Bergbau) und der Importe (vorgelagerte Rohstoffentnahmen). Der TMI gibt den Umfang der Primärmaterialien an, die mit der gesamten Produktion einer Volkswirtschaft in In- oder Ausland verbunden sind. Der mit dem inländischen Konsum verbundene Materialverbrauch (engl.: Domestic Material Consumption, DMC) ergibt sich aus dem DMI abzüglich der Exportmenge. Der Globale Materialverbrauch (Total Material Consumption, TMC) umfasst den TMI abzügl. der Exporte und ihrer ökologischen Rucksäcke.
Das Verhältnis von ökonomischen Indikatoren wie dem Bruttoinlandsprodukt (BIP) und input- oder verbrauchsorientierten Indikatoren gibt Auskunft über die Materialproduktivität der Volkswirtschaft. Die Stoffabgaben an die Umwelt umfassen Abfalldeposition, Emissionen in die Luft und ↑Gewässer, dissipativen Produkteinsatz (z.B. Dünger) und Stoffverluste (z.B. Korrosion). Der Netto-Bestands-Zuwachs (NBZ) ergibt sich aus der Differenz von Stoffeinsatz und Stoffaustrag. Er misst das physische Wachstum der Technosphäre in Form zusätzlicher langlebiger Güter wie Gebäude und Infrastrukturen, wie auch die Entfernung von einem ↑Fließgleichgewicht zwischen Input und Output, einer Voraussetzung für ↑Nachhaltige Entwicklung. *Stefan Bringezu*

Stoffwechsel ↑Metabolismus, industrieller

Störfall(-Verordnung). Gemäß Störfallverordnung liegt ein Störfall (S.) dann vor, wenn eine Industrieanlage einer gesetzlich definierten Kategorie nicht bestimmungsgemäß arbeitet und es dadurch zur Freisetzung, zum Brand oder zur Explosion von gefährlichen Stoffen kommt und die Gesundheit von Menschen bzw. die Qualität von Sachen mit hohem Wert gefährdet werden. Mit dieser Definition wird jedoch nur ein kleiner Teil der tatsächlich auftretenden S. erfasst. *BS*

Strahlenschutz. Strahlenschutz umfasst alle Maßnahmen zum Umgang und zur Lagerung radioaktiver Stoffe (s. ↑Radioaktivität) sowie den Schutz vor elektromagnetischer Strahlung durch Mobilfunksendeanlagen, Stromleitungen und Umspanneinrichtungen. Die 1976 verabschiedete Strahlenschutzverordnung (s. ↑Atomgesetznovelle) regelt den Betrieb von Anlagen zur Erzeugung ionisierender Strahlung und zielt auf den Schutz von Einzelpersonen, deren Nachkommen (genetische Strahlenschäden) und der Bevölkerung insgesamt ab. In der Verordnung werden die ↑Grenzwerte für die jeweils zulässigen Strahlendosen, die zulässigen Aktivitäten und Kontaminationen festgelegt. Zudem ist auch der Grundsatz festgeschrieben, dass jeder, der mit ionisierender Strahlung umgeht, verpflichtet ist, jede unnötige Strahlenexposition von Personen, Sachen oder der natürlichen ↑Umwelt zu vermeiden bzw. so gering wie möglich zu halten. Personen, die beruflich mit solcher Strahlung umgehen, sind aufgefordert, Strahlungsdosis- und Strahlungsmessgeräte (Geigerzähler) bei sich zu tragen, um die Intensität und Menge der Strahlung zu ermitteln, der sie ausgesetzt sind. Für den Schutz vor ionisierender Strahlung gelten drei A: großer Abstand von der Strahlenquelle, gute Abschirmung und geringe Aufenthaltsdauer.

Den Schutz vor elektromagnetischer Strahlung regelt die Verordnung über elektromagnetische Felder von 1997, die einheitliche Schutzstandards bei Infrastrukturmaßnahmen wie dem Aufbau der Mobilfunkversorgung oder der Elektrifizierung des Eisenbahnnetzes setzt. Die Verordnung enthält Grenzwerte für diese Anlagen und zusätzlich Vorsorgewerte für Anlagen in Wohngebieten. Die Frage, ob und inwieweit elektromagnetische Felder gesundheitliche Schäden beim Menschen verursachen können, wird wissenschaftlich wie auch in der Öffentlichkeit kontrovers diskutiert. *BS*

Stratosphäre. Die Stratosphäre (S.) (lat.: stratum, «Decke») ist die Atmosphärenschicht zwischen Tropopause und Stratopause. Sie beginnt je nach geografischer Breite in 8–17 km und reicht bis etwa 45 km Höhe. Sie ist in erster Linie durch die mit der Höhe zunehmende Temperatur gekennzeichnet, während diese in der ↑Troposphäre mit der Höhe abnimmt. In der S. befindet sich die vom Abbau durch ↑Fluorchlorkohlenwasserstoffe (FCKW) gefährdete Ozonschicht. *DB*

Streuobstwiese. Die Streuobstwiese (S.), die Ansammlung von hochstämmigen Obstbäumen, meist nah an den Bauernhöfen gelegen und damit oft Kulisse des Dorfrands, war früher fester Bestandteil der ↑Kulturlandschaft. Obstwiesen und Obsthöfe hatten eine doppelte Funktion: In ihnen weidete das Jungvieh und hielt das Gras knapp, und von den Früchten der Bäume wurden Kompott und Marmelade gekocht oder Apfelkuchen gebacken. Der Baumschnitt erfolgte in den Wintermonaten – wenn ein Baum beim Sturm umfiel, wurde nachgepflanzt. S. sind ein Refugium von Vögeln und Kleinlebewesen. Untersuchungen des ↑Bundesamtes für Naturschutz (BfN) haben belegt, dass die Artenvielfalt in Obsthöfen um das Zwei- bis Dreifache höher ist als in den heute üblichen intensiv bewirtschafteten Obstplantagen mit Halb- und Viertelstämmen.

S. sind seit Jahrzehnten auf dem Rückzug: Die intensivierte Landwirtschaft vernachlässigte sie, weil sie ihr zu pflege- und arbeitsintensiv waren, und viele solcher Wiesen mussten Neubausiedlungen weichen. Naturschützer haben in jüngster Zeit an vielen Orten in Deutschland Streuobstinitiativen gegründet, die noch vorhandene Restbestände bewahren und neue Obstwiesen anlegen. Zugleich sammeln sie das in S. anfallende Obst, vorrangig Äpfel, und pressen es zu Saft, der als regionales Produkt gut nachgefragt wird. Mit den Erträgen aus dem Verkauf werden neue S. angelegt und in alten nachgepflanzt. Vielfach verfolgen die Naturschützer dabei das sog. Aufpreisprinzip: Den Anlieferern wird seitens der Streuobstinitiativen ein höherer Preis gezahlt, als ihn herkömmliche Mostereien zahlen, um einen Anreiz zu schaffen, die kulturhistorisch und ökologisch wertvollen Altbestände zu pflegen und zu bewahren. *VH*

Stromspeicher. Mit dem Ausbau der erneuerbaren ↑Energien erhält das Thema Stromspeicher eine neue Konjunktur, da unregelmäßige Stromproduktion und -nachfrage synchronisiert werden müssen. Zum einen werden Langfristspeicher für hohe Energiemengen benötigt, z.B. Wasserstoff. Zum anderen werden Kurzzeitspeicher benötigt, z.B. ↑Windenergie. Schwungradspeicher gelten als eine viel versprechende Technik, mit Druckluftspeichern wird experimentiert. Für kleine Leistungen und schnelle Reaktionszeiten wird an einem sog. Doppelschichtkondensator (Super-Cap genannt) gearbeitet. *UES*

Strukturwandel, ökologischer. Statistisch gesehen, umfasst der Begriff «Struktur» die Aufteilung einer ökonomischen Gesamtgröße in mehrere Teilaggregate. Strukturwandel (S.) besagt, dass sich die prozentualen Anteile bestimmter Teilaggregate an der Gesamtgröße verändern. Der S. der Wirtschaft kann sich belastend, entlastend oder neutral auf die ökologische Situation auswirken.

Beim sektoralen S. sind zwei Effekte zu unterscheiden:

- der intersektorale S. im Sinne der sich vollziehenden Veränderungen eines Sektorenanteils (eines Branchenanteils) an der gesamtwirtschaftlichen Produktion. Umweltentlastung entsteht, wenn das Produktionsvolumen in den umweltbelastenden Sektoren absolut oder zumindest relativ (sog. Entkopplung) zurückgeht.
- der intrasektorale S. im Sinne der Veränderungen, die sich innerhalb der Branchen, Betriebe und Unternehmen vollziehen. Hierzu zählen sowohl Veränderungen der Produkte als auch der Produktionstechnik. Umweltentlastung entsteht, wenn herkömmliche Produkte und Techniken durch umweltfreundlichere Varianten ersetzt werden.

Auch der räumliche (regionale) S. einer Volkswirtschaft kann von Bedeutung sein, insbes. wenn Produktionen wegen unterschiedlicher ↑Umweltstandards abwandern oder ins Ausland verlagert werden. Von Öko-Dumping spricht man, wenn Unterschiede in den Umweltschutzbestimmungen strategisch ausgenutzt werden und gesamträumlich (global) zu verstärkter Umweltbelastung führen.

Die Zusammenhänge zwischen dem S. der Wirtschaft und der Belastung bzw. Entlastung der ↑Umwelt lassen sich theoretisch gut aufzeigen, der empirische Nachweis ist dagegen schwieriger. Hierzu sind mehrere Studien durchgeführt worden: Neben der Frage, welche Schadstoffemissionen mit dem Wachstum und dem S. der Wirtschaft einhergehen (output-orientierte Studien), wurde die Frage untersucht, welche Änderungen ökologisch relevanter Energie- und Materialverbräuche zur Entlastung der Umwelt führen (input-orientierte Studien). Die Ergebnisse dieser Studien schränken die oft geäußerte These vom positiven Zusammenhang zwischen S. und Umweltentlastung deutlich ein. Folgende allgemeine Feststellungen lassen sich treffen:

- Der Trend zur «Dienstleistungsgesellschaft» ist teilweise Zeichen der Auslagerung produktionsbezogener Dienstleistungen, stellt also keine wirkliche Reduzierung des Einsatzes natürlicher ↑Ressourcen dar.
- Die Unterschiede in den Emissionskoeffizienten von Dienstleistungssektor und Industriesektor verringern sich, wenn die durch Vorleistungen verursachten Schadstoffemissionen (s. ↑Ökologischer Rucksack bzw. ↑Ökologischer Fußabdruck) mit in die Betrachtung einbezogen werden.
- Der Dienstleistungssektor expandiert, jedoch unter zunehmender Nutzung von Wohnraum, ↑Verkehr und Tourismus – alles Leistungen, die durch hohen Energieverbrauch, Lärmbelastung und großen ↑Flächenverbrauch gekennzeichnet sind.
- Der Rückgang des Landwirtschaftsanteils am Bruttoinlandsprodukt geht einher mit einer Intensivierung der landwirtschaftlichen Anbautechnik und chemisch-physikalischer Bodenbelastung.

Der autonome wirtschaftliche S. ist eine notwendige, nicht aber eine hinreichende Bedingung für Umweltentlastung. Aus ökologischen Gründen muss nicht nur eine relative, sondern eine absolute Reduzierung des Ressourcenverbrauchs und der ↑Emissionen durchgesetzt werden.

Udo E. Simonis

Substitution. Substitution bezeichnet den Ersatz einer umweltschädlichen Technik oder Produktvariante durch eine weniger belastende Problemlösung. Sie dient damit der Reduktion belastender Auswirkungen von Produktionsprozessen. *BS*

Subventionen/Subventionspolitik. Subventionen (S.) sind Geldleistungen des Staates an Unternehmen ohne marktliche Gegenleistung. Sie werden zur Erreichung eines bestimmten, im öffentlichen Interesse gelegenen Zwecks gewährt (z. B. Entwicklung neuer Produktionsverfahren, Anpassung an den Strukturwandel). Über diese engere Definition hinaus können zu den S. auch Steuervergünstigungen gezählt werden, die zu Einnahmeausfällen des Staates führen (indirekte, versteckte S.). In Deutschland betrugen diese S. 2002 laut Subventionsbericht der Bundesregierung etwa 21,4 Mrd. Euro. Wesentlich höher wäre das Subventionsvolumen, wenn man noch die sog. Schattensubventionen hinzuzählen würde (unvollständige ↑Internalisierung ↑Externer Effekte), deren Höhe jedoch umstritten ist. Die Schätzungen für Deutschland schwanken dementsprechend zwischen 2 und 42 Mrd. Euro.

Subventionscharakter können darüber hinaus auch gesetzes- oder verwaltungstechnische Maßnahmen ohne Zahlungsvorgang haben (z.B. Haftungsbegrenzungen bei Unfällen im Betrieb von Kernkraftwerken). Aus statischer Sicht sind die Anreizwirkungen bei umweltpolitisch motivierten Steuern und S. gleich; aus dynamischer Sicht gehen mit S. jedoch oft negative Anreize einher, weil die Preisrelationen zu Gunsten umweltbelastender Güter verändert werden. Die Allokation der Produktionsfaktoren wird auf diese Weise grundlegend verzerrt. Nachteilig ist auch, dass S. aus allgemeinen Haushaltsmitteln gezahlt werden und daher zu Lasten anderer Staatsaufgaben gehen. Von wachsender umweltpolitischer Bedeutung sind ökologisch kontraproduktive S., z.B. im Agrarbereich, in der ↑Fischerei und bei der Förderung fossiler ↑Energieträger. Daher wird vielfach eine Reform der staatlichen Subventionspolitik gefordert (s. ↑Ökologische Steuerreform). *TP*

Suffizienz/-strategie. Suffizienz (S.) wird neben ↑Effizienz und ↑Konsistenz als dritte Strategie zur Umsetzung der ↑Nachhaltigen Entwicklung in den Industriestaaten diskutiert. Sie beinhaltet eine Orientierung auf Genügsamkeit und Bescheidenheit, um gegenwärtige ↑Wohlstandsmodelle und Konsummuster auf ein nachhaltiges Niveau zu bringen. Dieser auf das konkrete und alltägliche Verhalten von Menschen abzielenden Strategie wird entgegengehalten, dass sie den Menschen unzumutbare Verzichtsleistungen abverlange. Vornehmlich zielt sie aber auf die Gewährleistung einer hohen ↑Lebensqualität bei geringerem Ressourcen- und Energieverbrauch.

Die Notwendigkeit der Suffizienzstrategie ergibt sich aus der Unzulänglichkeit der Effizienzstrategie bei der Reduktion absoluter Verbrauchszahlen; Effizienzsteigerungen können in den meisten Fällen das Wachstum der Bevölkerung und der Konsumraten nicht kompensieren (relative Einsparung). Die Konsistenzstrategie zielt auf die Passfähigkeit der menschengeschaffenen Stoffe und Quantitäten in die ökologischen Systemzusammenhänge, ungeachtet der Bedürfnisse der Menschen. Diese stehen bei der Suffizienzstrategie im Zentrum. Als zentrale Prinzipien der S. werden 1. ↑Entschleunigung, 2. Entkommerzialisierung (Bereitstellung von sozialen Leistungen außerhalb des erwerbswirtschaftlichen Systems), 3. Entflechtung (Regionalisierung der Ver- und Entsorgung) und 4. Entrümpelung (Fokussierung auf die tatsächlich zu hoher Lebensqualität benötigten Waren) vorgeschlagen. *BS*

Sustainable Development ↑Nachhaltige Entwicklung

Syndromkonzept. Das Syndromkonzept ist ein vom ↑Wissenschaftlichen Beirat der Bundesregierung Globale Umweltveränderungen (WBGU) entwickeltes Konzept zur transdisziplinären Beschreibung und Analyse des ↑Globalen Wandels; es klassifiziert die weltweiten Umweltschadensbilder und identifiziert deren Ursachenmuster. Die Interaktionen zwischen Mensch und ↑Umwelt laufen in vielen Regionen der Welt nach typischen funktionalen Mustern der ↑Umweltschädigung ab: den «Syndromen des globalen Wandels». In Analogie zur Medizin lassen sich diese Syndrome als «globale Krankheitsbilder» bezeichnen, die eigenständige Grundmuster der von der Zivilisation bedingten Umweltdegradation darstellen. Nach Auffassung des WBGU lässt sich die komplexe globale Umwelt- und Entwicklungsproblematik auf eine überschaubare Anzahl von Syndromen reduzieren. Syndrome greifen über einzelne Sektoren wie Wirtschaft, ↑Biosphäre oder Bevölkerung hinaus, aber auch über einzelne ↑Umweltmedien wie ↑Boden, ↑Wasser oder Luft. Ein Syndrom lässt sich i.d.R. in mehreren Regionen der Welt unterschiedlich stark ausgeprägt identifizieren; in einer Region können also mehrere Syndrome gleichzeitig auftreten.

Ein Beispiel ist das «Sahel-Syndrom». Es charakterisiert die Übernutzung marginaler landwirtschaftlicher Produktionsstandorte durch Menschen, denen sich keine Alternative zur Sicherung ihrer Nahrungsversorgung bietet. Sie müssen ihre Erträge durch Intensivierung der Landwirtschaft oder durch Flächenausweitung steigern. Diese intensivere Bewirtschaftung von naturräumlich stark limitierten Standorten führt wiederum zu Bodendegradation und weiterer Standortverschlechterung: Der Teufelskreis schließt sich. Dieses Syndrom betrifft derzeit etwa 15 % der Menschheit und trägt beträchtlich zur weltweiten Hungerkrise wie auch zur allgemeinen Naturdegradation bei (s. ↑Desertifikation, Verlust der ↑Biodiversität). *TP*

Synergieeffekte. Synergie ist die Energie, die für den Zusammenhalt und die gemeinsame Erfüllung von Aufgaben zur Verfügung steht. Synergismus meint das Zusammenwirken von Substanzen oder Komponenten, die sich gegenseitig fördern. Synergieeffekte bezeichnen eine Kombinationswirkung, die stärker ist als die additive Wirkung der einzelnen Substanzen oder Komponenten. Im übertragenen Sinne beschreibt der Begriff die Verbundvorteile, die beim Zusammenschluss oder der Kooperation zweier oder mehrerer Personen, Institutionen oder Unternehmen entstehen. *NB*

Systemdenken/-analyse. Entwicklungen in Gesellschaft und Umwelt werden durch das Zusammenwirken vieler Systeme auf unterschiedlichen Organisationsstufen bestimmt: z.B. Organismen, Populationen, technische Systeme, Ökosysteme, ↑Klima. Beim Verstehen dieser Entwicklungen helfen grundlegende Konzepte der Systemwissenschaft, die sich auf Systeme unterschiedlicher physischer Gestalt gleichermaßen anwenden lassen. Bei der Erforschung von Systemen und Systemverhalten spielen die mathematische Modellbildung und die Computersimulation eine große Rolle.

Das Verhalten von Systemen wird nur teilweise von äußeren Einwirkungen, größtenteils aber von der Systemstruktur (Eigenschaften und Verknüpfungen der Systemelemente) bestimmt. Die durch die Systemstruktur bedingte Eigendynamik bestimmt das Stabilitätsverhalten gegenüber Störungen. Für das Verständnis von Systemen und Systemverhalten genügt die Kenntnis isolierter Systemelemen-

te und Wirkungsbeziehungen daher nicht; diese Systeme müssen immer als Ganzheiten (holistisch) betrachtet werden: Ein System ist mehr als die Summe seiner Teile.
Ein System ist zugleich eine gegenüber seiner Systemumgebung abgrenzbare Einheit. Im Allgemeinen wirken Größen aus der Systemumgebung auf das System ein, und es selbst wirkt durch einige seiner Systemgrößen auf die Systemumgebung (und dort vorhandene andere Systeme) ein. Ein- und Auswirkungen über die Systemgrenze sind bei offenen Systemen immer vorhanden.
Ein System besteht aus Systemelementen, die durch Wirkungsbeziehungen in einer für das gegebene System charakteristischen Systemstruktur miteinander verknüpft sind und sich gegenseitig beeinflussen. Systemelemente und Systemstruktur bewirken, dass bestimmte Systemzustände und Verhaltensweisen wahrscheinlicher sind als andere. Einem System lässt sich daher ein Systemzweck zuschreiben. Die Auflösung der Systemelemente hängt von der Betrachtungsebene ab. Bei aggregierter Betrachtung können Systemelemente selbst (Sub-)Systeme sein, die bei differenzierter Betrachtung wieder zerlegt werden müssen usw. Die Systemstruktur wird durch die aktiven (oder aktivierbaren) Wirkungsbeziehungen zwischen den Systemelementen gebildet; sie hat meist wenig mit dem physischen Erscheinungsbild zu tun. Systembeschreibungen desselben Systems können sich daher grundlegend unterscheiden, je nach dem zu untersuchenden Systemaspekt (z.B. Stickstoffdynamik, Wasserdynamik oder Populationsdynamik eines Wald-Ökosystems).
Rückkopplungen (z.B. über Regelungsvorgänge), aber auch Strukturveränderungen können zur Selbstregelung, Stabilisierung und Anpassung an veränderte Bedingungen führen. Positive Rückkopplung führt zu einer ständigen Vergrößerung der Abweichung vom Ausgangszustand (z.B. Wachstumsvorgänge); negative Rückkopplung wirkt der anfänglichen Störung entgegen (Stabilisierung). Bei technischen Reglern werden solche Strukturänderungen bewusst eingeführt; in natürlichen Systemen entwickeln sie sich oft im Laufe der ↑Evolution. Natürliche Systeme sind durch das Zusammenspiel von ↑Wachstum und Stabilisierung in einem Gleichgewichtszustand gekennzeichnet.
Ein System kann jedoch mehrere Gleichgewichtszustände haben. Wird der ursprüngliche (Gleichgewichts-)Zustand zu stark gestört, kann das zum «Kippen» des Systems in einen anderen Gleichgewichtszustand führen (z.B. ↑Gewässer, Klima). Es gibt Systeme, bei denen sich die weitere Entwicklung auch bei genauer Kenntnis der Ausgangsbedingungen nicht vorhersagen lässt: chaotische Systeme. Hier lassen sich nur gewisse Verhaltensbereiche angeben, zwischen denen das System hin und her springen kann. Hierzu gehören u.a. Wetter, Klima und die Populationsdynamik mancher Organismen. *Hartmut Bossel*

Szenarien. Szenarien sind ganzheitliche, in sich stimmige Beschreibungen möglicher Zukunftssituationen. Sie dienen der antizipativen, diskursiven Auseinandersetzung mit Spielräumen der Zukunftsgestaltung sowie der Folgenabschätzung. *GA*

Tag der Umwelt. Der ↑Tag der Umwelt (engl.: Earth Day) wurde erstmals am 22. April 1970 in den USA begangen. Senator Gaylord Nelson initiierte ihn, um ↑Ökologie auf die politische Tagesordnung zu setzen, was auch u. a. durch große Demonstrationen gelang. Seither beteiligen sich ca. 5000 Gruppen an diesem Aktionstag.
www.earthday.net *GÖ*

Technikfolgenabschätzung/-bewertung. Technikfolgenabschätzung (TA) und Technikfolgenbewertung (TB) bestehen in der Analyse und Bestimmung der Wirkungen und Folgen einer Technik oder eines technischen Systems mit dem Ziel, Hilfen zum verträglichen Umgang mit ↑Risiken und Unsicherheiten zu geben. Waren TA-Studien bis in die 1950er Jahre hinein noch weit gehend auf einen oder einige wenige Zielparameter ausgerichtet (z. B. Funktionsfähigkeit, ↑Effizienz, Zuverlässigkeit, Sicherheit, Wirtschaftlichkeit, Gesundheitsgefährdung), ist spätestens seit der Gründung des Office of Technology Assessment (OTA) beim amerikanischen Kongress 1972 eine komplexe Sichtweise mit ökologischen, sozialen und kulturellen Indikatoren Ziel einer TA bzw. TB. Die 1985 vom Deutschen Bundestag eingesetzte ↑Enquete-Kommission «Einschätzung und Bewertung von Technikfolgen» empfahl eine institutionalisierte Form der parlamentarischen TA und TB und richtete hierfür das Büro für Technikfolgenabschätzung beim Deutschen Bundestag (TAB) ein, das zahlreiche Einzelfallstudien vorgelegt hat. *GÖ*

Technische Anleitungen. Technische Anleitungen (TA) sind Verwaltungsvorschriften im Regelwerk von Umweltgesetzen. Sie werden von den zuständigen Behörden für den Vollzug der Anlagenzulassung und -kontrolle benötigt und haben daher zentrale Bedeutung für die Fortentwicklung des technischen ↑Umweltschutzes.

TA Abfall (TA Sonderabfall). Anleitung zur Lagerung, chemisch-physikalischen, biologischen Behandlung, Verbrennung und Ablagerung von besonders überwachungsbedürftigen Abfällen von 1991. Die Anforderungen an die Entsorgung von gefährlichem ↑Abfall (s. ↑Sonderabfall) sind über verschiedene Regelwerke verteilt. Die TA Abfall betrifft die Errichtung und den Betrieb von Entsorgungsanlagen von Sonderabfällen, stellt Anforderungen an die Steuerung, Überwachung und betriebliche Organisation der Anlagen, steuert die Abfallströme über einen Katalog mit Zuordnung von Abfallarten zu Entsorgungswegen. Die TA Abfall ist gegliedert in Hauptteil und Anhang; der Hauptteil enthält Vorschriften für chemisch-physikalische ↑Behandlung, ↑Abfallverbrennung, oberirdische und untertägige Ablagerung.

TA Lärm. Die 6. Allgemeine Verwaltungsvorschrift zum ↑Bundesimmissionsschutzgesetz (TA zum Schutz gegen ↑Lärm) von 1998 gilt für genehmigungsbedürftige und nicht genehmigungsbedürftige Anlagen. Mit ihr werden den Vollzugsbehörden bundeseinheitliche Vorgaben für die immissionsschutzrechtliche Beurteilung von Anlagengeräuschen bereitgestellt, wobei die Gesamteinwirkung aller Anlagengeräusche (Akzeptorprinzip) zu berücksichtigen ist. Die TA Lärm fordert die Einhaltung der Vorsorgepflicht (fortschrittliche Lärmminderungstechnik) und der Schutzpflicht (Vermeidung schädlicher Umwelteinwirkungen). Zur Konkretisierung der Schutzpflicht enthält sie sowohl Bestimmungen über die Messung und Beurteilung der Geräusche als auch Immissionsrichtwerte. Darüber hinaus wurden Regelungen für seltene Ereignisse, tieffrequente Geräusche und die Berücksichtigung anlagenbezogener Verkehrsgeräusche eingeführt. Die Genehmigung zur Errichtung und zum Betrieb neuer Anlagen darf nur erteilt werden, wenn die Immissionsrichtwerte nicht überschritten werden.

TA Luft. Anleitung zur Reinhaltung der Luft, Vorschrift für eine bundeseinheitliche Verwaltungspraxis in der Auslegung und Anwendung des Bundesimmissionsschutzgesetzes; dient dem Schutz der Allgemeinheit vor schädlichen Luftverunreinigungen. In der Fassung von 2002 sind Grundsätze für die Anlagengenehmigung, Anforderungen zum Schutz vor schädlichen Umwelteinwirkungen, Anordnungen zwecks Nachrüstung von Altanlagen, Anhänge zum methodischen Vorgehen und zur Konkretisierung des Standes der Technik enthalten. Die Festlegung von Immissionswerten gegen Überschreitung tolerierbarer Belastungen und von Emissionswerten soll nach dem ↑Stand der Technik zur Emissionsminderung erfolgen. Eine flächenhafte Immissionsüberwachung soll Stand und Trends der ↑Luftverschmutzung erfassen. Anlagenbezogene Emissionsmessungen dienen der Kontrolle industrieller Anlagen. Die seit 1974 erlassenen Novellierungen der TA Luft haben allgemein zu erheblich verringerten Luftbelastungen geführt.

Hans W. Jakobi/Werner Schenkel

Technischer Überwachungsverein (TÜV). Der Technische Überwachungsverein (TÜV) ist ein Verein zur Überwachung der Einhaltung technischer Standards, zur Weiterbildung und Beratung industrieller und privater Kunden, zur Kontrolle von Emissionswerten industrieller Anlagen und privater Emissionsquellen (z.B. Autoabgase) sowie zur Zertifizierung von ↑Umweltmanagementsystemen (s. ↑Öko-Audit, ↑ISO 14000). *BS*

Technologietransfer. Mit Technologietransfer (T.) wird die Übertragung von Wissen in Form von Produkten (Maschinen, Produktionssystemen usw.) oder in nicht gegenständlicher Form (Blaupausen, technische Beratung, Patente) bezeichnet. T. erfolgt in der Regel von Industriestaaten in Entwicklungsländer und umfasst zunehmend auch Umwelttechnik. *BP*

Thermische Verwertung. Thermische Verwertung ist die Nutzung des Energieinhalts bestimmter Abfallfraktionen (wie z.B. ↑Kunststoffe, Altöl, Altholz) und dient dem Ersatz und der Schonung der mengenbegrenzten Primärenergieträger Kohle, Erdöl und Erdgas. *JA*

Thermodynamik. Thermodynamik (T.) ist die Lehre von der Umwandlung von Wärme in andere Energieformen und umgekehrt und bezog sich ursprünglich auf Wärmekraftmaschinen (Lazare Carnot). Die T. beansprucht allgemeine Aussagen zur Wechselwirkung von Bewegung (die energetisch ausgelöst wird und immer Energietransformationen mit «Wärmeanteil» beinhaltet) und Ordnung bzw. Prozess-Struktur-Dynamik. Die T. hat somit Relevanz für alle Wissenschaftsdisziplinen und Praxisfelder, in deren Gegenstands- bzw. Anwendungsbereich die Prozess-Struktur-Dynamik bzw. eine Wechselwirkung von Bewegung und Ordnung auftauchen, wie Naturwissenschaften (Physik, Chemie, Biologie etc.), Systemwissenschaften (Kybernetik, Informatik, Systemtheorie, Chaostheorie, Fuzzy-Theorie etc.) bis hin zu den Sozialwissenschaften (↑Ökologie, Verhaltensbiologie, Soziologie, Wirtschaftswissenschaften) und zur Philosophie.

Für Lebensvorgänge gelten die thermodynamischen Gesetze gleichermaßen wie für natürliche oder künstlich geschaffene Systeme (z.B. Wirtschaftssysteme und sonstige Institutionen). Basisaussagen der T. sind vor allem in den ersten beiden Hauptsätzen der Thermodynamik enthalten.

Der 1. Hauptsatz (Energieerhaltungssatz) besagt, dass ↑Energie weder erzeugt noch vernichtet werden kann, d.h., dass energetische Prozesse solche der Umwandlung von Energie sind.

Der 2. Hauptsatz (Rudolf Clausius 1865) besagt, dass in abgeschlossenen Systemen (die definitionsgemäß weder Materie noch Arbeit, noch Wärme mit der Systemumgebung austauschen) nur Vorgänge möglich sind, bei denen die ↑Entropie des Systems zunimmt. Die Entropiezunahme in solchen Systemen besteht im Kern in der Umwandlung freier Energie (d.h. Ordnungszustände, die Prozessvollzüge erlauben) hin zu gebundener Energie («Unordnung», die keine Prozessvollzüge mehr ermöglicht) mit Tendenz zum Wärmetod.

Freie Energie muss als Ordnungszustand im System vorhanden sein oder aber von außerhalb des Systems (als «Negentropie») zugeführt werden, wenn das System (Überlebens-)Prozesse realisieren will. Alles Leben auf der Erde basiert auf der Außenzufuhr von Sonnenenergie (s. ↑Photosynthese). Mit dem Aufbrauchen der in fossilen ↑Energieträgern gespeicherten freien Energie auf der Erde wird die Nutzung der ↑Solarenergie (als Negentropie) auch für das Wirtschaftssystem überlebensnotwendig. Das Überlebensgeheimnis der ↑Natur besteht darin, durch biologische ↑Stoffströme (Produzenten – Konsumenten – Destruenten) die Entropiezunahme bei Lebensprozessen auf das durch Sonnenenergiezufuhr kompensierbare Maß zu begrenzen. Wirtschaft ist nur als darin integrierte sonnenenergiebasierte ↑Kreislaufwirtschaft überlebensfähig. Nach dem 2. Hauptsatz der T. sind Prozesse irreversibel, was auch der ↑Substitution von natürlichem durch künstliches Kapital prinzipielle Grenzen setzt.

Das heute vorherrschende Wirtschaftssystem und die Wirtschaftswissenschaft ignorieren das Entropiegesetz weit gehend. Der wesentliche Gestaltungsansatz besteht darin, die in den Lebewesen angelegten endosomatischen Anpassungen an die Sonnenenergienutzung innerhalb ökologischer Kreisläufe (Herz, Lunge, Stoffwechselsystem etc.) exosomatisch auszudehnen auf die von Menschen geschaffenen Systeme (Wirtschaft, Gesellschaft, andere Institutionen). *Hans-Ulrich Zabel*

TI ↑Transparency International

Tiefenökologie. Tiefenökologie (engl.: Deep Ecology) ist eine radikale, auch mit wissenschaftlichem Anspruch vorgetragene Strömung der ↑Umweltbewegung, die für den Eigenwert der ↑Natur eintritt (physiozentrisch) und die von menschlichen Nutzungsinteressen her beherrschte Sichtweise (s. ↑Anthropozentrismus) kritisiert. Echte Selbstverwirklichung des Menschen kann demnach nur über die Balance mit der Natur erfolgen. *GÖ*

Tierethik ↑Ethik

Tierschutz. Tierschutz umfasst alle Gesetze, Maßnahmen und Einrichtungen zum Schutz der Tiere vor Missbrauch und unnötiger Gewalt durch den Menschen. Der Schutz soll alle Arten der Tiernutzung und -behandlung (Fang, Haltung, Handel, Jagd, Beeinträchtigung der Lebensräume, Schlachtung, Transport, Versuche und Züchtung) umfassen. Erste Tierschutzvereine wurden um 1830 gegründet. *IC*

Tierversuche. Tierversuche (T.) sind physische und psychische Eingriffe an lebenden Tieren, um daraus Erkenntnisse zum Nutzen des Menschen zu gewinnen. Sie werden in der Genforschung, Medizin, Industrie (z. B. Kosmetik, Lebensmittelhygiene, Pharmazeutik), für militärische und für Ausbildungszwecke durchgeführt. Fast alle Tierarten sind zu Experimenten herangezogen worden.

Das erste deutsche Gesetz zu T. stammt aus dem Jahr 1871 (RStGB, §360), das z. Z. geltende Gesetz stammt von 1986 (Tierschutzgesetz). Obwohl T. in keinem Bereich vollständig verboten wurden, enthält das Gesetz Änderungen und Ergänzungen, welche die Vorgänge transparenter machen. Es schreibt Kommissionen vor, welche die Behörden bei der Genehmigung von T. beraten sollen. Einrichtungen, die Versuche durchführen, müssen einen Tierschutzbeauftragten bestellen. Das Gesetz legt ferner fest, dass Versuchstiere von speziellen Zuchten erworben werden müssen; die Herkunft der Tiere ist anzugeben. Die Bundesregierung ist seit 1987 verpflichtet, alle zwei Jahre einen Tierschutzbericht zu veröffentlichen. T. sind durch andere Methoden zu ersetzen. Hierfür wurde 1989 die Zentralstelle zur Erfassung und Bewertung von Ersatz- und Ergänzungsmethoden zum T. (ZEBET) eingerichtet. Sie ist für Deutschland und Österreich die einzige Auskunftsstelle zu Ersatz- und Ergänzungsmethoden und außerdem für die Schweiz zuständig. Das Bundesgesundheitsministerium fördert die Forschung zur Entwicklung alternativer Methoden zum Ersatz von T. International arbeiten auf staatlicher Ebene FRAME (GB, seit 1969), SIAT (CH), ECVAM (I), NCA (NL, seit 1994), CAAT (USA, seit 1981) und ICCVAM (USA, seit 1997).

Im Zentrum der entsprechenden Bemühungen stehen seit 1959 die «3 R»: Replacement, Reduction, Refinement. Obwohl es inzwischen zahlreiche Alternativen (u. a. Zell- und Gewebekulturen, Computersimulationen, Antikörpergewinnung) zu T. gibt und die Ergebnisse zu 20–30 % nicht auf den Menschen übertragbar sind, sterben weltweit pro Jahr etwa 300 Mio. Tiere, in Deutschland 4500 täglich in T. Eine weitere Einschränkung von T. wird in der EU seit 1993 diskutiert. Die Rechtfertigung von T. ist überwiegend von einem anthropozentrischen Weltbild geprägt, das die Gattung Mensch privilegiert (s. ↑Anthropozentrismus). Tierschutz wird nach Immanuel Kant nur insofern relevant, als das Zulassen der grausamen Behandlung von Tieren die Moral der Menschen schwächt. Im Zuge der Erkenntnis des zunehmend selbstzerstörerischen Verhaltens kommt u. a. der Aspekt der ↑Mitgeschöpflichkeit in den Blick, der zur Entwicklung ethischer Normen für den Umgang mit Lebewesen auf Basis eines biozentrischen Weltbildes führt (s. ↑Biozentrismus). *Inse Cornelssen*

Tobin-Steuer. Die Tobin-Steuer (TS) basiert auf einem Vorschlag des US-amerikanischen Nobelpreisträgers für Wirtschaftswissenschaften James Tobin von 1972. Er schlug die Einführung einer Umsatzsteuer auf Devisenmarkttransaktionen vor, um insbes. zwei Lenkungsziele zu erreichen: 1. Die Steuer soll das Ausmaß spekulativer, kurzfristig angelegter Kapitalströme begrenzen, um exzessive, d. h. fundamental nicht gerechtfertigte Schwankungen der Wechselkurse zu reduzieren; dadurch soll die Wahrscheinlichkeit internationaler Finanz- und Währungskrisen eingedämmt werden. 2. Die Steuer soll die geldpolitische Autonomie der Notenbanken stärken. Zu diesen Lenkungswirkungen kommt die mögliche Nutzung der Steuereinnahmen zur Finanzierung globaler Nachhaltigkeitspolitik hinzu. Je nach Höhe des Steuersatzes wird mit Einnahmen bis zu mehreren hundert Mrd. Euro im Jahr gerechnet. Die Vor- und Nachteile einer TS werden sehr kontrovers diskutiert. Während die technische Realisierbarkeit nahezu unbestritten ist, geht der Streit über die Konsequenzen einer Steuererhebung auf die Funktionsweise von Devisenmärkten und die Bedeutung der Größe des Teilnahmekreises von Staaten, die sich einer international abgestimmten Besteuerung von Devisenmarkttransaktionen anschließen müssten, damit keine Schlupflöcher (Steuerparadiese) entstehen. Diskutiert werden auch die Ausweichstrategien der Akteure auf den Devisenmärkten, z. B. auf nichtsteuerpflichtige Devisengeschäfte, und steuersystematische Überlegungen, z. B. das Verhältnis der TS zu den finanzwissenschaftlichen Fundamentalprinzipien, insbes. dem Leistungsfähigkeits- und dem Äquivalenzprinzip. Die Meinungen über diese Punkte gehen weit auseinander. Daher ist eine Einigung über die Einführung einer TS bisher nicht in Sicht. *TP*

Tourismus, ökologischer. Der ökologische Tourismus (ö. T.) oder Ökotourismus entwickelte sich aus dem von Robert Jungk geprägten Begriff «sanfter T.» (später «nachhaltiger T.») als Reaktion auf die Auswüchse des Massentourismus («harter T.») und den damit einhergehenden ↑Umweltbelastungen. Als Gütesiegel für umweltbewusste Urlaubsorte wird vom Verein Ökologischer Tourismus in Europa (Ö. T. E.) der «Grüne Koffer» verliehen (s. ↑Blaue Flagge). Hauptkriterien der Vergabe sind Verbesserungen in den Bereichen ↑Verkehr, Landschaftsnutzung, ↑Abfall, ↑Wasser und ↑Abwasser, Energie- und Ressourcenverbrauch, ↑Luftreinhaltung und Lärmschutz, die Durchführung von ↑Öko-Audits sowie die gezielte Versorgung der Gäste mit Informationen über umweltfreundliche An- und Abreise, Abhol- und Gepäcktransportdienste usw.

Zusätzlich werden erholungsrelevante ↑Umweltindikatoren (wie Luft- und Gewässerqualität, Lärmbelastung, Landschaftsverbrauch, Bodenversiegelung) und ratsame Verhaltensweisen bei lokalen Besonderheiten eingefordert. Weitere Verbände für die Förderung des ö.T. sind die AG «Rio + 10» und Die Arbeitsgemeinschaft für Nachhaltige Tourismus Entwicklung (DANTE).

Kritiker bemängeln, dass so die eigentlichen mit dem T. verbundenen Umweltprobleme nicht zu lösen seien, da klimaschädigende Fernreisen nicht vermieden und die Umweltschutzeffekte durch größer werdende Touristenströme (Wachstumsziel) zunichte gemacht würden. Zudem führt der unter dem Stichwort ö.T. durchgeführte Fremdenverkehr oft zu gravierenden Eingriffen in das soziale und kulturelle Gefüge vor Ort (westlicher Lebensstil als Vorbild; Vermarktungszwänge). Die Welttourismusorganisation hat das Jahr 2002 zum «Jahr des Ökotourismus» erklärt. *IC/BS*

Toxikologie ↑Ökotoxikologie

Tragfähigkeit. Tragfähigkeit (T.) (engl.: Carrying Capacity) ist ein Maß für das Fassungsvermögen eines Ökosystems für eine Population. Bei Überschreitung der T. wird das Ökosystem geschädigt, oder es kann bestimmte Leistungen nicht mehr erbringen. In Bezug auf Ernährungssicherheit wird um die Frage gestritten, wie hoch die T. der Erde ist, d.h., wie viele Menschen die Erde zu ernähren in der Lage ist. *BP*

Tragödie der Gemeingüter ↑Allmende; Umweltökonomie

TransFair. TransFair ist ein Markenname für Produkte des «fairen Handels», bei dem den Erzeugern in Entwicklungsländern gerechte, höhere Preise als auf dem Weltmarkt gezahlt werden, um Kleinproduzenten in diesen Ländern zu unterstützen. Vor allem werden Kaffee, Tee, Baumwolle und Kosmetikvorprodukte gehandelt. *BS*

Transparency International (TI). Transparency International (TI) wurde 1993 gegründet, das internationale Sekretariat hat seinen Sitz in Berlin. TI gilt als weltweit führende ↑Nichtregierungsorganisation (NRO) im Kampf gegen Korruption, verfolgt jedoch keine Einzelfälle und ist parteipolitisch neutral.

Erst vor wenigen Jahren gelang es, Korruption auf die globale und lokale Agenda zu setzen. Die internationale Struktur von TI und sog. National Chapters in 90 Ländern verstehen sich als Kern einer Bewegung gegen Korruption und bieten dieser Bewegung Expertise an. TI beschäftigt sich besonders mit der Korruption in Politik und Wirtschaft und mit den Rahmenbedingungen, die zu Korruption führen. Dabei gerät vor allem strukturell verankerter Missbrauch von anvertrauter Macht ins Blickfeld.

Dieser Ansatz könnte für den internationalen ↑Umweltschutz interessant werden. Viele korrupt erkaufte Entscheidungen, z.B. über bestimmte Investitionen, schädigen die ↑Umwelt. Auch der Verzicht auf die Durchsetzung von umweltpolitischen Standards (s. ↑Umweltstandards) und Regulierungen ist hier zu nennen. Die Strategie von TI, offen über Korruption zu reden, könnte im Umweltschutz abgenutzte Parolen ersetzen, zu neuem Engagement in der Öffentlichkeit führen und über den Kampf gegen Korruption zur Erhaltung der natürlichen Umwelt beitragen. *www.transparency.org*

ELS

Transportverpackung ↑Verpackungen

Treibhauseffekt. Es wird zwischen dem natürlichen und dem anthropogenen (menschengemachten) Treibhauseffekt (T.) unterschieden. Beim natürlichen T. wird die auf die Erde auftreffende ultraviolette Sonnenstrahlung in der ↑Atmosphäre und vom Erdboden in Form von Wärme gespeichert und von diesen im infraroten Spektrum wieder in den Weltraum abgegeben. Klimarelevante Spurengase (Wasserdampf, Kohlendioxid, ↑Ozon, Methan, Lachgas) in der ↑Troposphäre absorbieren und reflektieren einen Teil dieser Rückstrahlung. Die Troposphäre fängt dadurch wie die Glasscheiben eines Treibhauses ↑Energie ein, indem sie Sonnenlicht durchlässt und Infrarotstrahlung zurückhält. Ohne diesen Effekt läge die bodennahe Durchschnittstemperatur auf der Erde bei – 18 °C. Durch den T. befindet sich das System Sonne–Atmosphäre–Erde in einem Strahlungsgleichgewicht bei +15 °C bodennaher Durchschnittstemperatur auf der Erde.

Der anthropogene T. bezeichnet die Verstärkung des natürlichen T. durch die Emission von Treibhausgasen durch den Menschen. Er ist mit der zusätzlichen Erderwärmung Ursache für den Klimawandel. Die wichtigsten Treibhausgase sind Kohlendioxid, Methan, Distickoxid, bodennahes ↑Ozon und halogenierte und fluorierte Kohlenstoffverbindungen. Hinzu kommen noch Kondensstreifen und Cirruswolken vom Flugverkehr. Bei den Emittentengruppen steht der Energieverbrauch mit etwa 50 % an der Spitze (Kohlendioxid, Methan, Ozon), vor der Chemie mit etwa 15 % (halogenierte und fluorierte Gase), der Landwirtschaft mit etwa 15 % (Methan, Distickoxid) und der Regenwaldzerstörung mit etwa 15 % (Kohlendioxid, Distickoxid). Alle diese Treibhausgase haben unterschiedliche Verweilzeiten in der Atmosphäre, von einigen Stunden (Kondensstreifen), Tagen (bodennahes Ozon), einer Dekade (Methan), einem Jahrhundert (Kohlendioxid) bis zu mehreren Jahrtausenden (fluorierte Kohlenstoffverbindungen). Die heute in der Atmosphäre befindlichen Treibhausgase gehen in ihrem Beitrag zum T. zu etwa drei Vierteln auf die Industrieländer zurück. Dabei haben bei den aktuellen ↑Emissionen, gewichtet nach ihrem Erwärmungsbeitrag, die Entwicklungsländer hauptsächlich wegen ihrer schnell wachsenden Landwirtschaftsemissionen schon mit den Industrieländern gleichgezogen.
www.ipcc.ch

Dietrich Brockhagen

Trinkwasser ↑Wasser

Trittbrettfahrer-Verhalten. Trittbrettfahrer-Verhalten (Free Rider) bezeichnet eine menschliche Verhaltensweise, die darin besteht, individuellen Nutzen maximieren und Kosten minimieren zu wollen. Dies hat ökologische Folgen, weil z. B. ↑Öffentliche Güter von Einzelnen genutzt werden, die sich nicht an deren Bereitstellung beteiligen. Viel verwendete Metapher in der ↑Umweltökonomie. *GÖ*

Trockenstabilatverfahren. Das Trockenstabilatverfahren (T.) soll die Trennung des Hausmülls und damit den Grünen Punkt (s. ↑Duales System Deutschland (DSD)) überflüssig machen. Der Müll wird bei diesem Verfahren unsortiert angeliefert, mechanisch zerkleinert und in Rotte-Boxen aus Stahlbeton befördert. Hier wird der biologische Anteil des Mülls von Mikroorganismen «gefressen». Den geschlossenen Behältern wird Luft zugeführt, um einen schnellen Rotteprozess (ca. 6 Tage) zu erreichen. Die entstehende trockene Müll-Mischung, die keinen biologischen Anteil mehr enthält, wird weiterverarbeitet. In Trennanlagen werden ↑Kunststoffe, Papier und Holz gesammelt, die das sog. Trockenstabilat bilden.
Nach Angaben der Betreiber solcher Anlagen soll das T. durch die vollständige Verwertbarkeit der Müllbestandteile kostengünstiger sein als andere Verfahren. Bereits bestehende Müllkippen (s. ↑Deponien) sollen auf diese Weise zurückgebaut und so Rohstoffe zurückgewonnen werden. Kritisiert wird vor allem der hohe Anteil an ↑Schadstoffen (insbes. ↑Schwermetalle), die im Trockenstabilat verbleiben und der ↑Abfallverbrennung zugeführt werden, wobei langlebige Stoffe in die ↑Umwelt gelangen und organische Schadstoffe freigesetzt werden können. *UES*

Tropenholz. Tropenholz wächst im tropischen Regenwald und wird oft großflächig eingeschlagen. Die Zerstörung der Tropenwälder ist kritisch, da sie nicht in gleicher Weise wieder regenerieren können und damit unumkehrbar verloren sind (s. ↑Irreversibilität). Mögliche Gegenmaßnahmen: UN-Tropenholzkonvention, Importverbote. *DB*

Troposphäre. Die Troposphäre (T.) ist die unterste Atmosphärenschicht vom Boden bis in etwa 8 km (Polargebiet) bzw. 17 km (Tropen) Höhe. In ihr spielt sich das gesamte Wettergeschehen ab. Da die T. von der Wärmeausstrahlung des Erdbodens erwärmt wird, nimmt die Temperatur nach oben hin ab und erreicht an der Obergrenze (Tropopause) –50 °C. *DB*

Tschernobyl-Unfall. Am 25.4.1986 explodierte in Tschernobyl (Ukraine) ein Atomreaktor (Typ RBMK), ausgelöst durch einen Test unter realistischen Bedingungen in Block 4. Freigesetzt wurden über 100 radioaktive Elemente. Die meisten von ihnen waren kurzlebig und zerfielen innerhalb weniger Stunden oder Tage. Die gefährlichsten, Jod, Strontium-90 und Cäsium-137, sind dagegen z.T. noch heute nachweisbar. Krebserkrankungen und Kindersterblichkeit stiegen in der Region signifikant an und sind über mehrere Generationen zu erwarten. Man versuchte zunächst, das Gelände zu dekontaminieren und Gefahrenquellen zu beseitigen. Block 4 wurde in einen Beton-Sarkophag eingeschlossen, der 1992 seinerseits ummantelt werden musste. Die Sperrzone beträgt 30 km, die radioaktiv belastete Gefahrenzone 100 km. Akute Strahlungsschäden sind im Umkreis von 250 km, erhöhte Radioaktivität in ganz Europa, besonders in Skandinavien und in der Türkei, messbar. Die wirtschaftlichen Folgeschäden der ersten fünf Jahre betrugen allein im Agrarbereich rund 230 Mrd. Euro. Folgeschäden des zweiten Unfalls (Wasserstoffexplosion mit Großbrand) im Oktober 1991 in Reaktor 2 blieben lokal begrenzt, weil der Reaktor abgeschaltet werden konnte. *IC*

Tutzinger Erklärung. Die Tutzinger Erklärung ist eine im Jahr 1988 unterzeichnete Erklärung von Unternehmensvertretern zur umweltorientierten Unternehmenspolitik. Die Leitsätze betonen die unternehmerische Verantwortung für den Schutz der ↑Umwelt und sehen die Umsetzung umweltorientierter Unternehmenspolitik vor. Die Erklärung setzt auf die Marktchancen durch umweltorientiertes Handeln und fordert von der Politik eine Unterstützung für dieses Engagement. *BS*

TÜV ↑Technischer Überwachungsverein

UBA ↑Umweltbundesamt

Überdüngung. Überdüngung sind Einträge von ↑Düngemitteln (Handelsdünger, Gülle, Klärschlamm), speziell mit Phosphat- und Nitratgehalten über den physiologischen Bedarf von ↑Böden und Pflanzen hinaus, die in der Folge zu Umwelt- und Gesundheitsschäden führen können. Der Ablauf in ↑Gewässer erzeugt ↑Eutrophierung, bei Nitratgehalten im Trinkwasser aus belastetem Grundwasser besteht Gefahr der Cyanose beim Menschen. *FZ*

Überfischung. Auf Grund verbesserter Technologien (große Fischereifahrzeuge, Ortungsverfahren, Fischverarbeitung an Bord) sind vor allem Meeresfische wie Hering, Kabeljau, Tunfisch und Heilbutt etwa seit Mitte der 1960er Jahre so stark befischt worden, dass die Populationen teilweise zusammenbrachen. Die ↑Ernährungs- und Landwirtschaftsorganisation der UN (FAO) stellte fest, dass 35 % aller Fischbestände überfischt, 25 % bis zum Maximum genutzt werden und nur noch 40 % ein Wachstumspotenzial zeigen. Nach Beschluss des ↑Weltgipfels für Nachhaltige Entwicklung (WSSD) soll – «wenn möglich» – die Überfischung soweit zurückgefahren werden, dass die Fischbestände nachhaltig bewirtschaftet werden. *SchuBa*

UGR ↑Umweltökonomische Gesamtrechnungen

Ultraviolette Strahlung ↑Ozon, stratosphärisches

Umkehrung ↑Konversion

Umwandlung ↑Konversion

Umwelt. Umwelt (U.) bezeichnet die Gesamtheit aller ökologischen Faktoren, mit denen ein Organismus oder eine Population in Wechselwirkung steht. Aus methodischen Gründen werden sie unterteilt in abiotische Faktoren, z. B. Klimafaktoren (Temperatur, Luftfeuchte, atmosphärisches CO_2), ↑Emissionen (↑Schadstoffe, ↑Lärm), Untergrund (Sand, Lehm, Urgestein) und biotische Faktoren (Mikroorganismen, Pflanzen, Tiere, Menschen). Da die sich auf unserem Planeten vollziehenden Wechselwirkungen zwischen Unbelebtem und Belebtem vom umgebenden Kosmos mit beeinflusst werden, ergibt sich eine kosmobiologische Verflechtung allen Geschehens. Im Interesse der Überschaubarkeit wird deshalb eine wirksame U. abgegrenzt, die jene Teile der U. umfasst, die einen direkten Einfluss auf das Leben eines Organismus bzw. einer Population innerhalb eines bestimmten Systems ausüben. Je nachdem, ob diese Einflüsse von inneren Teilen des Systems ausgehen oder von außen her einwirken, wird von einer inneren und einer äußeren U. gesprochen.

Bezüglich der Lebewesen bilden die o.g. Umweltfaktoren ein Netzwerk wechselseitiger Beeinflussung und Abhängigkeiten, in denen die einzelnen Arten (Spezies) auf die Dynamik der auf sie einwirkenden Faktoren in spezifischer Weise reagieren und mit ihnen interagieren. So toleriert jede Art gemäß ihrer genetischen Konstitution eine bestimmte Schwankungsbreite der Umweltbedingungen, d.h., sie besitzt eine spezifische ökologische Potenz. Arten mit großer ökologischer Potenz (euryöke Arten) ertragen erhebliche Schwankungen von Umweltfaktoren (z.B. die Wanderratte). Dagegen verfügen andere Arten wie z.B. die Bachforelle nur über eine geringe ökologische Potenz (stenöke Arten). Ausschlaggebend für die Überlebensfähigkeit einer Art ist der am stärksten von ihren Bedürfnissen abweichende Umweltfaktor.

Der Schutz der «natürlichen Lebensgrundlagen» (U.-Pflegeprinzip) wurde im Grundgesetz in ↑Artikel 20a zum ↑Staatsziel erklärt. § 2 des ↑Bundesnaturschutzgesetzes benennt als Lebensgrundlagen: ↑Boden, ↑Gewässer, Luft, ↑Klima, wild lebende Tiere und Pflanzen sowie Landschaften. Auf diese sog. natürliche U. bezieht sich der in der Gesetzgebung vorherrschende restriktive Umweltbegriff. Zum erweiterten Umweltbegriff führt § 1 des ↑Bundeswaldgesetzes, wo zur U. zudem die Leistungsfähigkeit des Naturhaushalts und die Agrar- und Infrastruktur genannt werden. Rechtsakte der Europäischen Union (s. ↑EU-Richtlinien/-Verordnungen) beziehen in die U. auch Sachgüter und das «kulturelle Erbe» mit ein. Die Gleichsetzung von U. mit natürlicher U. im Sinne des restriktiven Umweltbegriffs ist in einer modernen Gesellschaft unangemessen, weil es dort nur noch selten um den Schutz natürlicher Ursprünglichkeit, sondern i.d.R. um vom Menschen gestaltete Räume (sog. ↑Kulturlandschaften) geht. Allerdings bleibt festzustellen, dass auch heute noch Teile der U., die der Veränderung durch den Menschen nur bedingt zugänglich waren, von Natur aus vorhanden sind. Dazu gehören Geländeformen, Berge und Täler, Küstenlinien und Inseln. Verändert wurden fließende wie stehende Gewässer, und neu geschaffen sind Stauseen, Baukörper und die gesamten infrastrukturellen Einrichtungen. Nicht nur diese Teile der U., sondern auch die Mikroorganismen sowie die Pflanzen- und Tierwelt unterliegen dem beständig verändernden und gestaltenden Einfluss des Menschen.

Hans-Peter Jährig

Umwelt-Audit ↑Öko-Audit

Umweltauflagen. Umweltauflagen sind umweltpolitische Instrumente (s.

↑Instrumentarium der Umweltpolitik) in Form von Geboten und Verboten als direkte umweltbezogene Verhaltensvorschriften für Produzenten und sonstige die ↑Umwelt beeinträchtigende Wirtschaftssubjekte, mit denen die umweltpolitischen Instanzen ihre Zielvorstellungen durchsetzen wollen. Sie können als das «klassische» ordnungspolitische Instrument des ↑Umweltschutzes bezeichnet werden. *UES*

Umweltausschuss des Deutschen Bundestages. Dem Umweltausschuss des Deutschen Bundestages obliegt die federführende Beratung aller in den Bundestag eingebrachten Vorlagen zur ↑Umweltpolitik. Dazu gehören Gesetz- und Verordnungsentwürfe, Anträge der Fraktionen, Unterrichtungen durch die Bundesregierung, durch das Europäische Parlament sowie Richtlinien- und Verordnungsvorschläge der Europäischen Kommission. Zu diesen Vorlagen formuliert der Ausschuss Beschlussempfehlungen für das Plenum des Bundestages. *www.bundestag.de*

BP

Umweltbedingungen, kontrollierte. Kontrollierte Umweltbedingungen meint die betriebswirtschaftlich gesteuerte, industrielle, umfassende Gestaltung von Lebens- und Entwicklungsbedingungen (Licht, Luft, Temperatur und Nahrung) für Kleinstorganismen, Tiere und Pflanzen auf engstem Raum sowie zur Konservierung von Gütern.

IC

Umweltbelastung. Als Umweltbelastung (U.) gilt jede Form des störenden Eingriffs in Ökosysteme. Die Beeinträchtigung der Funktionsfähigkeit kann durch Entnahme von ↑Ressourcen, durch Schädigung der Aufnahmefähigkeit oder durch Störungen ökologischer Prozesse hervorgerufen werden; besonders gravierend ist ↑Irreversibilität. Grundsätzlich können U. mit Hilfe von ↑Umweltindikatoren erfasst und so vorbeugend vermieden werden. *BS*

Umweltberichterstattung ↑Berichte zur Lage der Umwelt

Umweltbewegungen. Umweltbewegungen (U.) sind lose verbundene Netzwerke nichtstaatlicher Gruppen und Organisationen, welche – gestützt auf eine kollektive Identität – für den ↑Umweltschutz eintreten und dabei teilweise auch zum Mittel des Protests greifen. Ausschlaggebend für die Entstehung der U. ab den frühen 1970er Jahren war die rapide voranschreitende Zerstörung der natürlichen Lebensgrundlagen, auf die vor allem Naturwissenschaftler aufmerksam gemacht hatten. Diese Warnungen führten einerseits zu ökologischen Katastrophenszenarios, andererseits aber auch zu konkretem Engagement auf staatlicher wie bürgerschaftlicher Seite.

Die U. haben bis ins 19. Jahrhundert zurückreichende Vorläufer in Gestalt von Natur- und Heimatschutzverbänden. Diese waren jedoch, im Gegensatz zu den modernen U., weder zu offensiven Interventionen bereit, noch stellten sie einzelne Missstände und Bedrohungen in einen größeren, letztlich globale Dimensionen erreichenden Zusammenhang. Erst unter dem Eindruck der neu entstandenen, oft basisdemokratisch orientierten und offensiven Umweltgruppen sowie der stark wissen-

schaftlich und intellektuell geprägten Zirkel der politischen ↑Ökologie politisierten sich auch die traditionellen Naturschutzverbände.
Die Rekrutierungsbasis der U. in den westlichen Industrieländern bilden insbes. die gut gebildeten Mittelschichten, in sich entwickelnden Ländern auch weitere Gruppen, die – etwa als Bauern und Fischer – durch den Raubbau an der ↑Natur existenziell bedroht sind. Kennzeichnend für den programmatischen Anspruch der U. ist die Tatsache, dass aus ihr eine Reihe von alternativen Forschungsinstitutionen hervorging, die in der Arbeitsgemeinschaft für ökologische Forschung (AGöF) miteinander kooperieren. Die organisatorische Basis der U. besteht aus lose verbundenen, vielgestaltigen und teilweise thematisch spezialisierten Netzwerken, die kleine, lokale Bürgerinitiativen, aber auch regionale, nationale und transnationale Arbeitsgemeinschaften, Verbände und Dachverbände einschließen. Vielfältig ist auch das Handlungsrepertoire, darunter praktische Maßnahmen des ↑Naturschutzes, Seminare, Unterschriftensammlungen, Lobbying, kritische Expertisen, Engagement in ökologischen Parteien, Protestversammlungen, gerichtliche Klagen, Blockaden und auch gezielte Sachbeschädigungen. Besonders heftig war beispielsweise der Widerstand gegen atomare Anlagen und Staudämme.
Ein Erfolg der U. besteht darin, dass inzwischen die Notwendigkeit des Umweltschutzes von allen politisch relevanten Kräften und großen Teilen der Bevölkerung anerkannt wird, wenngleich praktische Konsequenzen für die alltägliche Lebensführung noch weithin ausbleiben. Nicht zuletzt auf Grund des Drucks der U. haben viele Staaten einen umfassenden gesetzlichen und institutionellen Rahmen für den Umweltschutz geschaffen, der zunehmend auch auf internationaler Ebene – zumeist in Form von Verträgen – ausgestaltet wird. Teilweise wurden dank der U. Verbesserungen der Umweltqualität erreicht. Auch gelang es, eine Reihe von umweltschädlichen Vorhaben zu verhindern oder zumindest in ihren Folgen zu begrenzen. Gleichwohl blieben die U. zumeist hinter ihren weit reichenden Zielen zurück. So verschärfen sich Probleme in einzelnen Umweltbereichen weiter (Reduzierung der Artenvielfalt, Erderwärmung, Vernichtung von Tropenwäldern, ↑Meeresverschmutzung). Als sicher kann jedoch gelten, dass es ohne die Beharrlichkeit der U. um den Zustand der Umwelt weitaus schlechter bestellt wäre, als dies heute der Fall ist.

Dieter Rucht

Umweltbewusstsein/-verhalten. Dass vom Verhalten des Menschen eine Gefährdung der natürlichen Lebensgrundlagen ausgehen kann, ist eine schon sehr alte Erkenntnis. Der Respekt vor der ↑Natur und ihren Geheimnissen ist in traditionalen Kulturen fest verankert. Ein an wissenschaftlichen Ergebnissen und Prognosen orientiertes Umweltbewusstsein (U.) im heutigen Sinne gibt es dagegen erst seit Beginn der 1970er Jahre.
Damals wurde der Begriff ↑Umweltschutz geradezu schlagartig bekannt. Maßgeblich dafür waren deutlich sichtbar werdende ↑Umweltbelastungen durch die industrielle Produktionsweise, der Wertewandel in Richtung postmaterialistischer Orientierungen

sowie die wissenschaftliche Diskussion über die ↑Grenzen des Wachstums.
Die im Auftrag des ↑Umweltbundesamtes (UBA) regelmäßig durchgeführten Repräsentativbefragungen zum «U. in Deutschland» ergaben, dass während der 1990er Jahre der politische Stellenwert des Umweltschutzes in der Öffentlichkeit erheblich sank, eine hohe Sensibilisierung für ökologische Probleme aber erhalten blieb. Die Umweltqualität in Deutschland wird zunehmend als gut eingeschätzt; erwartet wird eine umweltpolitische Vorreiterrolle. Es gibt aber auch weiterhin eine «Kluft» zwischen Bewusstsein und Verhalten.
In einer Analyse der Umfragen aus den 1990er Jahren wurden rund je ein Drittel der Bevölkerung eingestuft als «konsequente Umweltschützer» (hohe Werte bei Einstellungen und Verhaltensbereitschaften), «Umweltrhetoriker» (hohe Einstellungswerte, niedrige selbst berichtete Verhaltensbereitschaften) oder «Einstellungsungebundene» (unterdurchschnittliches Bewusstsein, überdurchschnittliches Verhalten). Nur rund 10 % erwiesen sich als «Umweltignoranten» mit allgemein niedrigen Werten (Preisendörfer 1999).
Unter den jüngeren Befragten sind mehr Umweltrhetoriker, unter den älteren Befragten öfter Einstellungsungebundene. Frauen sind stärker sensibilisiert und häufiger konsequent. Im Bereich Mobilität gibt es einen außergewöhnlich hohen Ignorantenanteil. Außerdem bewirken eine höhere Bildung und Kinder im Haushalt stärkere Pro-Umwelt-Orientierungen.
Das konsequente Handeln erwartet die Bevölkerung vor allem von Politik und Wirtschaft – und es gibt ein verbreitetes Gefühl, dass dort nichts getan wird. Daher ist das U. durch eine ausgeprägte Nah-/Fern-Differenz gekennzeichnet: Hier und heute herrscht Wohlbefinden vor, im Hinblick auf globale Bedrohungen gibt es beträchtliche Ängste, und die einschlägigen Zukunftserwartungen sind teilweise sehr pessimistisch.
Das umweltpolitische Leitbild der ↑Nachhaltigen Entwicklung war im Jahre 2002 dem größten Teil der Bevölkerung noch immer unbekannt. Daher gewinnen neuerdings die Bedingungen einer besseren Vermittlung des Nachhaltigkeitsleitbildes an die breite Bevölkerung an Interesse (z. B. UBA 2001). Die ↑Umweltkommunikation befindet sich in einem Prozess der Umorientierung. So kann etwa das neue umweltpolitische Aktionsfeld «Förderung nachhaltiger Konsummuster und ↑Lebensstile» als ein innovativer Ansatz gesehen werden, der einen Weg in eine alltagsweltlich verankerte «Kultur der Nachhaltigkeit» aufzuzeigen versucht (z. B. UBA 2002).

Michael und Charlotte Wehrspaun

Umweltbildung ↑Bildung für nachhaltige Entwicklung

Umweltbundesamt (UBA). Das Umweltbundesamt (UBA) wurde 1974 als die wissenschaftliche Umweltbehörde des Bundes eingerichtet. Neben der Beratung der Bundesregierung zu allen umweltrelevanten Fragen hat das UBA in den letzten Jahren auch zunehmend Vollzugsaufgaben etwa bei der Zulassung von Chemikalien und Pflanzenbehandlungsmitteln, aber auch z. B. bei der ↑Umweltverträglichkeitsprüfung übernommen. Das UBA verfügt über eigene Messeinrichtungen, die in Zusammenarbeit mit den Messaktivitäten der Länder zur Überwachung des Umweltzustandes eingesetzt werden. Generelles Ziel des UBA ist die möglichst frühzeitige und umfassende Erkennung von Beeinträchtigungen für Mensch und ↑Umwelt. Mit der Vergabe von Umweltforschungsvorhaben wird der neueste Kenntnisstand ermittelt, um die natürlichen Lebensgrundlagen für die künftigen Generationen zu schützen und die Öffentlichkeit über Ursachen und Lösungen für Umweltprobleme zu informieren. Das UBA hat seinen Sitz in Berlin und Dessau sowie eine Reihe von Außenstellen. Gegenwärtig hat das UBA rd. 1000 Mitarbeiterinnen und Mitarbeiter. *GB*

Umweltchemikalien ↑Schmutziges Dutzend

Umweltdatenbanken. Umweltdatenbanken ermöglichen das Erfassen, Auswählen, Vorhalten, Abfragen und Verknüpfen von (großen Mengen an) Umweltdaten durch Experten u.a. für ↑Umweltschutzmaßnahmen im inner- und außerbetrieblichen Bereich, für politische und wirtschaftliche Planung und Modellierung im lokalen, regionalen und globalen Kontext. Ihre Qualität lässt sich anhand von Relevanzkriterien und den Quellen der gespeicherten Information überprüfen. *IC*

Umweltdienstleistungen ↑Dienstleistungen, ökologische

Umweltforschung, sozialwissenschaftliche. Die sozialwissenschaftliche Umweltforschung (s.U.) ist ein Teilgebiet der Umweltforschung, das gegliedert werden kann in Umweltpolitologie, ↑Umweltökonomie, ↑Umweltplanung, ↑Umweltsoziologie, ↑Umweltpsychologie, Umweltbildung und ↑Umweltkommunikation. Ausgehend von der Annahme, dass die vielfältigen lokalen, regionalen und globalen Umweltprobleme «Nebeneffekte» des technologischen Fortschritts seien, wurde, dem ↑Verursacherprinzip folgend, anfangs fast ausschließlich den Ingenieur- und Naturwissenschaften ein hohes Problemlösungspotenzial zugeschrieben. Fragestellungen nach der Verursachung von Umweltproblemen durch den Einzelnen und die Gesellschaft oder zu schaffende Anreiz- und Sanktionsstrukturen für umweltfreundliches Verhalten wurden dagegen lange Zeit nicht oder nur unzureichend berücksichtigt. Mit der wachsenden Erfahrung entstand jedoch die Erkenntnis, dass die Natur- und Ingenieurwissenschaften bei der Bewältigung der vielfältigen Umweltprobleme nur einen Teilbeitrag leisten können; die Sozialwissenschaften sind ebenfalls gefragt.

Das Defizit der wissenschaftlichen Problemwahrnehmung und Problemzuteilung war vor allem dadurch entstanden, dass das rasche Wirtschaftswachstum eine quantitativ und qualitativ zufrieden stellende Versorgung der Bevölkerung mit materiellen Gütern zu leisten schien. Erst im Gefolge der daraus entstehenden ↑Umweltbelastungen entstanden gesellschaftliche Kräfte, die den ökologischen Preis des erreichten Wohlstandes erkannten und den auf materielle Werte fixierten ↑Lebensstil zu hinterfragen begannen. Dadurch wurden zunehmend sozialwissenschaftliche Fragestellungen auf-

gegriffen, was in der Kombination rechtlicher, technischer und verhaltensmäßiger Komponenten der Problemlösung auf verschiedenen Gebieten (z.B. ↑Luftreinhaltung und Gewässerschutz) rasch zu Erfolgen führte.
Für die internationale Entwicklung der s.U. lieferte die IPAT-Formel einen Schub für neue Initiativen. Danach sind Umweltprobleme (I = Impacts) eine Funktion dreier globaler Triebkräfte: der Bevölkerungszunahme (P = Population), des Wirtschaftswachstums (A = Affluence) und der etablierten, nicht ökologiekonformen Technologie (T = Technology). Dies hat die verschiedenen Disziplinen der Sozialwissenschaften, wenn auch in unterschiedlicher Intensität, angeregt, sich ökologischen Fragen zu widmen.
Umweltsoziologie und Umweltpsychologie suchen nach Erklärungsmustern, warum Individuen in einer bestimmten Art und Weise (un)ökologisch handeln. Umweltpolitologie, Umweltplanung und Umweltökonomie untersuchen das Verhalten von Akteuren, Institutionen, Systemen und Netzwerken und identifizieren diejenigen Instrumente, die ökologisch effektiv, ökonomisch effizient und sozial akzeptabel sind. Umweltbildung und Umweltkommunikation bemühen sich darum, die nötigen Informationen und Einsichten in die Gesellschaft hinein zu vermitteln, damit der einzelne Konsument und Produzent realistisch abschätzen kann, welche ökologischen Folgen sein Verhalten hat und welche Verhaltensalternativen bestehen, attraktiv sind oder sein könnten. *Inse Cornelssen*

Umweltgeschichte. Das Fach Umweltgeschichte (U.) entstand Ende der 1960er Jahre mit der Entwicklung der ↑Umweltpolitik zu einem eigenständigen Politikfeld. Es stellt sich die Aufgabe, mit Blick auf die Zukunft die als Spannungsverhältnis empfundene Beziehung zwischen Mensch und ↑Natur an den ökologischen Problemen menschlichen Arbeitens und Lebens der Vergangenheit zu messen. Sie sichtet schriftliche, mündliche und/oder sächliche Zeugnisse der Umweltnutzung, identifiziert und beschreibt Umweltprobleme, versucht, Wege von Irrwegen zu unterscheiden, «Lehren zu ziehen», um so zu heutigen umweltpolitischen Lösungskonzepten beizutragen. Dabei gilt die besondere Aufmerksamkeit den unbeabsichtigten Langzeitwirkungen menschlichen Handelns, bei denen ↑Synergieeffekte und Kettenreaktionen mit Naturprozessen zum Tragen kommen.
Drei Betrachtungsweisen der U. können unterschieden werden:
- die geografisch-naturalistische Betrachtungsweise, die eine Dominanz der natürlichen Lebensgrundlagen für die gesellschaftliche Entwicklung unterstellt. Die Blickrichtung geht hier von den Wirkungen der Umwelt auf die gesellschaftliche Entwicklung;
- die umweltorientierte Kulturanthropologie, nach der die Umwelt den Rahmen setzt für die gesellschaftliche Entwicklung, wobei eine gewisse Bandbreite von Handlungsmöglichkeiten («Possibilismus») besteht;
- die neuere U.: Hier geht der Blick von den Wirkungen der gesellschaftlichen Entwicklung auf die Umwelt. Wie beeinflusst der Mensch, wie beeinflusst die Gesell-

schaft die natürlichen Lebensgrundlagen?

Ein Problem der U. als wissenschaftliches Fachgebiet besteht darin, dass ihre Grundfragen, Forschungsziele und Methoden trotz einiger Systematisierungsversuche immer noch nicht klar sind. Das hat Gründe, die dem Erkenntnisgegenstand bzw. dem Begriff ↑«Umwelt» immanent sind.

Es wird daher bisweilen bestritten, ob U. überhaupt eine Spezialdisziplin der Geschichtswissenschaften ist oder nicht qua Erkenntnisgegenstand eine neue, eigenständige Wissenschaftsdisziplin begründen müsste. Das seit Jahren bestehende Identitätsproblem der ökologisch interessierten Historiker hat in dieser Frage, die vom Historiker allein nicht beantwortet werden kann, seine Ursache. *Hermann Behrens*

Umwelthaftung. Umwelthaftung (U.) ist jede Haftung (Eintretenmüssen für einen Schaden) auf unterschiedlichen rechtlichen Grundlagen, welche einen Ersatzanspruch für einen Schaden gewähren, der durch eine Umwelteinwirkung zustande gekommen ist. Umwelteinwirkung ist eine sinnlich wahrnehmbare Beeinträchtigung, die sich auf Sachen schädigend oder auf Personen durch Störung des gesundheitlichen oder körperlichen Wohlbefindens zumindest belästigend auswirkt. Der typische Fall ist U. des Betreibers einer (nach öffentlichem Recht genehmigten) Anlage für deren nachteilige Auswirkungen. Umwelthaftungsrecht ist die Lehre aller Haftungsnormen, aus denen einem Geschädigten ein Ersatzanspruch zustehen kann, wenn er durch Umwelteinwirkungen in seinen Rechtsgütern verletzt wird. Umwelthaftungsrecht umfasst die Verschuldenshaftung, also Fälle der Geltendmachung von Schadenersatz nach § 823 Abs. 1 und 2 BGB, und Rechtsansprüche aus der ↑Gefährdungshaftung, wie etwa nach dem Umwelthaftungsgesetz, dem ↑Wasserhaushaltsgesetz, dem Luftverkehrsgesetz oder nach § 7 Straßenverkehrsgesetz, schließlich die sog. Aufopferungshaftung nach § 906 Abs. 2 S. 2 BGB, § 14 ↑Bundesimmissionsschutzgesetz und § 7 Atomgesetz.

Die U. in Deutschland ist speziell geregelt durch das Umwelthaftungsgesetz (UHG) von 1990. Die Haftung nach diesem Gesetz ist unabhängig von der Rechtswidrigkeit oder dem Verschulden, maßgebend ist vielmehr allein die kausale Verursachung des Schadens: Wird durch eine Umwelteinwirkung, die von einer im Anhang 1 (des Gesetzes) genannten Anlage ausgeht, jemand getötet, sein Körper oder seine Gesundheit verletzt oder eine Sache beschädigt, so ist der Inhaber der Anlage verpflichtet, dem Geschädigten den daraus entstehenden Schaden zu ersetzen (§ 1 UHG).

Diese Regelung wird gelegentlich kritisiert, da es im Zuge des wissenschaftlich-technischen Fortschritts eine Vielzahl gefahrenträchtiger Anlagen gibt, die vom UHG nicht erfasst sind. Schaden, der unter diesen Kautelen zu ersetzen ist, wird durch § 3 UHG definiert: Ein Schaden entsteht durch Umwelteinwirkungen dann, wenn er durch Stoffe, Erschütterungen, Geräusche, Strahlen, Gase, Dämpfe, Wärme oder sonstige Erscheinungen verursacht wird, die sich in ↑Boden, Luft oder ↑Wasser ausgebreitet haben. § 1 UHG umfasst somit die Beschädigung von Sachen. Unter Anlagen versteht das

UHG ortsfeste Einrichtungen, wie Betriebsstätten und Lager, auch Nebeneinrichtungen oder Zubehör der Anlage. § 5 UHG normiert eine Beschränkung der Haftung bei Sachschäden. Ist die Anlage bestimmungsgemäß betrieben worden, so ist die Ersatzpflicht für Schäden ausgeschlossen, wenn die Sache nur unwesentlich oder in einem Maße beeinträchtigt wird, das nach den örtlichen Verhältnissen zumutbar ist. §§ 6 und 7 UHG regeln die Ursachenvermutung (Vermutung, dass durch eine Anlage Schäden verursacht sind), § 8–10 UHG die Auskunftsansprüche gegen den Inhaber der Anlage oder gegen Behörden. U. nach dem UHG ist auch bei höherer Gewalt ausgeschlossen. *Walter Bückmann*

Umwelthormone ↑Hormonelle Schadstoffe

Umwelt-/Nachhaltigkeitsindikatoren. Indikatoren sind Kenngrößen, die direkt oder indirekt bestimmte Sachverhalte, Zustände oder Entwicklungen anzeigen (indizieren) und als Beurteilungskriterien fungieren. Sie dienen der verständlichen Darstellung von Ergebnissen komplexer Wirkungszusammenhänge.

Umweltindikatoren (U.) dienen der Trendbeschreibung und Bewertung der Umweltsituation mit dem Ziel, die Vielfalt von Umweltdaten zu verdichten und in politisch relevante Information umzusetzen. Sie helfen, Effektivität und ↑Effizienz von ↑Umweltpolitik zu erfassen und zu optimieren. Die ↑Organisation für wirtschaftliche Zusammenarbeit und Entwicklung (OECD) hat hierzu mit ihrem ↑Pressure-State-Response-Modell wichtige Pionierarbeit geleistet. In Deutschland wird die Entwicklung der Umweltsituation seit 1998 mit Hilfe des Umweltbarometers erfasst. Die sechs U. des Barometers (z. B. Zunahme der Siedlungs- und Verkehrsfläche) sind mit politischen Zielvorhaben und Fristen verknüpft.

Nachhaltigkeitsindikatoren (N.) sind weiter gefasst als U. Sie beinhalten neben ökologischen auch soziale, wirtschaftliche und politisch-institutionelle Aspekte sowie deren Wechselwirkungen. Mit ihrer Hilfe sollen Entwicklungstrends in Richtung Nachhaltigkeit quantitativ und in Form von Zeitreihen beschrieben werden. Die zur Umsetzung der ↑Agenda 21 eingesetzte ↑Kommission zur Nachhaltigen Entwicklung (CSD) verabschiedete 1995 ein mehrjähriges Arbeitsprogramm für nationale N. und beförderte damit den Prozess zur Erarbeitung von Indikatoren maßgeblich. Sie entwickelte auf Basis der Agenda 21 einen Katalog von insgesamt 134 Indikatoren. Aufbauend auf einer mehrjährigen Testphase, legte die CSD im Jahr 2001 dann einen Satz von 57 «Schlüsselindikatoren» vor. Aus diesem Katalog können sich nun die Staaten entsprechend ihrer jeweiligen spezifischen Problemkonstellationen ihr eigenes Indikatorenprogramm z. B. im Rahmen nationaler ↑Nachhaltigkeitsstrategien zusammenstellen.

Mittlerweile gibt es vielfältige Beispiele, Nachhaltigkeit mittels Indikatoren zu erfassen. Von den Vereinten Nationen, in zwischenstaatlichen Organisationen (wie der OECD, dem ↑UN-Entwicklungsprogramm (UNEP), dem (Committee for Development Policy (CDP), dem ↑World Resources Institute, der ↑Weltbank und dem Scientific Committee on Problems of the Environment (SCOPE), auf nationaler, regionaler und kommunaler Ebene, unterstützt von ↑Nichtregierungsorganisationen (NRO), der Wissenschaft oder kommerziell tätigen Beratungsbüros, werden N. entwickelt, getestet und eingesetzt. So beinhaltet z. B. die deutsche Nachhaltigkeitsstrategie 21 Schlüsselindikatoren, darunter einige U. Das Design der jeweiligen Ansätze ist u. a. davon abhängig, wie das Leitbild Nachhaltigkeit interpretiert wird, welche Methodik bei der Auswahl der Indikatoren angewandt wird, ob (und welche) gesellschaftliche Gruppen beteiligt werden und – nicht zuletzt – welches Datenmaterial verfügbar ist oder gemacht wird. In den meisten Systemen fehlen jedoch nach wie vor aussagekräftige Kennzahlen für globale Gerechtigkeit sowie Indikatoren, welche die speziellen Wechselwirkungen zwischen den verschiedenen Dimensionen der Nachhaltigkeit abbilden. Hier besteht weiterhin Forschungsbedarf.

www.umweltbundesamt.de/dux/umweltbarometer.htm *Petra Stephan*

Umweltindustrie. Der Markt für Umwelttechnik und -dienstleistungen (oft verkürzt: Umweltindustrie, U.) ist seit Beginn der 1970er Jahre ein Sektor, der einen überdurchschnittlichen Beitrag zum gesamtwirtschaftlichen Wachstum leistet – dies gilt für Deutschland und fast alle anderen Industrieländer. Gleichzeitig führen Umwelttechnik und -dienstleistungen zu einer Entlastung der ↑Umwelt, so dass es im Kontext des Leitbildes ↑Nachhaltiger Entwicklung zu Win-Win-Situationen kommt. Der Markt unterscheidet sich jedoch von anderen Märkten: Es handelt sich um einen induzierten Markt, dessen Entwicklung und Dynamik ganz wesentlich von Umweltgesetzen und -verordnungen (s. ↑Umweltrecht) abhängig ist.

Die methodischen Probleme einer präzisen Analyse des Sektors (U., Umweltwirtschaft, Ökoindustrie etc.) sind bekannt und in der Literatur hinreichend dokumentiert. Die Schwierigkeiten beginnen damit, dass es häufig keine zuverlässigen Verzeichnisse der Anbieter von Umwelttechnik und -dienstleistungen gibt. Weiterhin handelt es sich dabei um typische Querschnittsaufgaben, die von der chemischen Industrie über den Maschinenbau, die Elektrotechnik, das Baugewerbe bis zu den Bereichen Analytik, Beratung, Projektierung, ↑Forschung & Entwicklung reichen. Ein weiteres Problem ist die inhaltliche Konkretisierung von Umwelttechnik. Hierunter lassen sich zunächst alle Techniken bzw. Güter einordnen, die dem ↑Umweltschutz dienen. Dabei kann Umweltschutz z. B. nach Objektbereichen wie Klimaschutz und ↑Luftreinhaltung, Gewässerschutz und Abwasserbehandlung, ↑Naturschutz und Lärmschutz untergliedert werden. Allgemein werden zwei grundsätzliche Arten von Umwelttechniken unterschieden:

Additive Umwelttechniken setzen am Ende des Produktionsprozesses an (z. B. Filtertechniken, Katalysatoren). Dabei findet oft eine mediale Verlagerung und Aufkonzentration von ↑Schadstoffen statt, das Umweltproblem wird nur verlagert, indem z. B. die Reduktion von ↑Emissionen zu hochgiftigen Schlämmen führt, die wiederum entsorgt werden müssen.

Integrierte Umwelttechniken setzen an

der Quelle möglicher Umweltbelastungen an. Sie umfassen Produkt- und Prozessinnovationen, die zu einer Verringerung des Ressourceninputs sowie zur Vermeidung von umweltbelastenden Emissionen und Schadstoffen führen. Daraus erklärt sich, dass integrierte Umwelttechniken sowohl ökonomisch als auch ökologisch einen deutlich höheren Effizienzgrad aufweisen. Häufig aber kommt es nur bei einem kombinierten Einsatz additiver und integrierter Umwelttechniken zu einem optimalen Umweltschutzniveau. Perspektiven des Marktes für Umwelttechnik und -dienstleistungen hängen ganz wesentlich von der Weiterentwicklung der Umweltschutzgesetze sowohl auf nationaler Ebene als auch auf europäischer und internationaler Ebene ab (s. ↑EU-Richtlinien/-Verordnungen, ↑Kyoto-Protokoll, ↑Montrealer Protokoll). Dabei wird der Markt für integrierte Umwelttechnik eine größere Dynamik aufweisen als der Markt für additive Umwelttechnik. Weiterhin zeichnet sich ab, dass die Umweltdienstleistungen im Verhältnis zur Umwelttechnik auf dem Markt eine immer größere Bedeutung erhalten. Insgesamt gilt auch für die Zukunft, dass der Markt für Umwelttechnik und -dienstleistungen eine positivere Entwicklung aufweisen dürfte als die Märkte für traditionelle Güter. *Michael von Hauff*

Umweltinformation. Umweltinformation (U.) ist ein zentraler Begriff des Umweltinformationsgesetzes (UIG). Nach § 3 Abs. 2 UIG sind Informationen über die ↑Umwelt die in Schrift, Bild oder auf sonstigen Informationsträgern vorliegenden Daten über den Zustand der ↑Gewässer, der Luft, des ↑Bodens, der Tier- und Pflanzenwelt und der natürlichen Lebensräume. Dazu gehören auch Tätigkeiten, von denen Belästigungen wie beispielsweise ↑Lärm ausgehen, sowie Maßnahmen und Programme zum ↑Umweltschutz. Durch die Umsetzung der ↑Aarhus-Konvention wird der Begriff U. wesentlich erweitert und erstreckt sich in Zukunft u. a. auch auf gentechnische Organismen sowie ↑Nutzen-Kosten-Analysen oder dem Umweltschutz verwandte Bereiche wie Denkmal- und Gesundheitsschutz. *MZ*

Umweltinformationssysteme ↑Betriebliche Umweltinformationssysteme

Umweltinnovationen ↑Innovationen, ökologische

Umweltkennzahlen. Umweltkennzahlen (engl.: Benchmarking) sind ein im ↑Umweltmanagement verwendetes Instrument zur Festlegung von Zielgrößen im betrieblichen Umweltschutz und meist auf ↑Emissionen oder Ressourcenverbrauch (z. B. ↑Wasser, ↑Energie) bezogen. *BS*

Umweltkommunikation. Der Begriff «Umweltkommunikation» (U.) gewann mit der Frage, wie Ideen der ↑Agenda 21 so allgemein verständlich gemacht werden können, dass ihr globaler Charakter auch für den Einzelnen wichtig wird, an Bedeutung. Eine eindeutige Definition gibt es jedoch nicht. Ob der Gedanken- und Informationsaustausch über Umweltprobleme und mögliche Lösungsansätze im privaten Gespräch, über die ↑Massenmedien oder im Auftrag staatlicher Institutionen stattfindet, ob in Form eines

Buches, einer Broschüre oder einer Unterrichtsstunde – all dies ist U. Sie bezieht sich demnach auf ein komplexes, eigendynamisches Geschehen in der Gesellschaft, an dem viele Akteure und Gruppen beteiligt sind, und umfasst verschiedene Aufgabenfelder: Neben Umweltbildung und Umweltberatung gehören Öffentlichkeits- und Informationsarbeit dazu. Informationen müssen sich angesichts der großen Informationsflut gegenüber anderem durchsetzen und interessant bzw. professionell präsentiert werden. Die Themen müssen weiterhin fachlich angemessen und trotzdem verständlich für die breite Öffentlichkeit sein, wobei die Orientierung auf die jeweilige Zielgruppe besonders wichtig ist.

U. wird auch als Überzeugungsinstrument der ↑Umweltpolitik verstanden. Hierzu zählen Appellationen und Kooperations- und Verhandlungslösungen wie auch Informationsinstrumente. Diese dienen der indirekten Steuerung umweltbezogenen Verhaltens von Konsumenten und Produzenten durch staatliche (Behörden, Körperschaften) und nichtstaatliche Akteure (Wirtschaft, Medien, Wissenschaft, Umwelt- und Verbraucherverbände, Beratungsfirmen u. a.). Neben der (staatlichen und nichtstaatlichen) Umweltberichterstattung gehören auch Aktionen (z. B. ↑Tag der Umwelt), Boykott-, Werbe- und Aufklärungskampagnen, Demonstrationen sowie Verbrauchertests (s. ↑Stiftung Warentest, ↑Technischer Überwachungsverein (TÜV), ↑Ökotest) oder ↑Öko-Labels dazu. Im Vergleich zu den ordnungspolitischen und ökonomischen Instrumenten des ↑Umweltschutzes haben diese Kommunikationsmöglichkeiten den Vorteil, dass sie keiner speziellen gesetzlichen Regelung oder einem oft mühsamen Abstimmungsverfahren unterliegen. Gelingt es z. B., über kommunale Aktivitäten das Bürgerverhalten positiv zu beeinflussen, können damit spürbare umweltentlastende Effekte erzielt werden.

Wer Inhalte vermitteln will, muss sich auch ein Bild von den Wahrnehmungsweisen seiner Kommunikationspartner machen. Die Vorstellung, Informationen würden sich automatisch in Wissen, Einstellungen und Verhalten umsetzen, ist durch umweltpsychologische Untersuchungen widerlegt. Die Risikoforschung zeigt neben anderem, dass der Umgang mit ↑Risiken und deren Einschätzung kein Feld ist, in dem Rationalität eine zentrale Rolle spielt. Die Risikoeinschätzungen von Experten und Bevölkerung differieren oft erheblich. Generell besteht eine Tendenz, die Wahrscheinlichkeit von relativ seltenen Ereignissen (z. B. Flugzeugabstürzen) zu hoch einzuschätzen, während tägliche Gefahren dagegen eher unterschätzt werden (z. B. Autofahren). U. dient auch der Überbrückung solcher Diskrepanz bzw. der Verständigung darüber. *Gerd Michelsen*

Umweltkriminalität. Umweltkriminalität (U.) kann definiert werden als Verletzung oder Bruch von Umweltgesetzen und -regeln, die von der Legislative mit Strafe bedroht sind. Die rechtliche Definition von U. muss den allgemeinen Prinzipien des Strafrechts entsprechen, dessen wichtigstes darin besteht, dass eine Person nur strafrechtlich zur Verantwortung gezogen werden darf, wenn die in Frage ste-

hende Handlung zum Zeitpunkt, zu dem sie stattfindet, eine strafbare Handlung darstellt. Die Schuldigsprechung zu einer umweltkriminellen Straftat erfordert ein höheres Maß an Beweiskraft als zivilrechtliche Übertretungen. Der Staatsanwalt muss nachweisen, dass die verbotene Handlung mit Absicht erfolgte. Wie bei zivilrechtlichen Fällen kann die Schuldigsprechung in Freiheitsentzug oder Geldstrafe bestehen, doch im Gegensatz zum zivilrechtlichen Fall erhält der eines Umweltverbrechens Verurteilte einen Eintrag ins Strafregister.
Im internationalen Recht sind spezifische Vorkehrungen für internationale Umweltverbrechen selten. Eine besondere Ausnahme bildet das Statut des Internationalen Strafgerichtshofs, das besagt, dass «schwere Beschädigungen der Umwelt» wie Kriegsverbrechen zu verstehen sind. Im Sinne das Gewohnheitsrechts wird argumentiert, dass eine schwerwiegende Beeinträchtigung der Umwelt das jus cogens verletzt und daher mit Kriminalstrafe bewehrt sein muss.
Auf der Ebene das Europarechts gibt es bisher keine direkten Vorkehrungen kriminalrechtlichen Vorgehens gegen Umweltverbrechen; allerdings sind Initiativen im Gange, eine Sekundärgesetzgebung (Secondary European Legislative) zu entwickeln. In Deutschland sind die meisten Fälle von U. von Teil 19 des Strafgesetzbuchs abgedeckt (s. ↑Umweltstrafrecht), was die Verschmutzung von ↑Gewässern, ↑Böden und Luft einschließt wie auch die rechtswidrige Handhabung gefährlicher Substanzen (§§ 324, 324a, 325 und 326 StGB). *RT/GK*

Umweltlotterien. Ziel von Umweltlotterien ist es, zusätzliche Mittel für umwelt- und entwicklungspolitische Zwecke zu generieren. Neben dieser Finanzierungsfunktion ist bedeutsam, dass dadurch das öffentliche Bewusstsein für Umweltprobleme gesteigert werden kann. *TP*

Umweltmanagementsystem, betriebliches. Das betriebliche Umweltmanagement (b.U.) umfasst gemäß ↑Öko-Audit-Verordnung die Organisationsstruktur, die Zuständigkeiten, Verhaltensweisen, förmlichen Verfahren, Abläufe und Mittel für die Festlegung und Durchführung der betrieblichen ↑Umweltpolitik. Im Rahmen der Betriebswirtschaftslehre umfasst das U. im weiteren Sinne die Analyse sämtlicher Beziehungen des Betriebes zu seiner natürlichen ↑Umwelt unter besonderer Berücksichtigung umweltpolitischer und gesellschaftlicher Aspekte.
Es ist zu unterscheiden zwischen defensivem U., das sich auf die Einhaltung der gesetzlichen Vorschriften beschränkt, und proaktivem U., bei dem Unternehmen über die Vorschriften hinaus Umweltschutzmaßnahmen umsetzen. Mit Hilfe eines proaktiven U. können Unternehmen 1. Kosten reduzieren durch Einsparungen beim Ressourcenverbrauch und bei ↑Emissionen, 2. Absatzchancen auf ökologisch orientierten Märkten eröffnen, 3. Risikopotenziale identifizieren, 4. Versicherungs- und Kreditkonditionen infolge Risikominimierung verbessern, 5. die interne Organisation optimieren und 6. soziale Verantwortung für die Umsetzung der Nachhaltigkeit übernehmen und dadurch ihr Image verbessern.

Zur Realisierung dieser Ziele werden das von der EU erlassene ↑Öko-Audit und die ISO-14001-Norm (s. ↑ISO-14000) eingesetzt. Beide ↑Normen legen konkrete Ablaufschritte und Anforderungen an Umweltmanagementsysteme in Betrieben fest und werden nach Einführung zertifiziert. Für die praktische Umsetzung wurden u.a. folgende Instrumente entwickelt: ↑Öko-Controlling, das die umweltrelevanten Informationen für die Entscheidungsfindung aufbereitet; Umweltkostenmanagement zur systematischen Erfassung von umweltbezogenen Kosten, z.B. für ↑Abfälle und Emissionen; ↑Ökobilanzen, mit deren Hilfe die ökologischen Auswirkungen von Produkten und Prozessen identifiziert werden können; ↑Umweltkennzahlen, die Informationen über die Erreichung ökologischer Zielsetzungen liefern; ↑Öko-Marketing zur Nutzung der Marktchancen aus umweltorientiertem Handeln des Unternehmens. *BS*

Umweltmediation. Bei öffentlich kontrovers diskutierten umweltrelevanten Vorhaben (Sanierung von Altlasten, Standortentscheidung für ↑Deponien und Müllverbrennungsanlagen, Entwicklung von Abfallwirtschaftskonzepten, kommunalen Verkehrsplanungen, Ausbau von Flughäfen etc.) werden seit 1990 in Deutschland in großer Zahl ↑Mediationsverfahren durchgeführt. Hierbei handelt es sich um den Versuch von Konfliktbeteiligten, einvernehmliche Problemlösungen außerhalb des förmlichen Entscheidungsganges zu erreichen. Dieser wird durch Mediation nicht ersetzt, sondern vorbereitet und erleichtert. Die Konfliktparteien initiieren einen Kommunikationsprozess, dessen Steuerung sie einem neutralen Dritten, dem Mediator, übertragen.
Erfahrungen zeigen, dass Mediationsverfahren einen Beitrag zur Transparenz, zur Versachlichung der Auseinandersetzung und oft auch zur Problemlösung leisten. Dazu wurden Durchführungsstandards entwickelt. Spezifische Interventionstechniken erleichtern Mediatoren nach entsprechendem Training die Verfahrensgestaltung. Diejenigen, die im politischen oder rechtsförmigen Entscheidungsverfahren eine wesentliche Rolle spielen, müssen auch an der Mediation teilnehmen. Diese Personalunion sichert den Transfer der Mediationsentscheidungen in die förmlichen Verfahren. In öffentliche Konflikte dieser Art ist regelmäßig eine große Zahl von Beteiligten involviert. Es ist inzwischen unerlässlich, neben großen Sitzungsrunden, Arbeitsgruppen und bilateralen Kontakten einen geordneten Informationsaustausch über das Internet zu ermöglichen. Hierzu stehen entsprechende Programme zur Verfügung. *HJF*

Umweltmedien. Umweltmedien (U.) sind Bereiche oder Sektoren des Systems der natürlichen ↑Umwelt, wie ↑Boden, ↑Wasser, Luft. In ↑Umweltrecht und ↑Umweltpolitik überwiegt die medienbezogene Betrachtung, was in der Umsetzungspraxis häufig zur Problemverschiebung bzw. Problemverlagerung zwischen den U. (z.B. von der ↑Luftreinhaltung zur Abfallproblematik) führt. *BS*

Umweltmedizin. Die Umweltmedizin (U.) befasst sich mit dem Einfluss und den Auswirkungen von Faktoren in der ↑Umwelt auf Gesundheit und Wohlbefinden des Menschen. Diese Faktoren können physikalischer (z.B. Hitze, Kälte, Licht, ↑Lärm, Strahlung), chemischer (z.B. Inhaltsstoffe von ↑Waschmitteln, Kontaminanten in Lebensmitteln) und biologischer (z.B. ↑BSE, ↑Schimmelpilze) Art sein.

In dem bevölkerungsbezogenen Ansatz der U. geht es um die Abschätzung des gesundheitlichen ↑Risikos für die gesamte Population, welche einem bestimmten Umwelteinfluss ausgesetzt ist. Um Unterschieden zwischen verschiedenen Personen gerecht zu werden, ist der Variationsbreite der Exposition wie auch derjenigen der Reaktion auf Umwelteinflüsse Rechnung zu tragen. Die entstehenden Risiken können sich direkt auswirken (z.B. Sonnenstrahlung und Hautkrebs) oder indirekt wirksam werden (z.B. durch Induktion von Enzymveränderungen). Bei diesem Ansatz steht die Aufklärung von Zusammenhängen mit dem Ziel der Vorbeugung für die Bevölkerung im Vordergrund. Maßnahmen können sein: Aufklärung und Information mit Handlungsanweisungen («sich nicht der prallen Sonne aussetzen») bis hin zu Verboten der Verwendung von Chemikalien («Dioxinverbot»).

Patienten, welche Symptome aufweisen, werden in umweltmedizinischen Ambulanzen und Beratungsstellen wie auch durch in Praxen tätige Umweltmediziner betreut («individueller Ansatz der U.»). Im Vordergrund steht die Klärung, welcher mögliche Umwelteinfluss das aufgetretene Symptom ausgelöst haben könnte, mit dem Ziel der Besserung des gestörten Gesundheitszustands des Einzelnen.

Für den bevölkerungsbezogenen Ansatz sind ↑Ökotoxikologie und ↑Epidemiologie das methodische Rüstzeug, um Zusammenhänge zwischen Exposition und schädlicher Wirkung aufzudecken. Bei der «quantitativen» Risikoabschätzung ist von Bedeutung, dass eine schädliche Wirkung nicht nur der Art nach beschrieben wird, sondern dass festgestellt wird, wie die Höhe der Exposition (Dosis) mit dem Ausmaß bzw. Schweregrad der Schädigung zusammenhängt. Für die meisten schädlichen Wirkungen ist es möglich, einen «sicheren» Expositionsbereich bis zu einem Schwellenwert anzugeben. Für andere schädliche Wirkungen ist die Angabe eines Schwellenwertes bisher nicht möglich. Dies gilt für Krebs auslösende Stoffe, deren Wirkung durch eine Veränderung der Erbsubstanz (genotoxische Stoffe) verursacht wird. Quantitative Risikoabschätzungen bzw. -bewertungen und sich hieraus ergebende Handlungsoptionen bieten die Grundlage für staatliches Risikomanagement.

Bei der Betreuung von Patienten mit Beschwerden, welche von diesen mit Umwelteinflüssen in Verbindung gebracht werden, ist in einigen Fällen die Suche nach der verursachenden Noxe auf der Hand liegend (Schwerhörigkeit bei Lärmtrauma). In anderen Fällen ist das Auffinden der verursachenden Exposition schwierig, besonders wenn die vermutete Exposition länger zurückliegt. Messungen von Strahlenbelastungen sowie von Chemikalien in der Umwelt sind möglich (sog. Umweltmonitoring); Chemikalien lassen sich auch in Körperflüssigkeiten und Körperteilen (Nägel, Haare) bestimmen (sog. Biomonitoring). In vielen

Fällen ist die aufgetretene Symptomatik vieldeutig und nicht spezifisch für eine bestimmte Chemikalie. Die umweltmedizinische Diagnostik wendet z.T. Verfahren an, deren spezifischer Stellenwert bisher noch nicht weit reichend validiert ist (z.B. Neuro-Imaging). *Ursula Gundert-Remy*

Umweltministerkonferenz. Die Umweltministerkonferenz, das halbjährliche Treffen der für ↑Umweltschutz zuständigen Fachminister von Bund und Ländern, dient der Koordinierung und Abstimmung in Fragen der ↑Umweltpolitik. Der Vorsitz rotiert zwischen den Ländern. *AV*

Umweltmonitoring ↑Chemiepolitik

Umweltökonomie. Die Umweltökonomie (U.) ist ein Teilgebiet der Wirtschaftswissenschaften, das sich mit Umweltproblemen und umweltpolitischen Lösungsansätzen auf Basis der neoklassischen Theorie der Volkswirtschaftslehre befasst. Einige der methodischen und inhaltlichen Probleme und Defizite der U. wurden von der ↑Ökologischen Ökonomie aufgegriffen.
Die U. beschreibt Umweltprobleme als ↑Externe Effekte des Wirtschaftens, die nicht im Kalkül der einzelnen Wirtschaftsakteure berücksichtigt werden, weil die Nutzung vieler Umweltgüter keinen Preis hat. Grundsätzlich können Umweltgüter wie Luft, ↑Gewässer, Landschaft und stabile Ökosystemfunktionen frei genutzt werden, da sie ↑Öffentliche Güter darstellen, von deren Nutzung niemand ausgeschlossen werden kann und die allen gleichermaßen zur Verfügung stehen. Die fehlenden (oder unzulänglichen) Preise führen jedoch zur Übernutzung und zur Schädigung der Umweltgüter; die Wirtschaftsakteure verhalten sich als ↑Trittbrettfahrer, die für die Nutzung nicht zahlen. Es entstehen externe Kosten in Form von ökologischen Schäden, die von Einzelnen oder der Gemeinschaft zu tragen sind, nicht aber vom eigentlichen Verursacher. Dieses Marktversagen macht daher staatliches Handeln zur ↑Internalisierung ↑Externer Effekte erforderlich.
Für die Internalisierung werden in der U. zwei theoretische Lösungswege diskutiert. Der eine Ansatz wird als Coase-Theorem bezeichnet und setzt auf die Verhandlung zwischen Verursacher und Geschädigtem, bei der unter idealen Bedingungen ein volkswirtschaftlich optimales Ergebnis erzielt werden kann. In der Realität sind jedoch meist keine idealen Bedingungen gegeben, weil es eine Vielzahl von Verursachern und Geschädigten gibt und Verhandlungen in diesem Fall schwierig zu bewerkstelligen sind. Die andere Möglichkeit ist die Erhebung einer ↑Pigou-Steuer, bei der die Verursacher eine Steuer in Höhe der von ihnen verursachten Schäden entrichten müssen. Oft können jedoch die Schadenshöhen nicht exakt monetär bewertet werden (s. monetäre ↑Bewertung der Umwelt), oder die Zuordnung der Schäden zu bestimmten Verursachern ist nicht möglich. Auch die ständige Anpassung des Steuersatzes an die Entwicklung der Schadenskosten ist praktisch kaum durchführbar. Als praxisnäherer Ansatz ist daher der Standard-Preis-Ansatz entwickelt worden, nach dem Abgaben in einer bestimmten Höhe zu erheben sind, welche auf der Basis bestehender Kostenstrukturen in Un-

ternehmen die Erreichung eines politisch vorgegebenen ökologischen Standards erlauben. Als weiteres marktkonformes Instrument wird das Haftungsrecht diskutiert, das bei entsprechender Ausgestaltung (↑Gefährdungshaftung) Unternehmen zu einem vorsorgenden ↑Umweltschutz anhalten kann. *Bernd Siebenhüner*

Umweltökonomische Gesamtrechnungen (UGR). Ziel der Umweltökonomischen Gesamtrechnungen (UGR) ist es, die Beziehungen zwischen wirtschaftlichen Aktivitäten und dem Umweltzustand darzustellen. Durch die Wirtschaft werden einerseits ↑Ressourcen, Land und Umweltdienstleistungen (↑Senken-, Puffer- und Erholungsfunktion) in Anspruch genommen, auf der anderen Seite werden Rest- und ↑Schadstoffe in Form von ↑Abfall, ↑Abwasser oder Luftemissionen an die ↑Umwelt abgegeben. Durch diese Stoffflüsse und weitere strukturelle Eingriffe (z.B. Nutzung von Fläche) kommt es zur Zerstörung oder Entwertung (Degradation) der Umwelt. In den vorwiegend an Markttransaktionen orientierten Volkswirtschaftlichen Gesamtrechnungen (VGR) bleiben solche Wechselbeziehungen mit der Umwelt weit gehend ausgeblendet.

Die UGR sind als Satellitensystem zu den VGR konzipiert. Das heißt, sie folgen den Prinzipien, Definitionen und Klassifikationen der VGR und erweitern diese unter der Zielsetzung, relevante Beziehungen zur Umwelt abzubilden. Mit Hilfe des so erweiterten VGR-Datensatzes können die Umwelteinwirkungen wirtschaftlicher Aktivitäten analysiert werden.

Die UGR bestehen aus vier Modulen, die im Handbuch «System of Environmental and Economic Accounts» (SEEA 2000) niedergelegt sind:

1) Die «Physische Vermögensrechnung» hat die Darstellung des in physischen Einheiten gemessenen Naturvermögens zum Gegenstand. Ausgangspunkt ist die Erweiterung des Vermögensbegriffs. In den VGR wird im Wesentlichen nur produziertes Vermögen berücksichtigt; nicht produziertes Vermögen wird nur einbezogen, wenn es einen Marktwert hat.
2) Die «Physische Material- und Energieflussrechnung» stellt die mit dem Wirtschaftsprozess verbundenen Materialströme in physischen Einheiten dar. Sie knüpft dabei an den Produktionsbegriff der VGR an, bezieht aber – anders als die monetär ausgerichteten VGR – auch solche Ströme mit ein, denen kein monetäres Äquivalent gegenübersteht, wie z.B. die Entnahme von ↑Ressourcen aus der ↑Natur und die Abgabe von Rest- und Schadstoffen an die Natur.
3) Das Modul «Umweltschutz/Ressourcenmanagement» konzentriert sich auf die Darstellung bestimmter umweltbezogener wirtschaftlicher Aktivitäten, wie insbes. Ausgaben für den ↑Umweltschutz. Da diese Aktivitäten innerhalb des Wirtschaftsprozesses stattfinden, also in den VGR implizit bereits erfasst sind, erfordert ihre Abbildung eine entsprechende Disaggregation der betroffenen Ströme und Bestände.
4) Bei der «Monetären Bewertung von Strömen und Beständen» geht es um die Ermittlung monetärer Angaben zu umweltrelevanten Tat-

beständen, die sich primär in physischen Einheiten messen lassen, wie Bestände und Ströme von Rohstoffen oder die Degradation natürlicher Systeme durch Einträge von Rest- und Schadstoffen. Eine mögliche Zielsetzung dabei ist die Ermittlung eines «Ökoinlandprodukts», das gegenüber dem Nettoinlandsprodukt der VGR durch Abschreibungen auf das nicht produzierte Naturvermögen («Umweltverbrauch») vermindert wird. Die anderen europäischen Statistischen Ämter arbeiten nicht an der Ermittlung derartiger korrigierter Aggregate. Solche Berechnungen werden wegen der erheblichen methodischen Probleme und Messunsicherheiten eher als eine Aufgabe wissenschaftlicher Forschung gesehen.

Die UGR des Statistischen Bundesamtes liefern ein umfangreiches Datenangebot zu den Themen Material- und Energieflüsse, Bodennutzung, Umweltschutzausgaben sowie umweltbezogene Steuern. *Karl Schoer*

Umweltorganisationen ↑Umweltverbände

Umweltplanung. Umweltplanung (U.) ist ein Teilgebiet der sozialwissenschaftlichen ↑Umweltforschung und der umweltpolitischen Praxis. In Mittelpunkt steht die Erarbeitung nachhaltiger Umweltstrategien, die es ermöglichen, raum- oder sektorbezogene Umwelt(schutz)ziele innerhalb eines bestimmten Zeitraums zu erreichen, wie z.B. in Deutschland die Senkung von CO_2-Emissionen um 25 % bis 2005, bezogen auf das Basisjahr 1990, mittelfristig eine Senkung um 40 % bis 2020 bzw. langfristig um 80 % bis 2050. U. hängt von den gegebenen umweltpolitischen Kapazitäten ab, die in den Entwicklungsländern vielfach erst noch aufgebaut werden müssen. Bahnbrechend war die Verabschiedung nationaler Umweltpläne in den 1980er Jahren durch Vorreiterländer wie Dänemark, Niederlande (↑National Environment Policy Plan (NEPP)) und Finnland. 1992 erfuhr die U. einen erheblichen Entwicklungsschub durch die Beschlüsse beim «Erdgipfel» von Rio de Janeiro (s. Agenda 21, ↑Rio-Erklärung). Wichtige sektorale Umweltpläne in der Bundesrepublik sind u.a. der Abfallentsorgungs-, Abwasserbeseitigungs-, Luftreinhalte- und Verkehrsentwicklungsplan sowie der Plan zum Energiekonzept. Pläne, die für den Schutz und die Verbesserung der ↑Umwelt, die Beseitigung von ↑Umweltschäden, die Wiederherstellung der Funktions- und Leistungsfähigkeit des Naturhaushalts sowie für die Umweltvorsorge entwickelt worden sind, werden Umweltleitpläne genannt. *IC*

Umweltpolitik. ↑Umweltschutz ist die Summe aller organisierten Handlungen zur Ermittlung und Lösung von Umweltproblemen. Umweltpolitik (U.) ist derjenige Teil dieser Handlungen, an denen staatliche Akteure – ausschließlich oder teilweise, national oder international – beteiligt sind.

U. hat sich in den Industrieländern als Reaktion auf ein hohes, umweltintensives Industriewachstum zu Beginn der 1970er Jahre als spezielles Regierungsressort gebildet. In Deutschland war die Umweltverwaltung des Bun-

des zunächst dem Innenministerium zugeordnet; das ↑Umweltbundesamt wurde 1974 gegründet. Seit 1986 gibt es das ↑Bundesumweltministerium. Weltweit bestehen heute weit über 100 Umweltministerien. Die Mehrheit der Länder hat den Umweltschutz in der Verfassung verankert. Zugleich vollzieht sich U. auch innerhalb der EU und global (s. ↑UN-Umweltprogramm (UNEP), ↑UN-Entwicklungsprogramm (UNDP)).
U. ergab sich zunächst als ausschließliche Tätigkeit des Staates. Im Lauf der Entwicklung hat sich aber das Spektrum der beteiligten Akteure erweitert: Neben der Vielzahl der Handlungsebenen (global, europäisch, national, regional, kommunal) geht es heute um die breite Beteiligung wichtiger organisierter Interessen (s. ↑Stakeholder). Hinzu kommt das Erfordernis, Umweltbelange auch in anderen Ressorts zu verfolgen, insbes. in der Energie-, Verkehrs-, Industrie-, Agrar- oder Baupolitik (Politikintegration).
Auch das ↑Instrumentarium der U. ist immer vielfältiger geworden. Standen zunächst hoheitliche Rechtssetzungen mit verbindlichen Standards, Genehmigungsverfahren, Ge- und Verboten (Command and Control) im Vordergrund, so zeigte sich, dass die rasch wachsende Dichte dieses Regelungstyps den Staat und auch die Folgebereitschaft der Politikadressaten zu überfordern drohte. Instrumente, die größere Anpassungsspielräume zulassen und mehr Eigenverantwortlichkeit der Verursacher mobilisieren, spielten daher eine zunehmende Bedeutung. Das «harte» Instrumentarium behält aber seine Bedeutung – auch als Garant dafür, dass «weichere» Instrumente tatsächlich Wirkungen erzielen. Moderne U. steuert in aller Regel über einen Instrumentenmix bzw. über strategische, überprüfbare Zielvorgaben (etwa im Klimaschutz), die mit flexiblem Instrumenteneinsatz verfolgt werden.
Umweltpolitische Erfolge haben sich bisher vor allem dort ergeben, wo die Probleme gut wahrnehmbar sind bzw. eine breite (z.B. gesundheitliche) Betroffenheit auslösen. Die ↑Luftreinhaltung und der Gewässerschutz sind hier die wichtigsten Erfolgsfelder, zumindest in den OECD-Ländern. Dagegen sind Probleme, die sich als eine «schleichende Verschlechterung» ergeben, wie der ↑Flächenverbrauch, Artenverluste, Boden- oder Grundwasserbelastungen, bisher kaum gelöst. Hier sind ungleich größere Anstrengungen auf breiter Basis nötig, die eine signifikante Verbesserung der Handlungsbedingungen (Kapazität) erfordern.

Martin Jänicke

Umweltpolitik, internationale. Internationale Umweltpolitik (i.U.) umfasst die Gesamtheit aller zwischenstaatlichen Institutionen und Prozesse, die grenzüberschreitende und globale Umweltprobleme betreffen, i.d.R. zwischenstaatliche Interessenkonflikte um die Nutzung transnationaler ökologischer Werte, also v.a. das Klimasystem, die stratosphärische ↑Ozonschicht, die ↑Biodiversität, die ↑Böden und die Ozeane. Die politische Auseinandersetzung um einen gegebenen Umweltwert folgt der Identifikation eines Umweltproblems, welches quantitativer (Verbrauch eines Umweltwertes übersteigt dessen Regenerationskapazität) oder qualitativer (materielle Ver-

schlechterung eines Umweltwertes) Natur sein kann. Gegenstand der i. U. sind demnach grenzüberschreitende Umweltprobleme, die die Interessen von zwei oder mehr Nationalstaaten und die Integrität der diese unterhaltenden Ökosysteme betreffen (s. ↑EU-Umweltpolitik, ↑Umweltpolitik, ↑Weltumweltpolitik).
↑Umweltschutz hat sich seit Ende der 1960er Jahre neben klassischen Politikfeldern wie Sicherheit, Handel und Entwicklung als eigenständiger Gegenstand der internationalen Politik etabliert, wie die erste Umweltkonferenz der Vereinten Nationen (UNCHE) 1972 in Stockholm und die dort beschlossene Gründung eines ↑UN-Umweltprogramms (UNEP) zeigen. Die Staatengemeinschaft reagierte damit auf die zunehmende Internationalisierung regional verursachter Umweltschädigungen, die nur durch zwischenstaatliche Zusammenarbeit wirksam bearbeitbar sind. Das Völkerrechtsprinzip nationalstaatlicher Souveränität wird somit faktisch in Frage gestellt. Von herausragender Bedeutung für die i. U. sind multilaterale Umweltregime wie z. B. das zwischenstaatliche Übereinkommen zum Schutz der Ozonschicht von 1987. *StB*

Umweltpsychologie. Die Umweltpsychologie (U.) oder ökologische Psychologie existiert als akademische Disziplin seit Ende der 1960er Jahre, zuerst in den angloamerikanischen und skandinavischen Ländern, heute weltweit. Gegenstand der U. ist die Untersuchung von Mensch-Umwelt-Beziehungen. Während in der traditionellen Psychologie Umwelt zusammen mit Erbanlagen als Persönlichkeitsdeterminanten bzw. als soziale/mitmenschliche Umwelt verstanden wird, geht es in der U. um die räumlich-dingliche ↑Umwelt als Bedingung von Erleben und Verhalten. Auf diese Umwelt wirkt der Mensch gestaltend oder zerstörend ein; von ihr wird er positiv (Naturgenuss) oder negativ (Stressreaktionen bei ↑Lärm oder ↑Luftverschmutzung) beeinflusst.
Die Entstehung der U. als Forschungs- und Anwendungsfeld ist eng mit der Einsicht der Gesellschaft in die zunehmenden lokalen und globalen Umweltprobleme verbunden. In den ersten Jahrzehnten lag der Schwerpunkt der Forschung auf Fragen einer bedürfnisgerechten, nutzerorientierten Planung und Gestaltung von räumlich-dinglichen Umwelten (wie Wohnungsbau, Städtebau, Gestaltung von Arbeitsplätzen) und von institutionellen Umwelten (wie Kindergärten, Klassenzimmern, Krankenhäusern). Dieses anfangs als «Architekturpsychologie» bezeichnete Forschungsfeld stützte sich dabei auf Erkenntnisse zum räumlichen Verhalten (persönlicher Raum, Erleben von Dichte, Privatheit) sowie zu kognitiven Repräsentationen der Umwelt (Umweltwahrnehmung und -bewertung, kognitive Landkarten).
Angesichts wachsender Einsicht und eines entsprechenden Problemdrucks durch anthropogene Umweltveränderungen sieht die U. seit den 1980er Jahren ihre Aufgabe verstärkt darin, Erkenntnisse über Mensch-Umwelt-Beziehungen zu nutzen, um Einstellungen, Motivationen und Verhaltensweisen (oft verkürzt als ↑Umweltbewusstsein bezeichnet) so zu verändern, dass sie den «Bedürfnissen der Umwelt» besser gerecht werden (Umweltschutz-

psychologie). Grundlage dafür ist eine Analyse, die den Menschen in drei Rollen sieht: 1. als Verursacher von guten und schlechten Umweltveränderungen (z.B. Zerstörung der Ozonschicht, Renaturierung von versiegelten Flächen), 2. als Betroffenen solcher Veränderungen (z.B. durch Beeinträchtigung seiner Gesundheit), 3. ist der Mensch (als Individuum, Mitglied von Gruppen und der Gesellschaft) aufgerufen, auf bereits eingetretene oder antizipierte Umweltveränderungen durch Anpassung (z.B. Bau von Dämmen) oder durch Prävention (z.B. Entwicklung energieeffizienter Technologien) zu reagieren.

Für die Analyse und Lösung von Umweltproblemen ist die U. in der Regel auf die Zusammenarbeit mit anderen ↑Umweltwissenschaften (z.B. ↑Umweltsoziologie, Geografie, Klimaforschung) angewiesen (interdisziplinäre Forschung). Im Hinblick auf die globalen Umweltveränderungen gilt es dabei zu beachten, dass sie meist durch eine Vielzahl lokaler Aktivitäten verursacht und durch ebensolche auch bewältigt werden müssen. Einschlägige Forschungsfragen richten sich u.a. auf die Wahrnehmung und Bewertung von Umweltproblemen, die Risikowahrnehmung und -kommunikation und die Entwicklung von Interventionstechniken zum Energie- und Wassersparen, zur Mülltrennung, zur Beeinflussung der Verkehrsmittelwahl.

Lenelis Kruse-Graumann

Umweltqualitätsziele. Umweltqualitätsziele (U.) charakterisieren einen angestrebten Zustand der ↑Umwelt und verbinden einen naturwissenschaftlichen Kenntnisstand mit gesellschaftlichen Wertungen über Schutzgüter und Schutzniveaus. U. werden objekt- oder medienbezogen für Mensch und/oder Umwelt bestimmt und sind an der Regenerationsrate wichtiger ↑Ressourcen oder an der ökologischen ↑Tragfähigkeit, am Schutz der menschlichen Gesundheit und an dem Prinzip der intergenerativen ökologischen ↑Gerechtigkeit orientiert. Ein typisches Beispiel ist das Klimaschutzziel «Begrenzung der Erwärmung der Erdatmosphäre auf höchstens 0,1 °C pro Dekade».

U. müssen, um politisch wirksam werden zu können, mit Umwelthandlungszielen unterlegt werden. Diese geben die Schritte an, die notwendig sind, um die in U. beschriebenen Zustände der Umwelt zu erreichen. Sie können an der Quantität und Qualität des stofflichen Durchsatzes durch ein Wirtschaftssystem ansetzen und als Reduktionsziele für diese ↑Stoffströme formuliert werden. Sie legen möglichst quantitative (Etappen-)Ziele fest, die sich an den Belastungsfaktoren orientieren und Vorgaben für die erforderliche Umweltentlastung enthalten. So ist in Deutschland das U. für ↑Klima durch das Umwelthandlungsziel konkretisiert worden, die CO_2-Emissionen bis 2005 um 25 % gegenüber 1990 zu senken.

U. und Umwelthandlungsziele geben die Grenzen an, die dem Wirtschaften durch die Knappheit der natürlichen Ressourcen gesetzt sind bzw. gesetzt werden. ↑Umweltpolitik braucht klare, mittel- bis langfristig zu verwirklichende Ziele. Diese eröffnen die Chance, Politik in einem positiven Zusammenhang zu diskutieren, indem sie die Frage aufwerfen, wie ↑Wasser, ↑Boden, Luft und Klima zu schützen sind, um

die Gesundheit der Menschen und die Funktionsfähigkeit der Ökosysteme dauerhaft zu gewährleisten.
Die Bundesregierung hat in der ↑Nachhaltigkeitsstrategie für Deutschland die Bedeutung mittel- und langfristiger U. für die gesellschaftliche Kommunikation erkannt. Zum Teil explizit, zumindest aber implizit liegen ihrem Katalog von 21 Indikatoren U. zugrunde, die deutlich machen, in welche Richtung die Entwicklung gehen soll. Bis 2020 sollen z.B. die Energie- und Ressourcenproduktivität verdoppelt und der ↑Flächenverbrauch von heute 130 ha/Tag auf max. 30 ha/Tag gesenkt werden.
U. und Umwelthandlungsziele spielen somit eine wichtige Rolle bei der Kommunikation des Leitbildes der ↑Nachhaltigen Entwicklung. Sie helfen dabei, den gesellschaftlichen Diskurs auf bestimmte Themen zu konzentrieren und notwendige Entwicklungen für die kommenden Jahre transparent zu machen. Mit Hilfe von U. können die Kräfte einer freiheitlichen Gesellschaft mobilisiert und stabile Erwartungen über längere Zeiträume begründet werden. Mit solchen substanziell begründeten Zielen lässt sich der ↑Umweltschutz auch im internationalen Kontext stärken und so eine tragfähige Grundlage für Entscheidungen über den Einsatz spezifischer Instrumente schaffen. Umweltqualitätsziele und Umwelthandlungsziele gehören daher zu den unverzichtbaren Bedingungen der Einleitung und Umsetzung einer ↑Nachhaltigen Entwicklung von Wirtschaft und Gesellschaft.

Stefan Summerer

Umwelträte ↑Rat von Sachverständigen für Umweltfragen; Wissenschaftlicher Beirat der Bundesregierung Globale Umweltveränderungen

Umweltraum. Umweltraum (U.) bezeichnet den Anteil an der natürlichen ↑Umwelt, den die ↑Weltbevölkerung nachhaltig nutzen kann. Der U. wird begrenzt durch die Rohstoffreserven, die Erneuerungsrate natürlicher ↑Ressourcen und die ↑Tragfähigkeit der Ökosysteme. Mit Hilfe des Konzepts lässt sich ableiten, wie viel Umwelt jede/r Einzelne nutzen kann. *BN*

Umweltrecht. Das Umweltrecht (U.) kann als die Summe der Rechtssätze umrissen werden, die dem Schutz der ↑Umwelt dienen sollen. Diese Rechtssätze fanden in den 1970er Jahren Eingang in die deutsche Rechtsordnung. Dem ↑Umweltschutz als staatlicher Aufgabe liegen umweltpolitische Handlungsprinzipien zugrunde. Die drei wichtigsten Prinzipien sind das ↑Vorsorgeprinzip, das ↑Verursacherprinzip und das ↑Kooperationsprinzip. Die einschlägigen Rechtsnormen lassen sich in allgemeine und besondere Umweltschutzregelungen einteilen. Allgemeine Umweltschutzregelungen sind solche, die keinem speziellen Umweltschutzbereich zugeordnet, sondern bereichsübergreifend anwendbar sind. Besondere Umweltschutzregelungen lassen sich unterteilen nach den Schutzgegenständen oder dem jeweils vorherrschenden Maßnahmenansatz. Die Ausrichtung auf die zu schützenden Gegenstände kann medial durch den Schutz von ↑Boden, ↑Wasser und Luft, kausal durch den Schutz der Umwelt vor gefährlichem Stoffeintrag sowie vital durch den unmittelbaren Schutz von Tieren und Pflanzen erfolgen. Nach dem jeweils vorherrschenden Maßnahmenansatz lassen sich Umweltschutzregelungen ordnen als anlagenbezogen (↑Luftreinhaltung, ↑Strahlenschutz und ↑Reaktorsicherheit, Energieeinsparung), stoffbezogen (Schutz vor gefährlichen Stoffen, Vermeidung und Entsorgung von Abfällen) und flächenbezogen (Gewässerschutz, ↑Naturschutz und Landschaftspflege, Bodenschutz).

Bisher fehlt es in Deutschland an einem einheitlichen, auf den Schutz der Umwelt zielenden Umweltgesetzbuch. Das U. besteht bisher aus einer Fülle der Umwelt dienlicher Einzelgesetze, durchzieht als Querschnittsrecht aber nahezu alle Rechtsmaterien und ist dementsprechend über die verschiedensten Rechtsgebiete verstreut. Das U. findet sich im besonderen Verwaltungsrecht teilweise als umweltspezifische Regelungen. Das Strafrecht enthält Normen, die umweltschädigendes Verhalten unter Strafe stellen (s. ↑Umweltstrafrecht). Das Zivilrecht regelt Sachverhalte, die einen Schadensersatzanspruch begründen können, der auf Grund einer ↑Umweltschädigung entstanden ist. Völkerrecht (s. ↑Umweltvölkerrecht), EG-Recht, nationales Verfassungsrecht und entsprechende landesrechtliche Regelungen weisen umweltschutzrechtliche Vorschriften aus. Dem U. steht ein umfangreiches Instrumentarium zur Verfügung, mit dem die angestrebten Ziele des Umweltschutzes erreicht und die umweltpolitischen Prinzipien effizient durchgesetzt werden können.

Mit Instrumenten direkter Verhaltenssteuerung werden Ver- und Gebote, Anmelde-, Anzeige-, Gestattungspflichten sowie Untersagungs- und Beschränkungskompetenzen bezeichnet, die von ihrem Adressaten ein direktes Handeln, Dulden oder Unterlassen verlangen. Dazu zählt auch das für umweltrelevante Zuwiderhandlungen Sanktionen aussprechende Straf- und Ordnungswidrigkeitenrecht. Instrumente indirekter Verhaltenssteuerung nehmen Einfluss auf die Motivation der Adressaten und belassen ihnen einen gewissen Entscheidungsspielraum. Ein weiteres Instrumentarium des U. ist die Planung. Sie gewinnt als rechtliches Instrument in dem Maße Bedeutung, wie sich das U. neben den die Gefahrenabwehr betonenden Strukturen stärker an ressourcen-ökonomischen und präventiv-ökologischen Maßnahmen orientiert. Schließlich bedient sich der Staat auch des Instruments der Eigenvornahme. *Wilfried Erbguth*

Umweltschäden. Umweltschäden (U.) treten nach großer Belastung bzw. Verschmutzung der Umwelt ein. Vor- und frühindustrielle U. blieben lokal begrenzt und waren meist auf eine bestimmte Ursache zurückzuführen; weite Bereiche des Ökosystems waren nicht betroffen. Heute sind U. oft flächendeckend und global (↑Luftverschmutzung, ↑Treibhauseffekt). Die Ursache moderner U. ist häufig nicht mehr eindeutig identifizierbar («Wirkungssynergismen»).

U. können technisch (kein besseres Verfahren verfügbar), wirtschaftlich (kein besseres Verfahren konkurrenzfähig), politisch (fehlende Vereinbarungen, nicht durchsetzbar), kulturell (Bequemlichkeit, Modeerscheinung) oder anders (Unfälle, mutwillig gelegte Brände) verursacht sein. Sie kommen in der Luft (Abbau der Ozonschicht), im ↑Wasser (Ölteppich), im ↑Boden (Versammlung, ↑Erosion) und in der Landschaft (s. ↑Waldsterben) vor. Bestimmte Krankheitsbilder beim Menschen werden bestimmten U. zugeschrieben. Für die durch Umwelteinwirkungen verursachten Schäden von Anlagen mit besonderer Gefährlichkeit (u.a. Kraftwerke, Anlagen der Eisen- und Stahlerzeugung, der chemischen Industrie) haftet der Betreiber (s. ↑Umwelthaftung). U. drohen die Leistungsfähigkeit einer Volkswirtschaft langfristig zu überfordern, wenn die Reparaturkosten zu hoch werden. So wird z.B. davon ausgegangen, dass U. die landwirtschaftliche Produktion vermindern und die bestehende Ungleichheit in der personellen Einkommensverteilung im Agrarbereich verstärken werden. *IC*

Umweltschutz. Umweltschutz (U.) wurde in den 1960er Jahren in der BRD mit der Parole vom «Blauen Himmel über der Ruhr» zu einem politischen Schlagwort. ↑End-of-pipe-Maßnahmen wie der Bau von Anlagen zur Abgas- und Abwasserreinigung waren die Folge. Dies aber war keine echte Lösung, sondern meist nur eine Verlagerung der ↑Umweltbelastung von einem ↑Umweltmedium in ein anderes. Die Verschmutzung des ↑Wassers wird durch Kläranlagen reduziert, der anfallende Klärschlamm aber wird zum größten Teil im ↑Boden deponiert. Ähnlich verhält es sich mit den ↑Luftverschmutzungen. Was Filter und Waschanlagen aus der Abluft herausfangen, landet auf ↑Deponien oder wird verbrannt.

Es waren nicht zuletzt die alternativen Forschungsinstitute, auf der Grundlage von Bürgervereinen gegründet, die auf diese «Verdrängungen» hinwiesen und einen auf Vorsorge orientierten U. einforderten. Inzwischen teilen die staatlichen Einrichtungen des U., so nicht zuletzt das ↑Umweltbundesamt, diese Neuorientierung. In Kreislaufprozessen zu denken und bei Eintrag von ↑Energien und Stoffen durch Nutzungsoptimierung die Belastung der ↑Umwelt zu minimieren, dieses Konzept des präventiven U. wurde in Studien des ↑Öko-Instituts und des ↑Wuppertal Instituts modellhaft demonstriert. Zielführend, aber noch weit von der Realisierung entfernt ist das von Friedrich Schmidt-Bleek u.a. entwickelte Prinzip des ↑Faktor 10.

Auf der Grundlage solcher und ähnlicher Überlegungen fand in den 1990er Jahren der Begriff der Nachhaltigkeit bzw. der Zukunftsfähigkeit Eingang in den U. Es entstanden nationale und internationale Szenarien, die die zur Herstellung von Nachhaltigkeit notwendigen Strukturveränderungen beschreiben. Die rot-grüne Bundesregierung (1998–2002) berief den ↑Rat für Nachhaltige Entwicklung (RNE). Hatte der U. der 1960er und 1970er Jahre eine im Vollzug und in der Technik begründete Doppelbödigkeit, so ist der aktuelle U. im Umfeld der Weltgipfel von Rio (1992, s. ↑Konferenz über Umwelt und Entwicklung der UN (UNCED)) und Johannesburg (2002, s. ↑Weltgipfel für Nachhaltige Entwicklung (WSSD)) durch eine programmatische Doppelbödigkeit gekennzeichnet. Die heute geltenden Programme und Verträge (u.a. zur Artenvielfalt und zum Klimaschutz) kranken daran, dass sie im Kontext einer weltweiten ökonomischen Praxis

eingefordert werden, die nur die Eigendynamik des Marktes kennt, die Einrichtung umweltpolitischer Rahmenbedingungen und die Orientierung an einer ↑Ökologischen Steuerreform jedoch ablehnt.
U. erfordert heute – nicht anders als in den Tagen seines Entstehens – ein Schwimmen gegen den Strom und Bündnisse, die quer zur geltenden politischen Tagesordnung eingegangen werden müssen. Der U. ist angesichts der vielen Anwendungsfelder zu sehr ins Detail verliebt und viel zu optimistisch. Er hätte aber unter Berücksichtigung der Gesamtsituation Anlass, aus dem Erschrecken heraus neu aufzustehen und eine gesellschaftskritische Funktion wahrzunehmen. Die hartnäckige Arbeit der ↑Nichtregierungsorganisationen (NRO) und die Protestveranstaltungen der Globalisierungsgegner (s. ↑Attac) lassen erkennen, dass diese Funktion an der Basis wieder wahrgenommen wird.

Günter Altner

Umweltschutz & Beschäftigung ↑Beschäftigungseffekte

Umweltschutzausgaben. Umweltschutzausgaben bezeichnen finanzielle gesellschaftliche Anstrengungen zur Beseitigung, Verringerung oder Vermeidung von ↑Umweltbelastungen. Von der amtlichen Statistik werden derzeit Investitionen und laufende Ausgaben für den ↑Umweltschutz des produzierenden Gewerbes, des Staates und der Entsorgungsunternehmen ermittelt. *UL*

Umweltschutztechniken. Umweltschutztechniken (U.) umfassen die Problemanalyse und Bewertung von Umweltproblemen und die Entwicklung von Geräten und Verfahren zu ihrer Lösung. Während vorsorgende U. die Entstehung von ↑Umweltschäden zu vermeiden trachten, setzten nachsorgende Techniken an der Reparatur bereits entstandener Schäden an. Dementsprechend werden zwei Grundformen von U. unterschieden werden:

- ↑End-of-pipe-Maßnahmen sind nachgeschaltete Technologien zur Abgas- oder Abwasserreinigung oder zur nachträglichen Behandlung von ↑Abfällen oder versauerten ↑Böden. Typische Beispiele für diese bislang im deutschen ↑Ordnungsrecht bevorzugten Technologien sind Abluftfilter, Rauchgasentschwefelungsanlagen und ↑Abgaskatalysatoren.
- ↑Integrierte U. (Clean Technologies) setzen an den Produktionsverfahren an und sollen schädliche ↑Emissionen durch veränderte Einsatzstoffe oder geänderte Verfahrensschritte vermeiden und ↑Ressourcen einsparen.

Produktionsintegrierte U. sind nachsorgenden Technologien in ökologischer Hinsicht i.d.R. überlegen, weil sie die Ursache der Probleme bekämpfen und nicht die entstandenen Schäden. Sie erfordern jedoch zumeist einen größeren Investitionsaufwand bei ihrer Einführung.
Jüngste Entwicklungen in der U. orientieren sich zunehmend am Leitbild der ↑Nachhaltigen Entwicklung und zielen auf eine ↑Dematerialisierung der Produktion und die Verringerung von ↑Umweltbelastungen und Ressourcenverbräuchen über den gesamten ↑Produktlebenszylus hinweg. Beispiele für

solche Entwicklungen sind die Nutzung mikrobiologischer und biochemischer Prozesse in der Verfahrenstechnik, die Nutzung von ↑Kuppelprodukten und Energie sparenden Techniken, z.B. zur Abwärmenutzung (s. ↑Kraft-Wärme-Kopplung). *BS*

Umweltsoziologie. Die Umweltsoziologie (U.) ist eine Teildisziplin der Soziologie mit Querschnittscharakter und ergänzt den Kranz der sozialwissenschaftlichen ↑Umweltforschung durch Rückbezug der Umweltproblematik auf die soziologischen Schlüsselbereiche Gesellschaftsstruktur, soziales Handeln, Macht und Kultur. Sie beschäftigt sich mit den wechselseitigen Beziehungen zwischen ↑Natur, gesellschaftlichen Organisationen und Institutionen sowie menschlichem Fühlen, Denken und Verhalten. Das besondere soziologische Interesse gilt dabei dem Faktum, dass die gesellschaftlichen Naturverhältnisse im Laufe des 20. Jahrhunderts auf den verschiedensten Maßstabsebenen, Regionen und Bereichen deutliche Zeichen einer selbst gemachten Krise aufweisen: Intendierte und nichtintendierte (Neben-)Folgen menschlichen Handelns wirken – vermittelt durch die Eigendynamik ökologischer (Teil-)Systeme – auf die Randbedingungen weiteren Handelns zurück (z.B. durch Verknappung, individuelle Verhaltensänderung, politische Reaktion). Die Symptomvielfalt dessen, was landläufig «ökologische Krise» genannt wird (wie Bodendegradation, ↑Luftverschmutzung, ↑Treibhauseffekt, Biodiversitätsverlust), verweist zuletzt auf eine Krise der gesellschaftlichen Naturverhältnisse sowie auf die Frage eines umwelt- und gesellschaftsverträglichen Innovations- und Wandlungsprozesses der (Welt-)Gesellschaft. Hier liegen nicht nur Aufgabengebiete, sondern auch methodische und sachliche Herausforderungen der Soziologie, die sie ohne inter- und transdisziplinäre Kooperation nicht wird bewältigen können.

Die Kernfrage nach dem Charakter der gesellschaftlichen Naturverhältnisse (sowohl in stofflich-materieller als auch in kulturell-symbolischer Form) und seiner Änderungsdynamik in Raum (interkultureller Vergleich) und Zeit (historischer Vergleich) beschäftigt die Soziologie de facto seit ihrem Beginn in den Werken von Emile Durkheim, Max Weber und Georg Simmel. Gleichwohl ist mit der Meta-Regel, Soziales sei nur durch Soziales zu erklären (Durkheim), eine Art programmatische Ausblendung der Naturproblematik für genuin soziologische Erklärungsmuster (und damit Wissenschaftsstandards) gegeben, die bis heute nachwirkt. Im Spannungsfeld von soziologischer Teildisziplin und ökologischem Paradigmenwechsel bewegten sich seitdem das Selbstverständnis und die Zugangsweise der U.

Wichtige Forschungsgebiete der U. sind: Technik und ↑Risiko, ↑Umweltbewusstsein/-verhalten, Konsum und ↑Lebensstile, Analyse des ökologischen Diskurses, Konflikte, Institutionen, globale Umweltprobleme und interkultureller Vergleich. Insgesamt stellt die Frage nach der gesellschaftlichen «Einbettung» (Nutzung, Gestaltung, Deutung) der Natur und ihrer ↑Ressourcen – insgesamt und nach gesellschaftlichen Teilsystemen differenziert – die im Kanon der sozialwissenschaftlichen Umweltforschung zentrale Zugangsfrage der U. dar. Durch das Aufkommen des Paradigmas der ↑Nachhaltigen Entwicklung hat auch die U. neue Impulse erhalten, da sowohl exaktere und anschlussfähigere soziologische Einzelforschungen als auch konzeptionelle und operative Integrationsbemühungen notwendig sind. In Zukunft wird es darum gehen, die konkrete Umsetzungsmöglichkeit einer nachhaltigeren Gesellschaft – von der Region bis zum Weltmaßstab – mit Blick auf Innovations- und Handlungspotenziale auf systemischer wie individueller Ebene zu erforschen. *Fritz Reusswig*

Umweltstandards. Umweltstandards (U.) sind quantitative Festlegungen von ↑Umweltqualitätszielen. Sie dienen der besseren Überprüfbarkeit der Erreichung bestimmter politischer Zielsetzungen nach einer bestimmten Periode. Typischerweise werden U. als ↑Grenzwerte für ↑Emissionen oder ↑Immissionen formuliert. *BS*

Umweltstatistik. Die deutschen Umweltstatistiken (U.) basieren auf dem Umweltstatistikgesetz von 1994, nach dem zwei Typen von umweltpolitischen Merkmalen erhoben werden: 1. Feststellung der Umweltbelastungen durch ↑Emissionen, und zwar in den Bereichen ↑Abfall, ↑Wasser und Luft. 2. Quantifizierung der ökonomischen Bedeutung des ↑Umweltschutzes.

Die Abfallstatistiken umfassen nicht nur die schadlose Beseitigung von Abfällen, sondern auch deren ↑Verwertung und ↑Vermeidung, d.h. insbes. die Abfalleinsammlung, deren Beförderung und Verbleib, die betriebliche und öffentliche Abfallentsorgung im Allgemeinen sowie die Entsorgung bestimmter Abfälle wie z.B. Altöl, ↑Kunststoff, Altglas und ↑Verpackungen und schließlich die gefährlichen Abfälle.

Im Bereich der ↑Wasserwirtschaft werden vor allem Erhebungen im Bereich der öffentlichen sowie der industriellen Wasserversorgung und Abwasserbeseitigung durchgeführt.

Die Erhebungen der ↑Luftreinhaltung wurden mit dem Umweltstatistikgesetz aus dem Jahr 1994 neu eingeführt. Im Einzelnen werden die ↑Luftverschmutzungen auf der Basis der Emissionserklärungen bestimmter Anlagen sowie der Herstellung und Handhabung bestimmter ozonschichtschädigender und klimawirksamer Stoffe erhoben.

Im Bereich der umweltökonomischen Statistiken soll die ökonomische Bedeutung des ↑Umweltschutzes quantifiziert werden, und zwar werden ermittelt: 1. Aufwendungen, die der gewerblichen Wirtschaft durch die Vermeidung, Verringerung oder Beseitigung von Emissionen entstehen (in Form von Umweltschutzinvestitionen sowie der laufenden Aufwendungen für den Umweltschutz); 2. volkswirtschaftliche Bedeutung des Marktes für Umweltschutzgüter und Umweltschutzdienstleistungen.

Auf europäischer Ebene werden umweltpolitische Initiativen entwickelt, die zunehmend auch die deutsche U. beeinflussen. Zu nennen sind hier insbes. die Verordnung zur Statistik über die Abfallbewirtschaftung sowie die Novellierung einer Verordnung im Unternehmensbereich, die Erhebungen im Bereich der ↑Umweltökonomie ergänzen.

Nicht nur wegen der neuen europäischen Gesetzesinitiativen, sondern auch wegen neuer nationaler und internationaler Entwicklungen in der ↑Umweltpolitik (s. ↑Kyoto-Protokoll, erneuerbare ↑Energieträger usw.) wird im Augenblick eine Novellierung des Umweltstatistikgesetzes vorbereitet.

Bernd Becker

Umweltstrafrecht. Das Umweltstrafrecht betrifft die Gesamtheit der Straftaten gegen die ↑Umwelt. 1980 wurden die wichtigsten Strafvorschriften, insbes. aus dem ↑Wasserhaushaltsgesetz, dem ↑Bundesimmissionsschutzgesetz, Abfallgesetz und Atomgesetz, zusammengefasst und als 28. Abschnitt in das Strafgesetzbuch (§§ 324–330d) eingefügt. Strafvorschriften weniger zentraler Umweltgesetze bleiben Annex des Umweltverwaltungsrechts (wie §§ 27, 27a ChemG, 30a i.V.m. 30 BNatSchG, 17 TierSchG, 51f. LMBG).
Die Straftatbestände im StGB sind wie folgt eingeteilt: §§ 324, 324a und 325 I (Gewässer-, Boden-, Luftverunreinigung) sind Verletzungsdelikte, d.h., der strafrechtliche Rechtsgüterschutz setzt erst bei Verletzung des Rechtsgutes ein. §§ 325a II (Lärmverursachung) und 330a (Freisetzen von ↑Giften) sind konkrete Gefährdungsdelikte, bei denen der Eintritt der Gefahr im Einzelfall festgestellt werden muss. §§ 325 II, 325a I, 326 (Gefährliche Abfälle), 327 (Betreiben von Anlagen), 328 (Radioaktive Stoffe) und 329 (Schutzbedürftige Gebiete) zählen zu den abstrakten Gefährdungsdelikten. Hier wird der Strafrechtsschutz vorverlagert, indem bereits an die generelle Gefährlichkeit einer Handlung für bestimmte Rechtsgüter angeknüpft wird. § 330 enthält verschärfte Strafandrohungen, soweit besonders schwer wiegende Gefahren eingetreten sind.
Geschütztes Rechtsgut ist nicht die Umwelt in ihrer Gesamtheit, sondern sind die ↑Umweltmedien ↑Boden, ↑Wasser, Luft sowie Flora und Fauna. Bereits fahrlässiges Handeln ist strafbar, wobei die Strafandrohung gegenüber der Vorsatzalternative deutlich geringer ist. Nach §§ 324ff. können nur natürliche Personen bestraft werden. In der Praxis bereitet der Nachweis des Kausalitätszusammenhangs häufig Schwierigkeiten. *WE*

Umwelttechnik ↑Umweltindustrie

Umweltverbände. Umweltverbände (U.) sind Vereinigungen von Bürgern, die sich für den Schutz der ↑Umwelt einsetzen. Im Unterschied zu Bürgerinitiativen reagieren sie nicht nur auf ein unmittelbares lokales Problem oder ein bestimmtes, als umweltzerstörend wahrgenommenes Projekt, sondern befassen sich dauerhaft und programmatisch mit zahlreichen Themen. Die meisten U. haben regionale und nationale Gliederungen und sind Mitglied oder Teil eines internationalen Zusammenschlusses. Die großen Verbände in Deutschland haben jeweils mehrere Hunderttausend Mitglieder bzw. Förderer.
Viele U. haben eine demokratische Binnenstruktur, in der die Mitglieder Einfluss auf die Politik des Verbandes nehmen. In Deutschland gehören hierzu insbes. der ↑Bund für Umwelt und Naturschutz (BUND), der ↑Naturschutzbund Deutschland (NABU) und die ↑Grüne Liga sowie zahlreiche kleinere, regional organisierte oder fachlich spezialisierte Verbände. Es gibt

auch Vereinigungen, die sich schwerpunktmäßig über Förderungen und Spenden finanzieren. Bei diesen Vereinigungen erfolgt die «Mitgliederkontrolle» über die Spendenbereitschaft. Dies gilt insbes. für ↑Greenpeace und den ↑WWF. Die meisten U. sind auf der nationalen und europäischen Ebene Mitglied eines Dachverbandes, der die Aufgabe hat, die vielfältigen Umweltstimmen zu bündeln. In Deutschland ist dies der ↑Deutsche Naturschutzring (DNR), auf der europäischen Ebene das Europäische Umweltbüro.

In Europa sind U. in zwei großen Wellen entstanden: Ende des 19. Jahrhunderts bildeten sich erste Vogelschutz- und Naturschutzverbände. ↑Natur wurde damals als Gegenpol zum Industrialismus gesehen und wertgeschätzt. Die zweite Welle von Verbandsgründungen begann in den 1960er Jahren mit der modernen staatlichen ↑Umweltpolitik. Kristallisationspunkt dieser Verbandsgründungen war der Widerstand gegen die ↑Atomenergie und sonstige Großprojekte. Die Energie-, Verkehrs- und ↑Agrarpolitik sind neben der Umwelt- und Naturschutzpolitik wichtige Aktionsfelder der U.

Ein bedeutsamer Wandel fand im allgemeinen Politikverständnis der U. statt. In den Gründerzeiten war dieses getragen vom Widerspruch, zum Teil auch Widerstand gegen die staatliche Politik oder gegen als umweltschädlich identifizierte Großunternehmen. Öffentlichkeitswirksame Aktionen und die Mobilisierung der Mitglieder gehörten zu den wichtigsten Instrumenten der Einflussbildung. Spätestens seit Beginn der 1990er Jahre wurden die Verbände professioneller und pragmatischer. Lobbyarbeit und strategische Bündnisse mit der Umweltverwaltung oder mit fortschrittlichen Unternehmen wurden vorangetrieben und von den Mitgliedern auch akzeptiert. Parallel dazu fand auch eine Öffnung der staatlichen Umweltpolitik statt. Auf der nationalen Ebene, aber auch auf europäischer Ebene intensivierten sich die Partizipations-, Informations- und Konsultationsangebote seitens der Regierungen. U. stehen mittlerweile vielfach vor einer Überforderung ihrer professionellen Strukturen, all diese Angebote auch ausfüllen zu können.

Insgesamt sind die U. zu einem wichtigen Einflussfaktor für die öffentliche Meinungsbildung und die staatliche und europäische Umweltpolitik geworden. Sie sind ein wichtiger Bündnispartner in Umweltkoalitionen mit Wirtschaft und Verwaltung und bilden damit ein Gegengewicht gegen wirtschaftliche Wachstumskoalitionen, die Umweltanforderungen negieren oder minimieren wollen. *Christian Hey*

Umweltverträglichkeitsprüfung (UVP). Mit der Umweltverträglichkeitsprüfung (UVP) werden öffentliche und/oder private Maßnahmen (z. B. Bauvorhaben) hinsichtlich schädlicher Umweltwirkungen geprüft. Ziel ist der Schutz von Menschen, Tieren, Pflanzen und Sachgütern durch frühzeitige Beeinflussung von Entscheidungen mit langfristigen Auswirkungen. *UES*

Umweltvölkerrecht. Umweltvölkerrecht (U.) ist die Gesamtheit aller Rechtsnormen, die das Verhalten von Staaten (und teils anderer Akteure) mit Bezug auf den Schutz der natürlichen ↑Umwelt binden. Das Kernprinzip des U. wurde 1972 auf der Stockholmer

Weltumweltkonferenz beschlossen, im sog. 21. Grundsatz ihrer Abschlusserklärung. Hierin wurde festgestellt, dass Staaten zwar das souveräne Recht zur Ausbeutung ihrer eigenen ↑Ressourcen gemäß ihrer eigenen ↑Umwelt- und Entwicklungspolitik haben, ihnen aber auch die Verantwortung obliegt sicherzustellen, dass Handlungen unter ihrer Rechtshoheit keinen Schaden für die Umwelt anderer Staaten oder von Gebieten jenseits nationaler Hoheitsgrenzen verursachen. Dieser Grundsatz gilt heute als Völkergewohnheitsrecht, bindet also alle Staaten. Allerdings lässt sich hieraus keine Pflicht zu einem bestimmten Ergebnis staatlichen Handelns – etwa ein Verbot jeglicher grenzüberschreitender Umweltschädigung – ableiten, sondern nur eine Pflicht zur Einhaltung allgemein anerkannter Sorgfaltspflichten der Staaten. Dazu zählen etwa die Pflicht der Notifikation von Handlungen, die erhebliche grenzüberschreitende Umweltschädigungen zur Folge haben können, und darauf aufbauend die Pflicht der Warnung, wenn es zu spät ist, die Umweltschäden also nicht mehr verhindert werden können.

Daneben wird eine rechtswissenschaftliche Diskussion über grundlegendere Normen des U. geführt. Beispielsweise bestimmte der 1. Grundsatz der Stockholmer Erklärung von 1972, dass der Mensch eine «ernste Verpflichtung zur Bewahrung und Verbesserung der Umwelt für gegenwärtige wie auch für zukünftige Generationen» habe. Dies ließ fragen, ob künftige Generationen auch Rechte gegenüber den jetzt lebenden geltend machen könnten – gibt es Rechtsbeziehungen zwischen Heute und Morgen (s. ökologischer ↑Generationenvertrag)? Ein weiteres neuartiges Konzept ist das der «gemeinsamen Sorge der Menschheit» (Common Concern of Humankind), welches bislang auf den Schutz des ↑Klimas und der ↑Biodiversität beschränkt blieb. Ein Teil dieses Konzepts ist der Grundsatz der «gemeinschaftlichen, aber differenzierten Pflichten» der Staaten gegenüber globalen Umweltproblemen, welcher insbes. in den Nord-Süd-Beziehungen relevant ist (s. ↑Klimarahmenkonvention).

Die allgemeinen Regeln des U. können in konkreten umweltpolitischen Konflikten allerdings oft nur wenig zur Lösung beitragen. Zwar ist anerkannt, dass jeder Staat bei seiner wirtschaftlichen Entwicklung auch grenzüberschreitende Umweltgefährdungen beachten muss – wie dieses Spannungsfeld aber im Einzelfall zu lösen ist, bedarf der Verhandlung, was in der Regel in den Abschluss eines völkerrechtlichen Vertrages mündet. Unter bestimmten Umständen können solche Verträge sich zu Völkergewohnheitsrecht entwickeln und dann selbst für Drittstaaten rechtsverbindlich werden. Angesichts der globalen Umweltkrise überrascht es nicht, dass immer mehr Probleme in solchen völkerrechtlichen Verträgen geregelt wurden. Hinzu kommen vielfältige Regelungsmechanismen außerhalb des Völkervertragsrechts, wie rechtsunverbindliche Erklärungen und Programme (Soft Law) oder schriftlich fixierte Partnerschaften und Abkommen zwischen privaten, gewerblichen und staatlichen Akteuren (Private-Public Partnership), welche an Bedeutung zunehmen, aber das rechtsverbindliche, von Regierungen ausgehandelte Vertragsrecht höchstens ergänzen, jedoch kaum ersetzen können. *Frank Biermann*

Umweltwissenschaft. Die Umweltwissenschaft (U.) hat sich aus den traditionellen Wissenschaften (u.a. Physik, Chemie, Biologie, ↑Ökologie, Ingenieurwesen, Wirtschafts- und Sozialwissenschaft, Land- und ↑Forstwirtschaft, Mathematik, Systemwissenschaft, ↑Ethik) heraus entwickelt. Die Einsicht in die Verkopplung des Menschen, seiner Gesellschaft und Technik mit seiner natürlichen Umwelt und ihren vielfältigen Komponenten führt dazu, dass das Systemdenken und die Zusammenarbeit der betroffenen Wissenschaftsbereiche in der U. einen breiten Raum einnehmen. Lineares Denken nach dem einfachen Schema, jeder Wirkung eine eindeutige Ursache zuzuordnen, ist hier fehl am Platze. Vielfältige Vernetzungen und Rückkopplungen der Systemkomponenten untereinander sind geradezu charakteristische Merkmale sowohl für Ökosysteme als auch für deren Verknüpfungen mit der menschlichen Gesellschaft und ihren technischen Systemen.

Das bessere Verständnis der ↑Umwelt und der Wirkungen und Rückwirkungen menschlicher Eingriffe ist eine der notwendigen Voraussetzungen für die Sicherung unserer Lebensbasis. Hinzu kommt das Erkennen oder Auffinden von Alternativen für bisherige Vorgehensweisen und Eingriffe, die als langfristig nicht tragfähig erkannt werden. Schließlich ist das Vorhandensein von Bewertungsmaßstäben (Kriterien) wichtig, um Alternativen und ihre Folgewirkungen vergleichend abwägen zu können. Dabei muss auch auf die Interessen von Mitwelt, Umwelt und Nachwelt Rücksicht genommen werden, um ↑Nachhaltige Entwicklung zu gewährleisten bzw. zu ermöglichen.

Die Belastungen der ↑Umweltmedien und der Raubbau an natürlichen ↑Ressourcen sind in hohem Maße mit Produktion und Konsumtion verbunden. Ihr Ausmaß wird vor allem durch zwei Faktoren bestimmt: die Bevölkerungszahl und den spezifischen Pro-Kopf-Verbrauch, der durch das jeweilige technisch-ökonomische System bestimmt ist. Diesem Bild des Gesamtsystems entsprechend, werden die Bevölkerungsentwicklung und die Produktions- und Konsummuster als wesentliche Bestimmungsfaktoren der weiteren ↑Umweltbelastung betrachtet.

Die U. befasst sich des Weiteren mit der Funktion von Ökosystemen, ihrem Energiehaushalt und ihrer Produktivität, ihren Nährstoffkreisläufen und ihrer systemaren Entwicklung. Ökosysteme, die menschliche Gesellschaft und ihre Technik sind eingebettet in die dynamischen Prozesse ihrer physikalischen Umwelt: ↑Klima, Sonneneinstrahlung, ↑Boden (Pedosphäre), ↑Wasser (Hydrosphäre), Luft (s. ↑Atmosphäre), mit denen sie im Stoffwechsel stehen. Die U. analysiert zudem die verschiedenen Möglichkeiten der Nutzung von Ökosystemen und Ressourcen durch den Menschen sowie die Wirkungen dieser Nutzungsbelastungen und sucht nach nachhaltigen Lösungen. Dabei wird unterschieden zwischen der Nutzung erneuerbarer Ressourcen (wie ↑Energieträger, ↑Nachwachsende Rohstoffe, ↑Gewässer, Böden, Ökosysteme) und der Nutzung nichterneuerbarer Energie- und Materialrohstoffe (wie Erzvorräte, fossile und nukleare Energien). Weiter befasst sich die U. mit der Entstehung, Verteilung und Anreicherung von Umweltschadstoffen (einschließlich radioaktiver Stoffe) sowie mit der Entwicklung von Bewertungskriterien und -verfahren für die (vergleichende) Beurteilung von umweltrelevanten Maßnahmen. Die U. bereitet damit die wissenschaftliche Basis für die ↑Nachhaltige Entwicklung der menschlichen Gesellschaft. *Hartmut Bossel*

Umweltzustand in der Europäischen Union

Belastungen		Umweltprobleme	Zustand und Auswirkungen	
Gegenwärtig	Künftig		Gegenwärtig	Künftig
😐	☹	Treibhausgase und Klimaveränderung	☹	☹
☺	😐	Ozonabbau	☹	😐
😐	☹	Gefährliche Stoffe	😐	?
😐	😐	Grenzüberschreitende Luftverunreinigung	😐	😐
😐	😐	Belastung des Wassers	😐	😐
☹	☹	Bodendegradation	☹	?
😐	☹	Abfall	☹	☹
😐	?	Natürliche und technologische Gefahren	😐	?
😐	?	Genetisch veränderte Organismen	?	□
☹	☹	Biologische Vielfalt	😐	?
😐	😐	Menschliche Gesundheit	☹	?
😐	😐	Städtische Gebiete	😐	😐
☹	☹	Küsten- und Meeresregionen	☹	?
☹	?	Ländliche Gebiete	☹	□
☹	?	Gebirgsregionen	☹	□

☺ positive Entwicklungen; 😐 einige positive Entwicklungen, die aber nicht ausreichen; ☹ ungünstige Entwicklungen; □ keine quantitativen Daten verfügbar; ? ungewiß (teilweise quantitative Angaben (Expertenanalyse verfügbar).

Bewertung der in den vergangenen 5–10 Jahren erzielten Fortschritte und der sich bis 2010 abzeichnenden Trends (2050 bei Klimaveränderung und ozonzerstörenden Substanzen). Die Angaben über die Belastung zeigen, welche Veränderungen sich bei solchen problembehafteten Faktoren wie Schadstoffemissionen oder Landnutzung ergeben. Anhand der Angaben über Zustand und Auswirkungen wird deutlich, wie sich diese Belastungen in Veränderungen der Umweltqualität nederschlagen.

Quelle: European Environment Agency 1999.

UNCCD ↑Wüstenkonvention

UNCED ↑Konferenz über Umwelt und Entwicklung der UN

UNDP ↑UN-Entwicklungsprogramm

UN-Entwicklungsprogramm (UNDP). Das UN-Entwicklungsprogramm (UNDP) bildet das globale Netzwerk der UN für Entwicklungsfragen. Es unterhält Regionalbüros in 166 Ländern und ist auch mit Umweltprojekten beschäftigt. Die regelmäßig erscheinenden UNDP-Berichte über die menschliche Entwicklung (Human Development Report) und der dort veröffentlichte Human Development Index sind zentrale Informationsgrundlagen für die internationale Nachhaltigkeitspolitik. *www.undp.org* *BP*

UNEP ↑UN-Umweltprogramm

UN-Umweltprogramm (UNEP). Das 1972 gegründete UN-Umweltprogramm (engl.: United Nations Environment Program (UNEP)) mit Sitz in Nairobi ist keine Sonderorganisation mit eigener Mitgliedschaft und Rechtspersönlichkeit, sondern lediglich ein Nebenorgan der UN-Vollversammlung.

Politisches Steuerungsgremium ist der Verwaltungsrat, in dem die Entwicklungsländer über die Mehrheit der Stimmen verfügen. Das UNEP-Sekretariat führt die Beschlüsse des Verwaltungsrates aus und ist ständiges Verwaltungsorgan des UNEP. Während die Verwaltungskosten des Sekretariats und des Verwaltungsrates vom allgemeinen UN-Haushalt gedeckt werden, finanziert ein zusätzlicher, aus freiwilligen Mitteln gespeister Umweltfonds einzelne Projekte. Dieses Programmbudget belief sich in jüngster Zeit auf rund 100 Mio. US-Dollar jährlich. *UES*

UNESCO-Programm «Man and the Biosphere» (MAB). Das 1970 eingerichtete internationale UNESCO-Programm «Man and the Biosphere» (MAB) soll wissenschaftliche Grundlagen für eine ökologisch nachhaltige Nutzung der ↑Biosphäre erarbeiten. Wichtigstes Instrument des Programms ist das weltweite Netz der ↑Biosphärenreservate (derzeit mehr als 400 in über 100 Ländern). Sie sind gemäß der «Sevilla-Strategie» (1996) Modellregionen, in denen beispielhafte Konzepte für die Integration von Erhaltung und nachhaltiger Nutzung mit den dort lebenden und wirtschaftenden Menschen entwickelt werden sollen. *LK*

Unternehmensverbände. Unternehmensverbände sind Zusammenschlüsse von Unternehmen, die bestimmte Zielsetzungen verfolgen, entsprechende Abstimmungsprozesse organisieren und Lobbyarbeit betreiben. Für den ↑Umweltschutz sind folgende Unternehmensverbände von besonderer Bedeutung:

- Bundesverband der Deutschen Industrie (BDI): Dachverband der branchenbezogenen Unternehmensverbände, der die Interessen der Industrie im politischen Prozess vertritt. *www.bdi-online.de*
- Verband der Chemischen Industrie (VCI): Branchenverband, der durch die Umsetzung freiwilliger ↑Selbstverpflichtungen, wie z.B. der Responsible-Care-Initiative zur

Verbesserung von Anlagensicherheit und Umweltschutz in Mitgliedsunternehmen, aufgefallen ist. *www.vci.de*

- Deutscher Industrie- und Handelstag (DIHT): Verband der 82 Industrie- und Handelskammern, bei denen alle deutschen Unternehmen im Inland per Gesetz Mitglied sind. Die Industrie- und Handelskammern vertreten die Interessen der Mitgliedsunternehmen gegenüber den politischen Entscheidungsträgern und führen die Abschlussprüfungen in der Berufsausbildung in Zusammenarbeit mit den Berufsschulen durch. Zudem bieten sie Mitgliedsunternehmen Umweltberatung und umweltschutzbezogene Weiterbildung an. *www.diht.de*
- Verein Deutscher Ingenieure (VDI): versteht sich als Sprecher von Ingenieuren und Naturwissenschaftlern und ist als Weiterbildungsanbieter sowie beratend bei technologiepolitischen Entscheidungen tätig. Der VDI hat sich durch die Veröffentlichung von Richtlinien zur Umsetzung des Umweltschutzes in der Technikentwicklung hervorgetan. *www.vdi.de*
- Bundesdt. Arbeitskreis Umweltbewusstes Management (B.A.U.M.): Initiative zur Förderung des ↑Umweltmanagements in der Wirtschaft mit ca. 450 Mitgliedern; bietet Beratungs- und Vernetzungsleistungen an, organisiert Weiterbildungsveranstaltungen, verleiht einen Umweltpreis und ist in zahlreichen ökologischen Forschungsprojekten aktiv. *www.baumev.de*
- Future e.V.: Verband umweltorientierter Unternehmen, der in Zusammenarbeit mit den Mitgliedsunternehmen Konzepte zur Umsetzung des betrieblichen Umweltschutzes entwickelt und in Projekten, Diskussionsrunden und Seminaren Erfahrungen weitervermittelt. *www.future-ev.de*
- UnternehmensGrün e.V.: Zusammenschluss von kleinen und mittelständischen Unternehmen und Einzelpersonen, die sich für umweltgerechtes Wirtschaften einsetzen. Die Aktivitäten zielen vor allem auf die Wissensvermittlung sowie auf politische Arbeit zur Förderung ökologischer Anliegen. *www.unternehmensgruen.de*
- World Business Council for Sustainable Development (WBCSD): Verband von ca. 160 international tätigen Unternehmen zur Förderung nachhaltiger Unternehmenspraxis. Die Einbringung diesbezüglicher Interessen in UN-Verhandlungen und die Unterstützung von Mitgliedsunternehmen bei der Umsetzung von nachhaltigkeitsorientiertem Management stehen im Vordergrund der Arbeit. *www.wbcsd.org*
- Global Reporting Initiative (SRI): internationale Initiative zur Ausarbeitung und Umsetzung von einheitlichen Richtlinien zur Nachhaltigkeitsberichterstattung von Unternehmen. *www.globalreporting.org*
- International Network for Environmental Management (I.N.E.M.): weltweiter Zusammenschluss von nationalen Unternehmensverbänden zur Förderung umweltorientierter Unternehmensführung. *www.inem.org*

Bernd Siebenhüner

Untertagedeponie. Eine Untertagedeponie (U.) ist eine langzeitig sichere Anlage zur ↑Endlagerung (Ziel: über 10000 Jahre) durch Nutzung bergbaulicher Hohlräume (Stollen, Kavernen), vorrangig in wasserfreien geologischen Formationen tiefer als 300 m. Der nutzbare Hohlraum in Deutschland beträgt über 130 Mio. m^3 (1990, Tendenz steigend). In Deutschland bestehen zur Zeit fünf U.; die jährliche Einlagerung beläuft sich auf 1,7 Mio. t (rd. 1,0 Mio. m^3 1997, Tendenz steigend). *JA*

Urbanisierung. Urbanisierung (U.) bezeichnet den im Kontext der Industrialisierung auftretenden Verstädterungsprozess. Hierdurch hat sich das Verhältnis zwischen Stadt- und Landbevölkerung stark verändert. Lebten am Anfang des 19. Jahrhunderts noch 80 % der Bevölkerung auf dem Lande und nur 20 % in Städten, so hat sich dies zu Beginn des 21. Jahrhunderts ins Gegenteil verkehrt. Ein ähnlicher Prozess zeichnet sich heute in den Entwicklungsländern ab. 90 % des globalen Bevölkerungswachstums findet inzwischen in Städten statt, und bis zum Jahr 2020 dürften weltweit mehr als zwei Drittel der Menschen in Städten leben.
Auch die Formen der U. haben sich stark geändert. Sie findet heute weniger in traditionellen Stadttypen (Stadt als Einheit und eigenständiges Objekt in der Definition Max Webers) als vielmehr in riesigen, sich unspezifisch in die Fläche ausdehnenden Stadtagglomerationen statt, in den Schwellen- und Entwicklungsländern in Form sog. Megastädte. Dies sind urbane Agglomerationen mit mehr als 10 Mio., teilweise bereits 20–30 Mio. Einwohnern. Bis zum Jahr 2020 erwartet man etwa 33 solcher Megastädte, 20 davon in Asien. Die bisherigen Formen der U. haben maßgeblichen Anteil an den heutigen Umweltproblemen. Warum das so ist, welche Korrekturmöglichkeiten es gibt bzw. wie der weitere Urbanisierungsprozess zukunftsfähig gestaltet werden kann, ist Forschungsgegenstand der ↑Stadtökologie. *EH*

UVP ↑Umweltverträglichkeitsprüfung

VCD ↑Verkehrsclub Deutschland

VDI-Richtlinien. VDI-Richtlinien sind nicht verpflichtende Richtlinien des Vereins deutscher Ingenieure (s. ↑Unternehmensverbände) zur Einhaltung bestimmter technischer und ethischer Standards bei der Entwicklung und Anwendung von Technologien. Ökologisch relevant sind z. B. die Richtlinien zur Umwelttechnik und zur recyclingorientierten Produktentwicklung (VDI 2243). *BS*

VENRO ↑Verband Entwicklungspolitik deutscher Nichtregierungsorganisationen

Verantwortung ↑Ethik

Verband Entwicklungspolitik deutscher Nichtregierungsorganisationen (VENRO). Der Verband Entwicklungspolitik deutscher Nichtregierungsorganisationen (VENRO) ist ein 1996 gegründeter Dachverband von etwa 100 nationalen und 2000 regio-

nalen bzw. lokalen entwicklungspolitischen Organisationen, der den Stellenwert der Entwicklungspolitik durch Lobbyarbeit steigern und seine Mitglieder argumentativ stärken will.
www.venro.org *BN*

Verbandsklage. Verbandsklage bezeichnet die Befugnis für nach dem ↑Bundesnaturschutzgesetz anerkannte Verbände, Klage gegen bestimmte Verwaltungsakte (u.a. Planfeststellungsbeschlüsse, Plangenehmigungen mit Öffentlichkeitsbeteiligung) einzulegen, ohne dass eine subjektive Rechtsverletzung (z.B. Einschränkung von Eigentumsrechten) vorliegen muss. Die Befugnis ist beschränkt auf Fälle, wo naturschutzrechtliche Vorschriften oder Vorschriften mit Belang für den ↑Naturschutz verletzt wurden, wo der Verband in seinem satzungsmäßigen Aufgabenbereich berührt wurde und wo er von der Möglichkeit zur Stellungnahme auch Gebrauch gemacht hat. *AV*

Verbindungen, anorganische. Anorganische Verbindungen sind ca. 100000 chemische Verbindungen, die keine Kohlenstoffatome enthalten, besonders Salze (Metallverbindungen), Säuren sowie Schwefel- und ↑Stickoxide. *IC*

Verbote ↑Ordnungspolitik/-recht

Verbraucherarbeit ↑Verbraucherschutz

Verbraucherinformationsgesetz. Skandale im Lebensmittelbereich, vor allem im Zusammenhang mit der ↑BSE-Krise, haben den Mangel an Information, Transparenz und Klarheit für Verbraucher offenbart. Vor diesem Hintergrund hat die Bundesregierung 2002 einen Gesetzentwurf eingebracht, um «den Zugang der Verbraucherinnen und Verbraucher zu den bei den Behörden vorhandenen Informationen über Erzeugnisse i.S. des Lebensmittel- und Bedarfsgegenständegesetzes, des Fleischhygienegesetzes, des Geflügelfleischhygienegesetzes und des Weingesetzes sowie das Recht der Behörden zur Information der Öffentlichkeit über Erzeugnisse i.S. der genannten Gesetze zu regeln» (Verbraucherinformationsgesetz).
Mit diesem Gesetz sollte jeder Anspruch auf freien Zugang zu Informationen erhalten bei Behörden des Bundes, der Länder, der Gemeinden und Gebietskörperschaften sowie bei natürlichen und privaten Personen, die öffentlich-rechtliche Aufgaben im ↑Verbraucherschutz wahrnehmen. Zudem sollten mit diesem Gesetz die Behörden von sich aus die Öffentlichkeit unter Nennung des Erzeugnisses, des Herstellers oder Vertreibers über im Interesse des Verbraucherschutzes liegende bedeutsame Sachverhalte informieren dürfen. Dies sollte insbes. bei Verstoß gegen verbraucherschützende Rechtsvorschriften gelten, wenn nicht für den Verzehr geeignete Lebensmittel in den Verkehr gebracht werden, oder präventiv, wenn Anhaltspunkte für eine von einem Erzeugnis ausgehende Gefährdung der Sicherheit und der Gesundheit vorliegen.
Der Bundesrat hat das Gesetz mit der Begründung abgelehnt, es sei in der Ausgestaltung des Auskunftsanspruches gegenüber den Behörden praxisfremd. Der Deutsche Städte- und Ge-

meindebund (DStGB) kritisiert den hohen Aufwand einer «allgemein verständlichen Aufbereitung komplizierter Daten» und die unvorhersehbaren Haftungsrisiken. ↑Nichtregierungsorganisationen (NRO) sehen dagegen Nachbesserungsbedarf hinsichtlich der Beschränkung auf das Lebensmittel- und Bedarfsgegenständerecht sowie die noch nicht berücksichtigten Informationen über die Einhaltung internationaler Arbeits-, Sozial- und ↑Umweltstandards. *KN*

Verbraucherschutz. Verbraucherpolitik, Verbraucherarbeit und Verbraucherschutz (V.) sind häufig synonym verwendete Begriffe für die Unterstützung des Verbrauchers und seiner Rechte in marktwirtschaftlichen Systemen. Liberale Konzeptionen des V. basieren auf der Vorstellung, das Prinzip der Freiheit auf dem Markt mit dem des sozialen Ausgleichs zu verbinden. Hierbei kommt Verbrauchern eine Schlüsselrolle zu, indem sie durch ihre Nachfrage den Wettbewerb zwischen den Anbietern anregen. Dadurch, so die Annahme, tragen Verbraucher zur Produktverbesserung und -innovation bei und verfolgen somit ihre eigenen Interessen.

Interventionen des Staates erfolgen, wenn der Verbraucher allein überfordert wäre, sich gegen Gesundheitsschädigung, Täuschung und Übervorteilung zu wehren (Schutzfunktion). Sie erfolgen auch, wenn die (Selbst-)Regulierungsmechanismen des Marktes nicht ausreichen, um Dysfunktionalitäten zu Lasten eines optimalen Wettbewerbs zu vermeiden (Regelungsfunktion). Verbraucher(schutz)politische Interventionen und Konzeptionen sind zeit- und situationsabhängig, nicht zuletzt, weil das empirische Bezugssystem – in Deutschland die soziale Marktwirtschaft – einem steten Wandel unterzogen ist.

Praktische Handlungsfelder sind der gesundheitliche und rechtliche V. (z.B. Patientenschutz, Lebensmittelkontrolle, Wettbewerbsrecht) sowie die Beratung des Verbrauchers zur Verbesserung der Markttransparenz (z.B. vergleichender Warentest, ↑Verbraucherinformationsgesetz) und zur Information, Aufklärung und Bildung über seine Rechte und Möglichkeiten in der Marktwirtschaft. Diese Aufgaben werden von Bundes-, Länder- und Kommunalämtern und -anstalten (Kartellamt, Gesundheitsämtern etc.) und von den Verbraucherorganisationen (↑Verbraucherzentralen, Verbraucherschutzverein, ↑Stiftung Warentest) wahrgenommen. *www.vzbv.de* *KN*

Verbraucherzentralen. Verbraucherzentralen (V.) sind in jedem Bundesland etablierte, eingetragene Vereine zur Interessenvertretung und Beratung der Verbraucher. Dachorganisation ist der Verbraucherzentrale Bundesverband e.V., dem 19 weitere verbraucher- und sozialorientierte Organisationen angehören. Die V. sind anbieterunabhängige, durch Landeszuschüsse, Beratungsgebühren und den Verkauf von Ratgebern finanzierte, gemeinnützige Organisationen. Ziel ihrer Arbeit ist es, in den bundesweit etwa 240 Beratungsstellen Verbraucherinnen und Verbraucher zu beraten, zu informieren und bei ihren Entscheidungen zu unterstützen.

Zusätzlich zu den klassischen Verbraucherthemen wie Reklamationen, Fi-

nanzierungs- und Anlagefragen, Bau-, Energie- oder Ernährungsberatung gewinnt das Thema einer ökologischen bzw. nachhaltigen Lebensweise an Bedeutung. Je mehr Skandale aus dem Gesundheits- und Lebensmittelbereich an die Öffentlichkeit dringen, desto größer ist die Nachfrage nach Hilfestellungen und praktischen Tipps für einen gesunden und umweltschonenden Verbraucheralltag.
Unter dem Stichwort «Nachhaltiger ↑Konsum» setzen sich die V. für eine umweltverträgliche Wirtschaftsweise von privaten Haushalten, Institutionen und Unternehmen ein. Dabei zielt ihre Arbeit darauf ab, die Vorzüge eines nachhaltigen Konsumverhaltens – auch zum Wohle zukünftiger Generationen – zu veranschaulichen und die gesundheitliche und ökologische Verträglichkeit von Produkten sowie faire Arbeitsbedingungen bei Herstellung und Vertrieb als Grundlage einer bewussten Kaufentscheidung einzufordern. Die V. treten auch für eine umfassende Produktinformation über ↑Umwelt- und Sozialstandards ein. Als Orientierung für einen umwelt- und sozialbewussten Einkauf dienen z.B. das ↑Bio-Siegel, das Umweltzeichen ↑Blauer Engel oder der vom ↑Rat für Nachhaltige Entwicklung (RNE) in Auftrag gegebene «Nachhaltige Warenkorb». *www.vzbv.de* *DE*

Verbrennung ↑Abfallverbrennung

Verkehr. Verkehr (V.) meint den Transport bzw. Austausch von Menschen, Gütern oder Nachrichten. Moderne arbeitsteilige Gesellschaften benötigen funktionierende Verkehrssysteme. Dem volkswirtschaftlichen Nutzen des V. stehen jedoch hohe – teils externe – Kosten gegenüber. In den Industrieländern hat sich der Anteil der motorisierten Verkehrsmittel und hier vor allem des Automobils zu Lasten der umweltfreundlichen Verkehrsmittel Fahrrad und Zu-Fuß-Gehen in den letzten Jahrzehnten erheblich vergrößert. Die Trennung der Funktionen Wohnen, Arbeiten und Freizeit bzw. die damit einhergehende Zersiedlung haben zur Verbreitung eines entfernungsintensiven ↑Lebensstils geführt, der auf das Auto angewiesen ist und zugleich seine weitere Verbreitung befördert. In Deutschland hat der motorisierte Individualverkehr einen Anteil am ↑Modal Split, bezogen auf die Verkehrsleistung, von über 80%. Gleichzeitig hat sich der Güterverkehr in fast allen OECD-Ländern zunehmend von der Schiene auf die Straße verlagert. Infolge wirtschaftlicher Globalisierung und eines überdurchschnittlichen Wachstums des (Fern-) Tourismus hat auch der Luftverkehr drastisch zugenommen. Die Hoffnung, dass durch neue Informations- und Kommunikationstechniken (s. ↑Information & Kommunikation) physische Transporte durch virtuellen V. ersetzt werden, hat sich nicht erfüllt. Physischer und immaterieller V. wachsen vielmehr parallel.
Die mit dem motorisierten V. verbundenen Umweltprobleme betreffen neben dem ↑Lärm und dem ↑Flächenverbrauch vor allem die Schadstoffemissionen. Der motorisierte V. hat wegen der dominierenden Stellung des Verbrennungsmotors einen erheblichen und zudem steigenden Anteil an den globalen CO_2-Emissionen. Die bisherigen Erfolge in der technischen Optimie-

rung der Motor- und Fahrzeugtechniken wurden durch das Wachstum der Verkehrsleistung überkompensiert (s. ↑Rebound-Effekt). Alle Prognosen gehen von weiteren erheblichen Motorisierungsschüben vor allem in Asien, Südamerika und Osteuropa aus. Die Umwelteffekte einer stetig steigenden Automobilisierung, insbes. hinsichtlich der sich abzeichnenden Klimaveränderungen, werden gravierend sein, wenn es nicht gelingt, einerseits kohlenstofffreie Antriebsinnovationen durchzusetzen und andererseits alternative Verkehrsangebote attraktiv und verfügbar zu machen. *Weert Canzler*

Verkehrsclub Deutschland (VCD). Der 1986 gegründete Verkehrsclub Deutschland (VCD) hat ca. 70000 Mitgliedern und strebt mittels Kampagnen (z.B. Bahn-Card) und Lobbyarbeit ein menschen- und umweltverträgliches Verkehrswesen an, z.B. durch Förderung von Bahn, öffentlichem Nahverkehr und Rad sowie durch die Reduzierung des motorisierten Verkehrs. *www.vcd.org* *BN*

Verklappung. Verklappung bezeichnet das Einbringen von ↑Abfall ins Meer mit speziellen Schiffen, bei denen das Schiff durch Öffnen von Bodenluken («Klappen») entleert wurde. Sie wurde früher angewendet für Hafenbaggergut, Klärschlamm, feste Rückstände aus der Titandioxidproduktion, später auch für das Einpumpen von flüssigen ↑Dünnsäuren, von Deutschland aus von etwa 1955 bis 1989 (s. ↑London-Dumping-Convention). *JA*

Vermeidung. Vermeidung (V.) (gewöhnlich Abfallvermeidung genannt) ist der erstrangige Grundsatz der ↑Abfallwirtschaft (§4 Abs. 1 Nr. 1 ↑Kreislaufwirtschafts- und Abfallgesetz). Maßnahmen der V. sind insbes. die schadstoffärmere, weniger ↑Abfall verursachende Produktgestaltung, dann die anlagen- bzw. betriebsinterne Kreislaufführung genutzter Roh- und Hilfsstoffe. An Konsumenten richtet sich die Aufforderung, abfall- und schadstoffarme Produkte zu bevorzugen.

V. betrifft in der industriellen Produktion die Untersuchung der verfahrenstechnischen Prozessstufen auf unnötig eingetragene ↑Schadstoffe über Rohstoffe, auf Verringerung der Schadstoffbelastung von Abluft, ↑Abwasser und Rückständen sowie des Energiebedarfs, auf Zuverlässigkeit der Werkstoffe, der Funktionsteile der Produktionsanlagen und ihrer Steuerung (Ausschussverringerung). V. ist am erfolgreichsten im industriellen Bereich durchzuführen, dort vor allem in der chemischen Industrie und der Nichteisenmetallproduktion wegen der Zahl, Menge bzw. Schädlichkeit der verwendeten und erzeugten Stoffe und vermarkteten Produkte. *JA*

Verpackungen. Verpackungen (V.) sind Umhüllungen von Gütern mit Aufdruck von Kennzeichnungen und speziellem Design für den Weg von der Herstellung über den Transport zum Verbraucher, danach sind sie Teil des Siedlungsabfalls. Hauptsächliche Mengen werden getrennt gesammelt (s. ↑Duales System Deutschland). V. werden durch die Verpackungsverordnung geregelt; Ziele sind weniger und umweltverträgliche V. und deren weiter gehende ↑Verwertung mit Quotierung. *JA*

Verpflichtungsperiode. Um den Vertragsstaaten Flexibilität bei der Erfüllung des ↑Kyoto-Protokolls einzuräumen, wurden die Emissionsreduktionsverpflichtungen auf einen Fünfjahreszeitraum festgelegt. Die erste Verpflichtungsperiode (V.) reicht von 2008 bis 2012. Über weitere V. soll spätestens ab 2005 verhandelt werden. *UES*

Versauerung. Versauerung beschreibt die Erhöhung der Konzentration von Wasserstoff-Ionen in den ↑Umweltmedien Luft, ↑Wasser und ↑Boden. *FZ*

Versicherungen & Umwelt. Zwischen Versicherungen und der ↑Umwelt bestehen vielfältige Bezüge. Erstens sollen Schäden durch Umwelteinflüsse abgesichert werden: Versicherungsschutz gegen Schäden durch Unwetter, Überschwemmung oder andere Naturkatastrophen für Privatpersonen und Unternehmen (s. ↑Katastrophen).
Zweitens sollen ↑Umweltschäden durch betriebliche Produktionsprozesse und Leistungserstellung vermieden oder vermindert werden: Versicherungsschutz für Unternehmen, die im Produktionsprozess umweltschädigende Stoffe verwenden oder produzieren. Eine entsprechende Haftpflichtversicherung kann – obwohl in Deutschland noch nicht vorgeschrieben – gegen unvorhersehbare Schadensfälle abgeschlossen werden.
Drittens sollen umweltbewusstes Denken und Handeln durch günstigere Versicherungsprämien belohnt werden: Um dem zunehmenden ↑Umweltbewusstsein Rechnung zu tragen und es zu fördern, bieten private Versicherer (bes. Münchener Rück; aber auch VCD-Eco Line) ökologisch basierte Versicherungsmodelle an. Für umweltbewusstes Verhalten werden spezielle Ökorabatte (z.B. für Kfz) angeboten. *IC*

Versiegelung ↑Flächenverbrauch

Vertragsstaatenkonferenz. Die Vertragsstaatenkonferenz (engl.: Conference of the Parties (COP)) bezeichnet die im Rahmen internationaler Abkommen (z.B. ↑Biodiversitäts-, ↑Klimarahmen- und ↑Desertifikationskonvention) (mehr oder weniger regelmäßige) Versammlung aller Unterzeichnerstaaten. *BS*

Verursacherprinzip. Das Verursacherprinzip (V.) ist ein Grundsatz der bundesdeutschen ↑Umweltpolitik, der darauf abzielt, die Verursacher von Umweltproblemen in die Verantwortung zu nehmen. Derzeit werden viele ↑Umweltbelastungen den Verursachern nicht oder nicht direkt angerechnet, da eine individuelle Zurechnung oftmals schwierig umsetzbar und die exakte Quantifizierung von ↑Umweltschäden ebenfalls problematisch ist. Es ist umstritten, ob das V. allein auf die Zurechnung der verursachten Kosten oder auch auf eine materielle Verantwortung mit entsprechender Haftung der Verursacher zu beziehen ist.
Das V. wird in einer Vielzahl von umweltpolitischen Maßnahmen umgesetzt, wie z.B. bei Abgaben und Ökosteuern (s. ↑Ökologische Steuerreform). Gleichwohl bestehen die Probleme der ↑Internalisierung ↑Externer Effekte fort, so dass weiterhin in

vielen Schadensfällen das Gemeinlastprinzip greift, dem zufolge die staatliche Gemeinschaft für die entstandenen Schäden aufkommt und nicht die einzelnen Verursacher. *BS*

Verwertung. Verwertung (V.) ist das Gewinnen von Stoffen oder Energie aus ↑Abfall zwecks Vermarktung. V. ist gesetzliche Grundpflicht vor Beseitigung (§ 5 ↑Kreislaufwirtschafts- und Abfallgesetz). V. muss technisch durchführbar, wirtschaftlich angemessen/zumutbar und der Absatz gewonnener Stoffe oder Energie möglich sein. Stoffliche V. hat Vorrang vor energetischer V. Zusätzliche Bedingungen: Umweltverträglichkeit unter Berücksichtigung entstehender ↑Emissionen, Schonung natürlicher ↑Ressourcen, Verhindern von Schadstoffanreicherung in Produkten. Sind Techniken der Beseitigung im Einzelfall umweltverträglicher, entfällt der Vorrang von V. Durch aufwändige Nachrüstungen von Beseitigungsanlagen der ↑Abfallverbrennung und Ablagerung können bereits zugelassene und nicht nachgerüstete Anlagen der V. weniger umweltverträglich sein, die Pflicht für Abfallerzeuger/-besitzer zur vorrangigen Nutzung entfällt dann (§ 5 Abs. 5). *JA*

Viren. Viren (lat.: virus, ↑Gift) sind keine selbstständig lebensfähigen Organismen, besitzen keinen eigenen Stoffwechsel und können sich nur in lebenden Wirtszellen vermehren. Sie bestehen aus einer Nucleinsäure (DNA oder RNA) und einer Proteinhülle (Größe im Nanometerbereich). Krankheitserreger bei Menschen, Tieren und Pflanzen. *A&HPJ*

Vollzugsdefizit. Ein Vollzugsdefizit (V.) liegt dann vor, wenn die in den einzelnen Umweltgesetzen festgelegten Handlungsanweisungen nicht in die Tat umgesetzt werden oder die vorgegebenen Ziele nicht erreicht werden. Im Bereich des umweltbezogenen ↑Ordnungsrechts bestehen in Deutschland zahlreiche V. Die wichtigste Ursache hierfür sind die Überlastung und die personelle, materielle und strukturelle Überforderung der ausführenden und kontrollierenden Einheiten der öffentlichen Verwaltung. Während die Aufgaben der Verwaltungen durch ein Anwachsen der umweltrechtlichen Regelungen kontinuierlich zunehmen, ist der Personalbestand der meisten Vollzugsbehörden nicht entsprechend gestiegen oder wurde sogar abgebaut. Zudem verfügen viele Verwaltungen nicht über die entsprechenden technischen Mittel z. B. zur Emissions- oder Immissionsmessung. Zu den strukturellen Gründen zählt zum einen die sektorale Aufteilung der Verwaltungen in die ↑Umweltmedien oder in Wirtschaftssektoren, die zu Überlappungen, ungeklärten Kompetenzen oder zur Vernachlässigung des ↑Umweltschutzes gegenüber anderen sektoralen Interessen führt. Zudem können die Verwaltungen zumeist nur auf die Entwicklungen in der Industrie reagieren, weil sie nicht frühzeitig in Entwicklungsprozesse eingebunden werden. Schließlich steht das öffentliche Dienstrecht der Anwerbung hoch qualifizierter Mitarbeiter entgegen, die zumeist von der Industrie abgeworben werden.
Auswege für eine Verringerung der V. bestehen zum einen in einer Systematisierung und Vereinfachung des ↑Um-

weltrechts, wie es im Rahmen des Umweltgesetzbuchs angestrebt wird. Zum anderen werden verstärkt umweltpolitische Instrumente eingesetzt, die auf die Selbstkontrolle der Industrie oder auf freiwilliger Kontrolle beruhen. Zudem erfolgt die Zielvereinbarung zunehmend unter Einbeziehung der wichtigen gesellschaftlichen Gruppen, so dass die Zielfestlegungen einen größeren Realitätsgrad haben. *BS*

Vorsorgeprinzip. Das Vorsorgeprinzip (V.) ist ein Grundsatz der deutschen ↑Umweltpolitik, dem zufolge unmittelbare Gefahren abgewehrt und die natürlichen Lebensgrundlagen vorsorglich geschützt werden sollen. Zu den Kernelementen der Umweltpolitik zählt zum einen die Gefahrenabwehr, die den Staat zum Eingreifen zwingt, wenn eine Gefahrensituation mit hoher Wahrscheinlichkeit und hohem Schadensausmaß vorliegt. Zum anderen ist die Risikovorsorge zum V. zu rechnen, der zufolge ↑Risiken für die ↑Umwelt und die menschliche Gesundheit, die noch keine unmittelbaren Gefahren darstellen, im Vorhinein vermieden oder vermindert werden müssen. Die weiter gehende Form der Zukunftsvorsorge nimmt die zukünftigen Handlungsfolgen mit in den Vorsorgegrundsatz auf, so dass auch erst zukünftig mögliche Risiken vorsorglich vermieden werden können.
Instrumente des vorsorgenden Umweltschutzes sind u.a. das Raumordnungs- und Landesplanungsrecht, die ↑Umweltverträglichkeitsprüfung und der Einsatz integrierter ↑Umweltschutztechniken. Schwierig ist die Umsetzung des V. vor allem bei Unkenntnis über alle gegenwärtigen und zukünftig möglichen schädlichen Folgen von Produktions- und Konsumprozessen. Der Gesetzgeber kann oft erst im Nachhinein rechtliche Regelungen treffen, wenn ein bestimmtes Wissen und bestimmte Erfahrungen vorhanden sind. *BS*

Wachstum. Wachstum (W.) bezeichnet im weiteren Sinne die quantitative und/oder qualitative Zunahme bestimmter Größen und war ursprünglich ein positiv besetzter Begriff (Fortschritt, Wohlstand), wird im Zusammenhang mit ökologischen Krisenerscheinungen aber zunehmend kritisch gesehen, weil in einer endlichen Umwelt kein unbegrenztes materielles W. möglich ist.
Man unterscheidet verschiedene Formen des W. Beim linearen W. nimmt ein Wert mit stets gleicher Wachstumsrate zu. Hingegen zeichnet sich exponentielles W. durch eine Zunahme der Wachstumsrate und eine immer schnellere Zunahme des Wertes (des Volumens) aus; entsprechend verkürzen sich die Verdoppelungszeiten.
Für die ↑Ökologie ist W. in mehrfacher Hinsicht von Bedeutung. Das W. von Populationen in Ökosystemen ist Untersuchungsgegenstand, da es problematisch wird, sobald die Kapazitätsgrenzen des Ökosystems erreicht werden. Wenn die Nahrungsressourcen im Lebensraum einer Art nicht mit der Population mitwachsen, greifen natürlicherweise Regulationsmechanismen, die zu einer Reduktion oder Beendigung des W. und zu einer Stabilisierung oder Verringerung der Population führen.
In der Menschheitsgeschichte war das

Bevölkerungswachstum durch natürliche Faktoren begrenzt. Dies hat sich durch die Nutzung fossiler ↑Energieträger, der Dampfmaschine und chemischer Düngemittel u.a.m. geändert, so dass mit der Industrialisierung ein teilweise exponentielles W. der ↑Weltbevölkerung einsetzte. In jüngster Zeit haben sich die Wachstumsraten wieder verringert.

Das Wirtschaftswachstum ist in ökologischer Hinsicht problematisch. So führt kontinuierliches W. bei Inanspruchnahme von ↑Ressourcen und ökosystemaren Funktionen langfristig zu einer Überlastung der ökologischen Systeme und zum Absterben oder Umkippen bestimmter Systembestandteile. Auf diese Gefahren hat der Bericht ↑«Grenzen des Wachstums» von Donella Meadows et al. an den ↑Club of Rome von 1972 eindringlich aufmerksam gemacht, in dem auf die Endlichkeit natürlicher ↑Rohstoffe und die Begrenztheit der Aufnahmekapazität der Ökosysteme für ↑Abfälle und ↑Emissionen hingewiesen wurde.

Aus der Kritik am quantitativem W. entstand die Forderung nach qualitativem W., welches im Rahmen ökosystemarer Prozesse möglich ist. Es zeichnet sich durch Entkopplung von Wirtschaftswachstum und Umweltverbrauch (u.a. ↑Energie) aus und basiert wesentlich auf der ↑Dematerialisierung der Wirtschaftsaktivitäten, indem z.B. materielle Produkte durch Dienstleistungen ersetzt werden.

Wirtschaftswachstum wird traditionell gemessen als quantitative Zunahme des realen Bruttosozialprodukts (BSP), der Summe der in einem Jahr in einer Volkswirtschaft erstellten Waren und Dienstleistungen. Die Aussagefähigkeit dieses Indikators wird vielfältig kritisiert, insbes. weil ↑Umweltschäden nicht berücksichtigt und Schadensbehebungen positiv verbucht werden. Seit längerem wird daher an alternativen oder ergänzenden Indikatorsystemen gearbeitet (s. ↑Umweltökonomische Gesamtrechnungen (UGR), ↑Umweltindikatoren). Die Vielschichtigkeit der dabei zu berücksichtigenden objektiven und subjektiven Faktoren wie Gesundheit, Sicherheit, ökologische Qualität usw. stellt große methodologische Probleme für ein solches Unterfangen dar, weshalb das Wachstum des BSP weiterhin allgemeine gesellschaftliche Priorität genießt. *Bernd Siebenhüner*

Wald. Der Wald (W.) (althochdt.: walt, d.i. nicht bebautes Land) ist eine natürliche Lebensgemeinschaft, ein Ökosystem, in dem Gehölze mit einer Mindesthöhe auf einer Mindestfläche in einem Mindestdichtstand (Überschirmung) die bestimmende Lebensform sind. International sind diese Größen unterschiedlich definiert: in Deutschland Höhe 3,5 m, Fläche 0,5 Hektar, Überschirmung 30%. Daneben existieren offene Gehölzformationen, z.B. Baum-/Buschsavanne, W.-/Buschsteppe, W.-/Buschtundra. Die Angaben für die globalen Waldflächen schwanken deshalb zwischen 3,5 und 4,5 Mrd. ha.

W. bildet sich überall dort, wo die Faktoren Licht, Temperatur, Feuchtigkeit und Nährstoffe ein bestimmtes Minimum nicht unter- und ein Maximum nicht überschreiten. In einer Wechselwirkung zwischen diesen abiotischen Faktoren und den Bäumen bildet sich ein Waldmikroklima, das bestimmte Waldböden mit typischer Vegetation und spezieller Fauna hervorbringt. Im vertikalen Aufbau ist W. in die Baum-, Strauch-, Kraut-/Gras- und Moos-/Flechtenschicht gegliedert. Die wichtigsten Waldtypen sind der boreale W./Taiga (nördliche Hemisphäre), W. der gemäßigten Zone (vor allem mittlere Breiten der nördlichen Hemisphäre), W. des feuchtwarm-gemäßigten ↑Klimas (in beiden Hemisphären), subtropische und tropische Trockenwälder, tropische laubabwerfende Feuchtwälder (in Gebieten mit ausreichenden Niederschlägen), äquatoriale Regenwälder (in Gebieten mit hohen, gleichmäßig verteilten Niederschlägen).

Nach dem Grad der Beeinflussung des W. durch den Menschen werden unterschieden: Urwald/Primärwald (keine bis geringe Beeinflussung), Sekundärwälder (nach Rodung von Urwäldern Wiederbewaldung durch natürliche Sukzessionen oder Aufforstung), Wirtschaftswälder/Forsten (Nutzung aller durch den W. erzeugten Produkte), Baumplantagen (hohe Zufuhr an Energie zur Erzeugung maximaler Holzerträge). In Abhängigkeit von Bevölkerungsdichte und Technikentwicklung wurde und wird der W. unterschiedlich stark beeinflusst. Die heutige Waldverteilung ist Ergebnis dieser Beeinflussung.

Neben den materiellen gewinnen andere Leistungen des W. zunehmend an Bedeutung, in dicht besiedelten Gebieten bes. ökologische, touristische und ästhetische Leistungen. Die Bedeutung von CO_2 als klimarelevantes und zugleich lebenswichtiges Gas bei der ↑Photosynthese macht den W. neben den Weltmeeren zu einem der wichtigsten Regulatoren für die Konzentration dieses Gases in der ↑Atmosphäre. Holz enthält etwa 50% Gewichtsanteile Kohlenstoff. Folglich kann W. zielgerichtet für die Verminderung von CO_2 in der Atmosphäre eingesetzt werden. Die Zivilisationsgeschichte ist einerseits gekennzeichnet durch die Zerstörung großer Waldflächen in vielen Teilen der Welt; andererseits wurde Holz als dominanter Werkstoff für fast alle Lebensbereiche und als Energiequelle genutzt. Mythologisch spielt der W. in nahezu allen Weltreligionen bzw. Traditionen der Völker eine bedeutende Rolle. Ein Großteil der heute genutzten fossilen ↑Energieträger (Gas, Öl, Kohle) ist aus Waldbiomasse entstanden. Die heutige Techno-Zivilisation würde ohne den W. früherer erdgeschichtlicher Epochen nicht existieren. Globale, regionale und länderspezifische Angaben zum W., zur W.- und Forstgeschichte, zu ↑Biomasse-, Holz- und Kohlenstoffvorräten, zur Holzernte, zu Waldschäden und Waldzerstörungen sind umfangreich dokumentiert.

Albrecht Bemmann/
Karl Peter Hasenkamp

Waldpolitik, internationale. Die internationale Waldpolitik ist ebenso vielschichtig wie die geografische Verteilung und Nutzung des ↑Waldes. Je nach Grad der Industrialisierung und nach Biom (boreal, gemäßigte Zone, Tropen) werden Wälder mit unterschiedlichem Schwerpunkt genutzt. Sie dienen u.a. der Holzproduktion, als Lebensraum für indigene ↑Gemeinschaften, als Apotheke für traditionelle Medizin, als Brennstoffreservoir, Wassereinzugsgebiet und als Klimastabilisator. Entsprechend divers ist das internationale Waldregime.

Im Wesentlichen wird der Umgang mit Wäldern in vier Foren behandelt; zwei sind völkerrechtliche Konventionen, in denen verbindliche Regelungen beschlossen wurden: Die 1992 verabschiedete Konvention über die biologische Vielfalt (CBD) gibt den Rahmen für Schutz, nachhaltige Nutzung und gerechte Vorteilsbeteiligung an der Waldvielfalt. Auf der 6. ↑Vertragsstaatenkonferenz wurde 2002 ein 10-jähriges Waldprogramm verabschiedet, das die Ziele der Konvention im Waldbereich umsetzen soll. Das ↑Kyoto-Protokoll erlaubt die Anrechnung von Wäldern als ↑Senken von Klimagasen auf die Emissionswerte der Industrieländer. Die Regeln, was als anrechenbare Senken erlaubt ist (schnell wachsende ↑Monokulturen auf gerodetem Regenwaldboden oder Erhaltung von Urwäldern mit ihrer kulturellen und biologischen Vielfalt usw.) müssen noch verhandelt werden. Das Waldforum der Vereinten Nationen (UNFF) ist ein Beratungsgremium, das nach dem Scheitern der Bemühungen um eine Waldkonvention im Jahr 2000 als politisches Diskussionsforum geschaffen wurde. Seine über 300 Handlungsvorschläge zum Waldmanagement sind allerdings nur unverbindliche Empfehlungen. Schließlich diskutieren Hersteller- und Verbraucherländer im Rahmen des Internationalen Tropenholzabkommens (ITTO) Regeln über Handel und Nutzung von ↑Tropenholz. *www.cbd.org; www.itto.org*

GH

Waldsterben. Schon vor über 150 Jahren waren «Rauchschäden» an Bäumen und Waldstücken in der Nähe von Industriestandorten bekannt. Durch Ausweitung der industriellen Produktion und den stark steigenden Energieumsatz sowie durch eine «Politik der hohen Schornsteine» nahmen Erkrankungen und das Absterben von Tannen und Fichten auf Grund des ↑Sauren Regens und der Bodenveränderungen teils gravierende Ausmaße an. Insbes. in den Kammlagen der mitteleuropäischen Gebirge liegen großflächige Schäden bei Nadelholzbeständen vor, auch bei Laubhölzern wie Buchen und Eichen, trotz umfangreicher Maßnahmen zur ↑Luftreinhaltung. Die Waldgesundheit ist stark beeinträchtigt, worüber die regelmäßig erscheinenden Waldschadensberichte Auskunft geben. *UES*

Wärmedämmung. Wärmedämmung (W.) umfasst alle in öffentlichen und privaten Gebäuden vorgenommenen baulichen Maßnahmen zur Reduzierung der Wärmeverluste an die Außenluft. Hierfür werden organische oder mineralische Wärmedämmstoffe genutzt, wie z.B. Kork, Kokos, Cellulosewolle, Holzfaserplatten und Schaumstoffe, die ökologisch unterschiedlich zu bewerten sind. Der Dämmeffekt kann sehr hoch sein, so dass W. im Neubau, im Wohnungs- und Gebäudebestand als zentrales Element der Energiewende angesehen wird. *UES*

Waschmittel. Waschmittel bestehen aus Tensiden, Gerüststoffen (u.a. Phosphaten), Bleichmitteln, optischen Aufhellern und Enzymen, die nur teilweise biologisch abbaubar sind. Problemstoffe wie Tenside und Phosphor gelangen ins ↑Abwasser. Das Waschmittelgesetz von 1987 verbietet jede vermeidbare Beeinträchtigung von ↑Natur und technischen Anlagen. *IC*

Washingtoner Artenschutzabkommen (CITES). Das Washingtoner Artenschutzabkommen (CITES) ist ein internationales Abkommen zur Regelung des weltweiten Handels mit gefährdeten Arten wild lebender Tiere und Pflanzen. Ziel ist der Schutz der Arten vor übermäßiger Ausbeutung. Für vom Aussterben bedrohte Arten gilt ein Handelsverbot. Für andere gefährdete Arten bestehen spezifische Ein- und Ausfuhrregelungen. Dem Abkommen gehören gegenwärtig 158 Mitgliedstaaten an. *AV*

Wasser. Drei Viertel der Erdoberfläche sind mit Wasser (W.) bedeckt. Die gesamte Wassermenge beträgt ca. 1,4 Mrd. km². Im globalen Wasserkreislauf geht W. nicht verloren, die Verfügbarkeit von W. auf der Erde ist aber in Menge und Qualität höchst unterschiedlich verteilt. Über 93 % des globalen W. ist Meerwasser, nur 2,5 % sind Süßwasser. Insgesamt stehen etwa 0,007 % des weltweiten W. als erneuerbares Süßwasser der menschlichen Nutzung zur Verfügung (in Flüssen, Seen und leicht zugänglichen Grundwasservorkommen).

Die steigende Belastung mit ↑Schadstoffen sowie fehlerhaftes Wassermanagement sind Ursachen dafür, dass die nutzbaren Wasservorkommen kleiner werden. Im Jahr 2000 hatten etwa 1,2 Mrd. Menschen keinen Zugang zu sauberem W., 2025 könnten es 2,3 Mrd. sein. W. wird so zu einem zentralen Thema der internationalen ↑Umweltpolitik.

W. ist durch die Einwirkung der Sonnenenergie in einem ständigen Kreislauf. Es verdunstet an der Oberfläche der Meere und Kontinente. Der aufsteigende Wasserdampf kühlt sich in der Höhe ab und kondensiert zu Wolken. Bei weiterer Abkühlung geben diese ihre Feuchtigkeit als Niederschlag ab.

W. ist für die Entwicklung und Bestandserhaltung der Pflanzen- und Tierwelt maßgeblich. Der menschliche Körper besteht zu 60–70 % aus W., Gemüse und Früchte zu mehr als 90 %. Beim erwachsenen Menschen beträgt der tägliche Wasserbedarf etwa 35 g je kg Körpergewicht; das entspricht ca. 3 l Wasser in Form von Getränken bzw. als Bestandteil anderer Nahrungsmittel.

Der durchschnittliche Wasserverbrauch pro Kopf liegt in Deutschland zur Zeit bei ca. 140 l pro Tag. Landwirtschaft und Industrie sind wichtige Wassernutzer. In der Landwirtschaft werden, weltweit betrachtet, etwa 75 % des geförderten Süßwassers verbraucht. In der Produktionskette zur Herstellung von 1 kg Baumwolle werden z. B. bis zu 30000 l W. benötigt.

Chemische/physikalische Eigenschaften des W.: Formel: H_2O; Schmelzpunkt: 0 °C; Siedepunkt: 100 °C; spezifisches Gewicht bei 0 °C: 0,999868 kg/l; spezifisches Gewicht Eis bei 0 °C: 0,9168 kg/l; spezifisches Gewicht bei 4 °C: 1,0.

Reines W. ist ein Laborprodukt. Natürliche W. sind niemals rein, sondern enthalten eine Reihe von gelösten oder dispergierenden Stoffen. Die wichtigsten sind: Kationen (Natrium, Kalium, Ammonium, Magnesium, Calcium, Strontium, Barium, Aluminium, Eisen, Mangan, Kupfer, Zink, Blei), Anionen

(Hydrogencarbon, Karbonat, Silikat, Nitrit, Nitrat, Phosphat, Sulfat, Sulfid, Fluorid, Chlorid), gelöste Gase (Sauerstoff, Stickstoff, Kohlensäure), anorganische und organische Trübstoffe, gelöste organische Stoffe sowie Mikroorganismen.

Die Wasserarten werden nach ihrem Mineralsalzgehalt (g Salz/kg W.) klassifiziert. Dabei wird folgende Zuordnung getroffen: Süßwasser 1, salzhaltiges Wasser 1–25, Meerwasser 25–50 Salzwasser 50.

W., welches im ursprünglichen Zustand oder nach Aufbereitung zum Trinken, zur Zubereitung von Speisen und Getränken oder zu Zwecken im Haushalt bestimmt ist, wird vom Gesetzgeber als Trinkwasser bezeichnet. Hierzu zählen nach Definition der Trinkwasserverordnung die Körperpflege ebenso wie Geschirrspülen und Wäschewaschen. Diese Vorgaben gelten ungeachtet der Herkunft des W., seines Aggregatzustandes oder der Art der Bereitstellung (Trinkwasserleitung, Tankfahrzeuge, Flaschen oder andere Behältnisse). Die wichtigsten Süßwasserquellen für die Trinkwasserversorgung in Deutschland sind Grundwasser (64%), Oberflächenwasser (29%) und Quellwasser (7%). *Bodo Weigert*

Wasserhaushalt & Wasserhaushaltsgesetz. Unter Wasserhaushalt im technischen Sinne versteht man die mengenmäßige Erfassung des natürlichen Wasserkreislaufs, seiner Bilanzierung und Regulierung. Das Wasserhaushaltsgesetz (WHG, Gesetz zur Ordnung des Wasserhaushalts vom 27.7.1957, zuletzt novelliert am 26.8.1992) enthält als Rahmengesetz des Bundes (Art. 75 Nr. 4 GG) grundlegende Bestimmungen über wasserwirtschaftliche Maßnahmen (Wassermengen- und Wassergütewirtschaft). Der sachliche Geltungsbereich des WHG erstreckt sich auf oberirdische Gewässer, auf Küstengewässer und auf das Grundwasser (§ 1).

Nach § 1a Abs. 1 des WHG sind die Gewässer als Bestandteil des Naturhaushalts so zu bewirtschaften, dass sie dem Wohl der Allgemeinheit und im Einklang mit ihm auch dem Nutzen Einzelner dienen und dass jede vermeidbare Beeinträchtigung unterbleibt. Wichtigstes ordnungsrechtliches Instrumentarium des WHG ist die Erlaubnis- und Bewilligungspflicht (§ 2) für Gewässerbenutzungen (§ 3).

In Deutschland sind alle ↑Gewässer einschließlich Grundwasser und Küstengewässer der staatlichen Aufsicht unterstellt. Die Nutzung der Gewässer wie z.B. das Einleiten von Stoffen oder die Entnahme von Wasser bedürfen der behördlichen Genehmigung. Eine Zulassung liegt grundsätzlich im Ermessen der zuständigen Wasserbehörde. Dieses Ermessen ist in bestimmten Fällen zum Schutz der Gewässer eingeschränkt. Z.B. darf ↑Abwasser nur dann in Gewässer eingeleitet werden, wenn bestimmte Mindestanforderungen, die dem ↑Stand der Technik entsprechen, erfüllt werden. Diese Mindestanforderungen sind in der Abwasserverordnung des Bundes konkretisiert.

Verschiedene nicht beeinträchtigende Gewässerbenutzungen sind erlaubnisfrei (§§ 17a, 23 ff., 32a, 33). Besonderheiten gelten für alte Rechte und alte Befugnisse (§§ 15 ff.). Für Rohrleitungsanlagen zum Befördern wassergefährdender Stoffe (§§ 19a–19f) sowie für Anlagen zum Umgang mit wassergefährdenden Stoffen (§§ 19g–19l) sind im WHG besondere Regelungen getroffen worden. *BW*

Wasserkraft. Wasserkraft (W.) ist eine regenerative Energiequelle; genutzt wird die kinetische und potenzielle Energie des Wassers an Fließgewässern und künstlich aufgestauten ↑Gewässern.

In Deutschland werden die vorherrschenden natürlichen Gefälleverhältnisse für die Wasserkraftnutzung nur als teilweise günstig angesehen. Das Gesamtpotenzial wird auf annähernd 25 Mrd. kWh/Jahr geschätzt, welches schon zu ca. 80 % erschlossen ist und was einem Anteil an der gesamten Netto-Stromerzeugung von etwa 4 % entspricht (Jahr 2000). Dazu zählt nicht die Stromerzeugung privater Wasserkraftwerksbetreiber für den Eigenbedarf.

Kleine und mittlere Anlagen lassen sich i. d. R. problemlos in bestehende Ökosysteme integrieren, bei Großprojekten von etlichen hundert bis zu einigen tausend Megawatt Leistung werden dagegen konkurrierende Nutzungsinteressen an die Gewässer (↑Natur- und Landschaftsschutz gegen Energiegewinnung) offensichtlich.

In den Entwicklungsländern stellt die Nutzung der W. mit ca. 45 % Anteil noch vor Erdöl die wichtigste Stromquelle dar. Der Bau von (Groß-)Staudämmen mit den entsprechenden Überflutungsflächen ist insbes. mit schwer wiegenden sozialen und ökologischen Folgen verbunden wie Zwangsumsiedlungen, dem Verlust fruchtbaren Ackerlands im Staugebiet, der Gefahr des Umkippens der Stauseen, der Behinderung von Fischwanderungen und Rückgang des Fischfangs, der Schaffung optimaler Nährböden für eine Vielzahl von Erregern (Darminfektionen) und von Brutgebieten für Moskitos (Malaria), dem Grundwasseranstieg (Versumpfung) und lokalen Klimaveränderungen.

In Europa finden sich Wasserkraftwerke besonders in gebirgigen Lagen, wo sie hohe Leistung bei geringem Flächenbedarf erbringen. Problematisch kann hier die Unterbrechung des natürlichen Gewässerlaufes mit der Folge der Zerstörung seltener ↑Biotope sein. *BW*

Wasserreinhaltung. Wasserreinhaltung umfasst alle Maßnahmen zur (weit gehenden) Erhaltung der natürlichen Beschaffenheit der ↑Gewässer (Grundwasser, Bäche, Seen, Flüsse, Meere), insbes. durch Fernhalten von ↑Schadstoffen. Schwierigkeiten bereiten dabei einerseits diffuse Quellen wie ↑Saurer Regen und die Auswaschung von ↑Altlasten, andererseits Stoffe, die indirekt oder erst in größeren Mengen schädlich wirken, wie Nährstoffe, Medikamente, Pflanzenbehandlungsmittel und Umwandlungsprodukte ansonsten harmloser Stoffe. *UES*

Wasserschutzpolitik. In Deutschland wird der Wasserschutz vor allem durch das ↑Wasserhaushaltsgesetz von 1986 geregelt. Der Bund hat die Rahmengesetzgebungskompetenz. Das Gesetz macht Vorgaben für die Bewirtschaftung aller oberirdischen ↑Gewässer, der Küstengewässer und des Grundwassers. International wird die Wasserschutzpolitik unter anderem im Weltwasserforum verhandelt, das vom

1986 gegründeten Weltwasserrat getragen wird. *www.worldwaterforum.org*
BP

Wasserstofftechnologie. In Deutschland werden jährlich rd. 20 Mrd. m^3 Wasserstoff verwendet, vorwiegend für die Ammoniaksynthese, die Rohöl-Hydrierung, zur Kraftstofferzeugung, zur Methanolsynthese, zum autogenen Schweißen, als Reduktionsmittel zur Produktion von Kobalt, Wolfram u.a., als Treibstoff in der Raumfahrt. Wasserstoff ist in erheblicher Menge im Stadtgas enthalten.

Neuere Entwicklungen richten sich auf die Verwendung als sekundäre Energiequelle zur ↑Substitution fossiler ↑Energieträger und als Maßnahme gegen den ↑Treibhauseffekt. Wasserstoff kann in Verbrennungsmotoren, Heizkraftwerken, Dampferzeugern usw. anstelle von Mineralöl und Erdgas eingesetzt werden. Wasserstoff steht im Wasser unerschöpflich zur Verfügung. Seine Nutzung ist ein wesentliches Förderziel. In Deutschland werden mit öffentlichen Mitteln z.B. Wasserstoffantriebe für Fahrzeuge, Wasserstoff-Elektrolyse mit Solarstrom und katalytisch arbeitende Wasserheiz- und -kühlsysteme gefördert (1980/2000 rd. 200 Mio. DM).

In ↑Brennstoffzellen kann Wasserstoff in chemischer Reaktion mit Sauerstoff unmittelbar elektrische Energie liefern; modular vervielfacht, können solche Batterien für Kraftfahrzeugantriebe Verwendung finden. Diese Zellen können über einen Wasserstoffumformer auch mit Erdgas und Methanol gespeist werden, was bei herkömmlicher Tanktechnik zu verschiedenen Prototypen der Automobilindustrie führte. Die wesentlichen Probleme der Wasserstofftechnologie liegen in der wirtschaftlichen Gewinnung und Speicherung ohne aufwändige Kühlung oder Edelmetalleinsatz, der ↑Logistik und Sicherheitstechnik. Eine wirtschaftlich tragfähige Substitution fossiler Energieträger durch Wasserstoff und andere erneuerbare ↑Energien wird von vielen Beobachtern erst ab 2050 erwartet.
JA

Wasserverknappung. Durch den Bedarf der wachsenden ↑Weltbevölkerung wird künftig eine starke Zunahme der Wasserentnahme erwartet. Vor allem bei den Haushalten (Anstieg des Lebensstandards) und der industriellen Wassernutzung sind hohe Steigerungen absehbar; ein weiterer Zuwachs wird auch für die Landwirtschaft vorhergesagt. Dabei sind regionale Unterschiede zu beachten: Rückläufigen Wasserentnahmen in den meisten Industrieländern stehen starke Zuwächse in Afrika und Lateinamerika gegenüber, die regional zur Übernutzung der Wasserressourcen, einschließlich der fossilen Grundwasservorräte, führen. Neben der direkten Beeinflussung der Wasserverfügbarkeit durch den Menschen wird die Wasserverfügbarkeit auch durch indirekte Eingriffe in die «natürliche» Wasserverteilung beeinflusst. Mit einer gewissen Sicherheit kann davon ausgegangen werden, dass der Anstieg der globalen Mitteltemperatur um 1,4–5,8 °C durch den sich abzeichnenden Klimawandel zu einer Zunahme der mittleren Jahresniederschläge um 3–15 % weltweit führen wird. Während erhöhte Niederschläge die Wasserverfügbarkeit zumindest regional verbessern, hat der Temperaturanstieg einen gegenteiligen Effekt, da mehr ↑Wasser verdunstet. Selbst wenn man einen positiven globalen Nettoeffekt des Klimawandels auf die Wasserverfügbarkeit annimmt, besteht Unsicherheit über die zeitliche und regionale Verteilung. Neuere Modelle der Klimaforschung geben Hinweise darauf, dass durch die globale Erwärmung die Niederschläge in Trockengebieten eher ab- und in den gemäßigten Breiten eher zunehmen werden. *BP*

Wasserverschmutzung. Wasserverschmutzung oder Gewässerbelastung meint die Beeinträchtigung des natürlichen Gewässerzustandes durch Verschmutzung und Erwärmung. Die Belastungen entstehen durch leicht abbaubare organische Stoffe, z.B. aus dem häuslichen ↑Abwasser, die von den Mikroorganismen im ↑Wasser unter Sauerstoffverbrauch abgebaut werden. Hinzu kommen schwer bzw. nicht abbaubare organische Verbindungen, meist aus Industrieabwässern, die durch Selbstreinigung der ↑Gewässer nur schwer neutralisiert werden können und zunehmende Probleme bei der Trinkwasseraufbereitung oder auch direkte Gesundheitsschäden verursachen. Hierzu zählt auch die Belastung mit ↑Pestiziden. Salze aus Industrie, Bergbau und Landwirtschaft sowie ↑Schwermetallverbindungen belasten ebenfalls die Gewässer. Schließlich wirken sich auch Temperaturveränderungen durch ↑Abwärme aus Kraftwerken und Industriebetrieben negativ auf die Gewässerqualität aus. *BP*

Wasserwirtschaft. Nach DIN 4049 versteht man unter Wasserwirtschaft (W.) das zielbewusste Ordnen aller menschlichen Einwirkungen auf das ober- und unterirdische ↑Wasser. Dabei sind die ↑Gewässer nach § 1a des ↑Wasserhaushaltsgesetzes als Bestandteil des Naturhaushaltes so zu bewirtschaften, dass sie dem Wohl der Allgemeinheit und im Einklang mit ihm auch dem Nutzen Einzelner dienen und dass jede vermeidbare Beeinträchtigung unterbleibt.
Die Sicherstellung einer einwandfreien Wasserversorgung für Bevölkerung und Wirtschaft zählt genauso zu den Aufgaben der W. wie die langfristige Gewährleistung der Nutzung der Gewässer als Erholungs- und Freizeitraum, zur ↑Fischerei, Energiegewinnung (Aufstauen und Absenken), zur Bewässerung landwirtschaftlicher Flächen und zur Einleitung des benutzten Wassers (s. ↑Abwasser) aus Gemeinden und gewerblichen Betrieben. Weitere Aufgaben der W. sind Maßnahmen zur Hochwasservorsorge und technischer Hochwasserschutz mit dem Betrieb von Deichen, Talsperren und Rückhaltebecken, die Bewirtschaftung von Wasserstraßen sowie die Nutzung von Gewässern zum Betrieb von Wasserkraftanlagen.
Die unterschiedlichen Nutzungsinteressen an die Gewässer (z.B. Wasserentnahmen, Schifffahrt, Energieerzeugung, Baden, Fischfang) kollidieren vielfach sowohl mit den Schutzzielen (z.B. Lebensraum für Tiere und Pflanzen, Trinkwassergewinnung) als auch untereinander. Diese regional sehr unterschiedlich ausgeprägten Nutzungskonflikte können nur durch integrierte Planung und Bewirtschaftung gelöst werden.
In der EU wird der rechtliche Rahmen

zur Bewirtschaftung von Gewässern durch die im Jahr 2000 in Kraft getretene ↑EU-Wasserrahmenrichtlinie (2000/60/EG) festgelegt. Wichtigste Rahmengesetze in Deutschland sind das Wasserhaushaltsgesetz und das ↑Abwasserabgabengesetz, die durch weitere Gesetze und Verordnungen auf Landesebene konkretisiert werden. *BW*

Wattenmeer. Das Wattenmeer ist ein Ökosystem zwischen Hoch- und Niedrigwasserlinie, das vom Wechsel der Überflutung lebt. Große Teile des deutschen, holländischen und dänischen Wattenmeers (W.) mit einer Fläche von etwa 15 000 km² sind von der Internationalen Seeschifffahrtsorganisation (IMO) als besonders empfindliches Meeresgebiet kategorisiert worden. Ein solches Gebiet bedarf nach den IMO-Richtlinien besonderer Schutzmaßnahmen. Weltweit gibt es vier weitere Schutzgebiete dieser Art, darunter das Great Barrier Reef in Australien. Es laufen Bestrebungen, das W. zum ↑Weltnaturerbe zu erklären. *UES*

WBGU ↑Wissenschaftlicher Beirat der Bundesregierung Globale Umweltveränderungen

WEED ↑Weltwirtschaft, Ökologie & Entwicklung

Weltbank. Die Internationale Bank für Wiederaufbau und Entwicklung (kurz: Weltbank (W.), engl.: International Bank for Reconstruction and Development) mit Sitz in Washington, DC, wurde 1945 auf der Grundlage des Abkommens von Bretton Woods gegründet, seither weiter ausdifferenziert (sog. Weltbank-Gruppe) und hat 189 Mitgliedsländer (Stand 2001). Neben projektgebundenen Krediten vergibt die W. Programm- und Strukturanpassungsdarlehen. Im Laufe der Zeit erfolgte eine Verschiebung der inhaltlichen Prioritäten von Projekten der wirtschaftlichen Infrastruktur zur Armutsbekämpfung und zum ↑Umweltschutz. Die W. verwaltet auch die ↑Globale Umweltfazilität (GEF), den Finanzmechanismus zum Schutz globaler Umweltgüter.
www.worldbank.org *UES*

Weltbevölkerung. Im Laufe des 20. Jahrhunderts hat sich die Weltbevölkerung (W.) nahezu vervierfacht – auf nunmehr 6,2 Mrd. Menschen. Um 1900 lebten etwa 1,6 Mrd. Menschen auf der Erde, bis zum Jahre 1927 waren es zwei Mrd., 33 Jahre später drei Mrd. 1974 wurden vier und schon 1987 fünf Mrd. Menschen gezählt.
Jedes Jahr kommen weitere 80 Mio. hinzu – etwa so viele Menschen, wie derzeit in Deutschland leben. Das Weltbevölkerungswachstum findet heute nahezu ausschließlich in den Entwicklungsländern statt. Das führt dazu, dass immer mehr Menschen immer weniger Land und ↑Wasser zur Verfügung haben. Das rasante Bevölkerungswachstum überfordert zudem die Gesundheits- und Bildungssysteme in vielen Ländern.
Die durchschnittlichen Kinderzahlen haben sich in den letzten 40 Jahren halbiert: von sechs auf drei Kinder pro Frau. Die regionalen Unterschiede sind dabei erheblich: Frauen in Entwicklungsländern (außer China) bekommen heute durchschnittlich 3,5 Kinder. In Industrieländern liegt der Durch-

schnitt bei 1,6 Kinder pro Frau. Man geht davon aus, dass die Kinderzahlen pro Frau auch in den Entwicklungsländern weiter sinken werden. Wie schnell sich dieser Rückgang vollzieht, ist allerdings ungewiss.
Nach den jüngsten Projektionen der Vereinten Nationen wird die W. bis zum Jahre 2050 auf voraussichtlich 9,3 Mrd. Menschen anwachsen (sog. mittlere Projektion). Grundlage dieser Schätzung ist ein Rückgang der durchschnittlichen Kinderzahl je Frau auf zwei Kinder bis zur Mitte des Jahrhunderts. Sollte die durchschnittliche Kinderzahl um 2050 jedoch bei 2,6 Kindern pro Frau liegen, würde die W. auf 10,9 Mrd. Menschen anwachsen. *HI*

Welternährungskonferenz. Heute sind rund 815 Mio. Menschen chronisch unterernährt, obwohl global gesehen kein Mangel an Nahrungsmitteln herrscht. Die ↑Ernährung der ↑Weltbevölkerung ist vorwiegend eine Frage des Zugangs zu Nahrungsmitteln und ihrer Verteilung. Auf der Welternährungskonferenz (W.) 1996 verpflichtete sich die internationale Staatengemeinschaft dazu, die Zahl der Hungernden bis 2015 zu halbieren. Das damals verabschiedete Globale Aktionsprogramm bestätigt das Recht auf Nahrung als Menschenrecht, wie es schon in der UN-Menschenrechtserklärung von 1948, im Artikel 11 des Internationalen Pakts über wirtschaftliche, soziale und kulturelle Rechte von 1966 und auf der W. von 1974 festgeschrieben wurde. Die Armut wird in dem Aktionsprogramm als eine der Hauptursachen des Hungers bezeichnet. Seither ist zwar die Zahl der Unterernährten in den Entwicklungsländern um etwa 6 Mio. jährlich gesunken, dies reicht aber nicht aus, um das Ziel der W. zu erreichen. Wird der Hunger nicht entschiedener bekämpft als bisher, würde es mehr als 60 Jahre dauern, bis eine Halbierung der Zahl der Hungernden auf 400 Mio. erreicht wird. Bereits die Zielvorgaben der ersten W. wurden nicht erreicht. Damals sollte der Hunger in der Welt binnen einer Dekade beseitigt werden. *BP*

Weltgesundheitsorganisation (WHO). Die 1946 gegründete Weltgesundheitsorganisation (engl.: World Health Organization (WHO)) ist eine Sonderorganisation der Vereinten Nationen mit Sitz in Genf. Zu ihren Aufgaben gehören die Bekämpfung epidemischer Krankheiten, die Verbesserung der hygienischen Standards, die Förderung der medizinischen Ausbildung und des Erfahrungsaustauschs. Wichtig auch im Kampf gegen die Virusinfektionskrankheit AIDS. *www.who.int* *UES*

Weltgipfel für Nachhaltige Entwicklung (WSSD). Der Weltgipfel für Nachhaltige Entwicklung (engl.: World Summit on Sustainable Development (WSSD)), der 2002 in Johannesburg/Südafrika stattfand, war mit über 20000 Teilnehmern die größte UN-Konferenz aller Zeiten. Er war von der UN-Generalversammlung mit dem Ziel beschlossen worden, das seit der ↑Konferenz über Umwelt und Entwicklung der UN (UNCED) 1992 Erreichte im Rahmen eines Weltgipfels zu bewerten und die Ausrichtung der Politik auf die Prinzipien der Nachhaltigkeit zu bekräftigen. Im Zentrum stand dabei die Frage, welche politischen Entscheidungen erforderlich sind, um die Herausforderungen des ↑Globalen Wandels zukünftig besser bewältigen zu können. Der WSSD sollte ein Gipfel der Umsetzung sein.

Die zentralen, völkerrechtlich unverbindlichen Verhandlungsergebnisse des WSSD sind die Abschlussdokumente ↑Johannesburg-Erklärung und ↑Johannesburg-Aktionsplan (Typ-1-Verpflichtungen) sowie konkrete Schritte zur Umsetzung im Rahmen freiwilliger Partnerschaftsprojekte (Typ-2-Verpflichtungen). Der Aktionsplan enthält neben einer Einführung die Kapitel Armutsbekämpfung, Konsum- und Produktionsmuster, Schutz und Management natürlicher Lebensgrundlagen, Globalisierung, Gesundheit, kleine Inselstaaten, Afrika, Instrumente zur Umsetzung und institutioneller Rahmen. Konflikte bestanden v.a. bei solchen Vereinbarungen, die quantifizierte Ziele und Zeitpläne enthielten. Die hierbei wichtigsten Ergebnisse sind:

- Trinkwasser/sanitäre Grundversorgung: Der Anteil der Menschen, der bislang keinen Zugang zu Wasserversorgung und sanitärer Grundversorgung hat, soll bis 2015 halbiert werden. Dieses Ziel ergänzt die Millenniumserklärung der UN von 2000, in der vereinbart worden war, den Anteil der Menschen ohne Zugang zu sauberem Trinkwasser bis 2015 zu halbieren.
- ↑Fischerei: Bis 2015 soll der Trend zum Rückgang der Fischbestände «wenn möglich» aufgehalten und umgekehrt werden.
- Erneuerbare Energien: Der Anteil erneuerbarer ↑Energieträger am weltweiten Verbrauch soll «dringend substanziell erhöht» werden. Die EU konnte sich mit ihrem vergleichsweise bescheidenen Ziel, wonach der Anteil erneuerbarer Energien am weltweiten Verbrauch bis 2010 15 % erreichen sollte, allerdings nicht durchsetzen.

In anderen Bereichen der Nachhaltigkeitsdebatte gelang es beim WSSD nicht, konkrete Ziele und Zeitpläne zu vereinbaren. Bei den erneuerbaren Energien kündigte die EU daher eine Initiative «gleich gesinnter Länder» an, der sich bisher über 100 Länder angeschlossen haben. Dieses Voranschreiten einzelner Staaten und Staatengruppen war neu und könnte für zukünftige Weltgipfel Modellcharakter haben. Die Ankündigung von konkreten Schritten zur Umsetzung freiwilliger Partnerschaftsprojekte war ebenfalls neu und viel versprechend. Der WSSD hat auch gezeigt, dass Wirtschaft und Zivilgesellschaft einen festen Platz im internationalen Verhandlungsgeschehen eingenommen haben. Zudem wurden Fortschritte bei der Netzwerkbildung zwischen den Akteuren aus Wirtschaft, Zivilgesellschaft, Wissenschaft und Regierungen erzielt. Das größte Defizit des WSSD besteht darin, dass die Gelegenheit zur Weiterentwicklung des ↑UN-Umweltprogramms (UNEP) zu einer «Weltorganisation für Nachhaltige Entwicklung» nicht genutzt wurde.

www.johannesburgsummit.org

Benno Pilardeaux

Welthandelsorganisation (WTO). Die Welthandelsorganisation (engl.: World Trade Organization, WTO) wurde erst 1995 als Nachfolgerin des Allgemeinen Zoll- und Handelsabkommens (GATT) von 1947 gegründet. Mit Hilfe von im

Rahmen der WTO verhandelten Übereinkommen soll vor allem ein liberales internationales Handelssystem entwickelt und sichergestellt werden. Im Mittelpunkt stehen hierbei der Abbau von Handelshemmnissen und die Durchsetzung bestimmter Grundregeln des internationalen Handels wie die «Nicht-Diskriminierung» und die «Meistbegünstigung» – Handelsvorteile, die sich zwei Länder gegenseitig gewähren, haben für alle zu gelten.

Die WTO befasst sich nicht direkt mit Umweltfragen. Allerdings erlaubt Artikel 20 des GATT Handelsbeschränkungen zum Schutz des Lebens und der Gesundheit von Menschen, Tieren und Pflanzen sowie zur Erhaltung erschöpfbarer natürlicher ↑Ressourcen. Auch einige Nebenabkommen wie jene zu technischen Handelshemmnissen oder ↑Subventionen enthalten umweltrelevante Bestimmungen.

Zu Konflikten kommt es vor allem durch die nicht immer leichte Abgrenzung, ob eine bestimmte Handelsbeschränkung berechtigten Umweltschutzzielen dient oder ob es sich vielmehr um eine versteckte Diskriminierung zum Schutz der einheimischen Industrie handelt. Das vielleicht bekannteste Beispiel eines solchen Konflikts ist der Tunfisch-Delfin-Fall: Die USA verlangen von den Exporteuren von Tunfisch die Verwendung bestimmter, dem Schutz von Delfinen dienender Fangmethoden.

Die Klärung solcher Konfliktfälle obliegt den WTO-internen Streitschlichtungsausschüssen, in denen vor allem Handelsexperten sitzen. Außerdem wurde der Zusammenhang von Handel und ↑Umwelt auf die Agenda der 2001 in Doha eingeleiteten nächsten Verhandlungsrunde gesetzt. *HE*

Weltnaturerbe. Weltnaturerbe ist eine Kategorie der Bildungs-, Wissenschafts- und Kulturorganisation der Vereinten Nationen (UNESCO), die im Rahmen der «Konventionen zum Schutze des Kultur- und Naturerbes der Welt» bisher 144 Gebiete zum Weltnaturerbe erklärt hat, darunter den Grand Canyon und das Donaudelta. *www.weltnaturerbe.de* *UES*

Weltnaturschutzorganisation
↑World Conservation Union (IUCN)

Weltsiedlungskonferenz. Die erste Weltsiedlungskonferenz fand 1976 in Vancouver (Habitat I), die zweite 1996 in Istanbul (Habitat II) statt. Anlass war die zunehmende Verstädterung der ↑Weltbevölkerung (2030 werden etwa 60% der Weltbevölkerung in Städten leben), insbes. das Problem der wachsenden Elendssiedlungen und der zunehmenden Umweltverschmutzung. Die 1996 verabschiedete Habitat-Agenda hat zwei zentrale Ziele: die Schaffung angemessenen Wohnraums für alle Menschen und die Entwicklung nachhaltiger Siedlungsstrukturen. *www.unhabitat.org* *BP*

Weltsozialforum. Das Weltsozialforum ist eine Gegenveranstaltung zum ↑Weltwirtschaftsforum. Es versteht sich als Diskussionsforum der Zivilgesellschaft über Alternativen zu einer neoliberal geprägten Politik. Das Motto des 2001 erstmals veranstalteten Forums in Porto Allegre, Brasilien, lautete: «Eine andere Welt ist möglich!» *TP*

Weltsozialgipfel. Der Weltsozialgipfel fand 1995 in Kopenhagen statt. Über 100 Staats- und Regierungschefs verpflichteten sich dabei zur Bekämpfung von Armut, Arbeitslosigkeit und sozialer Ausgrenzung. Herausragendes Ergebnis war die Einigung auf das 20:20-Ziel, wonach jeweils 20 % der offiziellen Entwicklungshilfeleistungen der Geberländer und 20 % des nationalen Budgets der Empfängerländer für soziale Grunddienste (wie Trinkwasser und Sanitäranlagen, Grundbildung, Beseitigung der Mangelernährung bei Kindern und Müttern) aufgewendet werden sollen. *BP*

Weltumweltpolitik. Die Notwendigkeit der Internationalisierung der ↑Umweltpolitik ergibt sich nicht nur wegen zunehmender ökologisch-ökonomischer Interdependenzen, der Langfristigkeit der Wirkungen und der möglichen ↑Irreversibilität von ↑Umweltschäden, sondern auch und besonders wegen der Vielzahl der politischen Akteure, der Widersprüchlichkeit ihrer Interessen und der Unterschiedlichkeit ihrer Handlungspotenziale. Globale bzw. universell auftretende Umweltprobleme erfordern eine Politik, die den Nationalstaat als traditionellen Hauptakteur von Politik nicht aus der Verantwortung entlässt, ihn alleine aber überfordert. Deshalb sind internationale Kooperation und globale Diplomatie erforderlich, die für abgestimmte Ziele, ein adäquates Instrumentarium und angemessene institutionelle Bedingungen einer koordinierten Umsetzung von Politik sorgen.

Globale Umweltprobleme können strategisch auf ganz unterschiedliche Weise angegangen werden. In der Fachliteratur steht die IPAT-Formel im Blickpunkt, nach der die globalen Umweltprobleme (I) bedingt sind durch das Wachstum der ↑Weltbevölkerung (P), den zunehmenden Verbrauch an Gütern und Diensten (A) und die installierte, nicht umweltgerechte Technologie (T). Für die Formulierung praktischer Politik hatte diese Formel allerdings keine unmittelbare Wirkung. Stattdessen bildete sich eine mediale Grundstruktur globaler Umweltpolitik heraus, deren Elemente zudem höchst unterschiedlich ausformuliert sind.

Die konsequenteste globale Umweltpolitik konnte beim Thema stratosphärisches ↑Ozon durchgesetzt werden. Hierzu entstand ein dynamisches internationales Umweltregime, die ↑Wiener Konvention von 1985 und das ↑Montrealer Protokoll von 1987, die einen völligen Stopp der die Schädigung verursachenden ↑Fluorchlorkohlenwasserstoffe (FCKW) bewirkten.

Das meistdiskutierte globale Umweltproblem ist die Klimaänderung. Die politische Antwort hierauf sind die ↑Klimarahmenkonvention von 1992 und das ↑Kyoto-Protokoll von 1997, das erste Treibhausgasreduzierungen vorsieht, dessen Umsetzung aber erst am Anfang steht.

Die Konvention zum Schutz der ↑Biodiversität (s. ↑Biodiversitätskonvention) von 1993 ist ein innovativer Vertrag. Art. 1 definiert die Erhaltung der biologischen Vielfalt, die nachhaltige Nutzung ihrer Bestandteile sowie die ausgewogene und gerechte Aufteilung der sich aus der Nutzung der genetischen Ressourcen ergebenden Vorteile als Ziel. Die praktische Umsetzung ist aber erst ansatzweise in Gang gekommen (Cartagena-Protokoll). Zum Schutz des ↑Waldes wurde ein zwischenstaatlicher Waldausschuss eingesetzt, der Vorschläge für Regelungen einer globalen Waldpolitik präsentieren soll.

Ob es sich bei dem quantitativen Verlust und der qualitativen Verschlechterung der ↑Böden um ein globales oder nur um ubiquitäres lokales Umweltproblem handelt, ist strittig. Eine globale Regelung ist daher bisher nicht zustande gekommen.

Viele Industrieprodukte, chemische Stoffe und ↑Abfälle sind nur schwer abbaubar oder nicht dauerhaft lagerungsfähig. Die ↑Basler Konvention von 1989 kontrolliert den grenzüberschreitenden Verkehr mit ↑Sonderabfällen.

Zu einem weiteren gravierenden Umweltproblem, der Wasserknappheit und -verschmutzung, wurden beim ↑Weltgipfel für Nachhaltige Entwicklung (WSSD) 2002 erste Lösungsvorschläge auf den Weg gebracht.

Von einer Weltumweltpolitik im Sinne eines konsistenten globalen Politikkonzepts kann man noch nicht sprechen; erste Bausteine dafür aber sind entstanden. *Udo E. Simonis*

Weltwirtschaft, Ökologie & Entwicklung (WEED). WEED steht für World Economy, Ecology & Development und bezeichnet eine 1990 gegründete, entwicklungspolitische ↑Nichtregierungsorganisation (NRO), die durch kritische Analysen, politische Kampagnen und Netzwerkbildung das Interesse für globale Armuts- und Umweltprobleme in Deutschland stärken will.
www.weedbonn.org *BN*

Weltwirtschaftsforum. Das Weltwirtschaftsforum wurde 1971 gegründet und trat bis vor kurzem in Davos, Schweiz, zusammen. Mitglieder sind die weltweit 1000 größten privaten Wirtschaftsunternehmen. Auf jährlichen Treffen wird zusammen mit hochrangigen Politikern und Wissenschaftlern über global wichtige ökonomische und politische Probleme diskutiert (s. ↑Weltsozialforum). *TP*

Werte, ökologische. In jeder Gemeinschaft und Gesellschaft bilden sich Vorstellungen über das innerhalb ihres Zusammenlebens Wünschenswerte heraus. Diese Werte (W.) dienen als Orientierungsmaßstäbe in Entscheidungssituationen und konkretisieren sich im Alltag als ↑Normen und Rollen.

In den westlich-kapitalistischen Staaten sind seit den 1960er Jahren alternative W. aufgekommen, was als Wertewandel hin zu «postmaterialistischen W.» bezeichnet wird. Darunter finden sich auch ökologische Werte (ö. W.). Sie beinhalten eine Berücksichtigung des Eigenwerts der Natur (s. ↑Biozentrismus, ↑Ethik), die Anerkennung von Tierrechten und die Einsicht in die Verwobenheit menschlichen Handelns in natürliche Prozesse. In den im Zwei-Jahres-Turnus durchgeführten «Studien zum Umweltbewusstsein in Deutschland» (durch das ↑Umweltbundesamt) wird eine kontinuierlich hohe Umweltsensibilität der Bevölkerung festgestellt.

Konkretisiert werden derartige ö. W. unter anderem in der Verfassung (z. B. ↑Artikel 20a GG), in Gesetzen (z. B. ↑Tierschutz), staatlichen Umweltplänen oder ↑Nachhaltigkeitsstrategien, in betrieblichen Umweltplänen, internationalen Abkommen oder auch immer häufiger in kommunalen Aktionsprogrammen (Lokale↑Agenda 21). Hierbei werden in einem Diskussions- und Abstimmungsprozess Mindeststandards für als wichtig erachtete Umweltparameter definiert (s. ↑Umweltstandards) und Umsetzungsschritte (Termine, Verantwortlichkeiten, Mittel) zur Erreichung dieser Ziele festgesetzt, in bestimmten Zeitabständen geprüft und ggf. nach neuen Erkenntnissen verändert. Das konkrete Verhalten von Menschen und Organisationen weicht noch häufig von ö.W. ab, kann aber z.B. durch Bildung oder attraktive Anreize gefördert werden. *GÖ*

WHO ↑Weltgesundheitsorganisation

Wiederaufarbeitungsanlage, atomare. In atomaren Wiederaufarbeitungsanlagen (W.) werden ausgebrannte Kernbrennstoffe aus (Atom-)Kernkraftwerken nach Auflösung in Salpetersäure stufenweise aufgearbeitet, indem Uran und ↑Plutonium (Pu) von anderen Spaltprodukten zwecks Herstellung neuer Brennelemente mit Uran oder Uran und Pu (Mischoxid-Elemente (MOX)) abgetrennt werden. Rückstände werden eingedampft und für die ↑Endlagerung verglast. 100t genutzter Kernbrennstoff ergeben 700kg Pu für 18t MOX-Brennstoff. MOX-Brennelemente sind für 7 von 14 deutschen Kernkraftwerken (1999) zugelassen. Europäische Anlagen: 1. Sellafield (GB), Fa. British Nuclear Fuels, Kapazität max. 400t pro Jahr; deutscher Export insgesamt rd. 300t Brennelemente. 2. La Hague (F), Fa. Cogema, Kapazität max. 800t pro Jahr, deutscher Export insges. rd. 3700t Brennelemente (Angaben 1999). 3. Hanau (D), Fa. Siemens, für max. 50t pro Jahr errichtet, erhielt keine Betriebsgenehmigung. (4. Wackersdorf (D) wurde wegen öffentlicher Proteste nicht errichtet.)
W. haben im Normalbetrieb höhere radioaktive ↑Emissionen als Kernkraftwerke. Der Betrieb war weltweit von schweren Unfällen mit hohen Emissionen und teilweise Strahlentoten begleitet. Deshalb und wegen höherer Kosten gegenüber der Urananreicherung aus Natururan wird in Deutschland die Endlagerung von Brennelementen in tiefen geologischen Salzformationen ab etwa 2020 angestrebt (Kosten der Untersuchungen zur Eignung des Salzstocks bei Gorleben bis 2001 rd. 1,2Mrd. Euro). Erforderlich war die Aufstockung der Zwischenlagerkapazitäten für Brennelemente in den Kraftwerken 1999 auf rd. 23000 t; Zwischenlager für Spezialbehälter (s. ↑Castor) wurden bei Gorleben, Ahaus und Greifswald eingerichtet. *JA*

Wiener Konvention. Die Wiener Konvention ist eine Vereinbarung mit dem Ziel der weltweiten Produktionsrückführung von ↑Fluorchlorkohlenwasserstoffen (FCKW), die bei der Konferenz zum Schutz der Stratosphärischen Ozonschicht 1985 in Wien unterzeichnet wurde. Sie ist die Grundlage des ↑Montrealer Protokolls zum Schutz der Ozonschicht von 1987. *UES*

Wildnis. Natürliche Wildnis (W.) bedeckt, anders als vielfach erwartet, fast die Hälfte der weltweiten Landmasse. Als W. werden jene Regionen von jeweils mindestens 10000 km² Größe betrachtet, in denen die ursprüngliche Vegetation noch ganz oder weit gehend erhalten ist und in denen weniger als 5 Menschen pro km² leben. Nach einer neuen Untersuchung erfüllen 37 Gebiete der Erde diese Bedingungen, darunter die südafrikanischen Miombo- und Mopanewälder, in denen die größte Population afrikanischer Elefanten beheimatet ist, die Wüsten Mexikos und der USA sowie die Regenwälder Amazoniens. Bisher sind nur etwa 7% der Wildnisgebiete natur- und umweltrechtlich geschützt. *UES*

Windenergie. Windkraftanlagen wandeln die kinetische ↑Energie bewegter Luft in mechanische Rotationsenergie und nachfolgend in elektrischen Strom um. Moderne Rotorblattblätter arbeiten nach dem Auftrittsprinzip des Flugzeugflügels. Die Nennleistung netzgebundener Anlagen ist größenbedingt. Große Anlagen mit einem Rotordurchmesser von 60 m und mehr erreichen über ein Megawatt. Auf Grund der wechselnden Windgeschwindigkeiten liegt die mittlere jährliche Leistung bei etwa 20–30% der Nennleistung. Moderne Anlagen beginnen ab einer Windgeschwindigkeit von etwa 3 m/s mit der Stromproduktion. Ab Windstärke 10 werden die Anlagen in der Regel stillgesetzt, um Beschädigungen zu vermeiden.

Die wichtigsten Kerngrößen für den Ertrag von Windkraftanlagen sind die mittlere Windgeschwindigkeit in Rotorhöhe und die Anlagengröße. Deswegen sind Küstenstandorte besonders geeignet. Die Kosten pro erzeugter Kilowattstunde liegen z.Z. im Bereich von 0,05 bis 0,12 Euro. Schätzungen zufolge können diese bis 2050 noch einmal um ein Drittel gesenkt werden. Windkraftanlagen können bereits in den ersten drei Betriebsmonaten die Energie liefern, die zu ihrer Herstellung benötigt wurde. Ihre Nutzungsdauer liegt bei etwa 20 Jahren.

Der Anteil der Windkraft an der weltweiten Primärenergie liegt derzeit noch im Promillebereich, wächst aber rasch. Zwischen 1995 und 2001 vervierfachte sich die weltweit installierte Nennleistung. Wegen der für erneuerbare ↑Energieträger niedrigen Kosten der Windenergie und ihrer Umweltfreundlichkeit wird ein weiterer rascher Anstieg erwartet. In einigen Regionen wie etwa Schleswig-Holstein ist Windkraft mit etwa 25% des Gesamtstrombedarfs bereits zu einer Hauptenergiequelle geworden (Februar 2002: Weltrekord mit mehr als 50%). Der rasch wachsende weltweite Markt für Windenergieanlagen liegt derzeit hauptsächlich in den EU-Ländern (Deutschland als größtes Windkraftland der Welt), den USA, Indien und China. *DB*

Win-win-Situationen ↑Umweltökonomie

Wirtschaftswachstum ↑Wachstum

Wissenschaftlicher Beirat der Bundesregierung Globale Umweltveränderungen (WBGU). Die Hauptaufgabe des 1992 eingerichteten und ausschließlich mit Wissenschaftlern besetzten Wissenschaftlichen Beirats der Bundesregierung Globale Umweltveränderungen (WBGU) ist es, Erkenntnisse aus allen Bereichen des ↑Globalen Wandels auszuwerten und in Form von Gutachten politische Handlungsempfehlungen für eine ↑Nachhaltige Entwicklung abzuleiten. Der WBGU hat zur Zeit neun jeweils für vier Jahre berufene Mitglieder. Zu seinen Aufgaben gehört es, globale Umwelt- und Entwicklungsprobleme zu analysieren, auf neue Problemfelder frühzeitig hinzuweisen, Forschungsdefizite aufzuzeigen, die nationale und internationale Politik zur Umsetzung einer ↑Nachhaltigen Entwicklung zu beobachten sowie Handlungs- und Forschungsempfehlungen zu erarbeiten und in der Öffentlichkeit zu verbreiten.

Der WBGU wurde in der vergangenen Dekade zu einem wissenschaftlichen Impulsgeber für eine global ↑Nachhaltige Entwicklung. Ursprünglich auf globale Umweltveränderungen beschränkt, erstreckt sich die Arbeit des WBGU inzwischen auf die Probleme des ↑Globalen Wandels insgesamt. Mit seinen Vorschlägen konnte er in einer Reihe von Politikfeldern, insbes. der Klima-, Boden- und Biodiversitätspolitik, aber auch zur Entwicklungsfinanzierung und zur Reform der Vereinten Nationen, die Diskussion entscheidend mitprägen. Zu einer Reihe von UN-Verhandlungen wurden Gutachten erstellt, beispielsweise zur Konferenz über Entwicklungsfinanzierung in Monterrey, zur Klimakonferenz von Kyoto und zum ↑Weltgipfel für Nachhaltige Entwicklung (WSSD) in Johannesburg. Die Gutachten des WBGU sind im Volltext und zweisprachig (Deutsch/Englisch) im Internet abrufbar. *www.wbgu.de* *BP*

Wohlstandsmodelle, neue. Ein Wandel zu nachhaltigen Produktions- und Konsummustern (s. ↑Agenda 21) vollzieht sich im Übergang zu 1. quantitativ reduzierten Ressourcenflüssen, 2. qualitativ naturverträglichen Ressourcenflüssen und 3. Wohlstandsmodellen (W.), die mit 1. und 2. in Synergie stehen. Technische Infrastrukturen und soziokulturelle Formen entwickeln sich in Ko-Evolution; daher wird eine energieleichte Solarwirtschaft zu einem Wandel in Struktur und Verständnis von Wohlstand fuhren, wie umgekehrt der Wandel der W. eine Voraussetzung für den Durchbruch zur ↑Nachhaltigen Entwicklung darstellt.

Die Suche nach neuen W. ist ein theoretisches, politisches und praktisches Unterfangen. Es beginnt mit der Kritik des konventionellen Wohlstandsbegriffs. Das Bruttosozialprodukt korreliert weder mit ↑Lebensqualität noch das Einkommen mit persönlicher Zufriedenheit. Weiter geht es darum, den Nutzwert der wirtschaftlichen Produktion unabhängig vom Geldwert zu steigern: Ungiftige und ↑Ressourcen sparende Güter, die auf mittlerer Leistungskraft verbleiben und in Dienstleistung integriert sind, machen Wohlstand nachhaltiger. Die Aufmerksamkeit gilt ferner einem ganzheitlichen Wohlstandsbegriff, der auch Zeitwohlstand (s. ↑Ökologie der Zeit), soziale Zugehörigkeit, gute Arbeit, Schönheit und die natürliche ↑Mitwelt als Quellen der Lebensqualität einschließt. Solche Gemeingüter ermöglichen Wohlstand mit weniger Geld, wie Teilzeitarbeit, Güter-Sharing, Bürgerarbeit, Gebrauchsdesign, urbane Stadträume und ähnliche soziale Innovationen gezeigt haben. Zuletzt geht es um Wohlstand als Lebenskunst, d.h. um die persönliche Kompetenz, gut zu leben, ohne notwendigerweise viel zu haben. *WS*

Wohnökologie. Wohnökologie, die ursprünglich in den USA (1950er Jahre: Housing Ecology) entstand und von dort über die Niederlande (1960er Jahre: Ecology van het Wonen) nach Deutschland übertragen wurde, beschäftigt sich mit den Wechselbeziehungen zwischen Gebäuden, Räumen und Menschen. Ein Ort (Haus, Wohnung, Zimmer) wird als individuelles Refugium und Wohnen als subjektiv gestaltbarer Prozess verstanden, der den Wohnenden einen personenbezogenen Wohnwert bietet, der im Gegensatz stehen kann zu einem extern bestimmten Nutzwert (z.B. von Nachbarn und Besuchern). Wohnökologische Prozesse umfassen Veränderungen im Lebenszyklus der Wohnenden, die damit sich verändernden Wohnbedürfnisse und deren Umweltbezug. Nur Menschen, die sich ihrer primären und sekundären Wohnbedürfnisse bewusst sind, können diese subjektiv befriedigend umsetzen und gestalten. In der (Wohn-) Bauökologie geht es um konkrete Baumaßnahmen und Bewohnerbeteiligung.

Erweitert werden kann diese ursprünglich nur auf das individuelle Wohlbefinden ausgerichtete Theorie des Wohnens um Aspekte der Nachhaltigkeit (s. ↑Nachhaltige Entwicklung), die neben der ökologischen Verträglichkeit (z.B. Zugänglichkeit mit öffentlichen Verkehrsmitteln, Baustoffe) auch die ökonomische Machbarkeit (z.B. Eigentums- und Finanzierungsform) und die soziale Verträglichkeit (z.B. Raumaufteilung, Nachbarschaft) einbezieht. *ELE*

World Business Council ↑Unternehmensverbände

World Conservation Union (IUCN). International Union for the Conservation of Nature and Natural Resources (IUCN) wurde 1948 als internationale ↑Nichtregierungsorganisation (NRO) mit Sitz in Gland (Schweiz) gegründet. Mitglieder sind 98 Staaten sowie Regierungsorganisationen und NRO aus über 140 Ländern. Die IUCN unterhält ein weltweites Netzwerk von Experten zur Überwachung von Naturräumen und der Artenvielfalt sowie zur Beratung und Unterstützung ihrer Mitglieder. *www.iucn.org* *StB*

World Resources Institute (WRI). Das World Resources Institute (WRI) ist ein Umwelt-Forschungsinstitut in Washington, das der Bereitstellung von Informationen, Ideen und Lösungen zur Bewältigung globaler Umweltprobleme Priorität gibt. Das WRI stellt über das Internet ein Umweltinformationsportal zur Verfügung und veröffentlicht regelmäßig den Bericht «World Resources». *www.wri.org* *BP*

World Society for Ekistics (WSE). Ekistics ist die Lehre vom Bau- und Siedlungswesen, basierend auf dem griechischen Begriff ↑Oikos. Die World Society for Ekistics (WSE) ist eine weltweite Vereinigung zum Studium integrierter Systemlösungen und zur Förderung und Gestaltung menschen- und umweltgerechter Siedlungen mit Sitz in Athen. *www.ekistics.org* *UES*

Worldwatch Institute (WWI). Das Worldwatch Institute (WWI) ist ein Forschungsinstitut in Washington, das nach Wegen zur Gestaltung einer ökologisch verträglichen und sozial ge-

rechten Gesellschaft sucht. Im Vordergrund der Arbeit steht die Information von Politikern und der Öffentlichkeit über aufkommende globale Probleme, insbes. die Zusammenhänge zwischen Weltökonomie und Weltökologie. Das WWI veröffentlicht regelmäßig den Bericht ↑«State of the World».
www.worldwatch.org *BP*

WRI ↑World Resources Institue

WSE ↑World Society for Ekistics

WSSD ↑Weltgipfel für Nachhaltige Entwicklung (WSSD)

WTO ↑Welthandelsorganisation

Wuppertal Institut. Das Wuppertal Institut für ↑Klima, ↑Umwelt, ↑Energie wurde 1991 vom Land Nordrhein-Westfalen gegründet und beschäftigt etwa 140 Mitarbeiterinnen und Mitarbeiter, die sich sowohl mit den weltweiten ökologischen Herausforderungen als auch mit den Möglichkeiten eines drastischen ökologischen Strukturwandels der Wirtschaft (s. ↑Faktor 4, ↑Faktor 10) befassen. Es übernimmt dabei eine Mittlerfunktion zwischen Wissenschaft, Wirtschaft und Politik. Das Institut ist Teil des Wissenschaftszentrums Nordrhein-Westfalen. *UES*

Wüstenkonvention (UNCCD). Die Wüstenkonvention (engl.: Convention to Combat Desertification in Countries Experiencing Serious Drought and Desertification, particularly in Africa (UNCCD)) bildet den völkerrechtlichen Rahmen für die internationale Zusammenarbeit zur gezielten Unterstützung von Ländern, die unter Dürre und Versteppung leiden, besonders in Afrika (s. ↑Desertifikation). Sie finanziert sich aus freiwilligen Beiträgen der Vertragsstaaten sowie aus Mitteln der ↑Globalen Umweltfazilität (GEF). Die Konvention wurde 1994 vorgelegt und trat 1996 in Kraft; sie wurde bisher von 184 Staaten ratifiziert. 1999 wurde ein ständiges Konventionssekretariat mit Sitz in Bonn eingerichtet. *www.unccd.int* *StB*

WWF. Der WWF (ehemals World Wildlife Fund) wurde im Jahre 1961 von einer Reihe von bekannten Persönlichkeiten aus Wirtschaft, Wissenschaft, Regierungen und europäischen Königshäusern gegründet. Die Organisation, deren ursprüngliches Anliegen es war, möglichst viel Geld zu sammeln, um bedrohte Tier- und Pflanzenarten zu retten, tritt nunmehr für den Erhalt der ↑Biodiversität, die nachhaltige Nutzung natürlicher ↑Ressourcen ein und bekämpft Umweltverschmutzung. Mit dem Hauptsitz in Gland, Schweiz, wird der WWF derzeit weltweit von beinahe fünf Millionen Menschen unterstützt.
www.wwf.org *KL*

WWI ↑Worldwatch Institute

Wyhl. Wyhl (W.) ist ein Ort in Südbaden, für den die Landesregierung von Baden-Württemberg 1973 eine Standortgenehmigung für den Bau eines Atomkraftwerkes erteilte. Der daraufhin erfolgende Protest der Bürger vor Ort (Kaiserstuhl) und die öffentliche Kritik führten bis heute zur Verhinderung dieses Vorhabens. W. wurde zu einem landesweiten Symbol des Widerstands, als die Auseinandersetzung um die ↑Atomenergie nach Norddeutschland und schließlich nach Bayern übersprang. *ALT*

Zersiedlung ↑Flächenverbrauch

Zukunftsforschung. Zukunftsforschung (Z.) befasst sich wissenschaftlich mit möglichen, wünschbaren oder wahrscheinlichen Zukunftsentwicklungen und deren Gestaltungsoptionen. Die neuere Forschung geht davon aus, dass die Zukunft prinzipiell nicht vollständig bestimmbar ist und dass verschiedene Zukunftsentwicklungen möglich sind.

Z. enthält neben analytischen und deskriptiven Komponenten immer auch normative, prospektive, kommunikative und gestalterische Elemente. Sie arbeitet interdisziplinär und multidisziplinär; Zukunftsstudien und Zukunftsprojekte sind die hauptsächlichen Arbeitsformen. Wegen der Komplexität der Forschungsaufgaben wendet die Z. in der Regel einen Methodenmix an. Dabei kommen alle einschlägigen Methoden relevanter Fachdisziplinen zum Einsatz sowie ein Methodenkanon, der eigenständig von der Z. entwickelt wurde. Dazu gehören u.a. Delphi-Technik, Cross-Impact-Analyse, Simulations- und Szenariotechnik, Zukunftswerkstätten und Zukunftskonferenzen.

Die Z. befasst sich mit komplexen dynamischen Systemen und Prozessen, großräumigen bzw. globalen Zusammenhängen und Wirkungen, mittel- und langfristigen Folgen von Entscheidungen, Perspektiven und Handlungsorientierungen in der Zukunft. Sie unterliegt in Abgrenzung zu pseudowissenschaftlichen Tätigkeiten wie Trendforschung, Prophetie oder Science Fiction grundsätzlich allen Qualitätskriterien, die in der Wissenschaft an gute Erkenntnisstrategien und leistungsfähige Modelle gestellt werden. In der neueren Z. spielen vor allem kommunikative und partizipative Elemente im Wissenschaftsprozess eine immer größere Rolle. Die Einbeziehung von Betroffenen und Beteiligten in die Erarbeitung von Zukunftsstudien und Zukunftsprojekten sowie von Entscheidern und Akteuren verschiedener Praxisbereiche wird immer mehr zu einem besonderen Kennzeichen der Z. *RK*

Zulassungsverfahren. Zulassungsverfahren werden von staatlichen Institutionen, in staatlichem Auftrag oder von privaten Körperschaften vorgeschrieben, entwickelt und durchgeführt. Sie beinhalten Prüfungen und Genehmigungen und dienen 1. dem Schutz vor vermeidbaren ↑Risiken (z.B. bei technischen Anlagen und Geräten, gentechnisch veränderten Organismen (GVO), Pharmazeutika, Berufsausübung), 2. der Reduktion und damit verbundenen Verteilung des Zugriffs auf knappe Güter (z.B. von Galapagos-Besuchen, Gerichtsverfahren, Green Cards), 3. der Identifikation und Kontrolle (z.B. von Fahrzeugen, Waffen, Anbau und Nutzung von Pflanzen wie Hanf, Mohn, Züchtung und Verbreitung von GVO). Im ökologischen Kontext sind vor allem die Wahrung der ↑Umweltstandards, die Verbesserung der Umweltqualität z.B. durch Reduktion von Lärmbelastungen und schleichenden Schadstoffemissionen (s. ↑Bundesimmissionsschutzgesetz), die Eindämmung der Übernutzung ↑Öffentlicher Güter (z.B. Straßenverkehr), der Schutz gefährdeter Arten (z.B. durch Einrichtung von Naturschutzgebieten und Reservaten) und die Katastrophenprävention (z.B. Fluten, GAU in ↑Tschernobyl und ↑Bhopal, Lawinen, Erdrutsche, Bergrutsche, Havarien wie ↑Amoco Cadiz, Boden- und Grundwasservergiftung, ↑Love Canal) als Ziele zu nennen. Instrumente sind z.B. die ↑Umweltverträglichkeitsprüfung, Raumentwicklung- und ↑Raumordnungsverfahren, (regelmäßig wiederholte) technische Prüfungen sowie (wiederholte) Qualifikationsprüfungen. *IC*

Zwischenlagerung ↑Abfalllagerung

Zyankali. Zyankali (Z.), auch Kaliumcyanid genannt (chemische Formel: KCN), ist das Salz des Atmungsgiftes Blausäure (HCN). Durch Einwirkung von Säuren auf Z., z.B. der Magensäure beim Menschen, wird Blausäure gebildet. Die ↑Letale Dosis beim Menschen beträgt LD_{50} (HCN) = 1 mg/kg. Im Zweiten Weltkrieg wurde in deutschen Konzentrationslagern Z. unter der Bezeichnung Zyklon B als Massenvernichtungsmittel eingesetzt. In US-amerikanischen Gaskammern dient Z. auch zur Vollstreckung von Todesurteilen. In der Industrie findet Z. vor allem in der Metallindustrie Anwendung. Es kann Metalle in Form von Komplexen wieder auflösen (sog. Cyanidlaugerei). *UES*

Weiterführende Literatur

Altner, G.: Naturvergessenheit. Grundlagen einer umfassenden Bioethik, Darmstadt 1994

Altner, G./Michelsen, G. (Hg): Ethik und Nachhaltigkeit, Frankfurt a. M. 2001

Amery, C./Scheer, H./Grefe, C.: Klimawechsel. Von der fossilen zur solaren Kultur, München 2001

Ayres, R.U./Button, K./Nijkamp, P.: Global Aspects of the Environment, Cheltenham Glos 1999

Baumast, A./Pape, J. (Hg): Betriebliches Umweltmanagement. Theoretische Grundlagen, Praxisbeispiele, Stuttgart 2001

Bender, B./Bringezu, S./Sparwasser, R./Engel, R.: Umweltrecht, 4. Aufl., Heidelberg 2000

Binswanger, H.C. et al.: Arbeit ohne Umweltzerstörung. Strategien einer neuen Wirtschaftspolitik, Frankfurt a. M. 1983

Blackert, L./Strauch, D.: Wie finde ich Informationen zu Ökologie und Umweltschutz, Berlin 1994

BMBF: Bericht der Bundesregierung zur Bildung für eine nachhaltige Entwicklung, Bonn 2002

BMU (Hg.): Erprobung der CSD-Nachhaltigkeitsindikatoren in Deutschland, Berlin 2000

BMU/UBA (Hg.): Handbuch Umweltcontrolling, 2. Aufl., München 2001

BMU/UBA (Hg.): Umweltbewusstsein in Deutschland, Berlin 2002

Board on Sustainable Development: Our Common Journey. A Transition Toward Sustainability, Washington D.C. 1999

Böhme, G.: Für eine ökologische Naturästhetik, 3. Aufl., Frankfurt a.M. 1999

Brand, K.W. (Hg): Politik der Nachhaltigkeit. Voraussetzungen, Probleme, Chancen, Berlin 2002

Bröchler, S./Simonis, G./Sundermann, K. (Hg): Handbuch Technikfolgenabschätzung, Berlin 1999

Bundesregierung, Presse- und Informationsamt (Hg): Perspektiven für Deutschland. Unsere Strategie für eine Nachhaltige Entwicklung, Berlin 2002

Busch, R./Iburg, U.: Umweltstrafrecht, Berlin 2002

CSD: Indicators of Sustainable Development. Framework and Methodologies, New York 1996

Costanza, R. et al.: Einführung in die Ökologische Ökonomik, Stuttgart 2001

Erbguth, W.: Rechtssystematische Grundfragen des Umweltrechts, Berlin 1987

Erlbeck, R./Haseder, I.E./Stingwagner, K.F.: Das Kosmos Wald- und Forstlexikon, Stuttgart 1998

Enquete-Kommission Schutz des Menschen und der Umwelt: Die Industriegesellschaft gestalten – Perspektiven für einen nachhaltigen Umgang mit Stoff- und Materialströmen, Bonn 1994

Fent, K.: Ökotoxikologie – Umweltchemie, Toxikologie, Ökologie, Stuttgart, New York 1998

Fichter, K./Schneidewind, U. (Hg.): Umweltschutz im globalen Wettbewerb. Neue Spielregeln für das grenzenlose Unternehmen, Berlin, Heidelberg 2000

Fränzle, O./Müller, F./Schröder, W. (Hg.): Handbuch der Umweltwissenschaften. Grundlagen und Anwendungen der Ökosystemforschung, Landsberg am Lech 1997ff.
Georgescu-Roegen, N.: The Entropy Law and the Economic Process, London 1971
Grafton, R.Q/Pendelton, L.H./Nelson, H.U. (Eds.): A Dictionary of Environmental Economics, Science and Policy, Cheltenham Glos 2001
Grubb, M./Vrolijk, C./Brack, D.: The Kyoto Protocol. A Guide and Assessment, London 1999
Haan, G. de/Mann, J./Reid, A.M. (Hg.): Educating for Sustainability – Umweltbildung und Agenda 21 – Former à la Durabilité, Frankfurt a.M. 2000
Hampicke, U.: Ökologische Ökonomie, Opladen 1992
Hegele, R./Röger, R.(Hg): Umweltschutz durch Umweltinformation, Berlin 1993
Hellbrück, J./Fischer, M.: Umweltpsychologie, Göttingen 1999
Herkendell, J., Pretzsch, J.: Die Wälder der Erde. Bestandsaufnahme und Perspektive, München 1995
Heuer, J.-U./Petersen, V.: Kreislaufwirtschafts- und Abfallrecht, Berlin 2002
Hoffmann, D.J./Rattner, B.A./Burton, G.A./Cairns, J. (Eds.): Handbook of Ecotoxicology, Boca Raton, Ann Arbor 1995
Ingensiep, H.W./Eusterschulte, A. (Hg.): Philosophie der natürlichen Mitwelt. Festschrift für Klaus Michael Meyer-Abich, Würzburg 2002
Ipsen, D. et al.: Wasserkultur. Beiträge zu einer nachhaltigen Stadtentwicklung, Berlin 1998
Jänicke, M./Jörgens, H. (Hg.): Umweltplanung im internationalen Vergleich. Strategien der Nachhaltigkeit, Berlin 2000
Jänicke, M./Kunig, P./Stitzel, M.: Umweltpolitik. Politik, Recht und Management des Umweltschutzes in Staat und Unternehmen, 2. Aufl., Bonn 2002
Kieffer, K.W. et al.: Ökologisch denken und handeln, Karlsruhe 1988
Kimmich, O./v. Lersner, H./Storm, P.C. (Hg): Handwörterbuch des Umweltrechts, 2 Bde., Berlin 1986
Kloepfer, M./Vierhaus, H.-P.: Umweltstrafrecht, 2. Aufl., München 2002
Kruse, L./Graumann, C.F./Lantermann, E.D. (Hg.): Ökologische Psychologie, Weinheim 1996
Küster, H.: Geschichte des Waldes. Von der Urzeit bis zur Gegenwart, 2. Aufl., München 2003
Makus, U.: Allgemeines Umweltrecht, Berlin 2002
Marutzky, R./Seeger, K.: Energie aus Holz und anderer Biomasse, Leinfelden-Echterdingen 1999
Meadows, D. et al.: Die Grenzen des Wachstums. Bericht an den Club of Rome zur Lage der Menschheit, Stuttgart 1972
Meadows, D. et. al.: Die neuen Grenzen des Wachstums, Stuttgart 1992
Mersch-Sundermann, V. (Hg.): Umweltmedizin, Stuttgart 1999
Michelsen, G. (Hg.): Sustainable University – Auf dem Weg zu einem universitären Agendaprozess, Frankfurt a.M. 2000
Mittermeier, R.A. et al.: Wilderness Areas. Earth's Last Wild Places, Washington D.C. 2002
OECD: Core Set of Indicators for Environmental Performance Reviews, Paris 1993
Preisendörfer, P.: Umwelteinstellungen und Umweltverhalten in Deutschland, Opladen 1999
Radkau, J.: Natur und Macht. Eine Weltgeschichte der Umwelt, 2. Aufl., München 2002
Rat von Sachverständigen für Umweltfragen (SRU): Umweltgutachten, Stuttgart 1978ff.

Reiche, D./Krebs, C.: Der Einstieg in die Ökologische Steuerreform. Aufstieg, Restruktion und Durchsetzung eines umweltpolitischen Themas. Frankfurt a. M. 1999

Riegler, J./Moser, A.: Ökosoziale Marktwirtschaft. Denken und Handeln in Kreisläufen, Graz, Stuttgart 1996

Roose, J.: Made by Öko-Institut. Wissenschaft in einer bewegten Umwelt, Freiburg 2002

Scheer, H.: Solare Weltwirtschaft. Strategie für die Ökologische Moderne, 5. Aufl., München 2002

Schmidt-Bleek, F.: Wieviel Umwelt braucht der Mensch? MIPS – Das Maß für ökologisches Wirtschaften, Berlin, Basel 1994

Siebenhüner, B.: Homo sustinens. Auf dem Weg zu einem Menschenbild der Nachhaltigkeit, Marburg 2001

Siemann, W. (Hg.), Umweltgeschichte. Themen und Perspektiven, München 2003

Simonis, U.E. (Hg.): Basiswissen Umweltpolitik, 2. Aufl., Berlin 1990

Simonis, U.E. et al.: Weltumweltpolitik. Grundriß und Bausteine eines neuen Politikfeldes, 2. Aufl., Berlin 1999

Steinmüller, K./Kreibich, R./Zöpel, C. (Hg.): Zukunftsforschung in Europa. Ergebnisse und Perspektiven, Baden-Baden 2000

Turner, K.R./Button, K./Nijkamp, P. (Eds.): Ecosystems and Nature. Economics, Science and Policy, Cheltenham Glos 1999

UBA (Hg.): Nachhaltige Konsummuster. Ein neues politisches Handlungsfeld als Herausforderung der Umweltkommunikation, Berlin 2002

UBA (Hg.): Nachhaltige Entwicklung in Deutschland. Die Zukunft dauerhaft umweltgerecht gestalten, Berlin 2002

UBA (Hg.): Perspektiven für die Verankerung des Nachhaltigkeitsleitbildes in der Umweltkommunikation, Berlin 2002

United Nations Environment Programme (UNEP): Global Environment Outlook, London, Sterling VA 1997ff.

Verein zur Weiterbildung in Wissenschaft und Forschung (Hg): Handbuch Zukunftsfähige Entwicklung. Experten und Institutionen, Bonn 1997

Volkery, A.: Die Novellierung des Bundesnaturschutzgesetzes, Frankfurt a. M., Berlin, Bern 2001

Wicke, L./Maiziére, L. de/Maiziére, T. de: Öko-Soziale Marktwirtschaft für Ost und West, München 1990

Wissenschaftlicher Beirat der Bundesregierung Globale Umweltveränderungen (WBGU): Welt im Wandel: Jahresgutachten, Bonn, Berlin 1993ff.

Worldwatch Institute: State of the World, New York, London 1990ff.

World Resources Institute et al.: World Resources, Washington D.C. 1986ff.

Zabel, U.Z.: Ökologische Unternehmenspolitik. Verhaltensmodellierung für Sustainability, Berlin 2001

Autorinnen und Autoren

Günter Altner, Dr. rer. nat., Dr. theol.; Professor em. für Evangelische Theologie; Mitbegründer des Öko-Instituts, Freiburg.

Günther Bachmann, Dr. rer. nat.; Leiter der Geschäftsstelle des Rates für Nachhaltige Entwicklung (RNE), Berlin.

Steffen Bauer, M. A.; Research Fellow im Global Governance Project des Potsdam-Instituts für Klimafolgenforschung (PIK).

Michael Baumann †, Staatssekretär a. D.; zuletzt Stv. Vorsitzender von Germanwatch und Mitglied der Bundestags-Enquete-Kommission «Globalisierung».

Bernd Becker, Dr. rer. pol.; Leiter der Gruppe «Umwelt» in der Zweigstelle des Statistischen Bundesamtes in Bonn.

Siegfried Behrendt, Politologe und Biologe; Institut für Zukunftsstudien und Technologiebewertung (IZT), Berlin.

Hermann Behrens, Dr. rer. nat; Professor für Landschaftsplanung an der Fachhochschule Neubrandenburg.

Albrecht Bemmann, Dr. rer. silv.; Professor für Forst- und Holzwirtschaft Osteuropas an der TU Dresden.

Richard E. Benedick, D. B. A. (Harvard), Botschafter a. D.; President, National Council for Science and Environment, Washington, D. C.

Frank Biermann, Dr. rer. pol.; Privatdozent für Politikwissenschaft an der FU Berlin und Leiter des Global Governance Project des Potsdam-Instituts für Klimafolgenforschung (PIK).

Raimund Bleischwitz, Dr. rer. pol.; Leiter der Forschungsstelle «Faktor Vier» am Wuppertal Institut.

Nicole Böhm, Dipl. rer. pol., Wirtschaftswissenschaftlerin; Contract Manager bei Bombardier Transportation in Zürich.

Gernot Böhme, Dr. phil.; Professor für Philosophie an der TU Darmstadt.

Jan C. Bongaerts, Dr. rer. pol.; Professor für Wirtschaftswissenschaft an der Bergakademie Freiberg i. S.

Joachim Borner, Dr. oec.; Direktor des Kollegs für Management und Gestaltung nachhaltiger Entwicklung, Berlin.

Hartmut Bossel, Dr. Ing., Systemwissenschaftler; em. Professor für Umweltsystemanalyse.

Stefan Bringezu, Dr. rer. pol.; Leiter der Forschungsgruppe Stoffhaushalt und Ressourcenmanagement am Wuppertal Institut.

Dietrich Brockhagen, Physiker und Ökonom, Dr. rer. pol.; Referent beim Wissenschaftlichen Beirat der Bundesregierung Globale Umweltveränderungen (WBGU), Berlin.

Walter Bückmann, Dr. jur.; Professor für Umweltrecht an der TU Berlin.

Weert Canzler, Dr. rer. pol.; Mitbegründer der Projektgruppe Mobilität am Wissenschaftszentrum Berlin (WZB).

Inse Cornelssen, Dr. phil.; Professorin am Fachbereich Wirtschaft der Fachhochschule Hannover.

Peter Ehlers, Dr. jur.; Präsident und Professor des Bundesamtes für Seeschifffahrt und Hydrographie, Hamburg/Rostock.

Hansjörg Elshorst, Dr. phil.; Vorsitzender von Transparency International Deutsches Chapter e.V.

Erhard Eppler, Dr. phil., Dr. h.c.; Bundesminister für Entwicklungszusammenarbeit a.D.

Wilfried Erbguth, Dr. jur.; Professor an der Juristischen Fakultät Rostock und Direktor des Instituts für Seerecht und Umweltrecht.

Lorenz Erdmann, Dipl.- Ing. Technischer Umweltschutz; Institut für Zukunftsstudien und Technologiebewertung (IZT), Berlin.

Dietmar Erdmeier, Dipl.-pol.; Stabsstelle für Presse- und Öffentlichkeitsarbeit des Bundesverbandes der Verbraucherzentralen e.V., Berlin.

Hans-Joachim Fietkau, Dr. phil.; Wissenschaftlicher Mitarbeiter am Wissenschaftszentrum Berlin (WZB).

Georges Fülgraff, Dr. rer. nat.; Professor em. für Gesundheitswissenschaften; ehem. Präsident des Bundesgesundheitsamtes.

Robert Gaßner, Dr. phil., Psychologe; Institut für Zukunftsstudien und Technologiebewertung (IZT), Berlin.

Christian Gebele, Umweltplaner; Projektleiter bei der Seeger Engineering AG, Hessisch Lichtenau.

Friedrich-Wilhelm Gerstengarbe, Dr. rer. nat, Privatdozent; Potsdam-Institut für Klimafolgenforschung (PIK).

Katrin Gillwald, Dr. phil.; Wissenschaftliche Mitarbeiterin am Wissenschaftszentrum Berlin (WZB).

Edgar Göll, Dr. disc. soc., Sozial- und Verwaltungswissenschaftler; Institut für Zukunftsstudien und Technologiebewertung (IZT), Berlin.

Hartmut Graßl, Dr. rer. nat.; Professor für Meteorologie an der Universität Hamburg und Direktor am Max-Planck-Institut für Meteorologie.

Rainer Grießhammer, Dr. chem.; Stv. Geschäftsführer des Öko-Instituts e.V., Freiburg.

Ursula Gundert-Remy, Dr. med; Professorin für Pharmakologie und Leiterin des Fachbereichs Chemikalienbewertung des Bundesinstituts für Risikobewertung, Berlin.

Gerhard de Haan, Dr. phil.; Professor für Erziehungswissenschaftliche Zukunftsforschung, FU Berlin.

Ekhart Hahn, Dr. rer. nat.; Professor für Ökologischen Städtebau an der Universität Dortmund.

Karl Peter Hasenkamp, Dr. rer. silv. h.c., Diplom-Volkswirt; Vorsitzender von Prima Klima-weltweit-e.V., Düsseldorf.

Michael von Hauff, Dr. rer. pol.; Professor für Volkswirtschaftslehre an der Universität Kaiserslautern.

Hermann Held, Dr. rer. nat.; Leiter der Projektgruppe zur nachhaltigen Umstellung des Energiesystems am Potsdam-Institut für Klimafolgenforschung (PIK).

Martin Held, Dr. rer. pol.; Studienleiter an der Evangelischen Akademie Tutzing; Mitbegründer des Projekts «Ökologie der Zeit».

Carsten Helm, Dr. rer. pol.; Privatdozent für Wirtschaftswissenschaften am Walther-Rathenau Institut für Organisationstheorie der Humboldt-Universität zu Berlin.

Gudrun D. Henne, Dr. jur.; bei Greenpeace International verantwortlich für internationale Waldpolitik.

Christoph Hesse, Diplom-Psychologe; Facharzt für Innere Medizin, Schwerpunkt stationäre Suchtmedizin.

Christian Hey, Dr. phil.; Generalsekretär des Rates von Sachverständigen für Umweltfragen (SRU), Berlin.

Eckart Hildebrandt, Dr. rer. pol., Privatdozent; Wissenschaftlicher Mitarbeiter am Wissenschaftszentrum Berlin (WZB).

Catherina Hinz, MA Germanistik, Indologie, Geschichte; Pressereferentin der Deutschen Stiftung Weltbevölkerung (DSW), Hannover.

Mark vom Hofe, Redakteur beim Westdeutschen Rundfunk; Vorsitzender des Bergischen Naturschutzvereins.

Gjalt Huppes, Dr. phil.; Abteilungsleiter Substanzen und Produkte beim Zentrum für Umweltwissenschaften der Universität Leiden.

Detlev Ipsen, Dr. phil.; Professor für Stadt- und Regionalsoziologie an der Universität Kassel.

Klaus Jacob, Dr. rer. pol.; Wissenschaftlicher Mitarbeiter an der Forschungsstelle für Umweltpolitik der FU Berlin.

Annelore Jährig, Dr. rer. nat.; Wissenschaftliche Mitarbeiterin am Institut für Lebensmitteltechnologie der TU Berlin.

Hans-Peter Jährig, Dr. rer. nat.; Zentrum für Umweltwissenschaften der Universität Potsdam.

Hans Wilhelm Jakobi, Dipl.-Ing.; ehem. Fachgebietsleiter Sonderabfallentsorgung am Umweltbundesamt (UBA), Berlin.

Martin Jänicke, Dr. phil.; Professor für Politikwissenschaft an der FU Berlin.

Kurt Jax, Dr. rer. nat.; Privatdozent an der TU München und Mitarbeiter am UFZ-Umweltforschungszentrum Leipzig-Halle.

Matthias Kleinke, Dr. rer. agr.; Forschungsinstitut für Bergbaufolgelandschaften e. V., Finsterwalde.

Paul Klemmer, Dr. rer. pol.; Professor em. für Wirtschaftspolitik; Präsident des Deutschen Verbandes für Wohnungswesen, Berlin.

Gary Knapp, Jurist; Forschungsassistent bei Ecologic. Institut für Internationale und Europäische Umweltpolitik, Berlin.

Michael Knoll, Politikwissenschaftler; Institut für Zukunftsstudien und Technologiebewertung (IZT), Berlin.

Carsten Krebs, Dr. rer. pol.; Redakteur der Braunschweiger Zeitung.

Rolf Kreibich, Dr. rer. nat.; Professor und Direktor des Instituts für Zukunftsstudien und Technologiebewertung (IZT), Berlin.

Lenelis Kruse-Graumann, Dr. psych.; Professorin für Ökologische Psychologie an der Fern-Universität Hagen.

Karin Labitzke, Dr. rer. nat.; Professorin und Leiterin der Arbeitsgruppe Stratosphäre am Institut für Meteorologie der FU Berlin.

Ursula Lauber, Dipl. rer. pol.; Referatsleiterin beim Statistischen Bundesamt, Wiesbaden.

Elisabeth Leicht-Eckardt, Dr. rer. nat.; Professorin für Haushalts- und Wohnökologie an der Fachhochschule Osnabrück.

Heike Leitschuh-Fecht, Diplom-Politologin; Umwelt- und Wirtschaftsjournalismus, Frankfurt a. M.

Kerstin Löffler, Diplom in Umwelt- und Betriebswirtschaftslehre, Kassel.

Carsten Loose, Dr. rer. nat.; Biologe und Informatiker; Stv. Generalsekretär des Wissenschaftlichen Beirats der Bundesregierung Globale Umweltveränderungen (WBGU), Berlin.

Wolfgang Lucht, Dr. rer. nat.; Wissenschaftlicher Mitarbeiter am Potsdam-Institut für Klimafolgenforschung (PIK).

Volker Lüderitz, Dr. rer. nat.; Professor für Gewässerökologie an der Hochschule Magdeburg-Stendal; Landesvorsitzender des BUND Sachsen-Anhalt.

Hans-Jochen Luhmann, Dr. phil.; Klimapolitikforscher am Wuppertal Institut.

Simon Marr, Rechtsanwalt LL.M., Dr. jur.; Projektmanager bei Ecologic. Institut für Europäische und Internationale Umweltpolitik, Berlin.

Dirk Messner, Dr. rer. pol.; Privatdozent für Politikwissenschaft und Geschäftsführer des Instituts für Entwicklung und Frieden, Duisburg.

Klaus Michael Meyer-Abich, Dr. phil.; Professor em. für Naturphilosophie an der Universität Essen.

Gerd Michelsen, Dr. rer. pol.; Professor und Leiter des Instituts für Umweltkommunikation der Universität Lüneburg.

Benjamin Nölting, Dr. phil.; Zentrum für Technik und Gesellschaft (ZTG) der TU Berlin.

Thilo Pahl, Dr. rer. pol.; Referent beim Wissenschaftlichen Beirat der Bundesregierung Globale Umweltveränderungen (WBGU), Berlin.

Benno Pilardeaux, Dr. rer. nat.; Leiter der Medien- und Öffentlichkeitsarbeit des Wissenschaftlichen Beirats der Bundesregierung Globale Umweltveränderungen (WBGU), Berlin.

Stefan Rahmstorf, Dr. rer. nat.; Professor für Physik der Ozeane an der Universität Potsdam und am Potsdam-Institut für Klimafolgenforschung (PIK).

Danyel Reiche, Dr. rer. pol.; Wissenschaftlicher Mitarbeiter der Forschungsstelle für Umweltpolitik der FU Berlin.

Fritz Reusswig, Dr. phil.; Soziologe am Potsdam-Institut für Klimafolgenforschung (PIK).

Josef Riegler, Dipl. Ing., Dr. h.c.; Bundesminister und Vizekanzler a. D.; Präsident des Ökosozialen Forums Österreich.

Jochen Roose, Dipl.-Soz.; Wissenschaftlicher Assistent am Institut für Kulturwissenschaften der Universität Leipzig.

Gerd Rosenkranz, Dr. rer. pol.; Redakteur für Wissenschaft und Ökologie bei der taz (1988–1991), Redakteur im Hauptstadtbüro des Spiegel seit 1999.

Ragna Vivian Rothe, Diplom-Medienberaterin; z.Z. verantwortlich für die Unternehmenskommunikation bei einem Berliner Internet-Dienstleister.

Dieter Rucht, Dr. rer. pol.; Professor für Soziologie am Wissenschaftszentrum Berlin (WZB).

Wolfgang Sachs, Dr. phil.; Wissenschaftlicher Mitarbeiter am Wuppertal Institut.

Michael Sailer, Dipl.-Ing., Experte für Reaktorsicherheit; Stv. Geschäftsführer des Öko-Instituts e.V., Darmstadt.

Wolfgang Scharenberg, Dr. rer. nat.; Privatdozent für Ökotoxikologie an der Universität Kiel.

Michael Scharp, Dr. rer. nat., Chemiker; Institut für Zukunftsstudien und Technologiebewertung (IZT), Berlin.

Hermann Scheer, Dr. phil., MdB; Vorsitzender des Weltrats für Erneuerbare Energien und Präsident von Eurosolar; Alternativer Nobelpreis 1999.

Hans-Joachim Schellnhuber, Dr. rer. nat., Professor für Physik; Forschungsdirektor des Tyndall Centre for Climate Change Research, Norwich.

Werner Schenkel, Dipl. Ing.; Direktor und Professor beim Umweltbundesamt (UBA), Berlin.

Friedrich Schmidt-Bleek, Dr. der Chemie; ehem. Professor und Abteilungsleiter am Wuppertal-Institut.

Edzard Schönrock, Dipl.-Sozialwissenschaftler; Carl-von-Ossietzky Universität Oldenburg.

Karl Schoer, Dr. sc. pol.; Leiter der Gruppe Umweltökonomische Gesamtrechnungen am Statistischen Bundesamt, Wiesbaden.

Meinhard Schulz-Baldes, Dr. rer. nat., Professor; Generalsekretär des Wissenschaftlichen Beirats der Bundesregierung Globale Umweltveränderungen (WBGU), Berlin.

Bernd Siebenhüner, Dr. rer. pol.; Juniorprofessor für Ökologische Ökonomie an der Carl-von-Ossietzky Universität Oldenburg.

Udo E. Simonis, Dr. sc. pol.; Professor für Umweltpolitik am Wissenschaftszentrum Berlin (WZB); Mitglied des Committee for Development Policy der Vereinten Nationen (CDP).

Hansjörg Walter Sinn, Dr. rer. nat.; Professor em. für Angewandte Chemie der Universität Hamburg.

Petra Stephan, Diplom-Ökologin; langjährige Mitarbeiterin am Institut für Entwicklung und Frieden, Duisburg.

Manfred Stock, Dr. rer. nat.; Stv. Direktor des Potsdam-Instituts für Klimafolgenforschung (PIK).

Stefan Summerer, Dr. phil.; Leiter des Fachgebiets Umweltplanung am Umweltbundesamt (UBA), Berlin.

Jessica Suplie, Diplom-Politologin; Referentin im Bundesumweltministerium (BMU), Berlin.

Richard G. Tarasofsky, Jurist; Senior Associate bei Ecologic. Institut für Internationale und Europäische Umweltpolitik, Berlin.

Hermann-Josef Tenhagen, Politologe und Volkswirt; Chefredakteur von FINANZtest, Berlin.

Sie Liong Thio, Sozialgeograf; Institut für Zukunftsstudien und Technologiebewertung (IZT), Berlin.

Fritz Vahrenholt, Dr. rer. pol., Professor; Vorstandsvorsitzender der REpower Systems AG, Hamburg.

Axel Volkery, Diplom-Politologe; Wissenschaftlicher Mitarbeiter an der Forschungsstelle für Umweltpolitik der FU Berlin und beim Rat von Sachverständigen für Umweltfragen (SRU), Berlin.

Christine Wank, Diplomandin im Fach Politische Wissenschaft, FU Berlin.

Dietrich Jörn Weder, Dr. rer. pol.; Umweltjournalist und Buchautor; Umweltmedienpreis 2001.

Timon Wehnert, Physiker; Institut für Zukunftsstudien und Technologiebewertung (IZT), Berlin.

Astrid Wehrle, Dipl.-Ing.; Doktorandin zum Thema «Ökologische Ästhetik durch kooperative Planung», Kassel.

Charlotte Wehrspaun, Dipl.-Soziologin; freiberufliche Tätigkeit in den Bereichen Umweltbildung, sozialwissenschaftliche Umweltforschung und ökologische Sozialisationsforschung.

Michael Wehrspaun, Dr. rer. soc.; Wissenschaftlicher Angestellter beim Umweltbundesamt (UBA), Berlin.

Bodo Weigert, Dr.-Ing.; Gründungsmitglied und Geschäftsführer des Berliner Interdisziplinären Forschungsverbundes Wasserforschung.

Gerd Weigmann, Dr. rer. nat.; Professor für Zoologie und Ökologie an der FU Berlin.

Ernst U. von Weizsäcker, Dr. rer. nat; MdB; Gründungspräsident des Wuppertal Instituts; Vorsitzender des Umweltausschusses des Deutschen Bundestages.

Maria Jolanta Welfens, Dr. phil.; Projektleiterin für Ressourcenökonomie am Wuppertal Institut.

Peter C. Werner, Dr. rer. nat., Privatdozent; Potsdam-Institut für Klimafolgenforschung (PIK).

Hans-Ulrich Zabel, Dr. rer. pol.; Professor für Betriebliches Umweltmanagement an der Universität Halle/Wittenberg.

Frank Zimmermann, Dr. rer. nat., Chemiker und Diplom-Umweltwissenschaftler; Bergakademie Freiberg i. S.

Michael Zschiesche, Jurist und Ökonom; Leiter des Fachgebiets Umweltrecht beim Unabhängigen Institut für Umweltfragen (UFU), Berlin/Halle.

Erik Zürn, Biologe; Institut für Zukunftsstudien und Technologiebewertung (IZT), Berlin.

Abkürzungen der Autorennamen

A&HPJ	Annelore und Hans-Peter Jährig
ALT	Günter Altner
AV	Axel Volkery
BE	Siegfried Behrendt
BN	Benjamin Nölting
BÖ	Gernot Böhme
BP	Benno Pilardeaux
BRI	Stefan Bringezu
BS	Bernd Siebenhüner
BW	Bodo Weigert
CA	Weert Canzler
CG	Christian Gebele
CH	Christoph Hesse
CL	Carsten Loose
CW	Christine Wank
DB	Dietrich Brockhagen
DE	Dietmar Erdmeier
DJW	Dietrich Jörn Weder
EH	Ekhart Hahn
ELE	Elisabeth Leicht-Eckardt
ELS	Hansjörg Elshorst
ES	Edzard Schönrock
EUW	Ernst U. von Weizsäcker
EZ	Erik Zürn
FV	Fritz Vahrenholt
FWG	Friedrich-W. Gerstengarbe
FZ	Frank Zimmermann
GA	Robert Gaßner
GB	Günther Bachmann
GH	Gudrun D. Henne
GK	Gary Knapp
GM	Gerd Michelsen
GÖ	Edgar Göll
HE	Carsten Helm
HH	Hermann Held
HI	Catherina Hinz
HJF	Hans-Joachim Fietkau
HJL	Hans-Jochen Luhmann
HJS	Hans-Joachim Schellnhuber
HLF	Heike Leitschuh-Fecht
HS	Hansjörg W. Sinn
IC	Inse Cornelssen
JA	Hans W. Jakobi
JAX	Kurt Jax
JB	Joachim Borner
JCB	Jan C. Bongaerts
JR	Jochen Roose
JS	Jessica Suplie
KG	Katrin Gillwald
KJ	Klaus Jacob
KL	Kerstin Löffler
KMA	Klaus M. Meyer-Abich
KN	Michael Knoll
LA	Karin Labitzke
LK	Lenelis Kruse-Graumann
MH	Martin Held
MJW	Maria Jolanta Welfens
MK	Matthias Kleinke
MS	Michael Scharp
MVH	Michael von Hauff
MZ	Michael Zschiesche
NB	Nicole Böhm
PCW	Peter C. Werner
RK	Rolf Kreibich
RT	Richard G. Tarasofsky
RVR	Ragna Vivian Rothe
SCH	Werner Schenkel
SchuBa	Meinhard Schulz-Baldes
SLT	Sie Liong Thio
SM	Simon Marr
StB	Steffen Bauer
STO	Manfred Stock
TP	Thilo Pahl
TW	Timon Wehnert
UES	Udo E. Simonis
UGR	Ursula Gundert-Remy
UL	Ursula Lauber
VH	Mark vom Hofe
VL	Volker Lüderitz
WE	Wilfried Erbguth
WL	Wolfgang Lucht
WS	Wolfgang Sachs